高等学校经济与工商管理系列教材

财务报表分析

（第 4 版）

主　编　池国华　王玉红

副主编　程良友　徐　晶　王　蕾

清华大学出版社
北京交通大学出版社
·北京·

内 容 简 介

本书主要从企业外部使用者的视角，同时兼顾企业内部经营管理的需要，以全球范围内最为成熟和最为流行的"哈佛分析框架"为主线，以最新企业会计准则为依据，以财务报表分析基本方法应用为重点，引入一家典型制造业上市公司 2019 年年报作为贯穿全书的案例，而且与其同行业最主要的两家竞争对手进行对标，同时配以丰富案例和大量图表，深入浅出、化繁为简，系统地介绍了三大财务报表的会计分析基本方法，全面讲解了四大财务能力分析指标的应用原理，以期帮助学习者能够在最短时间内掌握读懂财务报表的基本技能。

本书既适合会计学、财务管理、审计学等财经专业的本科生使用，也适合 MPAcc、MV、MAud、MBA、MPA 等研究生使用，同时也适合企业经营管理者、投资者、债权人、监管者等学习参考。

图书在版编目（CIP）数据

财务报表分析 / 池国华，王玉红主编. —4 版. —北京：北京交通大学出版社 ：清华大学出版社，2021.6（2025.7 重印）

高等学校经济与工商管理系列教材

ISBN 978-7-5121-4471-2

Ⅰ. ① 财… Ⅱ. ① 池… ② 王… Ⅲ. ① 会计报表–会计分析–高等学校–教材 Ⅳ. ① F231.5

中国版本图书馆 CIP 数据核字（2021）第 108394 号

财务报表分析
CAIWU BAOBIAO FENXI

责任编辑：黎　丹

出版发行：清 华 大 学 出 版 社　　邮编：100084　电话：010-62776969　http://www.tup.com.cn
　　　　　北京交通大学出版社　　邮编：100044　电话：010-51686414　http://www.bjtup.com.cn
印　刷　者：北京华宇信诺印刷有限公司
经　　　销：全国新华书店
开　　　本：185 mm×260 mm　印张：19.25　字数：518 千字
版 印 次：2021 年 6 月第 4 版　2024 年 11 月第 1 次修订　2025 年 7 月第 4 次印刷
定　　　价：49.00 元

本书如有质量问题，请向北京交通大学出版社质监组反映。对您的意见和批评，我们表示欢迎和感谢。

投诉电话：010-51686043，51686008；传真：010-62225406；E-mail：press@bjtu.edu.cn。

前　言

本书自 2008 年由清华大学出版社和北京交通大学出版社联合出版以来，先后再版 3 次，重印近 30 次，累计印数超过 70 000 册，被许多国内院校会计学专业、审计学专业、财务管理专业、资产评估专业和其他相关专业长期使用。另外，本书经北京交通大学出版社推荐获得第二届中国大学出版社图书奖优秀教材奖二等奖，2012 年又入选了辽宁省首批"十二五"普通高等教育本科省级规划教材。

在第 4 版出版之际，衷心感谢使用本教材的广大高等院校师生，也要特别感谢学术界、实务界各位前辈和同行的勉励和支持，当然，还要感谢清华大学出版社和北京交通大学出版社卓越的品牌效应与优秀的编辑团队。

本书属于第 4 版，仍然一如既往地保留了前三版的基本特色与优点。

第一，逻辑性强。本书采用了全球范围内理论上最具有逻辑性和实践中应用最广泛的"哈佛分析框架"，即以战略分析为起点，以会计分析为基础，以财务分析为核心，以前景分析为目的。

第二，重点突出。本书注重财务报表分析最基本方法和最常用指标的讲授，第 2 章专门介绍了水平分析法、垂直分析法、趋势分析法、比率分析法、因素分析法和综合分析法六大基本分析方法的原理，第 3～5 章侧重于资产负债表、利润表、现金流量表的会计分析基本技术，第 6～9 章则全面讲解了盈利能力、营运能力、偿债能力和增长能力四大财务能力衡量指标的应用。

第三，案例丰富。鉴于财务报表分析较强的实践性，为了便于读者理解和掌握，本书选用了大量来自现实经济生活的真实案例，除了贯穿全书的典型制造业上市公司案例以外，每章至少有 1 个引例和 10 个案例、资料（含二维码资料），全书案例、资料超过 100 个，这些案例、资料为教师和学生之间进行教学互动提供了丰富的素材，同时也拓展了学习者的视野。

第四，图文并茂。为了方便教师的教学和学生的学习，本书还引入了大量的图表，一方面提高了学习的生动趣味性，另一方面有利于阅读者的理解。

第五，配套齐全。本书通过设置"学习目标""引例""案例""资料""本章小结""练习题"等功能性栏目，既提高了可读性，又方便了"教""学"。

为适应财务报表风险理论与实务发展及教学改革的要求，本次进行了以下 5 个方面的修订。

第一，为了与时俱进地反映国内外财务分析理论与实务发展的前沿动态，我们对相关内容进行了修订，比如反映了企业会计准则、财务报表格式的最新变化等；再比如根据《公司法》《证券法》的修订对相关知识进行了修改。

第二，在保留第 2 版以典型制造业上市公司作为贯穿全书大案例的基础上，将其财务报表由 2015 年的更新替换为 2019 年的，一方面保留了案例的稳定性，另一方面也突出了案例的时效性。读者如果有兴趣，可以将本书的前三版进行前后对比，进而可以更加全面地了解该上市公司 2009 年到 2019 年之间的变化情况。

第三，为了便于教师的教学和学生的学习，本次修订替换了一些已经过时或者不够恰当的案例，增加了一些更具时效性和针对性的案例。

第四，本次修订对第 3 版中的错误与问题进行了更正，对文字内容进行了删减，使全书内容更加精炼、更具有可读性。

第五，为了配合教师的课堂教学和学生的课后练习及自我测试，本次修订大大增加了每章后的练习题题量，每种题型至少增加了一倍。

第 4 版仍然由南京审计大学池国华教授和东北财经大学王玉红教授共同担任主编，程良友、徐晶和王蕾共同担任副主编，具体编写分工如下：第 1 章（池国华）；第 2 章（池国华）；第 3 章（徐晶，王蕾）；第 4 章（徐晶，王蕾）；第 5 章（程良友，徐晶）；第 6 章（王玉红，王蕾）；第 7 章（王玉红，王蕾）；第 8 章（王玉红，程良友）；第 9 章（池国华）。

南京审计大学政府审计学院的硕士生苗云青、时珠庆、谭梦茹、王思繁和孔心怡对第 4 版修订稿进行了校对工作，并提出了一些修改建议，在此表示感谢！最后，依然要感谢黎丹老师的精心编辑和辛苦付出！

在本书的写作过程中，我们参阅了国内外大量的文献和资料，其中信息明确的作者已列于脚注或参考文献中，而信息不全的部分，因无法详细查证其出处，故未能列出。在此，对本书所参考的文献和所引用资料的所有作者和整理者致以最诚挚的谢意。

本书配有教学课件和相关资源，有需要的读者可以发邮件至 cbsld@jg.bjtu.edu.cn 索取。

由于作者水平有限，书中难免还存在一些缺点、错误，恳请读者批评指正，以便我们在下一次修订时加以完善。来信请发送至 cgh_lnhz@163.com。

作　者
2021 年 4 月

目　　录

第1章 财务报表分析基础

◎ 学习目标：

- 了解财务报表和财务报告的含义；
- 理解财务报表体系的构成及其联系；
- 掌握主要财务报表的结构、内容和作用。

引例	又一起因并购所引发的经营灾难[①]

　　2019 年 10 月底，华谊嘉信股价连续大跌，10 月 28—30 日已出现 3 个跌停。但此前在 10 月 21—24 日，其股价一路飙升，连续四日涨停，累计涨幅高达 46%。在华谊嘉信股价连续涨停和连续跌停中，投资者蒙受了巨额亏损。在频繁的高溢价并购后，华谊嘉信几乎已被掏空，公司正面临暂停上市的风险。与此同时，公司控股股东的股份正面临司法拍卖或强行平仓，公司的控制权可能发生变更。

　　华谊嘉信成立于 2003 年，并于 2010 年上市，是一家本土的线下营销服务供应商，具有整合营销传播服务能力。2010 年上市之后，一直到 2016 年公司业绩都在稳步上升阶段，但到了 2017 年公司开始亏损，归属于母公司的净利润亏损额高达 7.69 亿元，此后一路向下。

　　华谊嘉信业绩在 2017 年突然恶化，与其高溢价并购有关。

1. 高价收购迪思传媒

　　2014 年 6 月，华谊嘉信以 4.6 亿元收购了迪思传媒，收购时迪思传媒做出业绩承诺，2014—2016 年扣非净利润分别不低于 4 000 万元、4 600 万元和 5 290 万元，且年均复合利润增长率不低于 15%。

　　2014—2016 年，迪思传媒超额完成了业绩，但业绩承诺期刚过，迪思传媒业绩就开始下滑，2017 年净利润为 6 559.63 万元，2018 年这一数字再次下跌到 6 391.63 万元，这直接导致 2018 年华谊嘉信计提商誉减值 1.91 亿元。

2. 高价收购浩耶上海

　　在 2015 年，华谊嘉信以 4.67 亿元收购浩耶上海 100% 的股权，其做出的业绩承诺为 2015—2017 年的扣非净利润分别为 4 000 万元、4 600 万元和 5 320 万元。但实际上，浩耶上海 2015—2017 年的扣非净利润分别为 4 034.54 万元、4 617.11 万元和 4 922.84 万元，2015 和 2016 年的完成率是踩线完成，2017 年则没达标。更引人关注的是，到了 2018 年，

[①] 孙诗宇. 又一起因并购导致的血案：华谊嘉信债券违约风险高 实控人欲卖壳离场. 财联社，2019-10-31.

浩耶上海出现巨额亏损1.75亿元,这导致2017年和2018年公司分别对其计提商誉减值0.19亿元和2.74亿元。

事实上,在收购之前,浩耶上海的业绩本来就不理想,2013 年和 2014 年分别亏损 2 580.68 万元和 8 646.28 万元。

实际上,华谊嘉信 2017 年和 2018 年的亏损,主要是因为公司计提巨额商誉减值 4.65 亿元和坏账准备 1.72 亿元。而华谊嘉信 2019 年的继续亏损,主要是因为整体毛利润下降,期间费用也有所增加;公司经营活动产生的现金流量净额为 3 095.97 万元,较上年同期减少 58.26%。

如果华谊嘉信能够在收购前对迪思传媒和浩耶上海的财务报表进行深入分析,就不难发现两家公司的经营问题,就能及时对收购项目进行风险预警,调整收购计划,其财务状况也不至于严重恶化,出现现在的局面。

可见,理解财务报表对于企业利益相关者来说至关重要,因为这是财务报表分析的信息依据,也是进一步保证财务报表分析结果正确性的基础。不掌握财务报表编制的过程和包含的内容,就难以进行正确的财务报表分析,也就无从了解企业的财务状况、经营业绩和现金流量。本章主要介绍财务报表体系的构成、各报表之间的联系,以及四大财务报表的结构、内容和作用。

1.1 财务报表体系的构成

1.1.1 财务报告的体系

1. 财务报表构成

财务报表是对企业财务状况、经营成果和现金流量的结构性描述。具体来说,财务报表是指企业对外提供的反映企业某一特定日期财务状况和某一会计期间经营成果、现金流量的书面文件。

财务报表是企业对外提供会计信息的主要形式,是财务报告的核心。财务报表的编制有特定的格式,列报项目要符合公认的会计准则,所表达数字的形成过程要遵照既定的标准。

财政部 2014 年修订颁布的《企业会计准则第 30 号——财务报表列报》规定,一套完整的财务报表至少应当包括"四表一注",即资产负债表、利润表、现金流量表、所有者权益变动表和附注,并且这些组成部分在列报上具有同等的重要程度。

2. 财务报告构成

许多人常常混淆财务报告和财务报表,认为财务报表就等同于财务报告。《会计法》第二十条规定,财务会计报告应当根据经过审核的会计账簿记录和有关资料编制,并符合本法和国家统一的会计制度关于财务会计报告的编制要求、提供对象和提供期限的规定;其他法律、行政法规另有规定的,从其规定。 财务会计报告由会计报表、会计报表附注和财务情况说明书组成。向不同的会计资料使用者提供的财务会计报告,其编制依据应当一致。有关法律、行政法规规定会计报表、会计报表附注和财务情况说明书须经注册会计师审计的，注册会计师及其所在的会计师事务所出具的审计报告应当随同财务会计报告一并提供。《会计法》所说的财务会计报告实际就是我们通常所说的财务报告。可见，财务报表只是财务报告的一部分。

因此，财务报告是一个完整的报告体系，不但包括财务报表，而且涵盖企业应当对外披露的其他相关信息，具体可以根据有关法律法规的规定和外部使用者的信息需求而定，如公司治理结构、企业应承担的社会责任、可持续发展能力等信息。尽管这些信息属于非财务信息，无法包括在财务报表中，但由于这些信息对于使用者的决策具有相关性，因此企业也应当依法在财务报告中予以披露。

财务报表使用者在阅读财务报表的基础上，进一步了解非财务信息，不仅可以对企业的情况有更全面、更深刻的理解，而且可以对企业经营者的决策分析能力做出更公允的判断，从而能够更加客观地评价企业经营者的业绩。

3. 年度财务报告体系

以上市公司为例，根据证监会 2017 年修订的《公开发行证券的公司信息披露内容与格式准则第 2 号——年度报告的内容与格式》及财政部《关于修订印发 2019 年度一般企业财务报表格式的通知》，公司年度报告中的财务报告应该包括审计报告正文和经审计的财务报表，如图 1-1 所示。其中财务报表包括公司近两年的比较式资产负债表、比较式利润表、比较式现金流量表，以及比较式所有者权益（股东权益）变动表和财务报表附注。

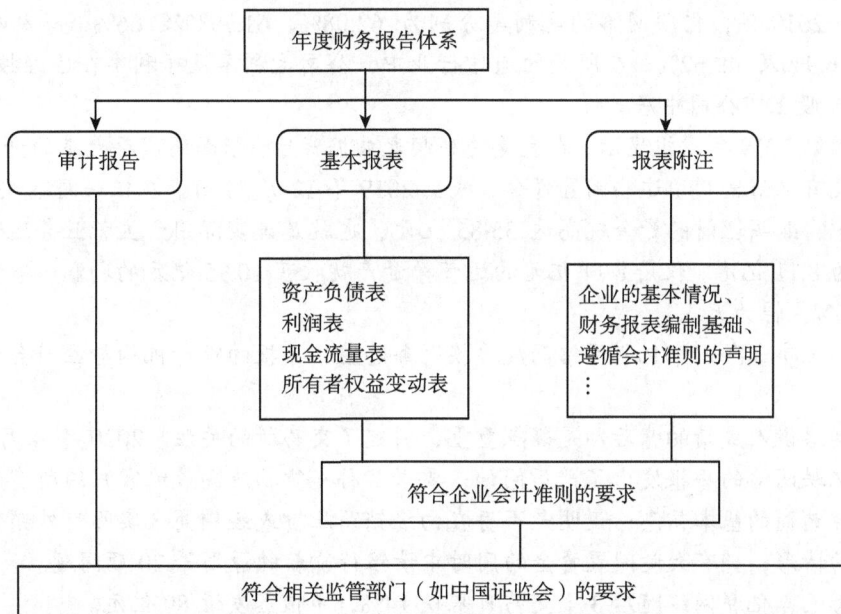

图 1-1　上市公司年度财务报告体系构成

年度财务报表是上市公司年报的核心。上市公司公布上一年度年报的时间是每年的 1 月 1 日至 4 月 30 日。每家上市公司公布两个版本的年报，即年报正文和年报正文摘要。年报正文摘要是年报正文的"简装版"。年报正文摘要内容精炼，但无法反映全部有价值的信息，特别是财务报表附注部分。因此，财务报表使用者最好养成阅读与分析年报正文的良好习惯。

根据财政部和证监会 2021 年 2 月共同披露的《上市公司 2019 年执行企业内部控制规范体系情况蓝皮书》，2018 年度共有 3 642 家上市公司披露了内部控制评价报告，占全部上市公司的 95.99%。与 2018 年度相比，披露数量增加了 186 家，披露比例提高了 5.38%。在披露内部控制评价报告的上市公司中，3 513 家内部控制评价结论为整体有效，占披露了内部控制评价报告上市公司的 96.46%。这是因为根据财政部和证监会联合发布的《关于 2012 年主板上市公司分类分批实施企业内部控制规范体系的通知》的要求，我国所有主板上市公司应当分类分批逐步实施企业内部控制规范体系。企业内部控制规范体系的颁布与实施，将对财务报告的质量产生重大影响。良好的内部控制能够为企业在财务报告的编制、公布方面提供规范管控措施，为减少财务报告舞弊提供有力支撑，同时也保证了财务报表分析人员可以获得真实可靠的数据资料。

1.1.2 财务报表的形成

思政案例 1-1

亿联网络毛利率高达 66% 遭质疑[①]

2020 年 4 月 14 日晚间，亿联网络披露了 2019 年年报和 2020 年一季报，年报显示，报告期内，公司实现收入 24.89 亿元，增幅 37.13%，实现归母净利润 12.35 亿元，增幅 45.08%。

这份完美到让人难以置信的年报和一季报让人震惊，也遭到了媒体的公开质疑。数据显示，亿联网络不但连续 6 年保持营业收入及利润 30% 以上的高速增长，而且盈利能力惊人。2017—2019 年，亿联网络的毛利率分别为 62.08%、61.79% 及 66%，净利率分别为 42.57%、46.9% 及 49.62%。在所处的通信行业中，公司毛利率及净利率在已经披露 2019 年年报的 A 股上市公司中居首位。

亿联网络 2019 年财报显示，在完美的利润表数据背后，账面还留存大量的资金。而亿联网络并没有很好地利用这些闲置资金，截至 2019 年 12 月 31 日，在亿联网络 43.96 亿元的净资产中，购买理财的资金就高达 35.85 亿元，也就是说实际用于主营业务运营的净资产额度仅为 8.11 亿元。仅用 8.11 亿元的运营净资产就收获 10.95 亿元的利润，净资产收益率高达 135%，惊为天人。

此外，上市三年以来亿联网络两度更换财务总监，年报的审计机构与注册会计师也发生了变更。

亿联网络傲人成绩的背后却是疑点重重，引起了交易所的关注。2020 年 4 月 18 日，深交所对亿联网络的年报发出了严厉问询，要求其补充货物流向最终客户的所有环节；提供前十大经销商的基本信息；说明是否存在向经销商压货或经销商未实际对外销售产品等调节收入的情形；拥有大量闲置资金的同时申请银行贷款的原因等 20 项问题。

受此影响，亿联网络随后 3 个交易日暴跌 14%，市值蒸发近 80 亿元。

了解财务报表的形成是为了更好地进行财务报表分析。财务报表分析首先应该从会计报表入手，找出报表中可疑的项目，然后再查找账簿，甚至追查到凭证，而财务报表的形成过程则与之相反。具体而言，从经济业务发生开始到最后财务报表的生成，其过程主要包含 5

---

① 潘建萍. 亿联网络毛利率高达 66% 遭质疑 市值蒸发 80 亿 70 页长文回复深交所后昨涨停. 每日商报，2020-04-23.

个步骤（见图 1-2）。

（1）取得原始凭证

企业对于发生的各项经济业务，需要填制或取得证明业务发生或完成的原始凭证。

（2）填制记账凭证

企业应定期汇总原始凭证，编制原始凭证汇总表。然后根据审核无误的原始凭证或原始凭证汇总表填制记账凭证。记账凭证包括收款凭证、付款凭证和转账凭证。

（3）登记日记账、明细账和总账

企业应根据收款凭证与付款凭证登记现金日记账和银行存款日记账，根据收款凭证、付款凭证和转账凭证登记各种明细分类账。与此同时，为了保证会计资料的准确完整，企业应依据各种记账凭证逐笔平行登记总分类账。

（4）编制试算平衡表

期末，企业应将现金日记账、银行存款日记账、各种明细分类账分别与总分类账进行核对，并编制试算平衡表。

（5）编制财务报表

企业在试算平衡表的基础上及时编制财务报表。

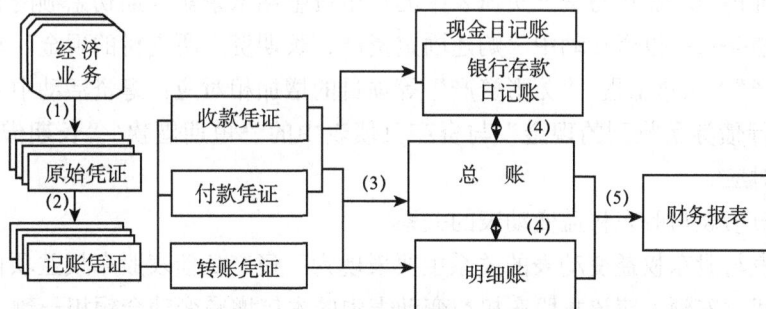

图 1-2　财务报表生成过程图

1.1.3　财务报表之间的关系

需要明确的是，各个财务报表并不是孤立存在的，它们之间存在一定的联系。进行财务报表分析时，如果不考虑财务报表之间的联系，则可能造成分析的片面性，最终影响分析结果的准确性，导致分析结论的说服力下降。

1. 财务报表之间关系的整体描述

财务报表可以在时间维度上被联系到一起。资产负债表是存量报表，其所报告的是在某一时点上的价值存量。利润表、现金流量表和股东权益变动表是流量报表，反映的是一段时期的价值增量，从数量关系上看可以表示为两个时点价值存量的变化量。存量与流量之间的关系如图 1-3 所示。

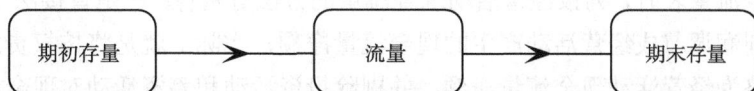

图 1-3　存量与流量关系示意图

具体来说，资产负债表分别给出了期末和期初两个时点的资产负债和股东权益存量；而利润表说明了在一定时期内经营成果的变化（流量）；现金流量表反映了一个会计期间内现金和现金等价物的存量是如何变化的（流量）；股东权益变动表则说明了在两个时点的股东权益中各项目的存量是如何变化的（流量）。

2. 不同财务报表之间的具体关系

（1）资产负债表与利润表的关系

资产负债表与利润表的关系主要是体现在：如果企业实现盈利，首先需要按《公司法》规定提取盈余公积，这样会导致资产负债表盈余公积期末余额增加；其次，如果企业进行利润分配，那么在实际发放股利（或利润）之前，资产负债表应付股利期末余额会发生相应增加；最后，如果净利润还有剩余，则反映在资产负债表的未分配利润项目中。因此，利润表的净利润项目分别与资产负债表中的盈余公积、应付股利和未分配利润项目具有一定的对应关系。

（2）资产负债表与现金流量表的关系

在不考虑以公允价值计量且其变动计入当期损益的金融资产的前提下，现金流量表中的现金及现金等价物净增加额与资产负债表中的货币资金期末余额与期初余额两者之间的差额存在一定的钩稽关系；投资活动中"购建固定资产、长期资产所支付的现金"与资产负债表中的"固定资产""在建工程""无形资产"等项目的增加相对应；筹资活动中"取得借款收到的现金、发行债券所收到的现金"与资产负债表中的"短期借款""长期借款""应付债券"的增加相对应。

（3）资产负债表与股东权益变动表的关系

资产负债表与股东权益变动表的关系主要表现为：资产负债表股东权益项目的期末余额与期初余额之间的差额，应该与股东权益变动表中的本年增减变动金额相一致。

（4）利润表与现金流量表的关系

在目前的企业管理中，管理者常常把利润表放在关注的首位，而忽视了现金流量表的作用，这是因为企业经营的核心目标在于利润，是否盈利、盈利多少，看利润表就可以一目了然。其实，利润表对企业真实经营成果的反映存在一定的局限性。利润表所反映的利润是由会计人员以权责发生制为基础，按照一定的会计程序与方法，将企业在一定时期所实现的收入及其利得减去为实现这些收入和利得所发生的成本、费用与损失而得来的，因此利润表反映的是企业在一定期间"应计"的利润，而不是企业实际获得的现金。此外，不同企业对于同一项目，由于选择的会计政策和会计方法存在差异，最终导致利润指标缺乏可比性。而现金流量表的编制基础是收付实现制，且不受会计政策和会计估计的影响，因此可以弥补利润表的缺陷，揭示企业现金流入和流出的真正原因，最终反映企业盈利的质量。

在编制现金流量表时，列报经营活动现金流量的方法有两种：一是直接法，二是间接法。间接法是将净利润调节成经营活动产生的现金流量净额，实际上就是将按权责发生制原则确定的净利润调整为经营活动现金流量净额，并剔除投资活动和筹资活动对现金流量的影响。这些调整可归纳为 3 种类型，如表 1—1 所示。

表 1-1　由净利润到经营活动现金流量净额的调整

	调增（+）	调减（-）
调整实际未引起现金收付的费用和收入项目	实际没有支付现金的费用和损失，如资产减值准备、固定资产折旧、无形资产摊销、长期待摊费用的摊销、递延所得税资产减少、递延所得税负债增加	实际没有收到现金的收入，如冲销已计提的资产减值准备、递延所得税资产的增加或递延所得税负债的减少等
调整不涉及经营活动的费用和收入项目	不涉及经营活动的费用和损失，如投资损失、财务费用、非流动资产处置损失、固定资产报废损失、公允价值变动损失	不涉及经营活动的收入，如投资收益、财务收益、非流动资产处置收益、固定资产报废收益、公允价值变动收益
调整经营性应收项目和应付项目	经营性应收项目减少，如应收账款减少、存货减少	经营性应付项目增加
	经营性应付项目增加，如应付账款增加	经营性应付项目减少

（5）利润表与股东权益变动表的关系

利润表与股东权益变动表之间的关系主要变现为：利润表中的净利润、归属于母公司所有者的净利润、少数股东损益等项目金额，应与股东权益变动表中的本年净利润、归属于母公司所有者的净利润、少数股东损益等项目金额一致。也就是说，净利润是股东权益本年增减变动的原因之一。

综上所述，资产负债表、利润表、现金流量表和股东权益变动表等主要财务报表之间的关系如图 1-4 所示。

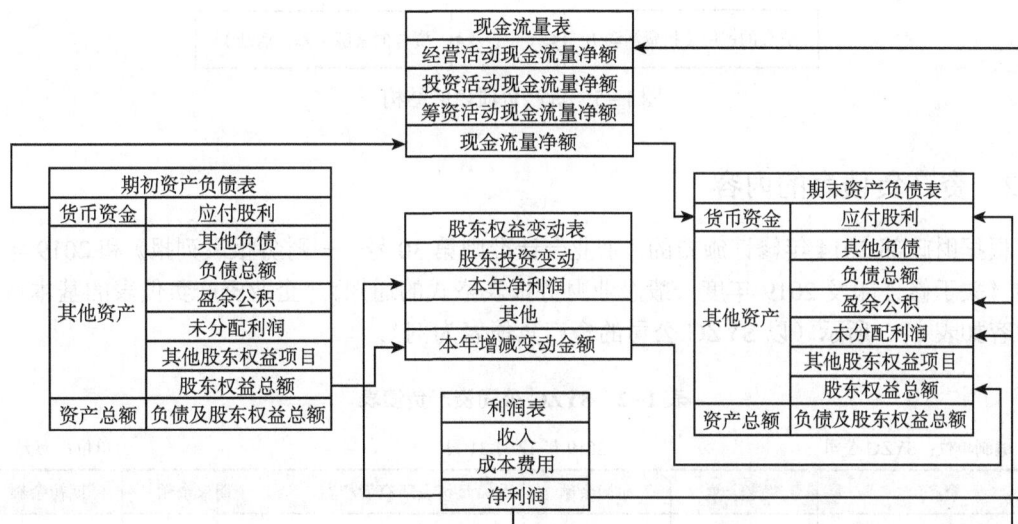

图 1-4　主要财务报表之间的关系

1.2 资产负债表的结构与内容

1.2.1 资产负债表的结构

资产负债表的结构一般是指资产负债表的组成内容及各项目在表内的排列顺序。资产负债表是静态报表，反映企业在某一特定日期的财务状况，即反映企业在这一时点拥有或控制了多少资产，承担了多少对债权人和股东的义务。资产负债表的编制基础是权责发生制。

我国企业资产负债表的编制格式采用的是账户式，左右平衡，其编制原理遵循"资产=负债+所有者权益"这一会计最基本的等式。资产负债表的右边反映资金的来源——筹资活动，主要源自两大渠道，即负债和所有者权益；左边反映资金的占用——投资活动，投资活动的结果是为企业带来一系列资产。资产负债表左右两边总额相等，即资产等于权益。资产负债表的结构如图1-5所示。

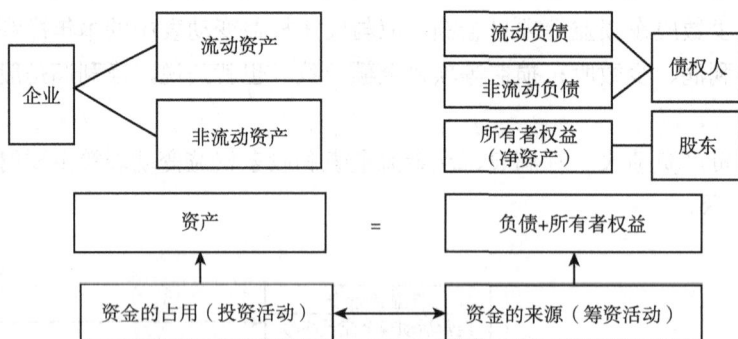

图1-5 资产负债表的结构

1.2.2 资产负债表的内容

根据财政部2014年修订颁布的《企业会计准则第30号——财务报表列报》和2019年发布的《关于修订印发2019年度一般企业财务报表格式的通知》，企业资产负债表的基本格式和内容如表1-2所示（以SYZG公司的资产负债表为例）。

表1-2 SYZG公司资产负债表

编制单位：SYZG公司　　　　　　　　2019年12月31日　　　　　　　　单位：万元

资产	期末余额	期初余额	负债及所有者权益	期末余额	期初余额
流动资产：			流动负债：		
货币资金	1 352 674	1 198 504	短期借款	864 116	541 675
交易性金融资产	836 740	0	衍生金融负债	50 303	89 855
以公允价值计量且其变动计入当期损益的金融资产	0	155 672	应付票据	801 839	840 500

续表

资产	期末余额	期初余额	负债及所有者权益	期末余额	期初余额
衍生金融资产	32 373	55 907	应付账款	1 227 623	878 571
应收票据	0	66 864	预收款项	128 095	135 710
应收账款	2 179 289	2 013 336	应付职工薪酬	128 962	104 625
应收款项融资	103 746	0	应交税费	149 046	52 375
预付款项	63 359	98 165	其他应付款	414 955	296 074
其他应收款	278 650	170 361	一年内到期的非流动负债	212 969	291 908
其中：应收利息	0	14 259	其他流动负债	236 952	162 244
存货	1 425 174	1 159 463	流动负债合计	4 214 860	3 393 537
一年内到期的非流动资产	50 816	23 323	非流动负债：		
其他流动资产	527 201	247 999	长期借款	130 284	194 070
流动资产合计	6 850 022	5 189 594	应付债券	0	403 348
非流动资产：			其中：优先股	0	0
可供出售金融资产	0	112 051	永续债	0	0
长期应收款	128 589	36 579	长期应付款	12 150	24 273
长期股权投资	298 544	232 835	长期应付职工薪酬	8 397	7 900
其他权益工具投资	88 710		预计负债	23 450	11 719
其他非流动金融资产	25 838		递延收益	40 191	27 175
投资性房地产	12 632	5 011	递延所得税负债	71 387	64 982
固定资产	1 061 538	1 186 724	其他非流动负债	737	257
在建工程	110 478	79 107	非流动负债合计	286 596	733 724
无形资产	333 931	387 950	负债合计	4 501 456	4 127 261
开发支出	5 329	14 796	所有者权益（或股东权益）：		
商誉	4 946	5 087	实收资本（或股本）	842 625	780 071
长期待摊费用	7 631	2 736	其他权益工具		36 900
递延所得税资产	110 937	115 195	其中：优先股	0	0
其他非流动资产	15 006	9 808	永续债	0	0
非流动资产合计	2 204 109	2 187 879	资本公积	594 831	188 339
			减：库存股	83 955	11 111
			其他综合收益	−129 139	−142 024
			盈余公积	322 515	318 181
			未分配利润	2 895 222	1 978 135
			归属于母公司所有者权益（或股东权益）合计	4 442 099	3 148 491
			少数股东权益	110 576	101 721
			所有者权益（或股东权益）合计	4 552 675	3 250 212
资产总计	9 054 131	7 377 473	负债和所有者权益合计	9 054 131	7 377 473

下面对资产负债表的主要项目进行简单说明。

1. 资产类项目

资产是指企业过去的交易或者事项形成的、由企业拥有或者控制的、预期会给企业带来经济利益的资源。资产可能是有形的，如机器设备、存货等；资产也可能是无形的，如专利权和商标权等。资产通常分为两类，即流动资产和非流动资产。在资产负债表中通常是按资产的流动性由强到弱自上而下排列，先流动资产后非流动资产。

（1）流动资产

流动资产是指可以在一年或超过一年的一个营业周期内变现或耗用的资产。在资产负债表中，流动资产项目包括货币资金、交易性金融资产、衍生金融资产、应收票据、应收账款、应收款项融资、预付账款、其他应收款、存货、合同资产、一年内到期的非流动资产等。流动资产是企业在生产经营过程中必不可少的资产。例如，缺少货币资金，企业就难以购买材料、发放工资、购置设备等；缺少原材料，就会给企业生产经营造成停工损失。所以流动资产就犹如企业的血液，必须保证充足、流动畅通，这样企业才能健康持续发展。

在流动资产中，货币资金是企业在生产经营过程中处于货币形态的那部分资金，它可立即作为支付手段并被普遍接受，因而流动性最强。货币资金一般包括企业的库存现金、银行结算户存款、外埠存款、银行汇票存款、银行本票存款、信用卡存款和信用证保证金存款等。

思政案例 1-2 **手握 17 亿元现金仍拖欠 1.4 亿元奶款，科迪乳业遭证监会立案调查**[①]

2019 年 8 月 16 日，科迪乳业收到证监会立案调查通知书，因公司涉嫌违法违规，中国证券监督管理委员会决定对其立案调查。而此前，深交所接连下发关注函，要求就公司是否存在资金链紧张情形，以及账上存有 16.72 亿元货币资金但仍长期拖欠奶款等问题进行说明。

7 月底，数百名奶农及原奶供应商聚集在科迪乳业讨债，将科迪系背后的面纱一一揭开。根据媒体公开报道，科迪乳业自 2017 年 12 月开始拖欠奶农奶款，涉及金额大约 1.4 亿元。事发后，科迪乳业本月以来已经收到两份关注函。科迪乳业 17 日在关注函回复中表示，公司应付奶款合计为 1.13 亿元，有 4 100 万元到期未付的原因为"部分奶农未按约定计划送奶"，并表示已经与奶农达成还款协议。

这样的回应引来市场质疑，科迪乳业的资金链真实情况也受到监管层关注。根据科迪乳业第一季度报告，报告期末，公司货币资金余额为 17.7 亿元，短期借款余额为 11.88 亿元；报告期内，利息费用金额为 1 639.03 万元，占归属于母公司所有者的净利润的 54.67%。

在月初对科迪乳业下发的关注函中，监管层要求科迪乳业说明公司货币资金的余额、存放地点，是否存在抵押、质押、冻结等权利受限等情形。这样的质疑背后，是科迪系本身资金的困境。

交易性金融资产是指企业打算通过积极管理和交易以获取利润的债权证券和权益证券。

[①] 李云琦. 科迪乳业被证监会调查 待国资驰援 20 亿"续命"？. 新京报，2019-08-20.

衍生金融资产，是与基础金融产品相对应的一个概念，指企业积极管理和交易派生金融产品而产生的资产，主要包括远期合同、期货、互换和期权。

应收票据主要是指企业因销售商品或提供劳务等而收到的商业汇票，包括商业承兑汇票和银行承兑汇票。

应收账款是指企业在生产经营过程中因销售商品或提供劳务而应向购货单位或接受劳务单位收取而未收的款项。

应收款项融资，反映资产负债表日以公允价值计量且其变动计入其他综合收益的应收票据和应收账款等。

预付款项是指购货单位根据购货合同的规定，预先付给供货单位的货款，预付的货款既可以是部分货款，也可以是全部的货款。

其他应收款是指除应收票据、应收账款和预付账款以外的其他各种应收、暂付款项。

存货是指企业在生产经营过程中为销售或耗用而储存的各种有形资产，包括各种原材料、燃料、包装物、周转材料、委托加工材料、在产品、产成品和商品等。

合同资产，是指企业已向客户转让商品而有权收取对价的权利，且该权利取决于时间流逝之外的其他因素。如企业向客户销售两项可明确区分的商品，企业因已交付其中一项商品而有权收取款项，但收取该款项还取决于企业交付另一项商品的，企业应当将该收款权利作为合同资产。

一年内到期的非流动资产，是指预计自资产负债表日起一年内变现的非流动资产。

（2）非流动资产

除流动资产外，企业的其他资产统称为非流动资产。非流动资产是指在一年或超过一年的一个营业周期内不能变现或耗用的资产。非流动资产包括债权投资、其他债权投资、长期股权投资、长期应收款、其他权益工具投资、其他非流动金融资产、投资性房地产、固定资产、在建工程、工程物资、无形资产、商誉等。非流动资产的形成往往需要投入大量资金，并且在较长时间发挥作用，一旦形成不易调整或变现。

在非流动资产中，债权投资、其他债权投资、其他权益工具投资和其他非流动金融资产等属于企业的非生产经营性长期资产，这些资产会给企业带来投资收益，但不直接参与企业的生产经营活动。

投资性房地产是指为赚取租金或资本增值，或两者兼有而持有的房地产，包括已出租的土地使用权、持有并准备增值后转让的土地使用权、已出租的建筑物。

长期股权投资是指企业为了扩大规模或兼并其他企业而进行的期限超过一年的投资。

长期应收款是指企业融资租赁产生的应收账款和采用递延方式分期收款、实质上具有融资性质的销售商品和提供劳务等经营活动产生的应收款项。

固定资产是指企业为生产商品提供劳务、出租或经营管理而持有的、使用寿命超过一个会计年度的有形资产，包括房屋建筑物、机器设备、运输工具等。

无形资产是指企业拥有或控制的、无实物形态的、可辨认的非货币资产，包括专利权、非专利技术、商标权、著作权、土地使用权等。

思政案例1-3　　　　　　　　　　苹果公司轻资产战略[①]

　　美国苹果公司是轻资产盈利模式的一个典型案例，苹果公司的成功并不仅仅有赖于其领先的技术，还在于盈利模式的创新。

　　苹果公司的资产负债表显示的财务结构呈现出典型的"轻资产"特征，具体表现如下。

　　① 现金储备极高，现金储备（现金及现金等价物、短期证券、长期有价证券）与总资产比值在 70% 上下浮动，11 年的时间里，公司现金储备由最初的 43.4 亿美元飙升至 815.7 亿美元，上涨了近 18 倍。

　　② 流动资产比例很高，2001—2008 年，苹果公司的流动资产长期占总资产的 80% 以上，自 2009 年起苹果公司开始购入长期有价证券，流动资产比重有所降低。

　　③ 应收账款与存货比例很低，其中应收账款常年保持在 10% 以下，而存货也始终控制在总资产 1% 边缘上下浮动，最高也不过 1.4%。

　　④ 固定资产比例很低，2003 年以前，固定资产始终保持在总资产的 10% 左右的水平，2004—2011 年，固定资产占总资产的比重平均维持在 7% 左右。

　　⑤ 极低的负债水平，公司流动负债长期保持在总资产的 30% 左右的规模，其中超过一半为应付账款，2003 年以后，苹果公司偿清历史遗留债务，不再有短期负债和长期负债。

　　轻资产模式在盈利及运营财务指标上也有明显的特点。表 1-3 是苹果公司 2001—2011 年的盈利及运营情况。

表 1-3　苹果公司 2001—2011 年的盈利及运营情况　　　　单位：百万美元

年份	2001	2002	2003	2004	2005	2006	2007	2008	2009	2010	2011
销售收入	5 363	5 742	6 207	8 279	13 931	19 315	24 006	32 479	42 905	65 225	108 249
销售成本	4 128	4 139	4 499	6 020	9 889	13 717	15 852	21 334	25 683	39 541	64 431
毛利	1 235	1 603	1 708	2 259	4 042	5 598	8 154	11 145	17 222	25 684	43 818
毛利率/%	23.00	27.90	27.50	27.30	29.00	29.00	34.00	34.30	40.10	39.40	40.50
研发费用	430	446	471	489	535	712	782	1 109	1 333	1 782	2 429
销售、管理费用	1 138	1 111	1 212	1 421	1 864	2 433	2 963	3 761	4149	5 517	7 599
其中：广告费	261	209	193	206	287	338	467	486	501	691	933
总营业费用	1 579	1 586	1 709	1 933	2 399	3 145	3 745	4 870	5 482	7 299	10 028
（研发费用/销售收入）/%	8.00	7.80	7.60	5.90	3.80	3.70	3.30	3.40	3.10	2.70	2.20
（销售、管理费用/销售收入）/%	21.20	19.30	19.50	17.20	13.40	12.60	12.30	11.60	9.70	8.50	7.00
其中：（广告费/销售收入）/%	4.90	3.60	3.10	2.50	2.10	1.70	1.90	1.50	1.20	1.10	0.90
（总营业费用/销售收入）/%	29.40	27.60	27.50	23.30	17.20	16.30	15.60	15.00	12.80	11.20	9.30
净利润	-25	65	69	276	1 328	1 989	3 496	4 834	8 235	14 013	25 922
总资产	6 021	6 298	6 815	8 050	11 516	17 205	25 347	39 572	47 501	75 183	116 371
总资产周转天数	436	392	386	328	256	271	323	365	370	343	323
存货周转天数	2	2	4	5	5	6	7	7	7	7	5

---

　　① 戴天婧，张茹，汤谷良. 财务战略驱动企业盈利模式：美国苹果公司轻资产模式案例研究.会计研究，2012（11）.

自 2001 年起苹果公司毛利率逐年稳步上升，近几年毛利率甚至高达 40%，极大地拓宽了公司的盈利空间。高毛利率的同时更是出色的资产管理运营能力：在长达 10 多年的时间里，苹果公司的存货周转天数始终保持在一周以内，与行业标杆戴尔公司不相上下。而在营业费用方面，自 2001 年起，苹果公司每单位销售收入所花费的总营业费用逐年下降，伴随着毛利率的高企，费用率的下降幅度更是惊人，2011 年销售收入中仅有不到 10% 的总营业费用支出。

从传统产品价值链角度来看，苹果公司将自己的核心竞争力建立在"微笑曲线"（smiling curve）上价值最丰厚的两端：研发和营销，攫取了最大的利润空间。这种"轻资产"战略也是目前高科技行业的普遍做法，反映出高科技行业在商业模式创新上带来的价值创造。

2. 负债类项目

负债是指企业过去的交易或者事项形成的、预期会导致经济利益流出企业的现时义务。现时义务是指企业在现行条件下已承担的义务。未来发生的交易或者事项形成的义务，不属于现时义务，不应当确认为负债。同资产类项目一样，负债分为流动负债和非流动负债。在资产负债表中，负债是按照到期日由近到远自上而下排列的。

（1）流动负债

流动负债是指可以合理预期在一年内或超过一年的一个经营周期内需要利用企业现有资产偿还的债务，具体包括短期借款、交易性金融负债、衍生金融负债、应付票据、应付账款、合同负债、应付职工薪酬、应交税费等。

短期借款是指企业向银行或其他金融机构等借入的期限在一年以下（含一年）的各种借款。

交易性金融负债是指企业采用短期获利模式进行融资所形成的负债，比如应付短期债券。

衍生金融负债是指公司衍生金融工具业务中的衍生金融工具的公允价位及其变动形成的衍生负债。

应付票据是指企业因购买材料、商品和接受劳务供应等开出、承兑的商业汇票，包括银行承兑汇票和商业承兑汇票。

应付账款是指企业因购买材料、商品和接受劳务等经营活动应支付的款项。

合同负债是指企业已收或应收客户对价而应向客户转让商品的义务。如企业在转让承诺的商品之前已收取的款项。

应交税费是指企业按照税法规定计算应交纳的各种税费，包括增值税、企业所得税、资源税、土地增值税、城市维护建设税、房产税、城镇土地使用税、车船税、教育费附加、矿产资源补偿费等。

（2）非流动负债

非流动负债是指偿还期超过一年或一个经营周期的债务，具体包括长期借款、应付债券、租赁负债、长期应付款、预计负债、专项应付款等。

在非流动负债中，长期借款是指企业向银行或其他金融机构借入的期限在一年以上的各种借款。

应付债券是指企业为筹集（长期）资金而发行的债券。债券发行有面值发行、溢价发行和折价发行三种情况。

租赁负债是指企业作为承租人在租入资产确认使用权的同时，确认租赁负债，不管是经营租赁还是融资租赁均要在资产负债表列示，它等于按照租赁期开始日尚未支付的租赁付款额的现值，反映资产负债表日承租人企业尚未支付的租赁付款额的期末账面价值。

长期应付款是指除了长期借款和应付债券以外的其他各种长期应付款，包括应付融资租入固定资产的租赁费、以分期付款方式购入固定资产等发生的应付款项等。

预计负债是指企业确认的对外提供担保、未决诉讼、产品质量保证、重组义务、亏损性合同等预计负债。

专项应付款是指企业取得政府作为企业所有者投入的具有专项或特定用途的款项。

3. 股东权益项目

股东权益是指企业资产扣除负债后由股东享有的剩余权益。公司的股东权益又称为所有者权益。股东权益的来源包括所有者投入的资本、直接计入所有者权益的利得和损失、留存收益等。股东权益项目包括股本（或实收资本）、其他权益工具、资本公积、其他综合收益、盈余公积、未分配利润等。

股本是指股东在公司中所占的权益，多用于指股票。上市公司与其他公司相比较，最显著的特点就是将上市公司的全部资本划分为等额股份，并通过发行股票的方式来筹集资本。股东以其所认购股份对公司承担有限责任，因此股份是很重要的指标。股票的面值与股份总数的乘积为股本，股本应等于公司的注册资本。

其他权益工具是指企业发行的除普通股以外，按照金融负债和权益工具区分原则归类为权益工具的其他权益工具，如企业发行的归类为权益工具的优先股、永续债等。

资本公积是指投资者出资额超过其在注册资本或股本中所占份额的部分。直接计入所有者权益的利得和损失，也通过该科目核算。

其他综合收益是指企业未在当期损益中确认的各项利得和损失，包括以后会计期间不能重分类计入损益的其他综合收益和以后会计期间满足规定条件时将重分类进损益的其他综合收益两类。

盈余公积包括法定盈余公积和任意盈余公积两种类型，主要可以用于弥补企业亏损或者转增资本。关于法定盈余公积，按照《公司法》的规定，按照税后利润的10%提取，法定盈余公积累计额已达注册资本50%时，可以不再提取；上市公司按照股东大会的决议提取任意盈余公积。法定盈余公积和任意盈余公积的区别在于其各自计提的依据不同，前者以国家的法律或行政规章为依据提取，后者则由上市公司自行决定提取。

未分配利润是指企业未作分配的利润。它在以后年度可继续进行分配，在未进行分配之前，属于所有者权益的组成部分。从数量上来看，未分配利润是期初未分配利润加上本期实现的净利润，减去提取的各种盈余公积和分出的利润后的余额。未分配利润有两层含义：一是留待以后年度处理的利润；二是未指明特定用途的利润。相对于所有者权益的其他部分来说，企业对于未分配利润的使用有较大的自主权。

少数股东权益简称少数股权，在控股合并形式下，少数股东权益是指子公司股东权益中未被母公司持有部分。在母公司拥有子公司股份不足100%，即只拥有子公司净资产的部分产权时，子公司股东权益的一部分属于母公司所有，即多数股权，其余仍属于子公司外部其他股东所有。由于后者在子公司全部股权中不足半数，对子公司没有控制能力，故被称为少数股权。

1.2.3　资产负债表的作用

（1）揭示经济资源总量及其分布形态

资产负债表揭示了企业拥有或控制的能用货币表现的经济资源，即资产的总规模及具体的分布形态，即有多少资源是流动资产、有多少资源是非流动资产、流动资产内部结构又是如何等。总之，资产负债表是分析企业生产经营特点、资本结构和财务实力等的重要途径。

（2）反映企业资金来源及其构成情况

资产负债表提供某一日期负债和所有者权益总额及其结构，反映了企业资金的来源及其构成状况。具体而言通过资产负债表，可以了解企业的负债规模及其结构、所有者权益规模及其结构。

（3）获取企业资产流动性水平信息

通过资产负债表，可以获取企业资产流动性水平方面的信息。资产负债表的资产项目是按照流动性的强弱顺序排列的，通过观察资产的流动性，可以了解资产的变现能力。

（4）提供分析企业偿债能力的信息

企业的债务需要用资产来偿还。通过将资产负债表中的资产、所有者权益等项目信息与负债项目进行比较，可以了解企业债务偿还的保障程度及偿债能力方面的信息。

思政案例 1-4　　雅戈尔的资产质量分析

雅戈尔集团（股票代码：600177）创建于 1979 年，是全国纺织服装行业龙头企业。经过 41 年的发展，雅戈尔已形成以品牌发展为核心、多元并进、专业化发展的综合性国际化企业集团，下设服装控股、服装制造科技、纺织控股、置业控股、康旅控股、金融投资和中基集团 7 个板块。雅戈尔集团 2019 年度实现销售收入 1 116 亿元，利润总额 54 亿元，实缴税收 28 亿元，位居中国民营企业 500 强第 66 位。截至 2019 年底，雅戈尔集团总资产 1 014 亿元，净资产 312 亿元。

1. 基于货币资金的资产质量分析

雅戈尔的货币资金从持有量来说，每年都有所差异，整体上呈现上升趋势（见表 1-4）；从货币资金占比来看，在 9%～14% 之间波动，较不稳定（见表 1-5）。从同业比较中也可以看出，与海澜之家和七匹狼 2015—2019 年数据相比，雅戈尔的货币资金占比的平均水平并不高。这一方面可以说明雅戈尔对资金调度较灵活，利用程度较高；另一方面也可能给雅戈尔带来了潜在的资金危机。

表 1-4　2015—2019 年雅戈尔集团资产情况　　单位：万元

项目	2015 年	2016 年	2017 年	2018 年	2019 年
货币资金	612 794	898 367	716 393	1 070 806	1 112 994
应收账款	24 468	26 460	31 034	34 673	39 528

续表

项目	2015 年	2016 年	2017 年	2018 年	2019 年
存货	1 403 031	1 171 333	1 096 569	1 452 058	1 655 048
固定资产	383 288	500 066	566 676	668 501	655 219
无形资产	30 590	31 560	30 953	40 105	39 137
总资产	6 627 728	6 391 183	6 691 884	7 561 200	8 066 132

表 1-5　2015—2019 年货币资金占比情况及同业比较

公司	2015 年	2016 年	2017 年	2018 年	2019 年	五年平均值
雅戈尔	9.25%	14.06%	10.71%	14.16%	13.80%	12.39%
七匹狼	29.32%	23.39%	16.07%	16.55%	11.57%	19.38%
九牧王	15.91%	7.72%	5.88%	8.20%	6.91%	8.92%
报喜鸟	5.81%	6.55%	7.78%	7.24%	10.80%	7.64%
海澜之家	33.89%	36.34%	31.25%	35.57%	34.66%	34.34%

2. 基于应收账款的资产质量分析

从表 1-6 来看，雅戈尔的应收账款金额呈逐年上升趋势，应收账款占总资产的比例也呈逐年上升趋势。但从同业比较来看，雅戈尔的应收账款占比明显较低，且波动幅度小于其他公司，这在一定程度上说明雅戈尔的应收账款管理水平较高，该资产质量较好。

表 1-6　2015—2019 年应收账款占比情况及同业比较

公司	2015 年	2016 年	2017 年	2018 年	2019 年	五年平均值
雅戈尔	0.37%	0.41%	0.46%	0.46%	0.49%	0.44%
七匹狼	3.52%	2.17%	3.37%	4.87%	4.47%	3.68%
九牧王	3.01%	2.75%	2.34%	2.93%	2.95%	2.80%
报喜鸟	11.72%	9.96%	9.01%	9.29%	8.89%	9.77%
海澜之家	2.60%	2.65%	2.37%	2.32%	2.67%	2.52%

3. 基于存货的资产质量分析

2015—2017 年雅戈尔存货量逐年下降，2017—2019 年存货量逐年上升，且超过 2015 年水平。存货占比的变化趋势与存货量相同，但 2019 年未超过 2015 年水平。从同业比较来看（见表 1-7），雅戈尔的存货占比处于行业内中等水平，能在一定程度上避免存货积压和存货周转不灵的问题，说明其存货管理水平较好，该资产质量较好。

表1-7　2015—2019年存货占比情况及同业比较

公司	2015年	2016年	2017年	2018年	2019年	五年平均值
雅戈尔	21.17%	18.33%	16.39%	19.20%	20.52%	19.12%
七匹狼	11.40%	11.36%	10.04%	11.23%	11.18%	11.04%
九牧王	10.83%	13.34%	11.52%	13.25%	15.04%	12.80%
报喜鸟	23.18%	20.23%	18.06%	19.54%	22.97%	20.80%
海澜之家	40.87%	35.41%	33.84%	32.01%	31.28%	34.68%

4. 基于固定资产、无形资产的资产质量分析

2015—2019年，雅戈尔的固定资产和无形资产金额都在逐年上升。但从同业比较来看，雅戈尔固定资产和无形资产占比处于较低水平，从这一点来说，其退出壁垒及经营风险处于较有优势水平（见表1-8）。

表1-8　2015—2019年固定资产和无形资产占比及同业比较

公司	2015年	2016年	2017年	2018年	2019年	五年平均值
雅戈尔	6.24%	8.32%	8.93%	9.37%	8.61%	8.29%
七匹狼	7.01%	5.71%	8.09%	7.63%	7.45%	7.18%
九牧王	15.04%	11.41%	8.62%	11.05%	11.36%	11.50%
报喜鸟	27.46%	25.38%	21.25%	20.96%	18.38%	22.69%
海澜之家	11.91%	13.76%	14.47%	15.43%	17.11%	14.54%

以上是对雅戈尔的资产质量分析的情况，从总体上看，其资产质量良好，但货币资金占比波动问题值得关注。

1.3　利润表的结构与内容

1.3.1　利润表的结构

利润表是反映企业在一定会计期间经营成果的会计报表，是动态报表。我国企业利润表采用多步式格式编制，其编制原理遵循会计等式"利润=收入−费用"。与资产负债表一样，利润表编制的基础是权责发生制。

要分析利润表，首先需要掌握利润表的实质。利润表主要综合反映了企业各种活动，尤其是经营活动的最终成果，它反映的是企业在一定会计期间所取得的收入、所发生的成本费

用及最终所赚取的利润。我国企业利润表包括营业利润、利润总额和净利润三种利润形式。利润表与企业各种活动的对应关系可通过表 1-9 来反映。

表 1-9 利润表与企业各种活动的对应关系

项　目	企业各种活动
一、营业收入	
减：营业成本	经营活动
税金及附加	
销售费用	
管理费用	
研发费用	投资活动
财务费用	
其中：利息费用	筹资活动
利息收入	
加：其他收益	经营活动
投资收益（损失以"－"号填列）	
其中：对联营企业和合营企业的投资收益	
以摊余成本计量的金融资产终止确认收益（损失以"－"号填列）	投资活动
净敞口套期收益（损失以"－"号填列）	
公允价值变动收益（损失以"－"号填列）	
信用减值损失（损失以"－"号填列）	经营活动
资产减值损失（损失以"－"号填列）	取决于资产类型
资产处置收益（损失以"－"号填列）	取决于资产类型
二、营业利润（亏损以"－"填列）	日常经济活动
加：营业外收入	非日常经济活动
减：营业外支出	
三、利润总额（亏损总额以"－"填列）	经济活动
减：所得税费用	
四、净利润（亏损以"－"填列）	
（一）持续经营净利润（净亏损以"－"号填列）	经济活动
（二）终止经营净利润（净亏损以"－"号填列）	
五、其他综合收益的税后净额	
（一）不能重分类进损益的其他综合收益	非日常经济活动
（二）将重分类进损益的其他综合收益	
六、综合收益总额	全部经济活动
七、每股收益	全部经济活动

1.3.2　利润表的内容

根据《企业会计准则第 30 号——财务报表列报》和 2019 年发布的《关于修订印发 2019 年度一般企业财务报表格式的通知》，企业利润表的基本格式和内容如表 1-10 所示（以 SYZG 公司的利润表为例）。

表 1-10　SYZG 公司利润表

编制单位：SYZG 公司　　　　　　　　2019 年 1—12 月　　　　　　　　单位：万元

项　目	本期发生额	上期发生额
一、营业收入	7 566 576	5 582 150
减：营业成本	5 093 227	3 872 796
税金及附加	37 091	32 636
销售费用	548 759	444 663
管理费用	205 166	204 590
研发费用	364 441	175 448
财务费用	−4 639	13 565
其中：利息费用	55 716	56 352
利息收入	50 486	34 360
加：其他收益	56 811	34 157
投资收益	38 285	63 746
其中：对联营企业和合营企业的投资收益	13 953	12 827
净敞口套期收益（损失以"−"号填列）		
公允价值变动收益	28 965	−36 168
信用减值损失	−111 679	
资产减值损失	−14 245	−109 538
资产处置收益	56 875	−2 805
二、营业利润	1 377 543	787 844
加：营业外收入	18 269	12 318
减：营业外支出	50 380	45 138
三、利润总额	1 345 432	755 024
减：所得税费用	195 987	124 675
四、净利润	1 149 445	630 349
（一）按经营持续性分类		
1. 持续经营净利润（净亏损以"−"号填列）	1 149 445	630 349
2. 终止经营净利润（净亏损以"−"号填列）		
（二）按所有权归属分类		
归属于母公司股东的净利润	1 120 666	611 629
少数股东损益	28 779	18 720

项　目	本期发生额	上期发生额
五、其他综合收益的税后净额	15 103	10 633
（一）归属于母公司股东的其他综合收益的税后净额	14 691	11 138
1. 不能重分类进损益的其他综合收益	26 295	−242
2. 将重分类进损益的其他综合收益	−11 604	11 380
（二）归属于少数股东的其他综合收益的税后净额	412	−505
六、综合收益总额	1 164 548	640 982
归属于母公司股东的综合收益	1 135 358	622 767
归属少数股东的综合收益	29 190	18 215
七、每股收益：		
（一）基本每股收益（元/股）	1.359 5	0.790 7
（二）稀释每股收益（元/股）	1.352 0	0.746 6

下面对利润表的主要项目进行简单说明。

1. 营业利润

营业利润是指企业从事生产经营活动所产生的利润，是指企业在某一会计期间的营业收入与为实现这些营业收入所发生的费用、成本配比计算之后的结果。它主要是企业通过自身的生产经营活动所取得的。

2. 利润总额

利润总额是指企业在营业利润的基础上，考虑营业外收支后的利润成果。利润总额是衡量企业经营业绩十分重要的财务指标。

根据收益总括观，利润总额包括营业外收支和前期会计调整等内容。按照规定，企业在计算利润总额之前，需要将当期经营过程中所产生的利润（正常利润）和其他损益（非正常利润）分开列示。所谓正常利润，是指由企业生产经营活动所产生和实现的利润，包括企业从事经营活动、投资活动、筹资活动等实现的利润，也就是包括营业利润、投资收益等。非正常利润是与企业生产经营活动无关事项所引起的损益，包括罚款收入、处置长期资产的净收益、遭受自然灾害导致的损失、罚款支出和滞纳金支出等与正常生产经营活动无关的项目。除此以外，前期会计调整也纳入非正常利润之列。由于产生正常利润的生产经营活动可由企业管理层所控制，而非正常利润通常是不可控制的，因而在财务报表分析中将利润区分为正常利润和非正常利润有利于更客观地衡量企业管理层的经营管理效率。

3. 净利润

净利润是指在利润总额中扣除所得税费用后的利润留成，一般也称为税后利润或净收入。它反映了企业全部活动的经营成果。

4. 其他综合收益和综合收益总额

综合收益是指企业在某一期间与所有者之外的其他方面进行交易或发生其他事项所引起的净资产变动。综合收益总额反映了净利润与其他综合收益在扣除所得税影响后的净额相加后的合计金额。其他综合收益是指企业根据其他会计准则规定未在当期损益中确认的各项利得和损失。《企业会计准则第 30 号——财务报表列报》规定，企业应当以扣除相关所得税影响后的净额在利润表上单独列示各项其他综合收益项目。

5. 每股收益

每股收益是指企业只考虑当期实际发行在外的普通股股份，按照归属于普通股股东的当期净利润与当期实际发行在外普通股的加权平均数之间的比率。它是测定股票投资价值的重要指标之一，是综合反映公司盈利能力的重要指标，包括基本每股收益和稀释每股收益两种形式。

1.3.3　利润表作用

（1）揭示企业经营成果

通过利润表反映的收入取得情况、费用耗用情况和利润实现情况可以评价企业的经营成果。获利是企业的根本目标，也是企业投资者、债权人、经营管理者十分关注的信息。

（2）反映企业的盈利能力

盈利能力通常体现了财务成果与其相关的一些指标之间的比率关系，如财务成果与收入的比率关系、财务成果与成本费用的比率关系等。利润表提供了盈利能力分析所需要的收入信息和成本费用信息，其他反映盈利能力的指标计算也离不开利润表提供的数据。

（3）有助于企业进行科学经营管理

利润表提供了反映企业收入、成本费用状况的信息，通过分析可以了解企业各项收入、费用和利润的升降趋势及其变化幅度，找出原因所在，发现经营管理中存在的问题；通过比较分析利润表中各项构成要素，对利润的形成进行结构分析，找出形成利润的主要来源渠道，为企业的经营决策提供依据。

（4）有助于考核评价经营者的经营业绩

利润表中的数据体现了企业在生产经营过程中资本利用的效果与效率，是对企业经营业绩的直接反映，是经营者受托责任履行情况的真实写照，因而是股东考核评价经营者经营业绩的重要依据。

思政案例 1-5　　　　　　　　**通用电气财务造假"罗生门"事件**[①]

2019 年 8 月 15 日，曾揭发美国华尔街"麦道夫庞氏骗局"的美国会计专家 Harry Markopolos 发布了一份长达 175 页的舞弊调查报告，指控通用电气（GE）存在 380 亿美元的财务造假问题，并声称通用电气的舞弊行为比安然事件更为严峻。美股市场第一时间对该信息做出负反馈，致使通用电气收盘时股价下跌 11.3%，创 11 年单日最大跌幅，同时市值蒸发 89 亿美元（约合人民币 626 亿元）。

通用电气成立于 1892 年，是一家名副其实的百年企业和多元化经营的跨国公司，曾涉及的主要领域有：航空发动机制造、配电设备制造、电机和工业系统、金融服务、动力系统、信息服务、照明工程、机车制造、家用电器制造、医疗设备系统、广播电视及塑料工程等。通用电气曾是美国最伟大的企业，曾是全球市值最高的企业（8 293 亿美元），巴菲

[①]　施懿宸. ESG 视角下的通用电气财务造假"罗生门"事件. 新浪财经，2019-08-26.

特称之为"美国商业的象征"。2016 年 10 月，通用电气被评选为全球 100 大最有价值品牌第十名。2018 年 12 月，世界 500 强排名中，通用电气排列第 14 位。

Harry Markopolos 言辞凿凿之际，通用电气董事会董事兼审计委员会主席 Leslie Seidman 严厉控诉这份报告"充满了误导、不准确和煽动性的陈述"。双方各执一词，俨然发展成焦灼的金融市场"罗生门"事件。

分析 2016—2019 年年报中的利润表主要相关信息，根据盈利能力定量指标，不难发现通用电气的净利润持续亏损的情况已经在 2018 年达到极值，按照报告披露时的汇率计算合计亏损 1 534.27 亿元人民币。与此同时，岌岌可危的企业盈利情况并未在后续阶段发生明显好转。即便 2019 年中期财务报告净利润账面价值为 255.46 亿元人民币，看似度过危机，其净利润/利润总额的比率数值却不合理地高达 374.9%。进一步整理通用电气的利润表可知，2019 年中期报告中非持续经营净利润为 194.07 亿元人民币，显著增加了通用电气该报表披露期间的对应净利润数额。

财务报告附注详细列示了其非持续经营净利润的各部分来源，总体而言，通用电气持续盈利能力极差，净利润主要增加来源由出售业务的兑价收入与税收优惠组成。2019 年 2 月 25 日，通用电气交通业务完成了与美国铁路设备制造商西屋制动（Wabtec）的合并，对应获得 29 亿美元现金。此外，在于西屋制动的合并交易中实现的税收优惠为 4.7 亿美元，并将交通业务重分类为 2019 年第一季度的停产业务。2019 年 6 月，通用电气资本同时列示了 3.32 亿美元的税收优惠和 4 600 万美元的净利息收益。

1.4 现金流量表的结构与内容

1.4.1 现金流量表的结构

现金流量表是指反映企业在一定会计期间的现金及现金等价物流入和流出的会计报表，它以现金流量为基础体现了企业全部财务活动的总体状况。现金是指企业库存现金及可以随时用于支付的银行存款及外埠存款、存出投资款等其他货币资金。现金等价物是指企业持有的期限短、流动性强、易于转换为已知金额现金、价值变动风险很小的投资。现金流量表是反映企业现金流量状况的动态报表，编制的基础是收付实现制，编制原理遵循以下公式。

现金流入−现金流出=现金流量净额

我国企业的现金流量表将现金流量划分为经营活动现金流量、投资活动现金流量和筹资活动现金流量三种类型。因此，现金流量表提供了从另外一个角度观察企业经营活动、筹资活动和投资活动的信息。现金流量表与企业各种经济活动的对应关系具体如表 1-11 所示。

表 1-11　现金流量表与企业各种经济活动的对应关系

项　　目	企业活动
一、经营活动产生的现金流量	
经营活动现金流入小计	经营活动
经营活动现金流出小计	
经营活动产生的现金流量净额	
二、投资活动产生的现金流量	
投资活动现金流入小计	投资活动
投资活动现金流出小计	
投资活动产生的现金流量净额	
三、筹资活动产生的现金流量	
筹资活动现金流入小计	筹资活动
筹资活动现金流出小计	
筹资活动产生的现金流量净额	
四、汇率变动对现金及现金等价物的影响	全部经济活动
五、现金及现金等价物净增加额	全部经济活动

1.4.2　现金流量表的内容

根据《企业会计准则第 30 号——财务报表列报》和 2019 年发布的《关于修订印发 2019 年度一般企业财务报表格式的通知》，企业现金流量表的基本格式和内容如表 1-12 所示（以 SYZG 公司的现金流量表为例）。

表 1-12　SYZG 公司现金流量表

编制单位：SYZG 公司　　　　　　　　2019 年　　　　　　　　单位：万元

项　　目	本期发生额	上期发生额
一、经营活动产生的现金流量：		
销售商品、提供劳务收到的现金	7 876 473	5 964 547
收到的税费返还	94 789	42 138
收到的其他与经营活动有关的现金	102 683	121 425
经营活动现金流入小计	8 073 945	6 128 110
购买商品、接受劳务支付的现金	5 197 176	3 874 604
支付给职工以及为职工支付的现金	537 389	464 072
支付的各项税费	387 904	272 084
支付其他与经营活动有关的现金	624 939	464 660
经营活动现金流出小计	6 747 408	5 075 420
经营活动产生的现金流量净额	1 326 537	1 052 690

续表

项　　目	本期发生额	上期发生额
二、投资活动产生的现金流量：		
收回投资收到的现金	1 425 434	219 236
取得投资收益收到的现金	75 615	50 603
处置固定资产、无形资产和其他长期资产收回的现金净额	19 747	37 704
处置子公司及其他营业单位收到的现金净额	15 324	31 068
收到的其他与投资活动有关的现金	52 115	
投资活动现金流入小计	1 588 235	338 611
购建固定资产、无形资产和其他长期资产支付的现金	235 463	138 022
投资支付的现金	2 429 762	1 247 775
取得子公司及其他营业单位支付的现金净额		
支付其他与投资活动有关的现金	121 098	29 328
投资活动现金流出小计	2 786 323	1 415 125
投资活动产生的现金流量净额	−1 198 088	−1 076 514
三、筹资活动产生的现金流量：		
吸收投资收到的现金	42 774	53 773
其中：子公司吸收少数股东投资收到的现金	3 253	1 043
取得借款收到的现金	1 574 974	952 691
收到其他与筹资活动有关的现金	98 853	44 210
筹资活动现金流入小计	1 716 601	1 050 674
偿还债务支付的现金	1 399 394	794 265
分配股利、利润或偿付利息支付的现金	288 328	173 281
其中：子公司支付给少数股东的股利、利润	12 713	5 095
支付其他与筹资活动有关的现金	143 953	434
筹资活动现金流出小计	1 831 675	967 980
筹资活动产生的现金流量净额	−115 074	82 694
四、汇率变动对现金及现金等价物的影响	−318	643
五、现金及现金等价物净增加额	13 057	59 513
加：期初现金及现金等价物余额	432 089	372 578
六、期末现金及现金等价物余额	445 146	432 091

1. 经营活动产生的现金流量

　　企业应当采用直接法列示经营活动产生的现金流量。经营活动，是指企业投资活动和筹资活动以外的所有交易和事项，通常包括企业的供产销等环节。直接法，是指通过现金收入和现金支出的主要类别列示经营活动的现金流量的一种方法。

对于一个健康发展的企业而言，经营活动产生的现金流量应该是企业现金流量的主要来源。如果把现金流量比喻为企业的"血液"，那么经营活动产生的现金流量就可以反映企业的自我"造血"功能。企业要想规避资金风险，实现发展壮大，就必须具备造血功能。

根据现行会计准则的要求，除了对外披露采用直接法编制的现金流量表之外，企业还需要在附注中披露采用间接法将净利润调节为经营活动现金流量的信息。

思政资料 1-1　　　　　**用净利润含金量在股市排雷**[①]

专业的财务报告里，并没有净利润含金量这个分析指标，但我认为这是分析公司时重要性仅次于净资产收益率（ROE）的指标。甚至可以说，净利润含金量比 ROE 更重要。

净利润含金量=经营净现金流（经营活动产生的现金流量净额）/净利润。净利润含金量越高，表明公司挣到的钱是真金白银，而不是纸上富贵。

这个指标之所以重要，是因为收入的确认依据的是权责发生制。权责发生制又称应收应付制，它是以收入和费用应不应该计入本期为标准来确定收入和费用的配合关系，而不考虑收入是否收到或费用是否支付。

净利润正是以权责发生制为基础计算出来的，由于不管是否收到现金、赊账、欠账，都可以做大利润，因此净利润就可能存在很大水分。

所以，如果看到一家公司的净资产收益率比较高，就认为一定是优秀公司，那是有很大问题的。因为净资产收益率=净利润/所有者权益。如果净利润有水分，那么净资产收益率也是有水分的。基于此，说净利润含金量比净资产收益率重要也不为过。

优秀的公司，净利润含金量都很高，或接近 100%，或等于 100%，甚至高于 100%。

比如，贵州茅台 2018 年净利润为 352.04 亿元，经营净现金流为 413.85 亿元，净利润含金量为 117.6%。

再比如福耀玻璃，2018 年净利润为 41.2 亿元，经营净现金流为 58.08 亿元，净利润含金量为 141%。

又比如格力电器，2018 年净利润为 262.03 亿元，经营净现金流为 269.14，净利润含金量为 102.7%。

相反，不够优秀的公司或烂公司，净利润含金量指标大都不合格。

以刚刚爆雷的康美药业（SH600518）为例，爆雷前的 2014—2017 年，它的净利润增速依次是 21.6%、20.6%、21.17%、22.77%，每年都高于 20%，标准的大白马呀。但是，如果你考察它的净利润含金量，问题就出来了。这四年，康美药业的净利润含金量依次为 49.5%、22.5%、47.8%、44.9%。不难发现，康美药业看似高增长，其实现金流很难看，含金量不足 50%。再看经营净现金流的增速，分别为-32.37%、-55.06%、215.05%、14.95%，4 年有两年是负的，远没有净利润的增速那么好看。

道理很简单，净利润好粉饰，现金流可操纵空间要小得多。

曾经的大白马康得新，如今的*ST 康得（SZ002450），爆雷前的 2014—2017 年，净利润含金量依次是 42.9%、64.4%、-2.3%、147.9%。

[①] 舍得乐. 股市分析：净利润含金量——公司排雷必用指标！. 搜狐网，2019-05-12.

再比如三聚环保，爆雷前，2014—2017 年，净利润含金量分别为 79.3%、7.3%、19.8%、−13.8%。特别是 2017 年，净利润高达 25.39 亿元，但经营净现金流却是−3.54 亿元，这意味着公司表面赚了 20 多个亿，但不仅一分没收到，还倒贴了 3 个多亿的真金白银出去。

需要注意的是，如果一家公司，因为行业原因，净利润含金量略显低，比如只有 80%，但长期来看，只要经营净现金流和净利润增速、体量保持一致，那也不必急于一票否决。

2. 投资活动产生的现金流量

投资活动，是指企业长期资产的购建和不包括在现金等价物范围的投资及其处置活动。"投资活动产生的现金流量" 是指企业取得和收回投资，购建和处置固定资产、无形资产和其他资产等产生的现金流量。

同样，可以把投资活动产生的现金流量比喻成企业的"放血"功能。如果说人体通过适当的献血，可以促进血液的新陈代谢，那么进行适度的投资不论是对于企业维持简单再生产还是进行战略性扩张也都是非常必要的。

3. 筹资活动产生的现金流量

筹资活动，是指导致企业资本及债务规模和构成发生变化的活动。"筹资活动产生的现金流量"是指导致企业实收资本或股本、资本溢价或股本溢价，发行债券、向金融企业借入款项及偿还债务等的规模和构成发生变化的活动所产生的现金流量，反映了企业出于各种需求而进行资金筹措活动所产生的现金流入和流出金额。

对于"筹资活动产生的现金流量"，可以比喻为企业的"输血"功能。适度的"输血"对于发展中的企业尤为必要，但是如果一个企业的生存长期依赖于外部的"输血"，则其发展前景令人担忧。

思政案例 1−6　　　　净利润暴增 9 倍多，却没钱还债？[①]

北讯集团 2018 年 8 月底被曝出多笔债务违约。然而根据其披露的半年报，各项经营数据大好：公司上半年实现营业收入 19.69 亿元，同比增长 185.92%；实现净利润 2.6 亿元，同比增长 922.77%。那么为何净利润暴增 9 倍多，却没钱还债呢？这说明在分析上市公司财报时，不能单看利润情况。仔细研究会发现，北讯集团的半年报早已为其存在的流动性风险敲响了警钟。

首先，2017 年中期、2017 年年末、2018 年中期，公司的总负债分别是 39.52 亿元、65.17 亿元、101.55 亿元，资产负债率分别是 40.14%、51.7%和 61.53%，可谓"节节攀升"，存量债务规模越来越大。

除了存量债务规模越来越大外，从现金流角度来看，北讯集团的融资能力也有明显下滑的迹象。

数据显示，2017 年中期、2017 年年末、2018 年中期，北讯集团相应期间投资活动产生的现金流净额分别为 −34.9 亿元、−69.8 亿元、−34.2 亿元，经营活动产生的现金流净额

---

① 但宇. 从北讯集团中报看上市公司流动性风险. 重庆商报，2018−09−17.

分别为 4.3 亿元、5.4 亿元、5.1 亿元，筹资活动产生的现金流净额分别为 50 亿元、68 亿元和 24.7 亿元。这表明近一年来北讯集团的投资活动，几乎全靠筹资活动产生的现金流来维持。但 2018 年上半年，筹资活动产生的现金流仅为 24.7 亿元，同比下滑 50.82%。

此外，2017 年中期、2017 年年末、2018 年中期北讯集团财务费用分别为 1 224.22 万元、8533.48 万元和 1.32 亿元，财务费用的巨幅增长也从侧面反映了北讯集团的筹资活动越发艰难。

辛苦筹集的资金都投到哪里去了呢？中报显示，2018 年中期北讯集团在建工程 12.55 亿元、工程物资 37.79 亿元。如果加上固定资产 33.55 亿元，合计已接近 84 亿元，占总资产的比例接近 51%。

1.4.3　现金流量表的作用

（1）提供了企业资金来源与运用的信息

通过现金流量表，可以了解企业资金的来龙去脉。这对于分析企业资金来源与运用的合理性、判断企业的经营状况和效果、评价企业的经营业绩非常有益。

（2）说明了企业现金增减变动的原因

通过分析现金流量表中经营活动、投资活动和筹资活动的现金流入、现金流出项目，可以了解企业现金发生增减变动的具体原因，大致判断现金流量及其周转是否顺畅。

（3）有助于评价企业总体财务状况

现金流量表提供了从另一个角度观察企业总体财务状况的方法，所提供的信息有利于将资产负债表和利润表衔接起来，说明利润形成与资金来源和运用的关系，有助于评价企业的支付能力和偿债能力。

（4）有助于分析企业的盈利质量

利润表中的收入和利润，与现金流量表中的现金流量并不完全同步。分析企业盈利质量的关键点是收入和利润的"含金量"，如果企业在一定时期内的收入和利润与现金流量，尤其是经营活动产生的现金流量基本同步，那么有理由相信企业的盈利质量较高。

1.5　股东权益变动表的结构与内容

1.5.1　股东权益变动表的结构

股东权益变动表是反映企业一定会计期间，构成股东权益的各组成部分当期增减变动情况的报表。股东权益变动表体现了投资者利益保护的理念，是对资产负债表中"股东权益"项目的进一步说明。资产负债表只是列示了构成股东权益的各个项目的期末余额与期初余额，但并没有说明其变动的具体原因；而股东权益变动表则进一步反映了构成股东权益的各个项目当期的增减变动数额及具体原因。

　　股东权益变动表是动态报表，以权责发生制为编制基础，其编制原理遵循"股东权益增加-股东权益减少=股东权益变动净额"这一基本公式。根据《企业会计准则第 30 号——财务报表列报》的规定，股东权益变动表至少应当单独列示反映下列信息：综合收益总额，在合并股东权益变动表中还应单独列示归属于母公司股东的综合收益总额和归属于少数股东的综合收益总额；会计政策变更和前期差错更正的累计影响金额；股东投入资本和向股东分配股利等；按照规定提取的盈余公积；股东权益各组成部分的期初余额和期末余额及其调节情况。因此，股东权益变动表是从股东权益角度反映企业的经营活动、筹资活动和投资活动状况的会计报表。股东权益变动表与企业各种经济活动的对应关系如表 1-13 所示。

表 1-13　股东权益变动表与企业各种经济活动的对应关系

项　　目	企业活动
一、上年期末余额	—
加：会计政策变更	—
前期差错更正	—
同一控制下企业合并	投资活动
其他	—
二、本年期初余额	—
三、本年增减变动金额	—
（一）综合收益总额	全部经济活动
（二）所有者投入或减少资本	筹资活动
（三）利润分配	筹资活动
（四）所有者权益内部结转	筹资活动
（五）其他	—
四、本年期末余额	—

1.5.2　股东权益变动表的内容

　　根据《企业会计准则第 30 号——财务报表列报》和 2019 年发布的《关于修订印发 2019年度一般企业财务报表格式的通知》，企业股东权益变动表的基本格式和内容如表 1-14 所示（以 SYZG 公司的股东权益变动表为例）。

　　为了清楚地表明构成股东权益的各组成部分当期的增减变动情况，股东权益变动表以矩阵形式列示。一方面，列示了导致股东权益变动的交易或事项，改变了以往仅仅按照股东权益的各组成部分反映股东权益变动情况，从股东权益变动的原因对一定时期股东权益变动情况进行全面反映；另一方面，按照股东权益各组成部分及其总额列示交易或事项对股东权益的影响。

表 1－14　股东权益变动表

2019 年度

2019 年 1—12 月

编制单位：SYZG 公司　　　　　单位：万元

项目	归属于母公司的股东权益													少数股东权益	所有者权益合计
	实收资本（或股本）	其他权益工具			资本公积	减：库存股	其他综合收益	专项储备	盈余公积	一般风险准备	未分配利润	其他	小计		
		优先股	永续债	其他											
一、上年期末余额	780 071			36 900	188 339	11 111	−142 024		318 181		1 978 135		3 148 491	101 721	3 250 212
加：会计政策变更							−1 807				17 555		15 748		15 748
前期差错更正															
同一控制下企业合并															
其他															
二、本年期初余额	780 071			36 900	188 339	11 111	−143 831		318 181		1 995 690		3 164 239	101 721	3 265 960
三、本期增减变动金额（减少以"−"号填列）	62 554			−36 900	406 492	72 844	14 692		4 334		899 532		1 277 860	8 855	1 286 715
（一）综合收益总额							14 692				1 120 666		1 135 358	29 190	1 164 548
（二）所有者投入和减少资本	62 554			−36 900	406 492	72 844							359 302	−7 622	351 680
1. 所有者投入的普通股	6 074				32 652	−9 068							47 794	6 673	54 467
2. 其他权益工具持有者投入资本	56 480			−36 900	382 844								402 424		402 424
3. 股份支付计入所有者权益的金额					5 309								5 309		5 309
4. 其他					−14 313	81 912							−96 225	−14 295	−110 520
（三）利润分配									4 334		−220 831		−216 497	−12 713	−229 210
1. 提取盈余公积									4 334		−4 334				

2019 年度

项目	实收资本（或股本）	其他权益工具			资本公积	减：库存股	其他综合收益	专项储备	盈余公积	一般风险准备	未分配利润	其他	小计	少数股东权益	所有者权益合计
		优先股	永续债	其他											
								归属于母公司的股东权益							
2. 提取一般风险准备															
3. 对所有者（或股东）的分配											−216 497		−216 497	−12 713	−229 210
4. 其他															
（四）所有者权益内部结转															
1. 资本公积转增资本（或股本）															
2. 盈余公积转增资本（或股本）															
3. 盈余公积弥补亏损															
4. 设定受益计划变动额结转留存收益															
5. 其他综合收益结转留存收益															
6. 其他															
（五）专项储备															
1. 本期提取								5 381					5 381		5 381
2. 本期使用								5 381					5 381		5 381
（六）其他											−303		−303		−303
四、本期期末余额	842 625				594 831	83 955	−129 139		322 515		2 895 222		4 442 099	110 576	4 552 675

1.5.3 股东权益变动表的作用

（1）揭示了所有者权益变动的原因

在股东权益变动表中，导致股东权益变动的原因按照"综合收益""与所有者的资本交易"等不同类别分别列示。这种列示方法，揭示了不同经济活动对于股东权益变动产生的影响，能够清晰明确地反映导致股东权益变动的具体原因。

（2）反映了股东权益内部结构的变动

在股东权益变动表中，除了揭示不同原因对于股东权益产生的影响之外，还列示了股东权益内部结构变动。资本公积转增资本、盈余公积转增资本、盈余公积弥补亏损等造成股东权益内部结构变动的事项也都分别列示，从而为了解股东权益的内部结构变动提供了信息。

（3）提供了判断企业真实业绩的信息

股东权益变动表全面反映了股东权益在年度内的变化情况，增强了财务报表关于企业财务业绩信息的完整性和有用性，不仅减小了企业管理层进行盈余管理、利润操纵的空间，提升了上市公司信息披露质量，而且便于财务报表使用者在深入分析企业股东权益增减变化情况的基础上，对企业的资本保值增值情况做出正确判断，从而进行有效决策。

1.6 财务报表附注披露的内容与作用

1.6.1 财务报表附注的结构及内容

财务报表附注是对在资产负债表、利润表、现金流量表和股东权益变动表等报表中列示项目的文字描述或明细资料，以及对未能在这些报表中列示项目的说明等。财务报表附注应当披露财务报表的编制基础，相关信息应当与资产负债表、利润表、现金流量表和股东权益变动表等报表中列示的项目相互参照。实务中，财务报表附注一般采取三种形式：旁注、附表、底注（或者说脚注）。

财务报表附注是对财务报表的补充说明，是财务报告体系的重要组成部分，可以使报表使用者全面了解企业的财务状况、经营成果和现金流量信息。随着经济环境的复杂化及人们对相关信息要求的提高，财务报表附注在整个财务报告体系中的地位日益突出。

财务报表附注应当按照如下顺序披露有关内容。

1. 企业的基本情况

① 企业注册地、组织形式和总部地址。

② 企业的业务性质和主要经营活动，如企业所处的行业、所提供的主要产品或服务、客户的性质、销售策略、监管环境的性质等。

③ 母公司及集团最终母公司的名称。

④ 财务报告的批准报出者和财务报告批准报出日。

2. 财务报表的编制基础

企业应明确财务报表是在持续经营基础上还是非持续经营基础上编制的。

3. 遵循企业会计准则的声明

企业应当声明编制的财务报表符合企业会计准则的要求，真实、完整地反映了企业的财务状况、经营成果和现金流量等有关信息，以此明确企业编制财务报表所依据的制度基础。

如果企业编制的财务报表只是部分地遵循了企业会计准则，附注中不得做出这种表述。

4. 重要会计政策和会计估计

根据财务报表列报准则的规定，企业应当披露采用的重要会计政策和会计估计，不重要的会计政策和会计估计可以不披露。

（1）重要会计政策的说明

由于企业经济业务的复杂性和多样化，某些经济业务可以有多种会计处理方法，也即存在不止一种可供选择的会计政策。例如，存货的计价可以有先进先出法、加权平均法、个别计价法等；固定资产的折旧，可以有平均年限法、工作量法、双倍余额递减法、年数总额法等。企业在发生某项经济业务时，必须从允许的会计处理方法中选择适合本企业特点的会计政策，企业选择不同的会计处理方法，可能极大地影响企业的财务状况和经营成果，进而编制出不同的财务报表。为了有助于报表使用者理解，有必要对这些会计政策加以披露。

需要特别指出的是，说明会计政策时还需要披露下列两项内容。

① 财务报表项目的计量基础。会计计量属性包括历史成本、重置成本、可变现净值、现值和公允价值，这直接显著影响报表使用者的分析，这项披露要求便于使用者了解企业财务报表中的项目是按何种计量基础予以计量的，如存货是按成本还是可变现净值计量等。

② 会计政策的确定依据。主要是指企业在运用会计政策过程中所作的对报表中确认的项目金额最具影响的判断。例如，企业如何判断持有的金融资产是持有至到期的投资而不是交易性投资；又比如，对于拥有的持股不足50%的关联企业，企业为何判断企业拥有控制权因此将其纳入合并范围；再比如，企业如何判断与租赁资产相关的所有风险和报酬已转移给企业，从而符合融资租赁的标准，以及投资性房地产的判断标准是什么等。因此，这项披露要求有助于使用者理解企业选择和运用会计政策的背景，增加财务报表的可理解性。

（2）重要会计估计的说明

财务报表列报准则强调了对会计估计不确定因素的披露要求，企业应当披露会计估计中所采用的关键假设和不确定因素的确定依据，这些关键假设和不确定因素在下一会计期间内很可能导致对资产、负债账面价值进行重大调整。

在确定报表中确认的资产和负债的账面金额过程中，企业有时需要对不确定的未来事项在资产负债表日对这些资产和负债的影响加以估计。例如，固定资产可收回金额的计算需要根据其公允价值减去处置费用后的净额与预计未来现金流量的现值两者之间的较高者确定，在计算资产预计未来现金流量的现值时需要对未来现金流量进行预测，并选择适当的折现率，应当在附注中披露未来现金流量预测所采用的假设及其依据、所选择的折现率为什么是合理的等。又如，为正在进行中的诉讼提取准备时最佳估计数的确定依据等。这些假设的变动对这些资产和负债项目金额的确定影响很大，有可能会在下一个会计年度内做出重大调整。因此，强调这一披露要求，有助于提高财务报表的可理解性。

5. 会计政策和会计估计变更及差错更正的说明

企业应当按照《企业会计准则第 28 号——会计政策、会计估计变更和差错更正》及其应用指南的规定，披露会计政策和会计估计变更及差错更正的有关情况。

6. 报表重要项目的说明

企业应当以文字和数字描述相结合、尽可能以列表形式披露报表重要项目的构成或当期增减变动情况，并且报表重要项目的明细金额合计应当与报表项目金额相衔接。在披露顺序上，一般应当按照资产负债表、利润表、现金流量表、股东权益变动表的顺序及其项目列示的顺序。

常见的与资产负债表相关的附表包括交易性金融资产明细表、应收账款账龄结构分析表、应收账款客户结构分析表、存货明细表、长期股权投资明细表、投资性房地产明细表、固定资产及累计折旧明细表、无形资产及摊销明细表、借款明细表、应付债券明细表、长期应付款明细表等。表 1-15 列示的是 SYZG 公司存货跌价准备明细表。

表 1-15 SYZG 公司存货跌价准备明细表

编制单位：SYZG 公司　　　　　　　　　　　2019 年度　　　　　　　　　　　单位：万元

项目	期初余额	本期增加金额		本年减少金额		期末余额
		计提	其他	转回或转销	其他	
原材料	19 391	6 632		4 396	−39	21 666
在产品	1 033	1 841		1 803		1 070
库存商品	12 431	12 694		12 761	235	12 129
合计	32 855	21 167		18 960	196	34 865

与利润表有关的附表包括营业收入和营业成本具体项目表、营业收入明细表、投资收益明细表、资产减值损失明细表、营业外收入明细表、营业外支出明细表等。表 1-16 分项目列示了 SYZG 公司的营业收入和营业成本。

表 1-16 SYZG 公司营业收入和营业成本的具体项目

编制单位：SYZG 公司　　　　　　　　　　　2019 年度　　　　　　　　　　　单位：万元

项目	本期发生额		上期发生额	
	收入	成本	收入	成本
主营业务	7 392 585	4 933 818	5 433 647	3 742 863
其他业务	173 991	159 409	148 503	129 933
合计	7 566 576	5 093 227	5 582 150	3 872 796

与现金流量表有关的附表主要包括收到的其他与经营活动、投资活动、筹资活动有关的现金，支付的其他与经营活动、投资活动、筹资活动有关的现金，以及现金流量表补充材料，表 1-17 列示了 SYZG 公司的现金流量表补充材料表。

表1-17　SYZG公司现金流量表补充材料表

编制单位：SYZG公司　　　　　　　　　　2019年度　　　　　　　　　　单位：万元

项　　目	本期金额	上期金额
1. 将净利润调节为经营活动现金流量：		
净利润	1 149 445	630 349
加：资产减值准备	24 904	-752
固定资产折旧、油气资产折耗、生产性生物资产折旧	165 443	153 606
无形资产摊销	35 534	37 820
长期待摊费用摊销	1 052	1 792
处置固定资产、无形资产和其他长期资产的损失（收益以"-"号填列）	-56 875	2 805
固定资产报废损失（收益以"-"号填列）	9 073	4 434
公允价值变动损益（收益以"-"号填列）	-28 965	36 168
财务费用（收益以"-"号填列）	11 991	38 795
投资损失（收益以"-"号填列）	-38 285	-63 746
递延所得税资产减少（增加以"-"号填列）	731	29 086
递延所得税负债增加（减少以"-"号填列）	-5 958	-8 968
存货的减少（增加以"-"号填列）	-273 864	-416 662
经营性应收项目的减少（增加以"-"号填列）	-301 857	-244 817
经营性应付项目的增加（减少以"-"号填列）	628 860	840 275
其他	5 309	12 505
经营活动产生的现金流量净额	1 326 538	1 052 690
2. 不涉及现金收支的重大投资和筹资活动：		
债务转为资本	409 479	29 286
一年内到期的可转换公司债券		
融资租入固定资产		
3. 现金及现金等价物净变动情况：		
现金的期末余额	445 148	432 089
减：现金的期初余额	432 089	372 578
加：现金等价物的期末余额		
减：现金等价物的期初余额		
现金及现金等价物净增加额	13 059	59 511

　　与股东权益变动表有关的附表主要包括所有权或使用权受到限制的资产、外币货币性项目、政府补助、处置子公司及在其他主体中的权益等。表1-18列示了SYZG公司所有权或使用权受到限制的资产。

表1-18 SYZG公司所有权或使用权受到限制的资产

编制单位：SYZG公司 　　　　　　　2019年度 　　　　　　　单位：万元

项目	期末账面价值	受限原因
货币资金	136 098	按揭保证金、银行承兑汇票保证金
交易性金融资产	126 226	国债回购借入资金质押
应收款项融资	13 593	已质押未到期票据
应收账款	544	应收账款有追索权保理
固定资产	2 565	融资租赁租入资产
合计	279 026	

7. 其他需要说明的重要事项

其他需要说明的重要事项主要包括或有事项和承诺事项、资产负债表日后非调整事项、关联方关系及其交易等，具体的披露要求须遵循相关准则的规定。

1.6.2 财务报表附注的作用

（1）保证了会计信息的完整性

在形式上，会计报表以数字表示为主，即反映可计量的信息。财务报表附注侧重文字方面的解释说明，可以帮助财务报表分析人员从中获得更加系统完整的信息，从而可以更加合理地进行各种决策。

（2）体现了会计信息的可比性

由于会计政策、法规、税收等制度发生变化，或者企业考虑自身的实际情况，企业有可能改变会计报表中一些项目的会计政策和会计估计，由于不同期间的会计报表中对同一事项采用了不同的会计政策和会计估计，可能导致会计信息不可比。而通过财务报表附注对会计政策变更进行说明，可以提高会计信息的可比性。

（3）增强了会计信息的可靠性

可靠性是会计信息的质量保证。会计报表中所披露的信息不会因为其严格遵守会计制度、准则，选用了恰当的会计政策就一定能保证其绝对可靠。比如通过在报表附注中提供应收账款账龄结构分析的信息，有助于财务报表分析人员判断财务报表中所披露的应收账款信息的可靠性。

本 章 小 结

财务报表是对企业财务状况、经营成果和现金流量的结构性描述。具体来说，财务报表是指企业对外提供的反映企业某一特定日期财务状况和某一会计期间经营成果、现金流量的书面文件。一套完整的财务报表至少应当包括"四表一注"，即资产负债表、利润表、现金流量表、股东权益变动表和附注。

财务报告不但包括财务报表，而且涵盖企业应当对外披露的其他相关信息，具体可以根据有关法律法规的规定和外部使用者的信息需求而定，如公司治理结构、企业应承担的社会责任、可持续发展能力等信息。以上市公司为例，公司年度报告中的财务报告应该包括审计报告正文和经审计的财务报表。

了解财务报表的形成是为了更好地进行财务报表分析，财务报表分析应该从财务报表入手，先找出报表中可疑的项目，然后再查找账簿，甚至追查到凭证。

需要明确的是，各种财务报表并不是孤立存在的，它们之间存在一定的联系。进行财务报表分析时，如果不考虑财务报表之间的联系，可能造成分析的片面性，最终影响分析结果的准确性与说服力。

资产负债表是静态报表，反映企业在某一时点的财务状况，即反映企业在这一时点拥有或控制了多少资产，承担了多少对债权人和股东的义务。资产负债表的编制基础是权责发生制。我国企业资产负债表按账户式编制，左右平衡，其编制原理遵循"资产=负债+所有者权益"这一会计最基本的等式。资产负债表的右边反映资金的来源——筹资活动，主要来自两大渠道，即负债和所有者权益；左边反映资金的占用——投资活动，投资活动的结果是为企业带来一系列资产。资产负债表的作用在于：揭示经济资源总量及其分布形态；反映企业资金来源及其构成情况；获取企业资产流动性水平信息；提供分析企业偿债能力的信息。

利润表是反映企业在一定会计期间经营成果的会计报表，是动态报表。我国企业的利润表采用多步式格式编制，其编制原理遵循另一会计等式：利润=收入－费用。与资产负债表一样，利润表编制的基础也是权责发生制。利润表综合反映了企业各种活动，尤其是经营活动的最终成果，反映企业在一定会计期间所取得的收入、所发生的成本费用及最终赚取的利润。利润表的作用在于：揭示企业经营成果，反映企业的盈利能力，有助于企业进行合理经营决策，有助于考核评价经营者经营业绩。

现金流量表是指反映企业在一定会计期间的现金及现金等价物流入和流出的会计报表，以现金流量为基础，体现了企业全部财务活动的现金总体状况。现金流量表是动态报表，编制的基础是收付实现制，编制原理遵循：现金流入－现金流出=现金流量净额。我国企业的现金流量表将现金流量划分为经营活动产生的现金流量、投资活动产生的现金流量和筹资活动产生的现金流量三种类型，因此现金流量表提供了从另外一个角度来观察企业的经营活动、筹资活动和投资活动的信息。现金流量表的作用在于：提供企业资金来源与运用的信息，说明企业现金增减变动的原因，有助于评价企业总体财务状况，有助于分析企业的盈利质量。

股东权益变动表是反映企业在一定会计期间，构成股东权益的各组成部分当期增减变动情况的报表。资产负债表只是列示了构成股东权益的各个项目的期末余额与期初余额，但并没有说明其变动的具体原因；而股东权益变动表则进一步反映了构成股东权益的各个项目当期的增减变动数额及具体原因。股东权益变动表同样是动态报表，以权责发生制作为编制基础，其编制原理遵循：股东权益增加－股东权益减少=股东权益变动净额。股东权益变动表提供了反映企业经营活动、筹资活动和投资活动状况的新角度。股东权益变动表的作用在于：揭示了股东权益变动的原因，反映了股东权益内部结构的变动，提供了判断企业真实业绩的信息。

财务报表附注旨在帮助财务报表使用者深入了解基本财务报表的内容，是对资产负债表、利润表和现金流量表、股东权益变动表的有关内容和项目所做的说明和解释。财务报表与附注之间存在一个主次关系：财务报表是根，附注处于从属地位。企业需要通过财务报表附注对财务报表的编制基础、编制依据、编制原则和方法及主要事项等进行解释，以此增进会计信息的可理解性，同时使不同企业的会计信息的差异更具可比性。财务报表附注的作用在于：保证了会计信息的完整性，体现了会计信息的可比性，增强了会计信息的可靠性。

练 习 题

一、单项选择题

1. 下列有关财务报表的表述中不正确的是（　　）。

    A. 基本财务报表包括资产负债表、利润表、现金流量表和股东权益变动表

    B. 利润表和资产负债表是以权责发生制为基础编制的

    C. 现金流量表是收付实现制为基础编制的动态会计报表

    D. 资产负债表、利润表均属于动态会计报表

2. 下列各项中，属于资产负债表与利润表的连接点是（　　）。

    A. 股东权益　　　　　　　　　　B. 净利润

    C. 偿债能力　　　　　　　　　　D. 未分配利润

3. 将净利润调节成经营活动产生的现金流量净额，采用的方法是（　　）。

    A. 直接法　　　　　　　　　　　B. 间接法

    C. 调整法　　　　　　　　　　　D. 以上都不是

4. 如果把现金流量比喻为企业的"血液"，那么经营活动产生的现金流量就反映了企业的（　　）。

    A. 造血功能　　　　　　　　　　B. 输血功能

    C. 放血功能　　　　　　　　　　D. 以上都不是

5. 下列各项中，税后利润与股本总数的比率称为（　　）。

    A. 市净率　　　　　　　　　　　B. 每股收益

    C. 每股报酬率　　　　　　　　　D. 权益比率

6. 下列各项中，能导致企业资产负债同时变化的经济业务是（　　）。

    A. 收回应收账款　　　　　　　　B. 发行债券

    C. 接收所有者投资转入的固定资产　　D. 以固定资产对外投资

7. 企业一定期间净利润等于（　　）。

    A. 营业利润加所有者权益

    B. 营业利润加公允价值净损益

    C. 营业利润加营业外收支净额

    D. 营业利润加营业外收支净额减所得税费用

8. 在下列会计报表中，反映时点指标的报表是（　　）。

    A. 现金流量表　　　　　　　　　B. 资产负债表

  C. 利润表   D. 全面收益表

9. 下列各项中，属于经营活动损益的是（　　　）。

  A. 投资收益   B. 补贴收入

  C. 主营业务利润   D. 净利润

10. 下列各项中，从资产负债表分析不属于投资活动结果的是（　　　）。

  A. 应收账款   B. 存货

  C. 长期股权投资   D. 股本

二、多项选择题

1. 资产负债表项目的列示是按照（　　　）。

  A. 流动性由小到大   B. 流动性由大到小

  C. 安全性由强到弱   D. 安全性由弱到强

  E. 收益性由弱到强

2. 以上市公司为例，财务报告体系一般包括的内容有（　　　）。

  A. 审计报告   B. 财务报表

  C. 财务报表附注   D. 招股说明书

  E. 内部控制自我评价报告

3. 资产负债表的右边反映资金的来源——筹资活动，主要来自（　　　）。

  A. 固定资产   B. 流动资产

  C. 负债   D. 股东权益

  E. 无形资产

4. 下面各项属于公司资金来源的是（　　　）。

  A. 应收票据   B. 股本

  C. 未分配利润   D. 应付债券

  E. 长期股权投资

5. 现金流量表的构成内容有（　　　）

  A. 经营活动产生的现金流量净额 B. 投资活动产生的现金流量净额

  C. 筹资活动产生的现金流量净额 D. 汇率变动对现金及现金等价物的影响

  E. 现金及现金等价物净增加额

6. 下列选项中，与现金流量表发生钩稽关系的报表有（　　　）。

  A. 资产负债表   B. 利润表

  C. 存货明细表   D. 利润分配表

  E. 成本费用表

7. 财务报表的形成步骤包括（　　　）。

  A. 取得原始凭证   B. 填制记账凭证

  C. 登记日记账、明细账和总账 D. 编制财务报告

  E. 编制试算平衡表

8. 下列选项中，属于利润表作用的有（　　　）。

  A. 揭示企业经营成果   B. 反映企业盈利能力

  C. 获取资产流动性信息   D. 有助于企业进行科学经营管理

E. 有助于考核评价经营者的经营业绩

9. 股东权益变动表的作用有（　　）。

A. 揭示了股东权益变动的原因　　　　B. 反映了股东权益内部结构的变动

C. 提供了判断企业真实业绩的信息　　D. 提供了分析企业总体财务状况的信息

E. 提供了公司债权人的主要信息

10. 利润表的内容包括（　　）。

A. 营业利润　　　　　　　　　　　　B. 利润总额

C. 净利润　　　　　　　　　　　　　D. 其他综合收益和综合收益总额

E. 每股收益

三、判断题

1. 财务报表等同于财务报告。（　　）

2. 财务报告是指公司对外提供的反映公司某一特定日期财务状况和某一会计期间经营成果、现金流量的文件。（　　）

3. 资产负债表是存量报表，它报告的是在某一时期的价值存量。（　　）

4. 在不考虑以公允价值计量且其变动计入当期损益的金融资产的前提下，现金流量表中的现金及现金等价物净增加额等于资产负债表中货币资金期末余额与期初余额两者之间的差额。（　　）

5. 股东权益变动表体现了债权人利益保护的理念，是对资产负债表中的"股东权益"项目的进一步说明。（　　）

6. 资产负债表不仅可以反映企业资产的流动性，而且可以用于分析企业的偿债能力。（　　）

7. 进行财务报表分析时可以不考虑财务报表附注。（　　）

8. 在某些情况下，尽管利润表上反映的经营业绩很客观，企业也有可能处于财务困境。（　　）

9. 如果一个企业的生存长期依赖外部的"输血"，则其发展前景是令人担忧的。（　　）

10. 股东权益变动表是从股东权益角度反映筹资活动的会计报表。（　　）

四、简答题

1. 财务报表体系的构成内容是什么？它们之间有怎样的联系？

2. 比较财务报表与财务报告的异同。

3. 简要说明上市公司财务报告体系的构成。

4. 请简要描述资产负债表与利润表之间的关系。

5. 简述资产负债表的作用。

6. 简述现金流量表的作用。

7. 请简要说明利润表与现金流量表之间的关系。

8. 请简要说明资产负债表与现金流量表之间的关系。

五、计算分析题

1. 长江公司 20×2 年 6 月份有关账户的期末余额资料如表 1-19 所示。

表 1-19 长江公司 20×2 年 6 月份有关账户的期末余额表　　　　单位：元

账户名称	余额（借方）	账户名称	余额（贷方）
库存现金	1 200	短期借款	30 000
银行存款	20 470	应付账款	53 700
应收账款	43 500	长期借款	185 000
原材料	67 000	实收资本	333 970
库存商品	75 000	本年利润	66 000
固定资产	560 000	累计折旧	140 000
利润分配	45 000	应付职工薪酬	30 500
生产成本	9 000		
应交税费	18 000		

要求：（1）试根据上述账户余额资料，填列资产负债表（见表 1-20）下列项目的金额；
　　　（2）简要说明长江公司投融资情况。

表 1-20 资产负债表

编制单位：　　　　　　　　20×2 年 6 月 30 日　　　　　　　　单位：元

资产	期末数	负债及所有者权益	期末数
流动资产：		流动负债：	
货币资金		短期借款	
应收账款		应付账款	
其他应收款		预收账款	
存货		应付职工薪酬	
流动资产合计		应交税费	
		流动负债合计	
非流动资产：		长期负债：	
固定资产		长期借款	
无形资产		长期负债合计	
非流动资产合计		负债合计	
		所有者权益：	
		实收资本	
		资本公积	
		盈余公积	
		未分配利润	
		所有者权益合计	
资产总计		负债及所有者权益总计	

2. 甲公司 20×2 年度有关资料如表 1–21 所示。

表1–21　甲公司 20×2 年度有关会计科目的累计发生额

会计科目	1—12 月累计发生额/元
主营业务收入	1 750 000
主营业务成本	910 000
税金及附加	133 000
销售费用	140 000
其他业务收入	77 000
其他业务成本	66 500
管理费用	98 000
财务费用	−3 500
投资收益	210 000
营业外收入	25 200
营业外支出	52 500
所得税费用	219 681

要求：（1）计算该公司的营业利润、利润总额和净利润（写出计算过程）。

（2）资料中"财务费用"科目"−3 500 元"表示的内容是什么？

3. 甲股份有限公司现金流量表如表 1–22 所示。

表1–22　现金流量表

编制单位：甲股份有限公司　　　　　20×2 年 12 月　　　　　单位：万元

项　目	本期金额	上期金额
一、经营活动产生的现金流量		
销售商品、提供劳务收到的现金	490 811	354 726
收到的税费返还		
收到其他与经营活动有关的现金	3	1 029
经营活动现金流入小计	490 814	355 755
购买商品、接受劳务支付的现金	436 825	335 736
支付给职工以及为职工支付的现金	9 236	7 836
支付的各项税费	9 547	5 805
支付其他与经营活动有关的现金	23 844	8 048
经营活动现金流出小计	①	357 425
经营活动产生的现金流量净额	11 362	②
二、投资活动产生的现金流量		
收回投资收到的现金		

续表

项　目	本期金额	上期金额
取得投资收益收到的现金	2 253	3 919
处置固定资产、无形资产和其他长期资产收回的现金净额	125	59
处置子公司及其他营业单位收到的现金净额		
收到其他与投资活动有关的现金		
投资活动现金流入小计	2 378	3 978
购建固定资产、无形资产和其他长期资产支付的现金	8 774	6 689
投资支付的现金	6 898	21 117
取得子公司及其他营业单位支付的现金净额		
支付其他与投资活动有关的现金		56
投资活动现金流出小计	15 672	27 862
投资活动产生的现金流量净额	③	−23 884
三、筹资活动产生的现金流量		
吸收投资收到的现金		
其中：子公司吸收少数股东投资收到的现金		
取得借款收到的现金	19 500	14 750
收到其他与筹资活动有关的现金		
筹资活动现金流入小计	19 500	14 750
偿还债务支付的现金	12 500	12 575
分配股利、利润或者偿付利息支付的现金	5 225	4 548
其中：子公司支付给少数股东的股利、利润		
支付其他与筹资活动有关的现金		21
筹资活动现金流出小计	17 725	17 144
筹资活动产生的现金流量净额	1 775	−2 394
四、汇率变动对现金及现金等价物的影响		
五、现金及现金等价物净增加额	④	−27 948
加：期初现金及现金等价物余额	15 165	43 113
六、期末现金及现金等价物余额	15 008	15 165

要求：根据上述资料回答下列问题：

（1）请利用钩稽关系将表中①②③④处的数字补充完整。

（2）结合企业的生命周期理论对该公司进行相关评价。

六、案例分析题

1. 广东科龙电器股份有限公司位于广东省顺德区，其产品涵盖冰箱、空调、冷柜、小家电等多个品类，于 1984 年开始生产冰箱，是中国最早的制冷家电企业之一。继 1996 年发行 H 股并在香港证交所挂牌上市后，1999 年科龙又成功在深圳发行 A 股，同年更被"世界经济论坛组织"推举为 1999 年全球新兴市场 100 家最佳企业之一，2001 年又被《财富》杂志评选为中国上市公司 100 强。科龙集团旗下拥有 "科龙""容声""华宝"三个知名品牌，其中"科龙"及"容声"双双获得"中国驰名商标"，品牌价值高达 150 多亿元。2001 年，顾雏军以 4.46 亿元的交易价格，收购了广东科龙电器股份有限公司 26.43%的股份，成为第一大股东。2005 年 7 月 29 日顾雏军因涉嫌私自挪用三家上市公司的资产被拘捕。2005 年 9 月科龙电器被转让给海信集团。2004 年科龙电器主要财务报表节选如表 1-23～表 1-25 所示①。

表 1-23　科龙电器资产负债表节选　　　　　单位：元

项目	2004 年	2003 年
流动资产：		
货币资金	1 177 175 655	1 595 877 944
应收票据	506 457 634	548 232 619
应收账款	1 015 558 117	261 438 092
其他应收款	1 692 631 976	1 652 631 976
预付账款	26 244 296	20 599 915
存货	1 095 891 539	961 962 539
待摊费用	2 869 526	13 870 001
流动资产合计	5 516 650 098	5 504 613 086

表 1-24　科龙电器利润表节选　　　　　单位：元

项目	2004 年	2003 年
一、主营业务收入	6 454 367 596	5 338 472 342
减：主营业务成本	5 320 225 952	4 321 611 797
主营业务税金及附加	148 282	306 744
二、主营业务利润	1 133 993 362	1 016 553 771
加：其他业务利润	17 810 978	5 345 511
减：营业费用	988 273 731	832 122 148
管理费用	227 518 210	91 675 644
财务费用	56 998 087	37 616 150
三、营业利润	−156 597 644	60 485 340

---

① http://static.cninfo.com.cn/finalpage/2005-04-29/15328017.PDF.

表 1-25　科龙电器现金流量表节选　　　　单位：万元

一、经营活动现金流量	2004 年
销售商品，提供劳务收到的现金	6 841 331 737
收取的租金	
收到的增值税销项税额和退回的增值税款	
收到的除增值税外的其他税费返还	
收到的其他与经营活动有关的现金	18 373 845
经营活动现金流入小计	6 859 705 582
购买商品接收劳务支出的现金	5 841 331 699
经营租赁所支付的现金	
支付给职工以及为职工支付的现金	204 517 241
支付的各项税费	148 452 719
支付的其他与经营活动有关的现金	674 017 825
经营活动现金流出小计	6 868 319 484
经营活动产生的现金流量净额	-8 613 902

　　要求：通过科龙电器 2004 年三张报表节选的阅读，利用三张表间的钩稽关系，说明 2004 年科龙电器可能存在的问题。

　　2. 格力电器 2018 年资产负债表货币资金及现金流量表现金的相关资料如表 1-26～表 1-28 所示。[①]

表 1-26　格力电器 2018 年货币资金与现金及现金等价物余额　　　　单位：元

会计期间	2018 年 12 月 31 日	2017 年 12 月 31 日
货币资金	113 079 030 368.11	99 610 976 256.82
期初现金及现金等价物余额	21 359 616 223.94	
期末现金及现金等价物余额	28 772 120 824.34	

表 1-27　格力电器 2018 年货币资金附注　　　　单位：元

项　目	期末余额	期初余额
现金	1 678 449.67	3 058 609.51
银行存款	64 418 416 813.66	59 171 362 507.13
其他货币资金[①]	3 608 319 521.92	8 631 465 941.28
存放中央银行款项[②]	3 047 519 040.61	2 942 963 734.68
存放同业款项	42 003 096 542.25	28 862 125 464.22
合计	113 079 030 368.11	99 610 976 256.82
其中：存放在境外的款项总额	819 859 100.33	2 450 291 618.07

　　① 其他货币资金期末余额主要为银行承兑汇票保证金、保函保证金、信用证保证金存款等，其中受限制资金为 2 960 352 192.82 元。

　　② 公司存放中央银行款项中法定存款准备金为 3 045 424 177.23 元，其使用受到限制。

　　此外，除上述情况之外，货币资金期末余额中无其他因抵押、质押或冻结等对使用有限制、有潜在回收风险的款项。

表 1-28　现金和现金等价物的构成　　　　　　　　　　　　单位：元

项　　目	期末余额	期初余额
一、现金	28 772 120 824.34	21 359 616 223.94
其中：库存现金	1 678 449.67	3 058 609.51
可随时用于支付的银行存款	7 623 570 836.65	1 510 808 232.57
可随时用于支付的其他货币资金	647 967 329.10	17 111 717.70
可用于支付的存放中央银行款项	2 094 863.38	1 998 257.83
存放同业款项	20 496 809 345.54	19 826 639 406.33
二、现金等价物		
其中：三个月内到期的债券投资		
三、期末现金及现金等价物余额	28 772 120 824.34	21 359 616 223.94

要求：根据以上资料，判断 2018 年格力电器货币资金和现金数据的正确性。

第 2 章 财务报表分析原理

- 了解财务报表分析的主体、目标和应用领域；
- 掌握财务报表分析的程序；
- 应用财务报表分析的方法。

引 例 任正非：一个优秀的财务是怎样的？ [①]

任正非曾在多种场合谈到对于财务人员的要求，总结有以下四点。

（1）融入业务，提升价值

会计核算是事后的记录，简单重复，会计核算岗位的可替代性很高。会计记账在未来可能变得越来越低端，甚至有人预测，人工智能兴起后会计记账有可能由系统自动完成，不需要会计人员动手。如果会计人员希望提升价值，需要转身，实现由核算型会计向管理会计转变，即会计工作要为经营管理服务，要为业务服务，为一线作战服务。

（2）渴望进步，渴望成长

这一要求对任何职业的从业者都适用，但对会计人员可能要更强烈一些。会计工作时时刻刻都处在变化之中，制度在变、准则在变、税法在变，在变化的过程中需要会计人员不断学习、不断调整、不断适应。会计人员对于专业知识的学习需要持续终身。仅学习会计知识还远远不够，要实现由财务会计向管理会计转型，还要学习业务知识、市场知识、管理知识、产品知识……学习应该是主动的，这些学习一方面是为了开阔视野，另一方面是为了能融入业务。

（3）积累项目管理经验

对于像华为这样的大集团公司来说，财务分工非常细，每个岗位所接触的工作几乎是片段式的。片段式的工作虽容易做精，但很难窥探财务工作的全貌。如果想对财务工作的全貌有个了解，最好完整地参与一个项目，这能让你在最短的时间内了解公司的业务运作。因为一个项目周期体现了公司业务运作的全过程。参加项目管理，能培养财务人员的全局视野，能够让财务人员站在新的高度俯视公司业务运行的全貌。

（4）达到 CEO 素养

这一要求在欧美的企业司空见惯。欧美企业有个说法，CFO 是 CEO 最有力的接班人选。CFO 站在业务的最后端，能够俯瞰公司管理的全貌。但对于国内企业，我们总觉得

[①] 任正非. 任正非的生存哲学——任正非谈财务管理. 虎嗅，2020-02-11.

CFO 欠缺点什么？欧美企业强调制度与流程控制，国内的企业除了明规则外还要讲究潜规则、亚文化。CFO 大多拘泥于专业技能，缺少应对潜规则的智慧。在制度没有权威的情况下，CFO 接任 CEO，有明显的短板。华为对 CFO 的要求是：一方面要求 CFO 具备 CEO 的潜质，另一方面要有对华为制度与内控的自信。

这四点要求归结为一句话就是，财务人员必须要懂业务。财务融入业务，是华为对财务人员的基本要求。为此，华为甚至制订了财经干部与业务干部的双向交流计划。财务干部要懂些业务，业务干部应知晓财务管理。混凝土结构的作战组织，才能高效、及时、稳健地抓住机会点，在积极进攻中实现稳健经营的目标，使公司推行的各项业务流程管理能真正发挥作用。

财务人员融入业务，好说难做，具体的路径有哪些呢？如何快速做到？任正非给财务人员指出了 3 个方向。

方向一：参与项目管理。企业规模越大，财务人员的分工越细，往往只能专注一小段工作，很难窥探财务工作全貌。基层财务人员要想尽快掌握会计整体，最好的选择是做项目财务。一个项目相当于一个小企业的完整周期，全面且贴近业务，经历了这样的循环，财务人员可以为转身成为 CFO 奠定基础。

方向二：参与经营分析。华为推崇经营分析，而不是单纯的财务分析。财务分析一定要结合实际，服务业务部门，否则分析报告的作用有限。具体言之，财务分析要透过财务数据挖掘背后的业务原因，指出问题，找出对策，落实责任，到期考核。这么下来，财务分析自然突破了财务的范畴，成了一把手工程。

方向三：参与预算预测。财务人员必须不断与业务人员沟通才能得出务实的结论。计划与预算是什么关系？"计划是龙头，制订计划的人一定要明白业务。地区部要成立计划、预算与核算部，要让明白业务的人来做头。只有计划做好了，后面的预算才有依据通过核算来修正、考核计划与预算。"计划是方向，预算是量化，核算是校验，三者互相促进，其关键点是做计划的人要懂业务。

由此可以看出，财务报表分析对于企业经营管理的重要性，当然财务报表分析的应用领域不仅仅是经营管理领域。本章主要介绍财务报表分析的主体、目标、程序和方法。

2.1　财务报表分析的目标

2.1.1　财务报表分析的主体

财务分析是以会计核算和报告资料及其他相关资料为依据，采用一系列专门的分析技术和方法，对企业等经济组织过去和现在的财务状况、经营成果及现金流量等进行分析与评价，从而为企业的投资者、债权人、经营者及其他利益相关者的预测、决策、控制、评价和监督提供信息支撑的一门学科。财务报表分析的产生与发展是社会经济发展对财务分析信息需求与供给共同作用的结果。财务报表分析的演进是与财务分析主体的需求变化及财务报告的发展变化紧密联系在一起的。财务报表分析在不同的应用领域有不同的主体，其进行财务报表分析的目的是不同的，所关注的问题也是不同的，从而导致财务报表分析的作用也不尽相同。

财务报表分析的主体是指与企业存在一定现实或潜在利益关系的，为特定目的而对企业的财务状况、经营成果和现金流量情况等进行分析的单位、机构或个人。企业财务报表分析根据分析主体的不同可分为内部分析和外部分析。内部分析是由企业内部有关经营管理人员所进行的财务分析，即通常所说的经营分析；外部分析是由企业投资者、债权人或其他与企业有利害关系的人及代表公众利益的社会中介服务机构等所进行的财务分析。上述机构和人员共同构成了企业财务报表分析的主体。由于不同的财务报表分析主体与企业的经济利益关系不同，在进行财务报表分析时要达到的目的也就不尽相同。

1. 企业投资者

企业投资者是指为企业提供资金并承担最终风险的所有者，包括企业现实的所有者和潜在投资者，不仅包括实力雄厚、组织良好的大型投资机构，如投资银行、证券公司、基金公司等，也包括拥有有限资源、分散的个别投资者。一般而言，投资者面临着是否向企业投资、是否保留或追加其在该企业的投资的决策，为此必须要对企业的未来收益和风险水平进行分析。

从投资者的角度讲，财务分析的核心在于股票价值及其影响因素，重点关注的是企业的短期盈利能力和长期增长能力。盈利能力是评价资本保值增值水平的关键指标，增长能力则决定了资本的增值能否保持长期稳定。然而企业盈利的实现必须以良好的运营能力为基础，以充分的偿债能力为保障。因此投资者不仅要关注企业的盈利能力，企业的偿债能力及营运状况等也应该受到投资者的重视。

在我国现行的企业会计准则中，将投资者作为财务会计报告的首要使用者，凸显了投资者的地位，体现了保护投资者利益的要求。投资者队伍的日益壮大对财务报告提出了更高的要求，如果财务报表中的信息与投资者的决策无关，那么财务报表就失去了编制的意义，因此投资者是财务报表分析的首要主体。

2. 企业债权人

企业债权人是指向企业提供借贷资金的金融部门、企业和个人，主要包括贷款给企业的银行及非银行金融机构、企业债券持有者和融资租赁的出租方等。企业债权人一方面从经营或收益的目的出发，将资金贷给企业，另一方面又要非常小心地观察和分析该企业有无违约或清算破产的可能，防止因财务风险引发的损失。

一般而言，银行、金融机构及其他债权人不仅要求本金的及时收回，而且要得到相应的收益，而这个收益的大小又与其承担的风险程度相对应。对于短期债务的债权人，分析的重点是反映短期偿债能力的指标，如流动比率、速动比率、现金流量比率、现金到期债务比率等；对于长期债务的债权人，分析的重点应该为反映长期偿债能力的相关指标，如资产负债率、产权比率、已获利息保障倍数、债务本息保证倍数和到期债务本息偿付比率等。

因此，债权人进行财务分析的主要目的包括：考察企业的借款或其他债务是否能及时、足额收回，即分析企业的财务实力与信誉程度；权衡自身的收益状况与风险程度是否相适应，即关注企业的经营状况与盈利能力。于是，为保证债权的安全性和收益性，应将偿债能力分析与盈利能力分析相结合。

3. 企业经营者

企业经营者是指受委托人之托经营管理企业及其各项资产，负有受托责任的人，主要指企业的各级经营管理人员。企业资产的资金来源包括所有者（股东）投入和从债权人处借入，经营者需要对这些资金的保值增值履行受托责任。由于经营者是财务报表的内部使用者，所获得的信息更加全面，因此财务分析的关注点也就更加多样化。

从对企业所有者负责的角度，经营者首先应关心企业的盈利能力，这是开展经营活动的总体目标。但是，在财务分析中，经营者关心的不仅仅是盈利的结果，还有盈利的原因及形成过程，如资产结构与营运效率分析、经营风险与财务风险分析、支付能力与偿债能力分析等。

经营者进行财务分析，其目的是及时发现生产经营中存在的问题与不足，并采取有效措施解决这些问题，使企业不仅能充分利用现有资源以获利，而且使企业盈利能力保持持续稳定增长。同时根据分析的结果，对企业内部的各个部门及其员工进行业绩评价，对以后的生产经营做出预测与决策，并合理规划未来的发展战略和经营策略。

4. 其他财务报表分析主体

其他财务报表分析主体或服务对象主要是指国家行政管理与监督部门、与企业经营有关的企业单位、员工与社会公众等。国家行政管理与监督部门主要是指工商、税务、财政、证券监管及审计等部门。监管者作为经济管理和经济监督的部门，其职责就是维护市场经济秩序的公正有序，确保宏观决策所依据的信息真实可靠。譬如，通过财务报表分析，税务部门可以审查企业的纳税申报数据是否准确合理；财政部门可以审查企业的会计法规和财务制度是否规范；证券管理部门可以审查上市公司是否遵守了经济法规和市场秩序；注册会计师可以审查企业的各项会计处理是否符合会计准则，是否客观、公允地反映了某一特定会计期间的财务状况和经营成果。

与企业经营有关的企业单位主要是指材料供应企业、产品购买者等。这些单位或个人出于保护自身利益的需要，也非常关心往来企业的财务状况，他们进行财务分析的主要目的是搞清楚企业的信用状况。材料供应者可能希望与企业建立长期的合作关系，因此通过对企业的财务报表进行分析来了解企业的持续购买能力、支付能力和商业信用情况，从而调整其商品的营销策略和信用政策。产品购买者可能成为企业商品或劳务的重要客户。为了解企业能否长期持续经营下去以提供稳定的货源，能否长期履行产品质量的担保义务及其所提供的信用条件等信息，产品购买者往往需要对企业的盈利能力、增长能力等进行分析。

企业员工是企业管理的参与者，切身利益与企业息息相关，因此十分关注企业的经营状况和盈利状况。社会公众往往是潜在的投资者或债权人，通常也会对一些企业的盈利状况、收益分配等信息给予关注，为他们购买股票和债券提供决策的依据。

2.1.2　财务报表分析的目的

财务报表分析的目的受财务报表分析主体和财务分析服务对象的制约，不同的财务报表分析主体具有不同的财务报表分析目的，财务报表分析服务的对象不同，其所关心的问题也是不同的。各种财务分析主体的分析目的和财务报表分析服务对象所关心的问题，也就构成了财务报表分析的目的。财务报表分析可以帮助分析主体加深对企业的了解，降低判断的不确定性，从而增加决策的科学性。

1. 基于内部主体的财务报表分析目的

对于财务报表的内部分析主体而言，进行财务报表分析的目的主要是评价企业过去的经营业绩、衡量现在的财务状况、预测未来的发展趋势，包括盈利能力分析、偿债能力分析、营运能力分析等。通过财务报表分析，企业的经营者可以更有效地进行日常经营管理，保证企业正常运转；可以了解企业是否发挥了资金的最大使用效益，有无资金能力以寻求更大的发展机会；也有助于明确企业所处的发展阶段，做出是追加投资还是转产的决策；还可以进一步做出适合公司情况的筹资、融资、股利分配等决策。总之，财务报表分析是企业内部经营管理的有效工具。

2. 基于外部主体的财务报表分析目的

外部分析主体包括投资者、债权人、监管者及其他相关利益主体。投资者在公司中享有投资收益权和剩余财产分配权，为了保障投资收益的实现并控制投资风险，投资者进行财务分析的目的有两个方面：一方面明确是增加投资还是转让股份抽回投资，另一方面则是掌握公司的分红政策和投资收益等。债权人的主要目标是确定公司的债务偿付能力、盈利持续状况，分析债务按期足额偿还的安全性问题。监管者的目标是约束企业的行为，使其能够合法合规经营，禁止舞弊造假等行为。其他相关利益主体的目标也都由其与企业的经济关系所决定，比如供应商需要通过财务报表分析了解企业的持续经营能力和财务实力，以保证货款的安全性。

当然，外部主体由于处于信息劣势，所获取的信息欠缺一定的可靠性和完整性，因此通过表面化的信息去识别数字背后所反映的关于企业财务状况和经营状况的"庐山真面目"（即报表粉饰的甄别）是财务报表分析的另一目标。无论是投资者、债权人还是监管者等，所用的分析资料都是企业公开的对外报表，有的企业为了某些目的可能会操纵报表资料，这就为外部分析主体使用信息带来了障碍。因此，掌握与应用财务报表分析的程序与方法，透过表面现象看企业本质是财务报表分析的重要目标。

2.1.3 财务报表分析的作用

1. 财务报表分析可以正确评价企业的过去

正确评价过去是反映现状和预测未来的基础。财务报表中所呈现的会计信息最基本的特征是面向过去，通过选择恰当的分析方法对财务报表等会计资料进行分析，有助于评价企业过去经营期间经营管理层所取得的经营成果，揭示企业在经营管理过程中所出现的各种问题及其形成原因，从而有助于企业经营管理层采取有针对性的措施，最终实现提高经营管理水平、改进企业经营绩效的目的。当然也可以为投资者的投资决策、债权人的信贷决策提供支撑。

2. 财务报表分析可以全面反映企业的现状

财务报表是企业各项生产经营活动的综合反映。但财务报表的格式及提供的数据往往是根据会计的特点和管理的一般需要设计的，它不可能满足所有报表使用者的要求。因此，我们需要根据不同分析主体的分析目的，采用不同的分析手段和方法对企业的财务报表进行分析，从而了解企业的经营现状。比如通过结构分析法，可以了解企业目前的资产结构、资本结构、负债结构、股权权益结构、利润结构、收入结构、成本费用结构等信息。

3. 财务报表分析可以用于预测企业的未来

财务报表分析不仅可用于评价过去和反映现状，更重要的是它可以通过对过去与现状的分析与评价，判断企业的未来发展状况与趋势，从而可以在以下领域发挥作用：财务预警；价值评估；经营者业绩评价；财务决策。

2.2 财务报表分析的程序

2.2.1 财务报表分析的基本程序

1. 哈佛分析框架的基本程序

由于财务报表信息质量受多种因素影响，包括经营环境、企业战略、会计环境和会计策略等，这样便导致了资本市场上信息的不对称。要想从财务报告中提取出企业内部的信息，就需要通过对企业所面临的行业环境和所采取的竞争策略的分析来加强对企业的财务报告的解读。有效的财务报表分析的前提是合理的分析程序。下面主要介绍由哈佛大学三位教授创立的融战略分析与财务分析于一体的"哈佛分析框架"。该框架的基本程序如图 2-1 所示。

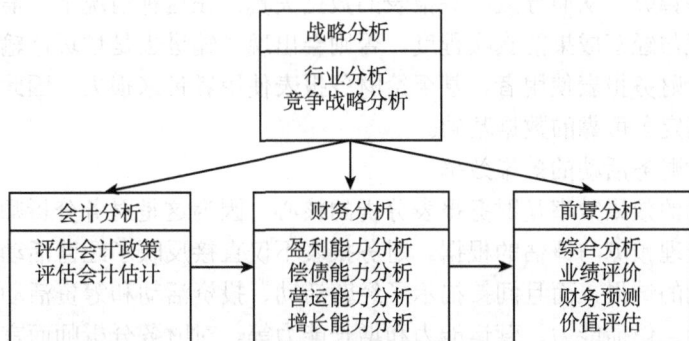

图 2-1 财务报表的哈佛分析框架

根据哈佛分析框架，财务报表分析的基本程序可以由以下 4 个步骤构成。

（1）战略分析

战略分析的主要目的是通过对企业所处行业和所采取的竞争战略进行分析，明确企业的行业性质、行业地位和经营模式。战略分析具体包括行业分析和竞争战略分析两个方面。

（2）会计分析

会计分析的主要目的是通过对企业所采取的会计政策和会计估计的合理性进行分析，从而判断该企业财务报表反映其财务状况和经营成果的真实程度。会计分析具体包括评估会计政策和评估会计估计两个方面。

（3）财务分析

财务分析的主要目的是对企业的盈利能力、偿债能力、营运能力和增长能力等进行分析，从而评价该企业的财务状况、经营成果和现金流量等情况。财务分析具体包括盈利能力分析、偿债能力分析、营运能力分析和增长能力分析 4 个方面。

（4）前景分析

前景分析的主要目的是在上述三种分析的基础上，利用一些专门的技术和方法，同时结合财务报表分析者的主观经验，对企业的目前财务状况和经营业绩进行综合分析与评价，对其未来盈利和发展前景进行预测与评估。前景分析具体包括综合分析、业绩评价、财务预测和价值评估 4 个方面。

2. 哈佛分析框架的逻辑思路

哈佛分析框架具有严密的逻辑性，这主要体现在它是站在企业外部的财务分析师角度来考虑分析思路的。作为一个外部财务分析师，需要做到以下几点。

（1）对所分析的企业进行定性了解

这是因为不同的行业，其平均盈利水平和发展前景不一样，同一行业不同的企业所采取的竞争战略也可能存在差别。如果不了解企业的行业性质和竞争战略，那么财务报表数据及根据财务报表计算的指标就会失去其经济意义。战略分析是会计分析和财务分析的基础和导向，只有先通过企业的战略分析，财务报表使用者才能深入了解企业的经营环境和行业背景，并进行客观、正确的会计分析与财务分析。

（2）甄别企业提供的财务报表数据的真实性

这是由于企业的管理者出于种种动机，可能会利用会计政策和会计估计的选择空间操纵利润或者进行财务舞弊，从而导致财务报表的数据失真。在这种情况下，需要评价财务报表反映企业财务状况与经营成果的真实程度，否则会出现"输进去是垃圾，输出来也是垃圾"的后果，从而误导财务报表使用者，甚至给财务报表使用者带来损失。因此，会计分析为下一步的财务分析奠定了可靠的数据基础。

（3）分析企业财务活动的效果效率

企业财务活动的效果效率是财务报表分析的核心，因为这是财务分析师对企业未来盈利和发展前景进行合理预测与评估的根据。财务报表不仅直接反映了经营活动、投资活动和筹资活动等财务活动的结果，而且间接揭示了经营活动、投资活动和筹资活动等财务活动的效率，包括盈利能力、偿债能力、营运能力和增长能力等。对财务分析师而言，需要通过财务分析来评价企业的这 4 种能力。因此，财务报表分析是进行前景预测的依据。

（4）判断企业的未来盈利和发展前景

财务分析的目的不仅仅在于评价过去和反映现状，更重要的是通过对过去和现状的分析与评价，预测企业的未来发展趋势，评估企业的未来发展前景，为财务报表使用者做出正确决策提供参考依据。因此，财务分析师需要利用综合分析方法、业绩评价方法、财务预测方法和价值评估方法，对企业的未来财务状况、经营成果和现金流量做出预测，对企业的发展前景和投资价值做出判断。从这一角度来看，前景分析是财务报表分析的终点。

可见，战略分析、会计分析、财务分析和前景分析这 4 个步骤依次递进、相互支持，共同构成了财务报表分析的逻辑框架。下面分别对这个步骤进行进一步的解释。

2.2.2 战略分析

战略分析是财务报表分析的逻辑出发点和基本导向。所谓战略分析，就是通过对企业所处行业的定性分析，确定企业在行业中所处的地位和面临的竞争环境，进而掌握企业的潜在

风险和发展潜力，尤其是价值创造的能力。企业战略分析的关键在于企业如何根据行业分析的结果，正确选择企业的竞争策略，使企业保持持久的竞争优势和高水平盈利能力。企业战略分析一般包括行业分析和企业竞争战略分析。

1. 行业分析

为了了解企业的背景信息，就需要进行行业分析。行业分析的目的在于分析行业的盈利水平与盈利能力，因为不同行业的盈利能力和发展前景是不同的。行业分析主要包括行业特征分析、行业生命周期分析和行业盈利能力分析。

（1）行业特征分析

行业特征是指某行业在某一时期的基本属性，它综合反映了该行业的基本状况和发展趋势。了解行业的基本特征是全面认识企业和进行战略分析的前提。评价行业的特征，主要是评价行业的竞争特征、需求特征、技术特征、增长特征、盈利特征 5 个方面。

在实际应用中，行业特征分析可通过对不同的特征因素评分，并且按照重要性程度设定不同的权重，然后进行加总得到该行业的总加权数。总加权数越大，说明行业特征越好，越具有优势。

（2）行业生命周期分析

行业生命周期主要由市场对该行业产品的需求状况所决定。行业生命周期一般分为 4 个阶段：初创期、成长期、成熟期和衰退期。

① 初创期。该阶段新行业刚刚兴起，投资于这个行业的公司可能不多，对于相关产品的研发投入费用比较高，市场需求未得到开拓，从而导致销售收入较低，财务可能会出现亏损，在此阶段公司的经营风险比较大。

② 成长期。当新行业的产品经过宣传和试用，得到消费者认可和偏好后便开始进入成长阶段。由于市场有发展前景，厂商便会逐渐增加，产品向多样化、优质化发展。由于市场需求扩大，厂商间的竞争也日益加剧，为了保持利润空间，厂商趋于积极提高生产技术、降低成本来打败对手，以便在市场上取得一席之地。

③ 成熟期。在这个阶段，行业的发展速度保持在一个适中的水平。此阶段相对较长，经过激烈竞争，将产生少数大厂商垄断整个行业的市场。厂商的竞争手段不再是价格战，而是转向质量的提高、服务的完善等。在这个阶段，行业的产出增长缓慢，甚至会出现下降。

④ 衰退期。由于替代品或新产品的出现，就像手机替换掉"大哥大"、传呼机等，原行业的市场需求开始下滑，当整个行业呈现出萧条的时候，厂商为了寻求利润最大化，会慢慢把资金转移到更有利可图的行业，当正常利润都无法实现的时候，该行业也便走向衰退进而消失。

对于财务报表使用者而言，需要根据相关的信息，判断所分析企业所处的行业的发展阶段。

（3）行业盈利能力分析

行业盈利能力反映的是行业赚取利润的能力。进行行业盈利能力分析的目的是对企业获得正常收益的稳定性和成长性进行分析。不同行业的盈利能力存在差异，这是财务报表使用者在进行财务报表分析时不能忽视的客观事实。

思政资料 2-1　　　　　**2019 年中国软件百家企业高质量发展势头明显**[①]

1. 本届软件百家基本情况

面对复杂多变的国内外环境和不断加大的经济下行压力，软件百家企业积极应对风险挑战，坚持推进转型升级，不断拓展融合应用，整体保持稳步增长态势的同时，研发创新动能持续迸发，主动加强产业链协作，整合上下游和跨领域资源，持续提升盈利能力和增强核心竞争力，高质量发展势头更加明显。

企业由量增向质优阶段迈进，呈现"高毛利、高研发"的双高特征。本届软件百家企业 2018 年共完成软件业务收入 8 212 亿元，比上届增长 6.5%，收入增长超 20% 的企业达三成多；共创造利润总额 1 963 亿元，比上届增长 14.6%，平均主营利润率为 11.3%，在行业内保持领先水平；共投入研发经费 1 746 亿元，比上届增长 12.6%，平均研发强度为 10.1%，高出行业平均水平 2.2 个百分点。与 5 年前相比，本届软件百家企业主营业务收入利润率提高了 2.6 个百分点，研发强度提高了 3.1 个百分点。

2. 本届软件百家企业的特点

软件百家企业作为产业的头部企业，是产业发展趋势的"风向标"，本届企业呈现出如下发展特点。

（1）业务收入稳步增长，两类企业表现突出

本届软件百家企业的软件业务收入保持增长态势，2018 全年共完成软件业务收入 8 212 亿元，比上届增长 6.5%，占全行业收入比重为 13.3%。其中，软件业务收入过百亿元的企业 14 家，软件业务收入过 30 亿元的企业 59 家。从增长较快的企业看，两类企业表现抢眼：一是在云计算、大数据和人工智能领域布局较早的企业，注重技术创新，积累了一定的核心技术和领先优势，持续保持强劲发展势头；二是随着我国智能金融、智能交通和智能安全市场全面启动，部分企业抓住发展机遇，以应用为导向，以新兴技术为传统行业赋能升级，收入实现快速增长。

（2）企业效益效率持续向好，为健康发展积蓄力量

本届软件百家企业积极调整战略，突出效益效率优先，加强成本费用管控，全年实现利润总额 1 963 亿元，比上届增长 14.6%，增幅高出收入 8.1 个百分点，占全行业利润比重为 21.9%。本届软件百家企业平均主营利润率为 11.3%，平均总资产利润率为 8.8%；其中主营利润率超过 20% 的企业 22 家，比上届增加 6 家。从经营效率看，本届软件百家企业人均软件业务收入为 86.6 万元，比上届增加 8.3 万元；人均利润 20.7 万元，比上届增加 3.3 万元。

（3）企业研发投入力度持续增强，创新成果不断涌现

本届软件百家企业共投入研发经费 1 746 亿元，比上届增长 12.6%，占全行业研发投入的 27.9%，远超收入和利润在全行业比重，是软件行业研发投入的骨干力量。企业平均研发强度 10.1%（研发经费占主营业务收入比例），比上届提高 0.4 个百分点，高于全行业平均水平 2.2 个百分点；研发强度超过 15% 的企业有 20 家，比上届增加 5 家；参与软件研

---

① 资料来源：节选自《2019 年中国软件业务收入前百家企业发展报告》，2020-01-19.

发的人数达 37.5 万人，占软件百家企业总从业人员数量的 39.5%。本届软件百家企业的软件著作权登记量超过 3 万件，拥有的获授权专利数量超过 13 万件。

（4）产业结构不断调整优化，供给质量持续提升

本届软件百家企业在软件产品、信息技术服务、信息安全和嵌入式系统软件 4 个领域的收入占比分别为 28.6%、50%、3.6% 和 17.8%，与上届相比，信息技术服务领域收入占比继续提升 5 个百分点，软件百家企业服务化转型持续推进；与全行业收入结构相比，软件百家企业的信息安全收入占比高出 1.7 个百分点，是构筑我国信息安全的重要骨干力量，嵌入式系统软件收入占比高出 8.4 个百分点，软件百家企业对智能制造的支撑力度进一步加大。

（5）积极参与国际竞争，国际化经营能力不断提升

本届软件百家企业全年实现软件出口 201 亿美元，占软件百家企业业务收入的 16%，占全行业软件出口比重为 39.3%；围绕"一带一路"建设，加快在软件技术、标准和人才等方面的合作，出口市场不断向新兴市场拓展，对东南亚等国的软件出口持续扩大，比上届增长 172%。

1982 年，迈克尔·波特提出了分析行业平均盈利能力的"五大力量因素"，包括：现有企业间的竞争、新进入企业的威胁、替代品的威胁、客户的议价能力和供应商的议价能力。也就是说，这 5 种因素是行业盈利能力的重要影响因素，财务报表使用者在对行业的盈利能力进行分析时可以从这 5 个因素着手。

一般来说，现有企业间的竞争程度越高，行业的平均盈利能力越低。新进入企业的威胁越大，就会导致行业中的竞争者越多，这样就提高了同行业的竞争程度，降低了行业的平均盈利能力。当行业存在许多替代品或替代服务时，其竞争程度加剧，同样也会导致行业的平均盈利能力降低；如果客户的议价能力强，则会制约产品价格提高的可能性，甚至导致产品价格降低，这样就会削弱行业的平均盈利能力；如果供应商的议价能力强，则有可能提升原材料的价格，从而增加企业产品的成本，同样也会削弱行业的平均盈利能力。图 2-2 是行业盈利能力的影响因素。

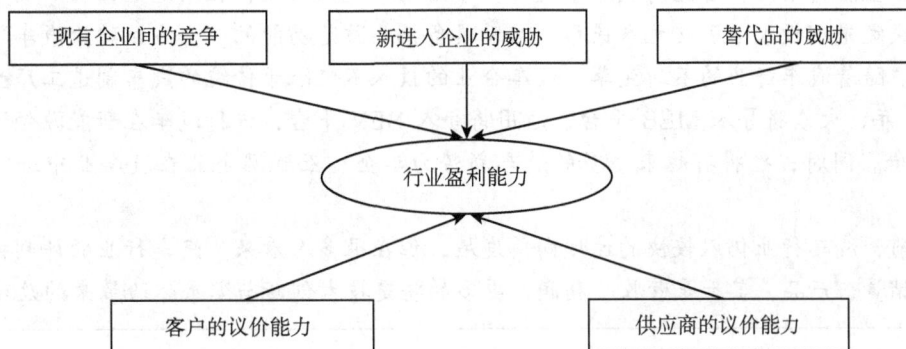

图 2-2　行业盈利能力的影响因素

思政资料 2-2　　　　　　　　**2019 年汽车制造业利润水平低于 5 年前** [①]

2020 年 2 月 3 日，国家统计局发布 2019 年工业企业相关信息。资料显示，2019 年全国规模以上工业企业实现利润总额 61 995.5 亿元，比去年下降 3.3%。具体而言，汽车制造业远远拉低了工业企业平均水平，是整个工业行业大类中少数出现双位数负增长的行业之一。2019 年利润仅为 5 140.8 亿元。相比前五年的利润总额，这是首次接近 5 000 亿元，创下近五年的利润最低。

据汽车预言家了解，从 2015 年开始，在中国汽车产业的迅速发展中，中国汽车制造业利润已突破 6 000 亿元，直至 2017 年，汽车制造业利润已连续增长至 6 833 亿元。同时，在这一年中，中国汽车产、销量分别达到 2 901.54 万辆、2 887.89 万辆，分别保持了 3.19%、3.04% 的增长速度。发展到 2018 年，中国汽车市场遭遇了近三十年来的首次下滑，最终导致汽车制造业利润总额出现负增长，且幅度高达 10.9%，但在整体上仍保持在 6 000 亿元以上，与 2015 年几乎保持持平。而到 2019 年时，这一数字直逼 5 000 亿元。2018 年，中国汽车市场下滑，汽车产、销量分别完成 2 780.9 万辆和 2 808.1 万辆，比上年同期分别下降 4.2% 和 2.8%；2019 年，中国汽车市场再次下滑，汽车产、销量分别为 2 572.1 万辆和 2 576.9 万辆，同比下降 7.5% 和 8.2%，产、销降幅比去年分别扩大 3.3% 和 5.4%。

对此，中汽协方面曾表示，目前中国汽车行业正处在转型升级过程中，且在全球经济下行等多种因素的影响下，汽车消费者持币观望，在很大程度上降低了对汽车的消费需求。为此，为促进汽车消费，国家发改委等部门在 2019 年发布了一系列文件，提出结合实际情况逐步放宽或取消汽车限购。在此形势下，各大主流车企纷纷下调利润率，促进汽车产品销量。

尽管 2019 年工业企业利润有所下降，但据国家统计局数据显示，包括很多行业的效益状况仍呈现结构性改善。尤其是高技术制造业和战略性新兴产业利润保持增长，明显好于规模以上工业平均水平。对于汽车行业而言，随着电气化、智能化、网联化的发展变革，汽车企业的持续投入发展，中国汽车制造业或将改变当前局势，迎来新的增长点。

据汽车预言家了解，汽车企业在智能网联等技术方面的投入在持续增加。在 2020 年初，长安、一汽、东风等多方斥资 160 亿元，组建整车技术研发公司，进行电动平台及先进底盘控制、氢燃料动力、智能驾驶及中央计算等方面的技术研究；在新冠病毒的影响下，吉利汽车决定先期投入 3.7 亿元人民币，启动具备病毒防范功能的"全方位健康汽车"的研发工作。随着汽车行业的不断变革，汽车企业的投入不仅限于传统的汽车制造工厂生产，在 2020 年，大众将导入 MEB 平台、通用将导入 BEV 平台，进行汽车在新能源领域的发展与竞争。同时，也将有越来越多的造车新势力车企、互联网企业在汽车业中进行制造研发。

目前，汽车行业仍以较快的速度向前发展，但在很多人看来，汽车行业的评判标准不再只是销量、产品，甚至是营收、利润，更多的将是技术创新与驾乘体验带来的改变。

---

① 节选自：王一萍. 2019 年汽车制造业利润水平低于 5 年前. 汽车预言家，2020-02-07.

2. 企业竞争战略分析

企业的盈利能力不仅受所处行业影响，而且还与企业所选的竞争战略有关。即使是传统的行业，也会有佼佼者。竞争战略分析的关键在于根据行业分析的结果判断企业选择竞争战略的合理性。只有选择了合理的竞争战略，才有可能使企业保持竞争能力和高盈利能力。一般而言，给企业带来竞争优势的战略主要有两种：成本优势战略和产品差异战略。

对于需求价格弹性比较大的商品，采取成本优势战略效果将是很显著的。通过规模经济的投资、低成本模式的设计、管理费用等的降低使产品能维持低价格销售，这就是竞争中的优势。通过对市场的细分来实施产品差异战略也是一种有效的竞争战略。面对不同收入水平、不同年龄层次、不同性别的顾客，对产品的服务、外观、广告等进行差异化处理，以满足顾客的不同需求。当然在选择竞争战略的背后，也有许多不容忽视的问题，如企业的组织结构是否与所选的竞争战略相适应、企业的竞争优势是否可持续等问题。

竞争战略分析的方法许多，常用的包括波士顿矩阵分析法、SWOT 分析法、价值链分析法等。财务报表使用者可以根据需要选择合适的方法。其中，SWOT 分析法的原理如表 2-1 所示。

表 2-1　SWOT 分析法原理

优势——strengths 弱点——weaknesses 机会——opportunities 威胁——threats	优势——S 列出优势	弱点——W 列出弱点
机会——O 列出机会	SO 战略 发挥优势，利用机会	WO 战略 利用机会，克服弱点
威胁——T 列出威胁	ST 战略 利用优势，回避威胁	WT 战略 克服弱点，回避威胁

2.2.3　会计分析

会计分析是财务报表分析的基础。会计分析的目的在于评价企业财务报表所反映的财务状况与经营成果的真实程度。众所周知，财务报表是按照会计准则经过加工而成的信息，因此为了进行有效的报表分析，财务报表使用者首先了解会计政策、会计估计的专业知识是十分必要的。会计分析相当于给外表"华丽"但实际却存在"水分"的财务报表"挤干水分"。会计分析主要针对资产负债表、利润表和现金流量表进行。一般来说，会计分析可以分为以下 4 个步骤。

1. 阅读财务报告

企业作为分析的出发点，仔细阅读是必不可少的第一步。只有阅读财务报告后，才能对企业的会计政策、会计估计有所了解，对该企业的会计信息披露的完整性有初步认识，并应该着重注意企业的财务报表附注和财务情况说明书，了解企业会计政策和会计估计及其变更的情况，同时也要注意注册会计师的审计意见。

财务报表附注是财务报表不可或缺的组成部分。财务报表使用者要全面了解企业的财务状况、经营成果和现金流量，就应当详细阅读财务报表附注。财务报表附注提供了财务报表信息生成的依据，并提供无法在报表上列示的财务与非财务信息，从而使财务报表的信息更加完整。

现在不仅仅是上市公司需要注册会计师独立审计，许多非上市企业，其财务报表的真实性、准确性与完整性也需要会计师事务所作为独立方进行审计。审计后，会计师事务所要出具审计报告，提出审计意见。审计意见分为 5 种类型：无保留意见、带强调事项段的无保留意见、保留意见、否定意见和无法表示意见。第一意见称为标准审计意见，后四种称为非标准审计意见。这样审计报告也分为两种类型。一般而言，如果会计师事务所出具了标准意见审计报告，则说明企业财务报表的可信度有了比较大的保证；如果会计师事务所出具了非标准意见审计报告，特别是保留意见、否定意见和无法表示意见，财务报表使用者需要对企业的财务报表给予必要的怀疑。

2. 评估会计策略

在评估会计策略（包括会计政策和会计估计）中，首先需要了解企业的关键会计政策是什么，所采取的关键会计政策是刚性的还是弹性的。如果企业选择具有较大弹性的会计政策，财务报表使用者需要予以重点关注，并且对企业采用此项会计政策的目的进行深入分析。会计政策的选择及其变更可能会对财务报表产生重大影响，企业选择会计政策必然是考虑有利于自身的因素，因此可能利用会计政策的弹性来隐瞒真实的财务状况和经营成果。对此，财务报表使用者需要分析企业所选择的会计政策是否合理，是否与行业惯例一致，是否有利用会计政策操纵利润的嫌疑。

3. 分析财务报表变动

财务报表使用者需要了解企业提供的财务报表有哪些项目出现了变动，显著的变动往往意味着不正常的原因。因此，财务报表使用者应利用水平分析法、垂直分析法、趋势分析法等专门方法，对财务报表项目的变动额度、变动幅度和变动趋势等进行分析，找出显著的变动，并结合第一步，同时利用财务报表附注，判断企业对项目的显著变动是否具有充分的、合理的解释，从而排除正常变动，锁定异常变动。实践证明，不具有合理解释的异常变动项目往往存在财务舞弊的嫌疑。面对出现的潜在危险信号，财务报表使用者需要进一步搜集相关信息，寻找异常变动的真正原因，获取证实财务舞弊的直接证据。

4. 调整财务报表数据

如果通过以上步骤和方法确实发现了公司的财务舞弊现象，财务报表使用者就需要利用财务报表及其他相关资料，对财务报表相关项目的数据进行调整，以恢复该项目的本来面目。调整财务报表存在水分的项目数据有许多方法，如虚拟资产剔除法、异常利润剔除法、关联交易分析法等。

虚拟资产剔除法就是将财务报表中那些故意隐藏费用的"虚拟资产"项目剔除出去。众所周知，资产的本质就在于预期能给企业带来经济利益；而"虚拟资产"指的是已经发生的费用或损失，但由于企业缺乏承受能力而暂时挂账为资产的项目，如待摊费用、递延资产、待处理流动资产损失和待处理固定资产损失等。在财务报表中这类资产经常被作为隐藏公司费用的"黑洞"或调节利润的"蓄水池"。一些企业往往通过不及时确认、少摊销或不摊销已经发生的费用和损失等手段，来达到减少费用、虚增利润的目的。倘若如此，财务报表使用者需要将这些虚拟资产从财务报表中剔除出去。

异常利润剔除法就是将财务报表中那些导致利润虚增的非正常利润项目剔除出去。一般而言，判断一个企业的真实盈利能力应该主要依据该企业正常经营活动所产生的利润；而异常利润指的是企业通过债务重组、股权转让、出售长期资产、非货币性交易等异常事项产生的利润。由于这种利润具有偶然性或意外性，所以在判断公司盈利能力时应予以剔除。更为糟糕的是，有些企业打着债务重组、股权转让、出售长期资产、非货币性交易等业务的"旗号"，行财务舞弊之实。因此，面对这些现象，财务报表使用者需要将这些异常利润从财务报表中剔除出去。

关联交易分析法就是对财务报表中那些具有操纵利润事实的关联交易相关项目进行调整。关联交易是企业关联方之间进行的交易，关联交易并非为法律所禁止，但有些企业违背关联交易原则，通过操纵关联交易定价，达到调节利润的目的。因此，如果一个企业在某一个会计期间的收入或利润主要来自关联企业的贡献，那么财务报表使用者需要注意分析关联交易的定价政策是否合理；如果存在不合理的证据，那么应对与这一关联交易相关的项目进行调整。

2.2.4　财务分析

财务分析是财务报表分析的最主要部分，是"重头戏"。财务分析的主要内容是分析企业的盈利能力、偿债能力、营运能力和增长能力。[①]财务分析的基本方法是比率分析法、因素分析法，其中比率分析法又是其中最重要的方法。关于财务分析基本方法的原理将在后续章节中介绍。

2.2.5　前景分析

财务报表使用者进行分析的目的不仅仅在于了解企业的过去和评估企业的现状，更重要的是要预测企业未来的发展前景，以此来进行自己的投资、信贷等各种决策。也就是说，在经过战略分析、会计分析和财务分析之后，还需要进行恰当的前景分析，以实现财务报表的"决策有用性"。综合分析、业绩评价、财务预测和价值评估是前景分析的主要内容，也是进行前景分析的重要工具。

财务预测是指基于各种合理的基本假设，根据预期条件和各种可能影响未来经营活动、投资活动和筹资活动的重要事项，做出最恰当的预估结果，并将预期的财务状况、经营成果和现金流量变动等信息，编制成预计资产负债表、预计利润表和预计现金流量表。其中，对销售收入的预测是财务预测的重要起点。

价值评估是采用专门的方法，遵循特定的程序，对企业整体价值（总资产价值）、所有者权益价值（净资产价值）或部分股权价值进行分析、估算并得出最终结论的过程。企业价值评估一般包括资产途径、市场途径和收益途径三种类型，其中较为常用的方法有现金流量贴现法、EVA 法、市盈率法等。

---

① 与财务分析对应的内容可详见第 6、7、8、9 章。

2.3 财务报表分析的方法

2.3.1 水平分析法

1. 水平分析法的定义

水平分析法，也称横向比较法，是指将反映企业报告期财务状况、经营成果和现金流量的信息与反映企业前期或历史某一时期财务状况、经营成果和现金流量的信息进行对比，研究企业财务状况、经营成果和现金流量某一方面变动情况的一种财务报表分析方法。例如，可以将资产负债表中的应收账款期末余额与期初余额进行比较分析，也可以将利润表中的营业收入本年数与上年数进行比较分析。

2. 水平分析法的原理

水平分析法的基本原理是将报表资料中不同时期的同项目数据进行对比，对比的方式主要有绝对数和相对数两种，即分别计算变动额和变动率，具体计算公式如下。

$$变动额 = 报表某项目分析期金额 - 报表同项目基期金额$$

$$变动率 = \frac{变动额}{报表某项目基期金额} \times 100\%$$

3. 水平分析法的应用

变动额衡量的是企业财务报表某一项目的变动额度，反映了该项目的变动规模；变动率衡量的是企业财务报表某一项目的变动幅度，反映了该项目的变动程度。因此，运用水平分析法，可以了解项目增减变动额度和变动幅度情况，从而发现可疑点。一般而言，变动额度多少为异常应视企业资产基础或收入基础确定，变动幅度如果超过 10% 则应视为异常，当然还必须结合项目的性质。需要提出的是，在应用水平分析法的过程中应将两种对比方式结合运用，仅用变动额或仅用变动率都可能得出片面的，甚至错误的结论。

思政案例 2-1　　　　新纶科技 3 年合计虚增利润 1.8 亿元[①]

　　2019 年 4 月 9 日晚间，新纶科技（002341，SZ）公告称，收到中国证监会下发的《行政处罚事先告知书》。因虚构贸易业务虚增收入及利润、未按规定披露关联交易、未按规定披露对外担保，新纶科技被处以 60 万元罚款，多位高管也被处以 3 万 ～ 30 万元不等的罚款。

　　公告显示，2016—2018 年，新纶科技通过全资子公司新纶科技（常州）有限公司（以下简称常州新纶）与自然人张和春控制的多家公司虚构贸易业务方式，虚增收入、成本及利润。

　　从数据上看，2016 年、2017 年的虚增情况最为严重。其中，2016 年虚增营业收入 3.37

---

① 莫淑婷. 新纶科技业绩造假查实 连续 3 年虚增利润 1.8 亿.每日经济新闻，2020-04-10.

亿元，占当年收入的 20.29%，虚增采购成本 2.49 亿元，虚增利润 7 643.34 万元，占当年利润总额的 142.73%；2017 年虚增营业收入 3.38 亿元，占当年收入的 16.39%，虚增采购成本 2.44 亿元，虚增利润 9 330.50 万元，占当年利润总额的 50.67%；2018 年虚增营业收入 6 233.97 万元，占当年收入的 1.94%，虚增采购成本 4 425.41 万元，虚增利润 1 072.30 万元，占当年利润总额的 3.03%。

三年合算下来，新纶科技总计虚增收入超过 7.3 亿元，虚增利润达 1.8 亿元。《每日经济新闻》记者注意到，新纶科技 2016 年利润总额才 5 355.09 万元，去除虚增利润，新纶科技 2016 年的利润总额将由盈利变为亏损。

《行政处罚事先告知书》还详细列举了新纶科技虚构贸易业务的操作手法。常州新纶主要是从张和春控制的公司采购保护膜产品，再销售给张和春控制的东莞市麦克斯韦电子材料有限公司、东莞市智凝光学科技有限公司、深圳市维克哈德科技有限公司等多家公司。

以东莞市麦克斯韦电子材料有限公司为例，2016—2018 年，常州新纶向张和春控制的东莞市麦克斯韦电子材料有限公司销售保护膜产品，确认主营业务收入共计 1.38 亿元，结转主营业务成本共计 1.01 亿元；销售回款共计 1.11 亿元，其中 9 547.72 万元在回款当日或近日由新纶科技实际控制的银行账户向张和春相关银行账户转账相同金额，形成资金闭环；扣除相应计提的坏账准备后，形成利润总额共计 3 350.84 万元。而上述保护膜产品全部采购自张和春控制的 7 家供应商。

公告显示，上述业务没有物流发生，新纶科技伪造相应的出库单和入库单，并按采购金额的 15% 计算税费和采购金额的 3% 计算手续费支付给张和春控制的公司，同时再将同一批货物销售给张和春控制的相关公司，整个贸易业务的物料购销形成闭环，对应的收付款形成资金闭环；上述贸易物料循环、资金闭环均可追溯至财务账，且资金闭环与贸易物料销售产生的应收账款存在对应关系。上述业务没有商业实质，为虚构业务。

公开资料显示，常州新纶从事新材料及其衍生产品的研发、生产与销售。2016—2018 年，常州新纶分别实现营业收入 7.12 亿元、7.88 亿元和 6.10 亿元，分别实现净利润 5 794 万元、1.31 亿元和 1.43 亿元。以业绩增幅计，2017 年，常州新纶营业收入同比增长 10.67%，净利润同比增长 126.24%。而按照《行政处罚事先告知书》的说法，常州新纶 2016 年、2017 年营业收入可以说是有近半的"水分"。

2.3.2　垂直分析法

1. 垂直分析法的定义

垂直分析法，也叫结构分析法、纵向分析法，也属于比较分析法的一种类型。与水平分析法不同，垂直分析法的基本点不是将企业报告期的分析数据直接与基期进行对比，以求出增减变动量和增减变动率，而是通过计算财务报表中各项目占总体的比重或结构，反映财务报表中各项目的相对重要性及财务报表的总体结构关系。

2. 垂直分析法的原理

垂直分析法的一般步骤如下。

① 确定报表中各项目占总额的比重或百分比。具体计算公式如下。

$$某项目的比重 = \frac{某项目金额}{各项目总金额} \times 100\%$$

② 通过各项目的比重，分析各项目在企业经营中的重要性。一般而言，项目比重越大，说明其重要程度越高，对总体的影响越大。

③ 将分析期各项目的比重与前期同项目比重对比，研究各项目的比重变动情况。也可将本企业报告期某项目比重与同行业企业的可比项目比重进行对比，从而确定差异。

3. 垂直分析法的应用

应用垂直分析法，需要注意以下问题。

（1）总体基础的唯一性

在财务报表分析中，总是将财务报表中某一关键项目当作一个整体，然后再把构成这一整体的部分与之进行对比。因此，总体基础的选择需要事先明确。一般来说，如果对资产负债表进行垂直分析，则选择资产总额作为总体基础；如果对利润表进行垂直分析，则选择营业收入作为总体基础；如果对现金流量表进行垂直分析，则分别选择现金流入总额和现金流出总额作为总体基础。除此以外，财务报表使用者还可以根据需要，进一步确定不同的总体基础，如流动资产总额（进行流动资产结构分析）、存货总额（进行存货结构分析）、流动负债总额（进行流动负债结构分析）等。

（2）分析角度的多维性

即使对于同一种总体基础，财务报表使用者也可以从不同维度进行分析，从而满足不同的分析目的。例如，对于资产结构分析，既可以从流动资产与非流动资产比例角度分析，也可以从有形资产与无形资产角度分析；对于应收账款结构分析，既可以进行账龄结构分析，也可以进行客户结构分析；对于负债结构，不仅可以进行负债期限结构分析，还可以进行负债方式结构分析、负债成本结构分析；对于营业收入结构，既可以分析营业收入来源的业务结构，也可以分析营业收入来源的地区结构。总之，财务报表使用者可以具体情况具体分析，在实际分析中根据不同的需要灵活地选择分析角度，而不能局限于单一角度的分析。

（3）项目数据的可比性

在进行同一企业前后期或不同企业同一期的结构对比时，应尽量保持结构比重计算口径的一致性。因为如果同一企业前后期或不同企业同一期对于同一个项目采取不同的会计政策和会计估计，会直接导致数据的不可比。例如，固定资产折旧方法包括平均年限法、双倍余额递减法、年数总和法等，对于同一类型的固定资产采用不同的折旧方法会导致企业固定资产价值大小不同，从而使计算出来的结构比重不可比。再如，存货计价存在加权平均法、先进先出法等多种方法可供选择，两个企业或同一企业不同时期，即使实际情况完全相同，也会因为采用不同的计价方法，对期末存货、企业利润等产生重大影响。如果面临这样的情形，财务报表使用者需要进行调整。

思政案例 2-2　　　　　　　　　华域汽车净利润逾六成源于投资收益

华域汽车 2010 年年报显示，公司当年实现营业利润 49.42 亿元，其中归属于上市公司股东的净利润达 25.13 亿元。值得注意的是，其投资收益为 15.62 亿元，也就是说，公司净利润中 62.15%都要拜投资收益所赐。公司 15.62 亿元的投资收益构成如表 2-2 所示。

表 2-2　投资收益结构分析

项目	金额/万元	占总额的比重/%
处置交易性金融资产取得的投资收益	39.52	0.03
持有可供出售金融资产期间取得的投资收益	1 123.55	0.72
处置可供出售金融资产产生的投资收益	165.50	0.11
委托贷款投资收益	596.44	0.38
银行理财产品收益	712.89	0.46
对联营企业和合营企业的投资收益	153 300.00	98.30

由表 2-2 可知，对联营企业和合营企业的投资所取得的收益才是大头。值得一提的是，华域汽车持有其他上市公司股权、参股金融企业股权的项目可谓林林总总。公司披露的年报显示，其持有新宙邦、中国化学、世纪鼎利等 30 家上市公司的股票。此外，在金融类企业中，华域汽车还分别持有兴业证券、民生银行 2.84%、0.89%的股权。

投资收益在净利润中的占比居高不下与公司特殊的经营结构不无关联。由于其在与多家外资合作中并不能掌控绝对话语权，因而为公司净利润立下汗马功劳的多家联营、合营公司，只能以投资收益的方式反映在利润表中，却难以进一步改善公司资产负债率、现金流量等指标。

2.3.3　趋势分析法

1. 趋势分析法的定义

趋势分析法是根据企业连续若干会计期间（至少三期）的分析资料，运用指数或动态比率的计算，比较和研究不同会计期间相关项目的变动情况和发展趋势的一种财务分析方法，也叫动态分析法。趋势分析法既可用于对财务报表的整体分析，即研究一定时期财务报表所有项目的变动趋势，也可对某些主要指标的发展趋势进行重点分析。

名人名言

我们不可以单凭一年的数字评价公司业绩。为了更清楚地了解公司业绩的发展历程和趋势，以及发现我们认为需要解释和调查的比率变动，应该分析公司 3 年的数字。当然，5 年的数字更好。

——［英］鲍勃·沃斯

2. 趋势分析法的原理

趋势分析法的一般步骤如下。

① 计算趋势比率或指数。趋势指数的计算通常有两种方法：一是定基指数，二是环比指数。定基指数就是各个时期的指数都是以某一固定时期为基期来计算的，环比指数则是各个时期的指数以前一期为基期来计算的。趋势分析法通常采用定基指数。两种指数的计算公式分别如下。

$$定基指数 = \frac{某一分析期某指标数据}{固定基期某指标数据} \times 100\%$$

$$环比指数 = \frac{某一分析期某指标数据}{前期某指标数据} \times 100\%$$

② 根据指数计算结果，评价与判断企业该指标的变动趋势及其合理性。

③ 预测未来的发展趋势。根据企业分析期该项目的变动情况，研究其变动趋势或总结其变动规律，从而预测企业该项目的未来发展情况。

3. 趋势分析法的应用

应用趋势分析法，需要注意以下几点。

① 比较的指标。既可以直接针对财务报表的项目，也可以针对财务指标，如净资产收益率、流动比率、资产负债率等，还可以针对结构比重。

② 比较的形式。除了计算定基指数或环比指数以外，财务报表使用者还可以不加以处理，直接采用趋势分析图的形式进行比较分析，这样更加直观。

③ 比较的基础。财务报表使用者需要注意当某项目基期为零或负数时就不能计算趋势指数，因为这样比较会失去实际意义，此时可以采用趋势分析图的形式。

④ 对于计算趋势指数的财务报表数据，财务报表使用者同样要注意比较前后期的会计政策、会计估计的一致性，如果会计政策、会计估计不一致，那么趋势指数也会失去比较的实际意义。

⑤ 对于分析结果，财务报表使用者需要注意排除偶然性或意外性因素的影响。对于健康发展的企业，其发展规律通常应该是稳步上升或下降的趋势（视分析项目不同而定），但有可能由于一些偶然性或意外性的因素，在某一分析期出现背离整个发展趋势的情形，此时财务报表使用者应该深入分析其是否受一些偶然性或意外性因素的影响，从而对企业该项目的真实发展趋势做出合理判断。

2.3.4 比率分析法

1. 比率分析法的定义

比率分析法是利用两个或若干个与财务报表中或相关的项目之间的某种关联关系，运用相对数来考察、计量和评价，借以评价企业财务状况、经营业绩和现金流量的一种财务分析方法。比率分析法是财务分析中最基本、最常用的一种方法。

2. 比率分析法的原理

比率常用的具体表现形式包括：百分率，如净资产收益率10%；比值，如流动比率为2:1；

分数，如负债为总资产的 1/2。

财务比率按照反映的内容可以分为：盈利能力比率、营运能力比率、偿债能力比率、增长能力比率。国务院国有资产监督管理委员会颁布的企业综合绩效评价指标体系，就是将财务绩效定量评价指标划分为这 4 种类型（只是有些类型的叫法有所区别而已），具体见表 2-3。

表 2-3 企业综合绩效评价指标体系

评价指标类别	财务绩效定量评价指标	
	基本指标	修正指标
盈利能力状况	净资产收益率 总资产报酬率	销售（营业）利润率 盈余现金保障倍数 成本费用利润率 资本收益率
资产质量状况	总资产周转率 应收账款周转率	不良资产比率 流动资产周转率 资产现金回收率
债务风险状况	资产负债率 已获利息倍数	速动比率 现金流动负债比率 带息负债比率 或有负债比率
经营增长状况	销售（营业）增长率 资本保值增值率	销售（营业）利润增长率 总资产增长率 技术投入比率

3. 比率分析法的应用

在计算出财务比率之后，财务报表使用者还需要选择财务分析标准，对所计算的财务比率进行分析，否则财务比率就只有单纯的字面定义，缺乏经济含义。财务分析标准的意义就在于它为财务比率的应用提供了参照物。对于外部财务报表使用者而言，常用的财务分析标准包括以下 3 种类型。

（1）经验标准

经验标准是在财务比率分析中经常采用的一种标准。所谓经验标准，是指这个标准的形成来源于大量的实践经验，并经过大量实践的检验。例如，流动比率的经验标准为 200%；速动比率的经验标准是 100%；资产负债率一般应介于 30%~70% 之间。其实，这些经验标准都属于经验之谈，并没有充分的科学依据。因此，财务报表使用者不能把这种经验标准当作是一种绝对标准，认为不论什么公司、什么行业、什么时间、什么环境都是适用的。财务报表使用者只能利用经验标准做出初步的判断，要下准确的结论，还得结合实际情况做进一步的深入分析。例如，假设一个企业的流动比率大于 200%，但在流动资产结构中存在大量应收账款和许多积压存货；而另一个企业的流动比率虽然低于 200%，但货币资金在流动资产中占较大比重，应收账款、存货所占比重较低，这时就不能根据经验标准认为前一个企业的短期偿债能力就一定好于后一个企业。总之，在应用经验标准时应该具体情况具体分析，而不能生搬硬套。

（2）历史标准

历史标准是指以企业过去某一会计期间的实际业绩为标准。这种标准对于评价企业自身财务状况、经营业绩和资金情况是否改善是非常有益的。历史标准可选择企业历史最高水平，也可选择企业正常经营条件下的业绩水平。另外，在财务报表分析中，经常将本年的财务状况与上年进行对比，此时企业上年的业绩水平实际上也可以看作是历史标准。应用历史标准的优点是可靠性比较高，能反映企业曾经达到的水平。但历史标准也有其不足：仅仅运用历史标准可能引起企业"故步自封"或者"夜郎自大"，既有可能脱离企业战略要求，丧失挑战性，又可能使企业落后于同行业的竞争对手。因此，财务报表使用者除了应用历史标准外，还可以应用其他财务分析标准。

思政案例 2-3　　　　中联重科 2019 年经营质量达历史最佳[①]

2020 年 3 月 30 日晚间，中联重科发布 2019 年度业绩报告。报告期内，公司实现营业收入 433.07 亿元，同比增长 50.92%；归属于上市公司股东净利润 43.71 亿元，同比大增 116.42%；公司经营活动产生的现金流量净额为 62.19 亿元，比去年同期增长 22.81%。公司实现高质量、高效率、可持续的业绩增长。

中联重科表示，2019 年受益于工程机械行业持续增长，同时公司坚持高质量发展战略，强化创新、加速推进数字化转型，公司经营管理、风险控制及资源协同能力大幅提升，毛利率、经营性现金流等各项经营指标持续健康向上，是历年来经营质量最好的一年。

1. 主导产品市场地位稳升，潜力市场蓄势待发

2019 年，受基建投资、设备更新、环保升级、人工替代效应等多重外部利好的影响，以及公司持续创新研发、推进数字化转型等因素驱动，中联重科工程机械产品销量保持强劲增长，主导产品市场地位持续提升。报告期内，中联重科起重机械、混凝土机械产品市场份额持续保持"数一数二"。其中，公司建筑起重机械销售规模实现全球第一，行业龙头地位优势进一步巩固；工程起重机械市场份额达近五年最好水平，汽车起重机、履带起重机国内市场份额同比提升，不断突破。

2019 年，中联重科全力发展潜力市场，新兴产业蓄势待发。土方机械完成全国各省销售服务网点布局，推出 ZE60E-10、ZE75E-10 小挖新品，同时加速液压、智能、结构等共性技术研发与运用，突破行业"卡脖子"困境，未来有望成为公司强力增长点。2019 年，高空作业机械产品品质、性能受到客户广泛好评，进入行业首年即迈入国内高空作业平台领域第一梯队，成为公司全新的业务增长点。同时，公司机制砂、干混砂浆、喷射机械等新兴业务持续拓展，势态良好。

2. 成本费用管控得力，全年净利润同比增长 116.42%

年报显示，2019 年度中联重科各项经营指标持续健康、稳健提升。报告期内，公司毛利润额同比增长 67.14% 至 129.93 亿元；销售毛利率同比提升 2.91% 至 30.00%。公司全年实现归属于股东净利润 43.71 亿元，同比增长 116.42%。公司加权平均净资产收益率达到 10.82%，同比提升 5.57 个百分点。

---

① 节选自：中联重科 2019 年净利润增长 116%，经营质量达历史最佳，新浪财经，2020-04-02.

2019 年在销售收入大幅增长的同时，中联重科严控各项成本和费用。报告期内，费用率同比下降 0.96%，公司持续开源节流，各项费用稳步下降。

中联重科表示，基于在费用上的得力管控和毛利率的提升，公司 2019 年盈利能力得到大幅提升，为全体股东创造了更显著的收益和更大的价值。

3. 营运水平持续优化，经营性现金流创历史最佳

2019 年报数据显示，中联重科全年经营性现金流量净额达 62.19 亿元，比去年同期增长 22.81%，继续刷新历史最好水平。充裕的经营性现金流显示中联重科具有很强的经营造血能力，也增强了疫情之下企业的抗风险能力。这主要得益于中联重科加大对客户准入管理，积极拓展联盟客户，新增业务保证高质量，同时强化存量业务风险管理，存量业务回款情况良好。

此外，2019 年末中联重科资产负债率为 57.06%，同比下降 1.46%。有息负债规模下降 137 亿元，杠杆比率和债务规模下降，财务风险进一步降低。

中联重科表示，公司在 2019 年加强应收账款和存货的管控，督促应收账款及时回款，加强供应链及生产效率管理，提升营运效率，应收账款周转天数同比减少约 87 天，存货周转天数同比减少约 38 天。期末应收账款远低于销售规模增幅，公司运营水平和业务质量持续优化。

（3）行业标准

行业标准是财务报表分析中广泛采用的标准，它是按行业制定的，反映了行业财务状况和经营状况的基本水平。当然，也可选择同行业某一先进企业的业绩水平作为行业标准。企业在财务报表分析中运用行业标准，可说明企业在行业中所处的地位与水平。运用行业标准有 3 个限制条件。

① 同行业内的两个企业并不一定是可比的。例如，同是石油行业的两个企业，一个可能从市场购买原油生产石油产品，另一个则是融开采、生产、提炼、销售为一体，这两个公司的经营就是不可比的。

② 一些大的企业往往跨行业经营，企业的不同经营业务可能有着不同的盈利水平和风险程度，这时用行业统一标准进行评价显然是不合适的。解决这一问题的方法是将企业经营的不同业务的资产、收入、费用、利润等分项报告和评价。

③ 应用行业标准还受不同企业采用的不同会计政策、会计估计的限制，同行业企业如果采用不同的会计政策、会计估计方法，也会影响评价的准确性。例如，由于存货发出的计价方法不同，不仅可能影响存货的价值，而且可能影响成本、利润的水平。因此，在采用行业标准时，也要注意这些限制。

利用行业标准还存在一个问题，就是如何获得行业标准。这常常成为大多数财务报表使用者的难题。我们认为，财务报表使用者可以考虑以下两条途径。其一，自行计算。财务报表使用者可以采用算术平均法、综合报表法和中位数法选择若干同行业上市公司的同一比率计算出标准比率，这个标准比率即可成为行业标准。其二，外部获取。根据多年的管理咨询经验，可以通过一些方式获得行业历史数据，如财政部、国资委每年重新修订并公开出版的企业综合绩效评价标准值手册，表 2-4 反映的是矿山冶金建筑设备制造业 2019 年绩效标准值；上市公司公开披露的数据（一些媒体和管理咨询公司经常出台各种上市公司经营业绩排行榜）；行业协会的统计数据（有许多行业协会经常对本行业的企业经营业绩进行统计分析）；官方统计数据（如国家统计局、各种正式出版的统计年鉴）；通过供应商和客户了解同行业企业的一些指标；通过中介机构购买行业数据。

可见，各种财务分析评价标准都有其优点与不足，在财务分析中不应孤立地选用某一种标准，而应综合应用各种标准，从不同角度对企业财务状况、经营成果和现金流量进行评价，这样才有利于得出正确结论。

表 2-4　矿山冶金建筑设备制造业 2019 年绩效标准值①

范围：全行业

项　目	优秀值	良好值	平均值	较低值	较差值
一、盈利能力状况					
净资产收益率/%	14.9	8.1	5.0	−2.8	−6.2
总资产报酬率/%	6.5	4.4	2.4	−2.3	−3.8
销售（营业）利润率/%	15.3	9.0	3.8	−1.3	−7.8
盈余现金保障倍数	10.6	4.4	1.5	0.0	−3.2
成本费用利润率/%	10.9	8.1	4.5	−0.6	−7.0
资本收益率/%	14.4	7.2	3.8	−4.1	−8.1
二、资产质量状况					
总资产周转率/次	1.4	1.0	0.4	0.2	0.1
应收账款周转率/次	13.4	6.3	2.3	1.6	1.0
不良资产比率/%	0.2	0.7	1.8	4.7	10.6
流动资产周转率/次	1.8	1.2	0.7	0.4	0.2
资产现金回收率/%	9.2	5.6	1.4	−6.3	−10.2
三、债务风险状况					
资产负债率/%	48.6	53.6	58.6	68.6	83.6
已获利息倍数	4.6	3.6	1.8	−2.4	−3.9
速动比率/%	133.7	110.3	82.2	62.0	51.7
现金流动负债比率/%	16.4	11.3	3.6	−6.1	−10.0
带息负债比率/%	11.7	33.6	36.9	48.0	67.6
或有负债比率/%	0.3	0.6	5.3	13.8	23.1
四、经营增长状况					
销售（营业）增长率/%	21.9	15.5	8.6	−7.5	−22.8
资产保值增值率/%	115.4	108.9	103.7	99.0	93.1
销售（营业）利润增长率/%	19.8	13.1	2.2	−7.4	−18.6

① 国资委考核分配局.企业绩效评价标准值（2020）.北京：经济科学出版社，2020.

续表

项　　目	优秀值	良好值	平均值	较低值	较差值
总资产增长率/%	14.7	10.8	4.2	−7.3	−16.0
技术投入比率/%	5.8	4.9	4.0	2.8	0.5
五、补充资料					
存货周转率/次	6.5	3.1	2.0	1.1	0.5
两金占流动资产比重/%	42.4	49.8	58.6	65.5	79.9
成本费用占营业总收入比重/%	87.6	93.7	99.3	105.0	110.4
经济增加值率/%	12.6	7.5	3.4	−6.5	−11.0
EBITDA 率/%	15.4	9.7	5.9	−2.0	−6.4
资本积累率/%	24.6	16.5	5.7	−11.5	−21.5

2.3.5　因素分析法

1. 因素分析法的定义

因素分析法是依据财务指标与其影响因素之间的关系，按照一定的程序方法分析各因素对财务指标差异影响程度的一种技术方法。因素分析法主要用来确定财务指标前后期发生变动或产生差异的主要原因。

2. 因素分析法的原理

因素分析法按分析特点的不同，可以分为连环替代法和差额计算法两种。其中最常用的就是连环替代法，其基本程序如下。

① 确定财务指标与其影响因素之间的关系，建立因素分析式。

$$Y = a \cdot b \cdot c$$

② 根据财务指标的分析期数值与基期数值列出两个因素分析式，确定分析对象。

基期值为

$$Y_0 = a_0 \cdot b_0 \cdot c_0$$

分析期值为

$$Y_1 = a_1 \cdot b_1 \cdot c_1$$

差异值为

$$\Delta Y = Y_1 - Y_0$$

其中，ΔY 就是分析对象。

③ 按因素分析式中各因素的排列顺序，逐一替代，并计算出每次替代的结果。

替代因素一，即

$$Y_2 = a_1 \cdot b_0 \cdot c_0$$

替代因素二，即

$$Y_3 = a_1 \cdot b_1 \cdot c_0$$

替代因素三，即

$$Y_1 = a_1 \cdot b_1 \cdot c_1$$

④ 比较各因素的替代结果，确定各因素对财务指标的影响程度。

因素一对财务指标的影响程度，即

$$\Delta a = Y_2 - Y_0$$

因素二对财务指标的影响程度，即

$$\Delta b = Y_3 - Y_2$$

因素三对财务指标的影响程度，即

$$\Delta c = Y_1 - Y_3$$

⑤ 检验分析结果。将各因素变动影响程度相加，检验是否等于分析对象，即

$$\Delta Y = \Delta a + \Delta b + \Delta c$$

差额计算法是连环替代法的一种简化形式，其因素分析的原理与连环替代法是相同的，区别在于分析程序上。差额计算法可直接利用各影响因素的实际数与基期数的差额，在其他因素不变的特定条件下，计算各因素对分析指标的影响程度，即差额计算法是将连环替代法的③和④合二为一。需要注意的是，并非所有连环替代法都可以按差额计算法的方式进行简化。尤其是在因素关系式存在加或减的情况下，在运用差额计算法的时候，一定要注意先将关系式拆分成独立项，然后再分析。

3. 因素分析法的应用

在应用因素分析法的过程中，财务报表使用者需要注意以下几个问题。

（1）因素分解的相关性

所谓因素分解的相关性，是指分析指标与其影响因素之间必须真正相关，即有实际经济意义，各影响因素的变动确实能说明分析指标差异产生的原因。这就是说，经济意义上的因素分解与数学上的因素分解不同，不是在数学算式上相等就行，而要看经济意义。例如，将影响材料费用的因素分解为下面两个等式从数学上都是成立的：

材料费用＝产品产量×单位产品材料费用

材料费用＝工人人数×每人消耗材料费用

但是从经济意义上说，只有前一个因素分解式是正确的，后一个因素分解式在经济上没有任何意义。因为工人人数和每人消耗材料费用到底是增加有利还是减少有利无法从这个等式说清楚。当然，有经济意义的因素分解式并不是唯一的，一个经济指标从不同角度看，可分解为不同的有经济意义的因素分解式。这就需要在因素分解时，根据分析的目的和要求，

确定合适的因素分解式，找出分析指标变动的真正原因。

（2）分析前提的假定性

所谓分析前提的假定性，是指分析某一因素对经济指标差异的影响时，必须假定其他因素不变，否则就不能分清各单一因素对分析对象的影响程度。但是实际上，有些因素对经济指标的影响是共同作用的结果，如果共同影响的因素越多，那么这种假定的准确性就越差，分析结果的准确性也就会降低。因此，在因素分解时，并非分解的因素越多越好，而应根据实际情况，具体问题具体分析，尽量减少对相互影响较大的因素再分解，使之与分析前提的假设基本相符；否则，因素分解过细，从表面看有利于分清原因和责任，但是在共同影响因素较多时反而影响了分析结果的正确性。

（3）因素替代的顺序性

前面谈到因素分解不仅要因素确定准确，而且因素排列顺序也不能交换，这里特别要强调的是不存在乘法交换律问题。因为分析前提假定性的原因，按不同顺序计算的结果是不同的。那么，如何确定正确的替代顺序呢？这是一个在理论上和实践中都没有很好解决的问题。传统的方法是依据数量指标在前、质量指标在后的原则进行排列；现在也有人提出依据重要性原则排列，即主要的影响因素排在前面，次要的影响因素排在后面。但是无论何种排列方法，都缺少坚实的理论基础。正因为如此，许多人对连环替代法提出异议，并试图加以改善，但至今仍无公认的好的解决方法。一般来说，替代顺序在前的因素对经济指标影响的程度不受其他因素影响或影响较小，排列在后的因素中含有其他因素共同作用的成分，从这个角度看问题，为分清责任，将对分析指标影响较大的并能明确责任的因素放在前面可能要好一些。

（4）顺序替代的连环性

连环性是指在确定各因素变动对分析对象的影响时，都是将某因素替代后的结果与该因素替代前的结果进行对比，一环套一环。这样既能保证各因素对分析对象影响结果的可分性，又便于检验分析结果的准确性。因为只有连环替代并确定各因素影响额，才能保证各因素对经济指标的影响之和与分析对象相等。

【例 2-1】某企业 20×1 年和 20×2 年有关材料费用、产量、单位产品耗用材料和材料单价资料如表 2-5 所示。试分析各因素变动对材料费用的影响程度。

表 2-5　材料费用明细表

指标	20×1 年	20×2 年
材料费用/万元	10 080	11 880
产量/万件	180	220
单位产品耗用材料/kg	7	6
材料单价/元	8	9

（1）建立因素分析式

材料费用=产量×单位产品材料费用=产量×单位产品耗用材料×材料单价

（2）确定分析对象

$$基期材料费用=基期产量×基期单位产品耗用材料×基期材料单价$$
$$=180×7×8=10\ 080（万元）$$
$$实际材料费用=实际产量×实际单位产品耗用材料×实际材料单价$$
$$=220×6×9=11\ 880（万元）$$
$$分析对象=实际材料费用-基期材料费用=11\ 880-10\ 080=1\ 800（万元）$$

（3）连环顺序替代

基期指标体系：$180×7×8=10\ 080$（万元）

替代第一因素：$220×7×8=12\ 320$（万元）

替代第二因素：$220×6×8=10\ 560$（万元）

替代第三因素：$220×6×9=11\ 880$（万元）

（4）确定替代结果

产量影响：$（220-180）×7×8=12\ 320-10\ 080=2\ 240$（万元）

单位产品耗用材料影响：$220×（6-7）×8=10\ 560-12\ 320=-1\ 760$（万元）

材料单价影响：$220×6×（9-8）=11\ 880-10\ 560=1\ 320$（万元）

（5）检验分析结果

$$汇总各影响因素=产量影响+单位产品耗用材料影响+材料单价影响$$
$$=2\ 240+（-1\ 760）+1\ 320=1\ 800（万元）$$

2.3.6　综合分析法

1. 综合分析法的定义

企业的各项财务活动、各张财务报表、各项财务指标是相互联系的，并且相互影响，这就需要财务报表使用者将企业财务活动看作是一个大系统，将不同财务报表和不同财务指标结合起来，对系统中相互依存、相互作用的各种因素进行综合分析。这样，有利于财务报表使用者全方位地了解所分析企业的财务状况、经营成果和现金流量，并借以对所分析企业整体做出系统的、全面的评价。单独分析任何一项或一类财务指标，都难以全面评价所分析企业的财务状况和经营成果。

2. 综合分析法的原理

应用比较广泛的综合分析法有沃尔评分法、杜邦财务分析体系、帕利普财务分析体系等，在此主要介绍杜邦财务分析体系。杜邦财务分析体系是利用各个主要财务比率指标之间的内在联系，建立财务分析指标体系，综合分析企业的财务状况。由于该分析方法是由杜邦公司的财务主管布朗发明，并由杜邦公司最初采用，所以称之为杜邦财务分析体系。它的特点是：将若干反映企业盈利能力、偿债能力和营运能力的比率按其内在联系有机结合起来，形成一个完整的指标体系，并最终通过净资产收益率这一核心指标来综合反映，具体如图2-3所示。

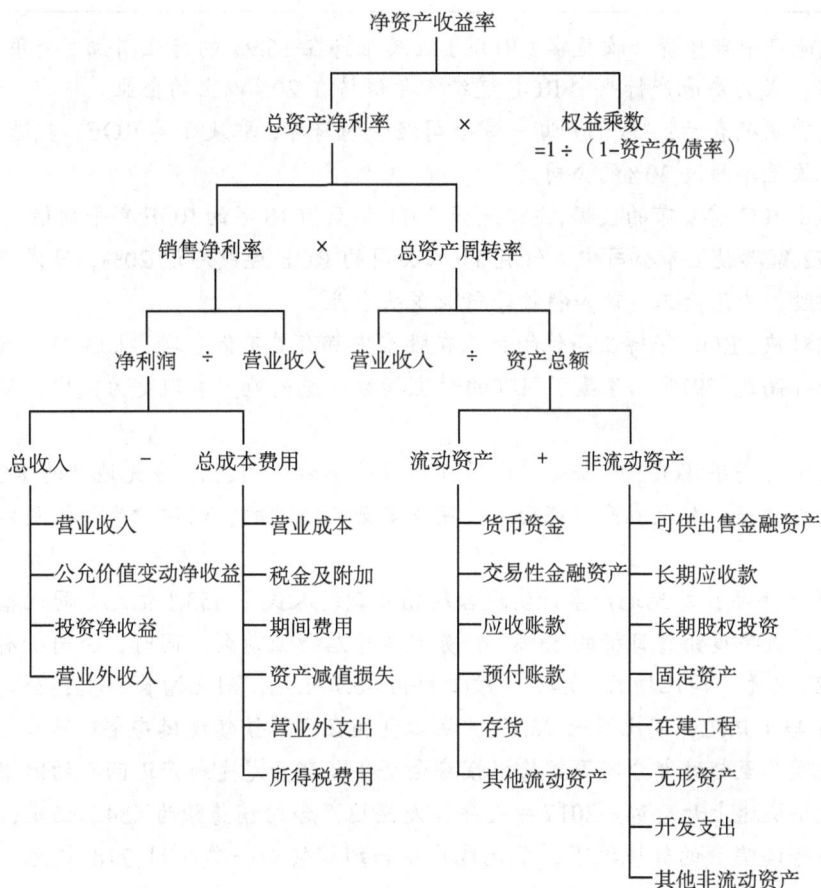

图 2-3 杜邦财务分析体系

3. 综合分析法的应用

通过杜邦财务分析体系,一方面可以从销售规模、成本费用、资产营运、资本结构方面分析净资产收益率增减变动的原因,另一方面可以协调企业经营政策和财务政策之间的关系,促使净资产收益率达到最大化,实现股东价值最大化目标。这种方法简单实用,因而为众多跨国公司广泛采用。但是随着经济的发展和社会的进步,杜邦财务分析体系也暴露出一些局限性,如只包括了财务方面的信息,未反映非财务信息;未考虑股利政策的影响,无法体现可持续增长的理念等。正因为如此,人们不断对杜邦财务分析体系的改进与完善提出了许多建议,如哈佛大学商学院教授帕利普等教授就提出了以可持续增长率为核心指标的综合财务分析体系。

思政案例 2-4 **连续六年 ROE 超 20%,龙光地产"炼金术"揭秘**[①]

2019 年 8 月 26 日,龙光地产(03380,HK)发布了 2019 年半年业绩。报告期内,该公司在合约销售、盈利能力、财务稳健性等诸多方面表现亮丽,其中在收益质量方面尤为

---

① 资料来源:每日经济新闻,2019-08-28。

突出。龙光地产中期净资产收益率（ROE）继续维持在 16.9% 的行业高位，全年 ROE 大概率突破 30%，成为房地产行业中 ROE 连续 6 年保持在 20% 以上的企业。

巴菲特曾明确表示："我们判断一家公司经营的好坏，取决于其 ROE，我选择的公司，都是净资产收益率超过 20% 的公司。"

如果算上 IPO 前公布的数据，龙光地产 2011 年至 2018 年的 ROE 年平均值达到 36.3%。同期在 2 372 家港股上市公司中，仅有 11 家公司的 ROE 连续超过 20%，除龙光地产外，不乏腾讯控股、中海重工、瑞声科技等行业龙头企业。

与之相对应，ROE 保持在高位的企业在股市中都有着不俗表现，上述 11 家港股股价 8 年间平均涨幅高达 291%，跑赢了同期的恒生指数。龙光地产表现更为突出，期间累计涨幅达 476%。

统计显示，去年 TOP100 房企平均净资产收益率为 15.12%，龙光地产的 ROE 几乎是百强平均值的一倍，龙光地产"炼金术"究竟是如何练就的？此次的半年报足以提供清晰的脉络。

2019 年上半年，龙光地产累计实现合约销售额约人民币 453.1 亿元，同比增长 28%，前六个月已完成年度销售目标的 53%，任务完成率居行业前列。同时，公司拥有人应占净利润达 51.28 亿元，同比增长 49.4%；核心利润 46.7 亿元，同比增长 59%；公司拥有人应占核心利润 45.1 亿元，同比增长 70.2%，核心利润在同等销售规模房企中继续领先，半年核心利润规模甚至超过部分同等销售规模房企全年。翻开龙光地产近两年的财报，其合约销售额呈逐年快速上升态势。2017 年全年，龙光地产合约销售额为 434.2 亿元；2018 年，在行业遭遇普遍唱衰的环境之下，龙光地产年合约销售额一举冲到 718 亿元，同比增长 65.4%。

分析认为，龙光地产近年的强劲表现，得益于对重点区域的提前布局。截至 2019 年 6 月 30 日，龙光地产在粤港澳大湾区土储货值达 6 111 亿元，占总货值比重 81%，其中深圳土储货值超过人民币 1 800 亿元。这使得龙光地产 2017 年到 2018 年连续两年成为深圳楼市销冠。得益于一直以来坚持"深耕"战略，龙光地产以多元化和跨周期方式精准布局，在大湾区一、二线城市拥有充裕的低成本优质土储，并聚焦于主流人群的住宅开发业务，具有显著的差异化竞争优势。汇丰发布研报表示，龙光地产城市更新项目土储成本低，平均核心利润率高达 15%～20%，未来将成为公司新的业绩增长引擎。

除了规模与利润双增长外，稳健的财务策略也是龙光地产受到投资者青睐的重要原因。2019 年上半年，龙光地产更通过多元化融资方式，进一步优化了债务结构，保持高质量的财务表现。报告期内，龙光地产成功发行 3.5 亿美元优先票据及 15.1 亿元境内公司债，票面年利率为 5.5%，在民营房企中处于低位。截至 2019 年 6 月 30 日，公司加权平均借贷成本为 6.1%，低于行业平均水平；净负债比率为 65%，维持在合理水平；公司持有现金及银行结余增加至 383 亿元，相当于 1 年内到期债务的约 2 倍，无债务到期的资金压力。

高质量的发展获得资本市场高度肯定。报告期内，龙光地产入选 2019 年财富中国最佳董事会 50 强、财富中国 500 强和福布斯全球上市公司 2 000 强，排名均大幅上升；公司获纳入恒生高股息率指数股，并为恒生综合大型股/中型股指数、恒生大湾区指数、MSCI 中国全股票指数及富时 Shariah 全球股票指数成分股；花旗、瑞银、汇丰、华泰证券等，持续给予行业首选股推荐。

本 章 小 结

企业财务报表分析根据分析主体的不同，可分为内部分析和外部分析。内部分析是由企业内部有关经营管理人员所进行的财务分析；外部分析是由企业投资者、债权人或其他与企业有利害关系的人，以及代表公众利益的社会中介服务机构等所进行的财务分析。上述机构和人员共同构成了企业财务报表分析的主体，由于与企业的经济利益关系不同，在进行财务报表分析时，要达到的目的也就不尽相同。

财务报表分析的作用主要体现在以下 3 个方面：正确评价企业过去；全面反映企业现状；预测企业未来。

有效的财务分析前提是合理的分析程序。本章主要介绍了将战略分析与财务报表分析融于一体的"哈佛分析框架"。根据哈佛分析框架，财务报表分析的基本程序可以由以下 4 个步骤构成。

① 战略分析。战略分析是财务报表分析的逻辑出发点和基本导向。所谓战略分析，就是通过对企业所处行业的定性分析，确定企业在行业中所处的地位和面临的竞争环境，进而掌握企业的经营风险和发展潜力，尤其是价值创造的能力。企业战略分析的关键在于企业如何根据行业分析的结果，正确选择企业的竞争策略，使企业保持持久竞争优势和高水平盈利能力。企业战略分析一般包括行业分析和企业竞争战略分析。

② 会计分析。会计分析是财务报表分析的基础。会计分析的目的在于评价企业会计所反映的财务状况与经营成果的真实程度，具体包括评估会计政策和评估会计估计两个方面。众所周知，财务报表是按照会计准则经过加工而成的信息，因此为了进行有效的报表分析，财务报表使用者首先应了解会计政策、会计估计等相关知识。会计分析相当于给表面"华丽"实质存在"水分"的财务报表"挤干水分"。会计分析主要针对资产负债表、利润表和现金流量表进行。一般来说，会计分析可以分为以下 4 个步骤：阅读财务报告、评估会计策略、分析财务报表变动、调整财务报表数据。分析财务报表变动的方法主要是水平分析法、垂直分析法和趋势分析法。本章对这三种方法的定义、原理和应用做了重点介绍。

③ 财务分析。财务分析是财务报表分析的最主要部分，是"重头戏"。财务分析的主要目的是对企业的盈利能力、偿债能力、营运能力和增长能力等方面进行分析，从而评价该企业的财务状况、经营成果和现金流量等情况，具体包括盈利能力分析、偿债能力分析、营运能力分析和增长能力分析 4 个方面。财务分析的基本方法是比率分析法、因素分析法，其中比率分析法又是其中最重要的方法。本章分别介绍了比率分析法、因素分析法的定义、原理和应用。

④ 前景分析。在经过战略分析、会计分析和财务分析之后，还需要进行恰当的前景

分析，以实现财务报表的"决策有用性"目标。前景分析的主要目的是在上述三种分析的基础上，利用一些专门的技术和方法，同时结合财务报表分析者的主观经验，对企业的目前财务状况和经营业绩进行综合分析与评价，对其未来盈利和发展前景进行预测与评估。前景分析具体包括综合分析、业绩评价、财务预测和价值评估4个方面。综合分析、业绩评价、财务预测和价值评估所利用的方法也是进行前景分析的重要工具。本章介绍了综合分析法的定义、原理和应用。

练 习 题

一、单项选择题

1. 以下企业利益相关者，属于内部分析主体的是（   ）。

    A. 企业的供应商   B. 证券管理部门

    C. 企业管理层   D. 潜在投资者

2. 短期债权人在进行企业财务分析时，最为关心的是（   ）。

    A. 企业盈利能力   B. 企业支付能力

    C. 企业社会贡献能力   D. 企业资产营运能力

3. 财务报表分析包括4个步骤，行业分析属于的分析步骤是（   ）。

    A. 战略分析   B. 会计分析

    C. 财务分析   D. 前景分析

4. 会计分析的步骤不包括（   ）。

    A. 阅读财务报告   B. 评估会计策略

    C. 预测企业下期的经营业绩   D. 调整财务报表数据

5. 下列关于水平分析法的说法，错误的是（   ）。

    A. 水平分析法也称横向比较法

    B. 水平分析法可以对资产负债表进行全面、综合的对比分析

    C. 变动率衡量了某一科目的变动幅度，反映了该项目的变动程度

    D. 水平分析法对比方式有绝对数和相对数两种

6. 根据企业连续若干会计期间（至少三期）的分析资料，运用指数或动态比率的计算，比较与研究不同会计期间相关项目的变动情况和发展趋势的财务分析方法是（   ）。

    A. 水平分析法   B. 垂直分析法

    C. 趋势分析法   D. 因素分析法

7. 比率分析法常用的财务分析标准不包括（   ）。

    A. 经验标准   B. 员工标准

    C. 历史标准   D. 行业标准

8. 不属于企业综合绩效评价体系反映的内容的是（   ）。

    A. 行业特征状况   B. 盈利能力状况

    C. 资产质量状况   D. 债务风险状况

9. 下列关于综合分析法的说法，错误的是（   ）。

    A. 综合分析法有利于对企业做出系统的、全面的评价

    B. 综合分析法包括沃尔评分法、帕利普财务分析体系等

    C. 杜邦分析法需要结合比率分析指标

    D. 在目前的应用中，杜邦财务分析体系没有局限性

10. 杜邦财务分析体系的核心指标是（　　　　）。

    A. 权益乘数　　　　　　　　　　B. 总资产净利率

    C. 销售净利率　　　　　　　　　　D. 净资产收益率

二、多项选择题

1. 下列属于财务报表分析主体的有（　　　　）。

    A. 企业债权人　　　　　　　　　　B. 企业投资者

    C. 企业管理者　　　　　　　　　　D. 国家税务部门

    E. 企业员工

2. 基于内部主体的财务报表分析目的包括（　　　　）。

    A. 评价企业过去的经营业绩　　　　B. 衡量现在的财务状况

    C. 预测未来的发展趋势　　　　　　D. 贷款的安全性

    E. 约束企业行为

3. 投资者进行财务分析的重点在于（　　　　）。

    A. 企业的声誉　　　　　　　　　　B. 短期盈利能力

    C. 企业违约的风险　　　　　　　　D. 长期增长能力

    E. 偿债能力

4. 财务报表分析的作用包括（　　　　）。

    A. 评价企业过去　　　　　　　　　B. 全面反映企业现状

    C. 预测企业未来　　　　　　　　　D. 为企业保留历史档案资料

    E. 获得银行贷款

5. 财务报表的哈佛分析框架的基本步骤包括（　　　　）。

    A. 战略分析　　　　　　　　　　　B. 会计分析

    C. 财务分析　　　　　　　　　　　D. 前景分析

    E. 行业分析

6. 下列属于哈佛分析框架基本思路的有（　　　　）。

    A. 对所分析的企业进行定性了解

    B. 甄别企业提供的财务报表数据的真实性

    C. 评估企业竞争对手财务报表数据的真实性

    D. 分析企业财务活动的效果效率

    E. 判断企业的未来盈利和发展前景

7. 行业生命周期包括的阶段有（　　　　）。

    A. 初创期　　　　　　　　　　　　B. 成长期

    C. 扩张期　　　　　　　　　　　　D. 成熟期

    E. 衰退期

8. 下列有关垂直分析法的说法，正确的有（　　　　）。

A. 垂直分析法属于比较分析法

B. 垂直分析法不需要对比

C. 某个项目的比重越大，重要程度越高，对总体影响越大

D. 垂直分析法需要注意总体基础的唯一性

E. 垂直分析法需要注意分析角度的多维性

9. 趋势分析法的一般步骤包括（　　　）。

A. 计算趋势比率或指数

B. 建立因素分析式

C. 计算基期和分析期因素分析数值

D. 根据计算结果，评价与判断企业该指标的变动趋势及合理性

E. 预测未来发展趋势

10. 因素分析法应用时应该注意的问题有（　　　）。

A. 因素分解的相关性　　　　　　B. 分析前提的假定性

C. 因素替代的顺序性　　　　　　D. 顺序替代的连环性

E. 基础数据的准确性

三、判断题

1. 短期债权人最为关心的是企业的保值增值能力。　　　　　　　　（　　　）

2. 财务报表分析的主体不包括企业的员工。　　　　　　　　　　　（　　　）

3. 财务报表分析只能评价过去，不能预测未来。　　　　　　　　　（　　　）

4. 前景分析包括综合分析、业绩评价、财务预测和价值评估 4 个方面。（　　　）

5. 趋势分析法不需要注意比较前后期会计政策是否一致。　　　　　（　　　）

6. 比率分析法是财务分析中最基本、最常用的一种方法。　　　　　（　　　）

7. 总资产周转率用来评价债务风险状况。　　　　　　　　　　　　（　　　）

8. 同行业内的两个企业一定是可比的。　　　　　　　　　　　　　（　　　）

9. 差额计算法是连环替代法的一种简化形式。　　　　　　　　　　（　　　）

10. 杜邦财务分析体系可以协调企业经营和财务政策之间的关系。　（　　　）

四、简答题

1. 简述财务报表分析的应用领域。

2. 为什么说财务分析具有评估企业未来的作用？

3. 简述哈佛分析框架的基本程序。

4. 财务报表分析的方法有哪些？

5. 应用趋势分析法应注意哪些问题？

6. 应用比率分析法可采用哪些评价标准？各自有什么优缺点？

五、计算题

1. 南京某企业连续两年的利润简表如表 2-6 所示。试利用水平分析法对其进行分析。

表 2-6　某企业两年的利润表　　　　　　　　　单位：万元

项　目	2018 年	2019 年
营业收入	1 000	1 100
营业成本	600	700
毛利	400	400
营业费用	100	150
管理费用	150	160
利息费用	10	10
所得税	46.2	26.4
利润	93.8	53.6

2. 某企业 20×1 年 6 月 30 日资产负债表（简表）如表 2-7 所示。试对资产负债表进行垂直分析与评价。

表 2-7　资产负债表　　　　　　　　　单位：万元

资　产		负债及所有者权益	
项　目	金　额	项　目	金　额
流动资产	201 970	流动负债	97 925
其中：速动资产	68 700	长期负债	80 000
固定资产净值	237 000	负债合计	177 925
无形资产	138 955	所有者权益	400 000
总　计	577 925	总　计	577 925

3. 东方公司 20×1 年度资产负债表（简表）如表 2-8 所示。

表 2-8　资产负债表　　　　　　　　　单位：千元

资　产	金　额	负债及所有者权益	金　额
货币资金（年初 764）	310	应付账款	516
应收账款（年初 1 156）	1 344	应付票据	336
存　货（年初 700）	966	其他流动负债	468
固定资产净值（年初 1 170）	1 170	长期负债	1 026
		实收资本	1 444
资产总计（年初 3 790）	3 790	负债及所有者权益总计	3 790

20×1 年利润表的有关资料如下：营业收入 6 430 000 元，营业成本 5 570 000 元，销售毛利 860 000 元，管理费用 580 000 元，利息费用 98 000 元，利润总额 182 000 元，所得税 72 000 元，净利润 110 000 元。

（1）计算填列表 2-9 中的数据。

（2）与行业平均财务比率比较，说明该公司经营管理可能存在的问题。

表 2-9　财务比率比较表

财务比率	本公司	行业平均
流动比率		1.98
资产负债率		62%
已获利息倍数		3.8
存货周转率		6 次
应收账款周转天数		35 天
固定资产周转率		13 次
总资产周转率		3 次
销售净利率		1.3%
资产净利率		3.4%
净资产收益率		8.3%

4. 对大华公司的营运能力进行趋势分析，并思考其变化的原因。其 20×1—20×5 年度的财务比率数据如表 2-10 所示。

表 2-10　大华公司财务比率　　　　　　　　　　　　　单位：元

财务数据	20×1 年	20×2 年	20×3 年	20×4 年	20×5 年
流动资产	281 364	297 708	346 965	319 389	344 824
固定资产净值	541 842	533 953	553 145	551 604	531 394
资产总计	893 862	900 220	987 800	958 912	958 943
主营业务收入净额	693 673	750 796	862 069	1 001 986	1 167 716

5. ABC 公司 20×2 年的销售额为 62 500 万元，比上年提高 28%，有关的财务比率如表 2-11 所示。

表 2-11　ABC 公司财务比率

财务比率	20×2 年同业平均	20×1 年本公司	20×2 年本公司
应收账款回收期/天	35	36	36
存货周转期/天	2.5	2.59	2.11
销售毛利率	38%	40%	40%
销售营业利润率（息税前）	10%	9.6%	10.63%
销售利润率	3.73%	2.4%	3.82%
销售净利率	6.27%	7.2%	6.81%
总资产周转率	1.14	1.11	1.07
固定资产周转率	1.4	2.02	1.82
资产负债率	58%	50%	61.3%
已获利息倍数	2.68	4	2.78

备注：该公司正处于免税期。

（1）运用杜邦财务分析体系，比较 20×2 年公司与同业平均的净资产收益率，定性分析其差异的原因。

（2）运用杜邦财务分析体系，比较该公司 20×2 年与 20×1 年的净资产收益率，用因素分析法分析其变化的原因。

六、综合分析题

1. JZG 公司涉嫌巨额财务造假被媒体揭发，JZG 之后两次公布造假事实，涉嫌虚增利润 56 818 万元。根据表 2-12 中资料，运用垂直分析法、趋势分析法、比率分析法等对下面的案例进行分析，并对其财务状况给予评价。

表 2-12　JZG 上市前后业绩指标

单位：万元

	2001 年	2000 年	1999 年	1998 年	1997 年	1996 年
主营业务收入	28 653	30 412	31 610	26 020	25 242	18 567
主营业务利润	12 669	16 627	20 569	16 511	18 110	13 253
净利润	4 817	9 083	14 726	11 607	16 952	11 502
股东权益	140 603	135 786	133 013	94 887	65 761	62 608
净资产收益率	3.43%	6.69%	11.07%	12.23%	25.78%	18.37%
吞吐量/万 t	1 110.2	1 005.6	735.6	574.5	503.6	438

2. 请结合案例背景和企业绩效评价标准值——渔业，利用本章财务报表分析方法，对獐子岛企业绩效做出评价。

2014 年一股未被大连市气象局通报的"冷水团"让獐子岛在海底养殖的扇贝受灾，獐子岛由盈利转为净利润亏近 12 亿元，这起事件成为 A 股著名黑天鹅事件，自此开始了獐子岛造假丑闻。獐子岛公司于 2018 年 2 月 9 日收到中国证监会的《调查通知书》；2019 年 7 月 9 日，公司收到中国证监会下发的《中国证券监督管理委员会行政处罚及市场禁入事先告知书》。证监会调查结果表明，2016 年獐子岛虚减营业成本 6 022.99 万元，虚减营业外支出 7 111.78 万元。受此虚减营业成本、虚减营业外支出影响，獐子岛 2016 年度报告虚增资产 1.31 亿元，虚增利润 1.31 亿元。2017 年，獐子岛故伎重施。受虚增营业成本、虚增营业外支出和虚增资产减值损失影响，该公司 2017 年度报告虚减利润 2.79 亿元，占当期披露利润总额的 38.57%，追溯调整后，业绩仍为亏损。近年来，多次扇贝"跑路"的黑天鹅事件使得獐子岛深陷业绩亏损泥潭。为改变这一困境，自 2018 年 10 月以来，獐子岛已经开启"瘦身"计划，多次出售子公司资产。2018 年 10 月，獐子岛发布公告称，将旗下的大连翔祥食品有限公司 39%的股份转售给日本双日株式会社（Sojitz Corporation）。交易之后，獐子岛将收回流动资金 7 300 多万元，增加税前利润 480 万元。表 2-13 列示了獐子岛财务数据，表 2-14 列示了 2019 年渔业绩效评价标准值。

表 2-13 獐子岛财务数据
单位：万元

	2015 年	2016 年	2017 年	2018 年	2019 年
资产负债表科目					
存货	154 340	175 135	120 917	113 886	70 275
应收账款	25 495	34 877	43 669	36 528	31 132
流动资产	262 112	288 163	233 995	208 743	166 702
资产总额	448 539	447 423	394 402	355 434	300 928
负债总额	357 720	338 251	354 083	311 296	294 931
股东权益	90 819	109 172	40 319	44 138	5 997
利润表科目					
营业收入	272 678	305 210	320 585	279 800	272 887
营业成本	240 608	259 037	272 060	233 036	236 724
主营业务收入	271 170	304 183	319 472	278 221	269 533
主营业务成本	240 000	258 868	271 799	232 417	235 001
净利润	−24 544	7 959	−72 577	3 399	−38 489

表 2-14 渔业绩效评价标准值

项 目	优秀值	良好值	平均值	较低值	较差值
一、盈利能力状况					
净资产收益率/%	6.8	4.1	2.7	−2.4	−8.7
二、资产质量状况					
应收账款周转率/次	16.8	11.3	8.0	5.3	4.5
流动资产周转率/次	2.0	1.5	1.0	0.6	0.4
存货周转率/次	18.3	6.5	3.8	74.0	89.0
三、债务风险状况					
资产负债率/%	54.0	59.0	64.0	74.0	89.0
四、经营增长状况					
销售（营业）增长率/%	21.5	12.0	4.9	−7.9	−20.4

3. 结合资料，通过战略分析和财务分析，解读韵达的营业利润率为什么高于顺丰？

资料一：

表 2-15 列示了 2019 年快递企业绩效指标。

表 2-15　2019 年快递企业绩效指标

	韵达	顺丰
营业利润率/%	10.47	6.6
基本每股收益/（元/股）	1.19	1.32
净资产收益率/%	21.24	14.65
总资产报酬率/%	17.18	9.79
（销售费用/营业总收入）/%	0.61	1.78
（管理费用/营业总收入）/%	2.58	8.65
（财务费用/营业总收入）/%	0.03	0.61
（研发投入/营业总收入）/%	0.51	3.27
成本费用利润率/%	11.22	7.07
资产负债率/%	39.84	54.08
（流动资产/总资产）/%	48.76	46.36
（流动负债/负债合计）/%	98.35	61.91

资料二：

顺丰 2019 年报显示，顺丰拥有对全网络强有力管控的经营模式，是 A 股目前首家采用直营模式的快递公司。顺丰总部控制了全部快递网络和核心资源。直营模式有如下优点：一是保证公司经营的稳定性和可控性；二是有助于客户服务及运营管理的标准化；三是有助于增强内部管理的规范性和合规性；四是有助于新业务利用大网的资源实现客户、系统、人员、资源等方面的协同，快速孵化做大；五是有助于提升客户忠诚度和品牌美誉度；六是有助于公司掌握全流程数据和核心信息。顺丰是重资产模式，涉及传统业务、冷链、重货、供应链等多项业务，布局了"天网+地网+信息网"的庞大物流运输网络。由此顺丰建成了国内规模最大的货运航空体系。截至 2019 年底，顺丰拥有 58 架自有全货机，通达国内外的航线超过2 000 条，日均 4 170 班次，发货 3 407t。在顺丰的计划中，未来三年将自有全货机扩增至88 架。

资料三：

韵达 2019 年报显示，韵达是国内领先的快递综合服务提供商。公司采用"枢纽分拨自营与末端网络加盟"的快递经营模式。自营方面，所有枢纽转运中心的设立、投资、运营、管理均由公司总部负责，实现对核心资源、干线网络及服务品质的有效控制；加盟方面，全网的收派两端、业务开拓和客户体验主要由具备快递经营许可、资质优良的加盟商提供服务，最终形成"枢纽转运中心和干线网络自营、终端揽派加盟相结合"的网络化、平台化、扁平化运营模式。公司拥有"枢纽分拨 100%自营+末端网络加盟"的弹性网络优势，可以快速响应海量的快递需求，确保网络覆盖与服务双优。在网络建设方面，2019 年，公司在全国设立59 个自营枢纽转运中心，枢纽转运中心的自营比例为 100%；公司在全国拥有 3 728 个加盟商及 27 466 个网点及门店（含加盟商），加盟比例为 100%。

第 3 章　资产负债表分析

◎ 学习目标:

- 了解资产负债表分析的内涵与意义;
- 掌握资产负债表水平分析、垂直分析和趋势分析的基本原理;
- 掌握资产负债表项目分析的基本方法;
- 了解资产负债表操纵的常见手法。

引例　　　　　**过度负债危如累卵，疯狂过后一地鸡毛**

2020 年 4 月 16 日，中科建设开发总公司预重整第一次债权人会议以网络形式召开。从年初到 3 月末，预重整管理人共收到接近 700 亿元债权申报（不排除有重复申报），让人大跌眼镜的是其中近 500 亿元债权未能在中科建设找到相对应的账簿记录。

在中科建设有记录的 206 亿元债务中，申报金额最高的是 2 家地产公司，债权金额分别是 24.16 亿元和 21.78 亿元，有 4 家金融机构超过 10 亿元，有 3 家金融机构超过 5 亿元。在未确认的债权申报中，金额超过 26 亿元的金融机构有 2 家，超过 10 亿元的有 4 家，超过 5 亿元的有 3 家。现在中科建设已进入预重整，债权人势必遭受惨重损失。

2014 年末，中科建设资产总额为 61.61 亿元，负债总额为 37.14 亿元。2014 年开始中科建设在资本市场上以央企身份大举融资，迅猛扩张，依靠大规模举债快速发展。但是负债融资是一把双刃剑，既能提供企业扩张所需资金，又会不断积聚风险。最终中科建设在过度负债融资的重压之下资金链断裂，疯狂过后留下一地鸡毛。

企业生产经营离不开必要的资产，资产的合理配置和高效率使用是公司获利的基础。企业购买资产所需资金的筹集有两种方式，即负债筹资和权益筹资。不同筹资方式的选择会给企业带来不同的筹资成本和筹资风险。基于此，本章主要介绍资产负债表分析的基本原理。

3.1　资产负债表分析概述

3.1.1　资产负债表分析的内涵

资产负债表是反映企业某一特定日期的财务状况的会计报表。通过资产负债表可以使报表使用者全面了解企业资产、负债及所有者权益状况。资产负债表可以看成是某一特定日期会计人员对企业财务状况所拍的一个快照，仿佛企业在那一瞬间静止了下来，把当时的资产、负债和所有者权益状况定格呈现。它是报表使用者了解、分析企业财务状况的重要信息来源。

企业对外披露的财务数据不同于企业的原始经济业务数据，是对原始经济业务进行会计确认和计量的结果的报告。在会计确认和计量的过程中，会计人员运用职业判断对会计政策和方法进行选择。财务分析人员需要对会计人员职业判断的合理性进行评估，进而评价企业会计政策和方法选用的恰当性。

管理层有可能在非正当利益的驱使下，出于业绩考核、获取信贷资金、发行股票、上市资格维护和政治目的等动机而有意粉饰财务报表，使会计报表信息失真。在这种情况下使用虚假信息进行财务分析，进而指导财务决策，将难以做出正确的财务决策。

财务报表信息是财务效率分析的主要信息资料和重要依据。为了确保财务效率分析的有效性，有必要在财务效率分析之前对财务报表信息的质量进行一次"评估"。本章要讲解的资产负债表分析就属于这样一种"评估"。

3.1.2　资产负债表分析的意义

资产负债表分析在于了解企业对财务状况的反映程度及所提供会计信息的质量，据此对企业资产和权益的变动情况及企业财务状况做出恰当的评价。

（1）揭示资产负债表中相关资产、负债及权益项目的内涵

根据财政部最新颁布的一般企业财务报表格式，资产负债表的编报项目最多可达 60 余项。其中既有如货币资金、存货等传统项目，也有一些新增项目。如果不能正确理解这些项目的内涵，就无法充分有效地利用资产负债表信息。资产负债表上的项目金额是依据相关的会计政策，按照具体会计处理方法进行会计处理后得出的。因此，企业采用何种会计政策及使用何种会计处理方法，必然会对资产负债表的数据产生影响。因此，要解读资产负债表中相关项目的真正内涵，必须了解企业所依据的会计政策和采用的会计方法。

（2）了解企业财务状况的变动情况和变动原因

企业在经营过程中，资产规模及结构会不断发生变动，与之相适应的资金来源也会发生变动。例如销售商品会使货币资金增加、存货减少，与之相应的是资金来源也会发生相应的变动。企业发展资金不足时，有可能会向银行借债或者发行股票。资产负债表只是静态地反映变动的后果。而企业的资产、负债及所有者权益在企业经营一段时期后发生了什么样的变动及变动的原因是什么，需要通过资产负债表分析才能知道，并在此基础上对其变动状况的原因做出合理的解释。

（3）评价企业会计对企业经营状况的反映程度

企业的管理者处于企业内部，掌握着企业的财务状况和经营成果等信息，他们通过财务报表的形式，将这些信息向企业外部的利益相关者披露。企业管理者既可能客观地、全面地通过资产负债表反映企业的经营状况，也可能出于某种动机，错报、瞒报、虚报、漏报企业的财务状况信息。资本市场的舞弊案层出不穷，众多投资者避之不及。资产负债表是否充分反映了企业经营状况，其信息的真实性如何，资产负债表本身不能说明这个问题。企业若存在粉饰财务报表的动机，可能会歪曲或隐瞒重要的会计信息。因此，若报表使用者对资产负债表的信息拿来就用，而不对其信息质量进行会计分析，则不能对企业的真实财务状况进行解读。因此，在使用会计信息做决策之前，评价会计信息是否如实反映企业经营状况，是非

常有必要的。

（4）修正资产负债表的数据

对资产负债表的数据进行修正主要出于两方面的原因：其一，在分析的过程中如果发现人为的舞弊或者利润操纵影响了会计信息的真实性，那么就要对相关数据进行修正，尽可能消除会计信息失真；其二，在分析的过程中，会涉及与其他公司和往年数据的对比，在对比之前应将由于会计方法不同所引起的差异剔除，增强会计信息的可比性。因此，修正会计数据可以为进一步利用资产负债表的信息奠定可靠性和可比性的基础。

3.1.3　资产负债表分析的一般步骤

进行资产负债表分析一般遵循以下基本步骤。

（1）了解企业的经济环境和业务特征

了解企业的经济业务环境及经济业务特征，可以较好地了解这种业务类型适合采用何种会计处理方法，企业是否采用了最为恰当的方法。譬如，企业的资产减值损失计提是否合理？企业的正常坏账比率是多少？企业计提的坏账准备与正常的坏账比率是否存在显著差异？应计提折旧资产的有效使用期限是多长？采用的折旧方法是否与经济事实情况相匹配？等等。

（2）确认企业关键会计政策并分析会计政策弹性

企业战略的执行、风险的规避都要通过特定的经济行为去实现，这些经济行为会通过特定会计政策反映在企业的财务报告中。因此，报表分析人员首先要对反映企业所在行业特征的会计政策和反映企业风险管理的会计政策进行确认和评估。由于不同的会计政策对资产负债表信息的影响不同，所以了解企业的关键会计政策非常重要。

企业会计准则的颁布和执行是为了增强财务信息的可比性、可信度，减少对财务数据的操纵，使其更客观、准确。但经济业务是复杂多样的，企业会计准则的一致性越强，管理者在会计政策决策中按照经济业务的本质反映真实财务状况的灵活性就越差，有时甚至可能会造成对实际业务信息的扭曲反映。因此，企业会计准则在制定过程中，对特定领域的业务，给管理人员留有较多实施职业判断的空间。一般而言，企业采用的不同的会计政策会影响企业当期和未来期间所报告的收益水平。企业会计政策的灵活性主要体现在会计政策选择的行业、地区差异、会计估计的不确定性及会计披露时间的选择等方面。财务分析人员应对企业偏离行业标准的会计政策予以关注，也应对会计政策变更的依据及其合理性进行分析。企业会计政策的灵活性，对企业会计信息质量的分析十分重要。

（3）资产负债表比较分析

资产负债表比较分析主要包括资产负债表水平分析、资产负债表垂直分析和资产负债表趋势分析。资产负债表水平分析，即是通过对企业各项资产、负债和所有者权益的横向比较分析，揭示企业经营导致的财务状况变动及分析其变动的原因。资产负债表垂直分析，即是将资产负债表各项目与总资产或总权益进行对比，分析企业的资产构成、负债构成和所有者权益构成，揭示资产结构和资本结构的合理程度。资产负债表趋势分析，即是将资产负债表各项目连续几年或几个时期的数据进行对比，以分析各有关项目的变动情况和趋势。

（4）资产负债表项目分析

资产负债表项目分析，即在全面分析的基础上，对资产负债表的资产各项目进行深入分析，包括会计政策、会计估计等变动对相关项目的影响，项目发生变动的可能原因，项目被人为操纵的可能性分析等。由于资产负债表项目较多，在稍后的分析中，我们将分别按照资产项目分析、负债项目分析和所有者权益项目分析来进行。

3.2 资产负债表比较分析

3.2.1 资产负债表水平分析

资产负债表水平分析的目的之一是从总体上概括了解资产、负债和所有者权益金额变动情况，揭示资产、负债和所有者权益变动幅度，分析其变动产生的原因。

资产负债表水平分析的依据是资产负债表，通过采用水平分析法，将资产负债表的实际金额与选定的标准进行比较，编制出资产负债表水平分析表，在此基础上进行水平分析。

【例 3-1】根据表 1-2 及相关资料，对 SYZG 公司资产负债表进行水平分析。

1. 编制资产负债表水平分析表

根据表 1-2，编制 SYZG 公司资产负债表水平分析表如表 3-1 所示。

表 3-1　SYZG 公司资产负债表水平分析表

单位：万元

项　目	期末余额	期初余额	变动额	变动率/%	对总资产的影响/%
流动资产：					
货币资金	1 352 674	1 198 504	154 170	12.86	2.09
交易性金融资产	836 740	0	836 740		11.34
以公允价值计量且其变动计入当期损益的金融资产	0	155 672	−155 672	−100.00	−2.11
衍生金融资产	32 373	55 907	−235 34	−42.09	−0.32
应收票据	0	66 864	−66 864	−100.00	−0.91
应收账款	2 179 289	2 013 336	165 953	8.24	2.25
应收款项融资	103 746	0	103 746	0	1.41
预付款项	63 359	98 165	−91 806	−93.52	−1.24
其他应收款	278 650	170 361	108 289	63.56	1.47
存货	1 425 174	1 159 463	265 711	22.92	3.60
一年内到期的非流动资产	50 816	23 323	27 493	117.88	0.37
其他流动资产	527 201	247 999	279 202	112.58	3.78
流动资产合计	6 850 022	5 189 594	1 660 428	32.00	22.51
非流动资产：					
可供出售金融资产	0	112 051	−112 051	−100.00	−1.52

续表

项　　目	期末余额	期初余额	变动额	变动率/%	对总资产的影响/%
长期应收款	128 589	36 579	92 010	251.54	1.25
长期股权投资	298 544	232 835	65 709	28.22	0.89
其他权益工具投资	88 710	0	88 710	0	1.20
其他非流动金融资产	25 838	0	25 838	0	0.35
投资性房地产	12 632	5 011	7 621	152.09	0.10
固定资产	1 061 538	1 186 724	−125 186	−10.55	−1.70
在建工程	110 478	79 107	31 371	39.66	0.43
无形资产	333 931	387 950	−54 019	−13.92	−0.73
开发支出	5 329	14 796	−9 467	−63.98	−0.13
商誉	4 946	5 087	−141	−2.77	0.00
长期待摊费用	7 631	2 736	4 895	178.91	0.07
递延所得税资产	110 937	115 195	−4 258	−3.70	−0.06
其他非流动资产	15 006	9 808	5 198	53.00	0.07
非流动资产合计	2 204 109	2 187 879	16 230	0.74	0.22
资产总计	9 054 131	7 377 473	1 676 658	22.73	22.73
负债与所有者权益					
流动负债：					
短期借款	864 116	541 675	322 441	59.53	4.37
衍生金融负债	50 303	89 855	−39 552	−44.02	−0.54
应付票据	801 839	840 500	−38 661	−4.60	−0.52
应付账款	1 227 623	878 571	349 052	39.73	4.73
预收款项	128 095	135 710	−7 615	−5.61	−0.10
应付职工薪酬	128 962	104 625	24 337	23.26	0.33
应交税费	149 046	52 375	96 671	184.57	1.31
其他应付款	414 955	296 074	118 881	40.15	1.61
一年内到期的非流动负债	212 969	291 908	−78 939	−27.04	−1.07
流动负债合计	4 214 860	3 393 537	821 323	24.20	11.13
非流动负债：					
长期借款	130 284	194 070	−63 786	−32.87	−0.86
应付债券	0	403 348	−403 348	−100.00	−5.47
长期应付款	12 150	24 273	−12 123	−49.94	−0.16

续表

项　目	期末余额	期初余额	变动额	变动率/%	对总资产的影响/%
长期应付职工薪酬	8 397	7 900	497	6.29	0.01
预计负债	23 450	11 719	11 731	100.10	0.16
递延收益	40 191	27 175	13 016	47.90	0.18
递延所得税负债	71 387	64 982	6 405	9.86	0.09
其他非流动负债	737	257	480	186.77	0.01
非流动负债合计	286 596	733 724	−447 128	−60.94	−6.06
负债合计	4 501 456	4 127 261	374 195	9.07	5.07
所有者权益:					
股本	842 625	780 071	62 554	8.02	0.85
其他权益工具	0	36 900	−36 900	−100.00	0.5
资本公积	594 831	188 339	406 492	215.83	5.51
减：库存股	83 955	11 111	72 844	655.60	0.99
其他综合收益	−129 139	−142 024	12 885	−9.07	0.17
盈余公积	322 515	318 181	4 334	1.36	0.06
未分配利润	2 895 222	1 978 135	917 087	46.36	12.43
归属于母公司所有者权益合计	4 442 099	3 148 491	1 293 608	41.09	17.53
少数股东权益	110 576	101 721	8 855	8.71	0.12
所有者权益合计	4 552 675	3 250 212	1 302 463	40.07	17.65
负债与所有者权益总计	9 054 131	7 377 473	1 676 658	22.73	22.73

2. 分析评价资产负债表规模变动情况

通过水平分析可以看出，SYZG 公司总资产本期增加了 167.67 亿元，上升幅度 22.73%，说明该公司本年资产规模有较大幅度的上升。进一步分析可以发现：

① 本年度流动资产增加了 166.04 亿元，增长幅度为 32%，使总资产规模上升了 22.51%。如果仅就这一变化来看，该公司资产的流动性有较大提升。其中货币资金增加了 15.42 亿元，增幅为 12.86%，这种变化对增强企业的偿债能力，满足资金流动性需求是有利的。对于货币资金的变化，还应结合该公司的现金流量，从资金利用效果方面进行分析。本年应收票据减少了 6.69 亿元，降幅为 100.00%，应收账款增加了 16.60 亿元，增幅为 8.24%。应收票据、应收账款的变化应结合该公司的销售规模变动、信用政策和收账政策等进行评价。本年存货增加 26.57 亿元，增幅为 22.92%，应结合主营业务成本的增减变动及销售规模变动等进行进一步分析。

② 本年度非流动资产增加了 1.62 亿元，增幅为 0.74%，使总资产上升了 0.22%。其中固

定资产净额下降了 12.52 亿元，降幅为 10.55%，使总资产规模减少了 1.70%，是非流动资产中对总资产变动影响最大的项目。固定资产规模体现了一个企业的生产能力，但仅仅根据固定资产净额的变动不能得出企业生产能力上升还是下降的结论。固定资产净额反映企业占用的固定资产项目上的资金，既受到固定资产原值变动的影响，也受到固定资产折旧的影响。非流动资产其他项目虽然也有大幅变动（如无形资产减少了 13.92%），但对总资产的影响较小。

③ 本年度负债增加了 37.42 亿元，增长幅度为 9.07%，使股东权益总额减少了 5.07%。其中非流动负债减少了 44.71 亿元，下降幅度为 60.94%，主要是应付债券的大幅减少引起的；流动负债增长了 82.13 亿元，增幅达到 24.20%，主要表现为短期借款、应付账款的大幅度增长，此外该公司一年内到期的非流动负债、衍生金融负债的大幅度减少也是值得关注的。

④ 本年度所有者权益增加了 130.25 亿元，增幅为 40.07%，对股东权益总额的影响为 17.65%。其中，归属于母公司的股东权益增加了 129.36 亿元，增幅为 41.09%，具体表现为资本公积增加了 40.65 亿元，增幅高达 215.83%，未分配利润增加 91.71 亿元，增长了 46.36%。

3.2.2　资产负债表垂直分析

资产负债表垂直分析是通过计算资产负债表中各项目占总资产或权益总额的比重，分析评价企业资产结构和权益结构变动的合理程度。具体来讲就是分析评价企业资产结构的变动情况及变动的合理性，分析评价企业资本结构的变动情况及变动的合理性。

【例 3-2】根据表 1-2 及相关资料，对 SYZG 公司资产负债表进行垂直分析。

1. 编制资产负债表垂直分析表

根据表 1-2 编制 SYZG 公司资产负债表垂直分析表如表 3-2 所示。

表 3-2　SYZG 公司资产负债表垂直分析表　　　　　单位：万元

项　　目	期末余额	期初余额	期末结构/%	期初结构/%	变动情况/百分点
流动资产：					
货币资金	1 352 674	1 198 504	14.94	16.25	-1.31
交易性金融资产	836 740	0	9.24	0.00	9.24
以公允价值计量且其变动计入当期损益的金融资产	0	155 672	0.00	2.11	-2.11
衍生金融资产	32 373	55 907	0.36	0.76	-0.40
应收票据	0	66 864	0.00	0.91	-0.91
应收账款	2 179 289	2 013 336	24.07	27.29	-3.22
应收款项融资	103 746	0	1.15	0.00	1.15
预付款项	63 359	98 165	0.70	1.33	-0.63
其他应收款	278 650	170 361	3.08	2.31	0.77
存货	1 425 174	1 159 463	15.74	15.72	0.02
一年内到期的非流动资产	50 816	23 323	0.56	0.32	0.24
其他流动资产	527 201	247 999	5.82	3.36	2.46
流动资产合计	6 850 022	5 189 594	75.66	70.34	5.32

续表

项　目	期末余额	期初余额	期末结构/%	期初结构/%	变动情况/百分点
非流动资产：					
可供出售金融资产	0	112 051	0.00	1.52	−1.52
长期应收款	128 589	36 579	1.42	0.50	0.92
长期股权投资	298 544	232 835	3.30	3.16	0.14
其他权益工具投资	88 710	0	0.98	0.00	0.98
其他非流动金融资产	25 838	0	0.29	0.00	0.29
投资性房地产	12 632	5 011	0.14	0.07	0.07
固定资产	1 061 538	1 186 724	11.72	16.09	−4.37
在建工程	110 478	79 107	1.22	1.07	0.15
无形资产	333 931	387 950	3.69	5.26	−1.57
开发支出	5 329	14 796	0.06	0.20	−0.14
商誉	4 946	5 087	0.05	0.07	−0.02
长期待摊费用	7 631	2 736	0.08	0.04	0.04
递延所得税资产	110 937	115 195	1.23	1.56	−0.33
其他非流动资产	15 006	9 808	0.17	0.13	0.04
非流动资产合计	2 204 109	2 187 879	24.34	29.66	−5.32
资产总计	9 054 131	7 377 473	100.00	100.00	0.00
负债与所有者权益					
流动负债：					
短期借款	864 116	541 675	9.54	7.34	2.20
衍生金融负债	50 303	89 855	0.56	1.22	−0.66
应付票据	801 839	840 500	8.86	11.39	−2.53
应付账款	1 227 623	878 571	13.56	11.91	1.65
预收款项	128 095	135 710	1.41	1.84	−0.43
应付职工薪酬	128 962	104 625	1.42	1.42	0.00
应交税费	149 046	52 375	1.65	0.71	0.94
其他应付款	414 955	296 074	4.58	4.01	0.57
一年内到期的非流动负债	212 969	291 908	2.35	3.96	−1.61
流动负债合计	4 214 860	3 393 537	46.55	46.00	0.55
非流动负债：					
长期借款	130 284	194 070	1.44	2.63	−1.20
应付债券	0	403 348	0.00	5.47	−5.47
长期应付款	12 150	24 273	0.13	0.33	−0.20

续表

项　目	期末余额	期初余额	期末结构/%	期初结构/%	变动情况/百分点
长期应付职工薪酬	8 397	7 900	0.09	0.11	−0.02
预计负债	23 450	11 719	0.26	0.16	0.10
递延收益	40 191	27 175	0.44	0.37	0.07
递延所得税负债	71 387	64 982	0.79	0.88	−0.09
其他非流动负债	737	257	0.01	0.00	0.01
非流动负债合计	286 596	733 724	3.17	9.95	−6.78
负债合计	4 501 456	4 127 261	49.72	55.94	−6.22
所有者权益：					
股本	842 625	780 071	9.31	10.57	−1.26
其他权益工具	0	36 900	0	0.50	−0.50
资本公积	594 831	188 339	6.57	2.55	4.02
减：库存股	83 955	11 111	0.93	0.15	0.78
其他综合收益	−129 139	−142 024	−1.43	−1.93	0.50
盈余公积	322 515	318 181	3.56	4.31	−0.75
未分配利润	2 895 222	1 978 135	31.98	26.81	5.17
归属于母公司所有者权益合计	4 442 099	3 148 491	49.06	42.68	6.38
少数股东权益	110 576	101 721	1.22	1.38	−0.16
所有者权益合计	4 552 675	3 250 212	50.28	44.06	6.22
负债与所有者权益总计	9 054 131	7 377 473	100.00	100.00	0.00

2. 资产结构的分析评价

① 从静态方面分析。一般而言，流动资产变现能力强，其资产风险较小；而非流动资产变现能力较差，其资产风险较大。因此，当流动资产比重较大时，企业资产的流动性强而风险小；当非流动资产比重较大时，企业资产弹性较差，不利于企业灵活调度资金，风险较大。SYZG 公司本期流动资产比重高达 75.66%，非流动资产比重仅为 24.34%。根据该公司的资产结构，可以认为该公司资产的流动性较强，资产风险较小。

② 从动态方面分析。SYZG 公司流动资产比重上升了 5.32 个百分点，非流动资产比重下降了 5.32 个百分点，结合各资产项目的结构变动情况看，变动幅度不是很大，说明该公司的资产结构相对比较稳定。

针对以上分析结果，财务分析人员还可以从以下角度对资产结构进行具体分析。

（1）经营资产与非经营资产的比例关系

企业占有的资产是企业进行经营活动的物质基础，但并不是所有的资产都是用于企业自身经营。根据资产是否被用于企业自身的生产经营活动，可将资产分为经营资产和非经营资产。经营资产包括存货、固定资产等。非经营资产包括债权、股权等投资类资产和待摊费用等虚资产。有些资产已转化为今后的费用，如长期待摊费用、开发支出和递延所得税资产等。

这些项目尽管被列示为企业的资产,但是多数不具备变现能力,可谓"虚资产"。如果这些非经营资产所占比重过大,企业的经营能力就会远远小于企业总资产所表现出来的经营能力。当企业资产规模扩大时,从表面上看,似乎是企业经营能力增强了,但如果仅仅是非经营资产比重上升,经营资产比重反而下降了,是不能真正增强企业的经营能力的。SYZG 公司经营资产与非经营资产结构分析表如表 3-3 所示,其中预付款项、应收账款和应收票据都属于企业的债权资产。一般来说,预付的采购款将很快转化为存货资产投入生产经营,所以将预付款项划分为经营资产。而应收账款和应收票据本质上是对客户提供融资的行为,所以列为非经营资产。这样的划分并非绝对,可结合企业经营活动的具体特点进行调整。

表 3-3　SYZG 公司经营资产与非经营资产结构分析表　　　单位:万元

项　　目	期末余额	期初余额	期末结构/%	期初结构/%	变动情况/百分点
经营资产:					
货币资金	1 352 674	1 198 504	16.95	16.23	0.72
预付款项	63 359	98 165	0.79	1.33	−0.54
存货	1 425 174	1 159 463	17.86	15.70	2.16
固定资产	1 061 538	1 186 724	13.30	16.07	−2.77
在建工程	110 478	79 107	1.38	1.07	0.31
无形资产	333 931	387 950	4.18	5.25	−1.07
经营资产合计	4 347 154	4 109 913	54.47	55.64	−1.17
非经营资产:					
交易性金融资产	836 740	0	9.24	0.00	9.24
以公允价值计量且其变动计入当期损益的金融资产	0	155 672	0.00	2.11	−2.11
衍生金融资产	32 373	55 907	0.41	0.76	−0.35
应收票据		66 864	0.00	0.91	−0.91
应收账款	2 179 289	2 013 336	27.30	27.26	0.04
应收款项融资	103 746	0	1.15	0.00	1.15
其他应收款	278 650	170 361	3.49	2.31	1.18
一年内到期的非流动资产	50 816	23 323	0.64	0.32	0.32
其他流动资产	527 201	247 999	6.61	3.36	3.25
可供出售金融资产	0	112 051	0.00	1.52	−1.52
长期应收款	128 589	36 579	1.61	0.50	1.11
长期股权投资	298 544	232 835	3.74	3.15	0.59
其他权益工具投资	88 710	0	0.98	0.00	0.98
其他非流动金融资产	25 838	0	0.29	0.00	0.29
投资性房地产	12 632	5 011	0.14	0.07	0.07
开发支出	5 329	14 796	0.00	0.20	−0.20

项 目	期末余额	期初余额	期末结构/%	期初结构/%	变动情况/ 百分点
商誉	4 946	5 087	0.06	0.07	−0.01
长期待摊费用	7 631	2 736	0.10	0.04	0.06
递延所得税资产	110 937	115 195	1.39	1.56	−0.17
其他非流动资产	15 006	9 808	0.19	0.13	0.06
非经营资产合计	3 634 311	3 276 808	45.53	44.36	1.17

根据表 3-3 可以看出，本年度 SYZG 公司的经营资产有所减少，非经营资产有所增加，但变化并不显著。

（2）固定资产与流动资产的比例关系

在企业资产结构体系中，固定资产与流动资产之间的结构比例是最重要的内容之一。固定资产与流动资产之间的结构比例通常称为固流结构。在企业经营规模一定的条件下，如果固定资产存量过大，造成固定资产的部分闲置或生产能力利用不足，使正常的生产能力不能充分发挥，还会产生流动性不足、经营风险增高的问题；如果流动资产存量过大，则又会造成流动资产闲置，影响企业的盈利能力。企业应根据自身及所处行业的生产经营特点优化固流结构，提高资产利用效率并控制风险。

对一个企业而言，主要有以下 3 种固流结构策略可供选择。

① 适中的固流结构策略。采取这种策略，通常使固定资产存量与流动资产存量的比例保持在平均水平。在该种情况下，企业的盈利水平一般，风险程度一般。

② 保守的固流结构策略。采取这种策略，流动资产比例较高，由于流动资产增加，提高了企业资产的流动性，因此降低了企业的风险，但同时也会降低企业的盈利水平。

③ 冒险的固流结构策略。采取这种策略，流动资产比例较低，资产的流动性较低。虽然因为固定资产占用量增加而相应提高了企业的盈利水平，但同时也给企业带来较大的风险。

企业具体采用哪种结构应结合盈利水平与风险、行业特点、企业经营规模等各方面因素综合考虑。

根据资产负债表垂直分析表可以知道，SYZG 公司本年度流动资产比重为 75.66%，固定资产比重为 11.72%，固流比例大致为 1:6.46；上年度流动资产比重为 70.34%，固定资产比重为 16.09%，固流比例大致为 1:4.37。通过与行业一般水平相对比，可以发现该公司近两年采用保守型的固流结构政策，企业风险较低。

（3）流动资产的内部结构

流动资产的内部结构是指组成流动资产的各个项目占流动资产的比重。分析流动资产结构，可以了解流动资产的分布情况、配置情况、资产的流动性及支付能力。表 3-4 为 SYZG 公司流动资产内部结构分析表。

表 3-4　SYZG 公司流动资产内部结构分析表

项目	金额/万元		结构/%		
	本年	上年	本年	上年	差异
货币资产	1 352 674	1 198 504	9.75	23.10	-13.35
投资资产	1 447 130	482 901	21.12	9.31	11.81
债权资产	2 625 044	2 348 726	38.32	45.26	-6.94
存货资产	1 425 174	1 159 463	20.81	22.34	-1.53
合计	6 850 022	5 189 594	100.00	100.00	0

从表 3-4 中可以看出，货币资产的比重降低，SYZG 公司的即期支付能力有所下降；投资资产所占比重上升；债权资产比重本来就较高，本年度有一定幅度下降；存货资产比重下降，应当与固定资产变动情况联系起来进行分析。企业流动资产结构变动是否合理没有一个统一的绝对判断标准，仅仅通过前后两期的比对，只能说明流动资产结构变动情况，而不能说明这种变动是否合理。如本例，货币资产比重下降了 13.35 个百分点，只能说明企业的即期支付能力变弱了，但这种变化是使流动资产结构更加趋于合理还是变得更不合理，以上分析不能说明这一点。

为此，企业应首先选择一个标准，然后将流动资产结构的变动情况与选定的标准进行比较，以反映流动资产结构变动的合理性。一般来说，选择同行业的平均水平或财务计划中确定的目标为标准还是比较合适的。企业财务计划中确定的目标是根据企业整体经营目标并结合企业的具体情况制定的，因此也可以作为评价标准。

3. 负债结构分析

（1）负债期限结构分析评价

负债按到期日远近分为流动负债和非流动负债，负债的期限结构可以用流动负债比率和非流动负债比率来表示。表 3-5 是 SYZG 公司负债期限结构分析表。

表 3-5　SYZG 公司负债期限结构分析表

项目	金额/万元		结构/%		
	本年	上年	本年	上年	差异
流动负债	4 214 860	3 393 537	93.63	82.22	11.41
非流动负债	286 596	733 724	6.37	17.78	-11.41
负债合计	4 501 456	4 127 261	100	100	0

由表 3-5 可以看出，SYZG 公司本年流动负债的比重高达 93.63%，表明该公司在使用负债资金时，以短期资金为主。由于流动负债对企业资金流动性要求较高，因此该公司所奉行的负债筹资政策显然会增加公司的偿债压力，造成较大的财务风险，当然同时也有利于降低公司的负债成本。

（2）负债成本结构分析评价

各种负债，由于其来源渠道和取得方式不同，成本也有较大差异。有些负债，如应付账款等，基本属于无成本负债。有些负债，如短期借款，则属于低成本负债。长期借款、应付债券等则属于高成本负债。合理地利用无成本负债，是降低企业负债资金成本的重要途径之一。表 3-6 是 SYZG 公司负债成本结构分析表。

表 3-6 SYZG 公司负债成本结构分析表

项目	金额/万元		结构/%		
	本年	上年	本年	上年	差异
无成本负债	3 507 056	2 988 168	77.91	72.40	5.51
低成本负债	864 116	541 675	19.20	13.12	6.08
高成本负债	130 284	597 418	2.89	14.48	-11.59
负债合计	4 501 456	4 127 261	100	100	0

从表 3-6 中可以看出，SYZG 公司本年全部负债中，无成本负债比重为 77.91%，与上年相比基本持平，低成本负债提高至 19.20%，高成本负债降低至 2.89%，其结果有可能使企业负债成本下降，利息负担减轻。

（3）负债方式结构分析评价

负债按其取得方式可以分为银行信用、商业信用、应交款项和其他负债。表 3-7 为 SYZG 公司负债方式结构分析表。

表 3-7 SYZG 公司负债方式结构分析表

项目	金额/万元		结构/%		
	本年	上年	本年	上年	差异
银行信用	994 400	735 745	22.09	17.83	4.26
商业信用	2 157 557	1 854 781	47.93	44.94	2.99
应交款项	220 433	117 357	4.90	2.84	2.06
其他负债	1 129 065	1 419 378	25.08	34.39	-9.31
负债合计	4 501 455	4 127 261	100	100	0

表 3-7 说明，SYZG 公司商业信用始终是负债资金的最主要来源。银行信贷资金的风险要高于其他负债方式所筹资金的风险，本年度银行信用资金有所增加，其风险也会相应地有所增加。同时商业信用筹资的比重从去年的 44.94% 上升到本年的 47.93%，商业信用与银行信用合计所占比重超过 70%。负债方式结构的这种变化还将对该公司的负债成本产生影响。

4. 资本结构分析

根据表 3-2，从静态方面看，该公司所有者权益比重为 50.28%，负债比重为 49.72%，资产负债率接近 50% 的理论标准。但是这样的财务结构是否合理要结合行业特点、企业的盈利能力和偿债能力，通过权益结构优化分析才能予以判断。

从动态方面看，所有者权益比重、负债比重与上年基本相当，表明该公司资本结构还是比较稳定的，财务实力与上年持平。

3.2.3 资产负债表趋势分析

资产负债表趋势分析是选取某一年为基期，将连续数期资产负债表中各项目与基期进行比较，分析评价企业资产和权益相对于基期的发展变动程度。

【例 3-3】根据表 1-2 及相关资料，对 SYZG 公司资产负债表主要项目进行趋势分析。

1. 编制资产负债表趋势分析表

根据表 1-2，编制 SYZG 公司资产负债表趋势分析表如表 3-8 所示。

表 3-8　SYZG 公司资产负债表趋势分析表　　　单位：%

项目	2019 年	2018 年	2017 年	2016 年
货币资金	181.76	161.04	55.14	100
应收票据	0	236.26	308.74	100
应收账款	120.50	111.33	101.55	100
预付款项	187.78	290.94	206.70	100
其他应收款	58.28	32.65	37.31	100
存货	217.57	186.42	123.01	100
流动资产合计	180.30	136.60	95.30	100
长期股权投资	195.39	152.38	91.91	100
固定资产	75.75	84.68	91.37	100
资产总计	147.09	119.85	94.61	100
短期借款	97.00	60.80	25.33	100
应付票据	274.29	287.53	161.46	100
应付账款	266.56	190.77	135.01	100
预收款项	120.54	127.70	138.34	100
其他应付款	176.25	122.56	96.02	100
流动负债合计	177.07	142.58	96.56	100
长期借款	13.84	20.62	35.77	100
负债合计	118.14	108.32	83.63	100
股东权益合计	194.12	138.59	112.45	100
负债和股东权益总计	147.09	119.85	94.61	100

2. 资产负债表趋势变动情况的分析评价

从整体上来看，SYZG 公司各个项目都有较大幅度的变动。从整体观察，该公司总资产规模不断扩大，可见该公司近几年有较快发展。流动资产和流动负债均呈现先下降后上升的趋势，但 2019 年流动资产规模上升幅度超过流动负债规模上升幅度，可见其短期偿债能力有所上升。在流动资产中，货币资金呈现先下降后上升的趋势，由 2016 年的 74.42 亿元，上升至 2019 年的 135.27 亿元，达到基期的 181.76%，这主要是由于该公司销售规模扩大，营业收入大幅上升所致；伴随着营业收入的增长，应收账款、存货等项目出现了不同程度的增长。应收账款的增长速度低于收入增长速度，说明公司对应收账款管理较好。存货的增长速度略高于收入增长速度，公司应注意加强存货管理。在流动负债中，短期借款 2017 年下降，其后逐年大幅上升，主要是公司应对短期运营资金需求及调整借款币种结构过程中增加了短期借款；应付票据、应付账款、预收账款、其他应付款均随经营业务的扩张同样呈现上升趋势。

3.3 资产项目分析

3.3.1 流动资产主要项目分析

1. 货币资金分析

货币资金是指企业在生产经营过程中处于货币状态的那部分资产，包括库存现金、银行存款和其他货币资金。货币资金列于流动资产项目的第一项，流动性最强。它本身就是现金，无须变现，可以用它直接偿还到期债务或支付投资者利润。因此，货币资金是备受关注的"含金量"最高的资产。

企业为了满足交易性、投机性及预防性的需要，应该持有一定量的货币资金。从财务管理角度来看，过低的货币资金持有量，会影响企业的正常经营活动及短期偿债能力；过高的货币资金持有量，会降低资金的收益性，增加持有的机会成本，表明企业的货币资金管理不善。同时国家对货币资金的管理和支付范围做了严格的规定，企业内部良好的货币资金内控制度对于保护资产安全完整、防止内部人舞弊具有重要意义。

（1）货币资金的规模分析

影响企业货币资金规模的因素主要有以下几个。

① 企业规模。一般来说，企业货币资金的规模与资产规模、业务收支规模相匹配。资产总额越大，相应的货币资金规模也越大；业务收支越频繁，货币资金需要量越大，处于货币形态的资产也越多。

② 行业特点。不同的行业有不同的业务特点，因而其合理的货币资金结构也不相同。例如，零售业与制造业企业在相同的资产规模下，其货币资金的规模可能相差较大。

③ 筹资能力。一般来说，若企业的筹资能力强，能较迅速地筹集到所需的资金，则没有必要持有大量的资金，企业的货币资金规模会较小；反之，若企业的筹资能力较差，在短期内很难筹集到所需金额，则需要持有一定规模的货币资金作保证。

④ 资金管理。货币资金是收益性较低的资产，因此若企业持有较大规模的货币资金，则为企业带来的收益很小。若企业资金管理能力较好，将闲置的货币资金用于投资活动，则会给企业带来较高的收益，这样企业既可以保持一定的流动性，又能够提高资金的收益性。

⑤ 限制使用。如果有部分的货币资金用途被限定或被冻结，再加上企业日常的周转资金，那么货币资金规模必然加大。

⑥ 人为操纵。如果货币资金规模异常，而又无法找到合理的原因，那么分析人员就应注意，该项目是否可能被人为操纵。

思政案例 3-1　　　　**康得新 122 亿元银行存款不翼而飞**[①]

2019 年 4 月 30 日，*ST 康得披露 2018 年年报，年报中称公司账面货币资金 153.16 亿元，其中 122.1 亿元存放于北京银行西单支行。

不过，公司 3 名独董和会计师事务所却对 122 亿元存款的真实性提出强烈质疑。原因是这笔存款既不能用于支付也无法执行，并且北京银行西单支行曾经口头回复"可用余额为 0"。注册会计师就此笔存款向北京银行西单支行发出询证函，对方至今没有回复。

随着深交所的连环问询，*ST 康得与北京银行的"神秘协议"曝光。原来，控股股东康得投资集团与北京银行签订了《现金管理合作协议》，其账户余额按照零余额管理，即各子账户的资金全额归集到康得投资集团账户。这意味着，上市公司 *ST 康得有 122 亿元在账上，但按照这个联动账户的设置，钱就会被划去控股股东的集团母账户。这就导致了公司网银显示有 122 亿元存在北京银行西单支行，然而西单支行却回函称"账户余额为 0"。

瑞华会计师事务所认为，因北京银行西单支行回函信息与公司账面记载余额、公司网银显示余额不一致，无法判断公司上述银行存款期末余额的真实性、准确性。

但 *ST 康得的 122 亿元货币资金，到底去哪儿了？

5 月 10 日，康得新回复深交所关注函时表示，目前无法确定公司资金是否已经被康得投资集团非经营性占用。不过，公司承认，康得投资集团可以直接划走 *ST 康得的资金。公告表示："根据《现金管理合作协议》，康得投资集团与康得新的账户可以实现上拨下划功能，因此康得投资集团有机会从其自有账户提取康得新账户上拨的款项。"

*ST 康得表示，不排除公司资金通过《现金管理合作协议》被存入康得投资集团及其关联人控制的账户的可能性。

公司还在回复函中确认，*ST 康得此前向中国化学赛鼎支付的一笔预付款，实际上进入了大股东康得投资集团的账户。

某大型会计师事务所的会计师认为，*ST 康得和控股股东康得投资集团一起纳入现金管理协议的做法肯定是违规的。上市公司有公众股东，所以在资金、资产等各方面应该和母公司控股股东保持独立。

（2）货币资金变动原因分析

对货币资金进行会计分析，还要特别关注货币资金规模的变动，应结合现金流量表的内容分析货币资金规模变动的合理性及现金的来源与去向。货币资金发生增减变动，可能基于以下原因。

① 销售规模的变动。企业销售规模发生变动，在信用政策未发生较大变化的条件下，货

---

① 欧阳春香. 炸雷！康得新实控人被刑拘，或因 122 亿元存款"不翼而飞"，中国证券报，2019-05-13.

币资金规模也会发生变动，两者之间具有一定的相关性。

② 信用政策的变动。企业货币资金规模也与企业采用的信用政策相关。如果企业采用严格的信用政策，提高现销比例，可能会导致货币资金规模提高；反之，若企业采用宽松的信用政策，则可能导致货币资金规模的降低。

③ 为大笔现金支出做准备。企业准备派发现金股利、偿还将要到期的巨额银行借款或集中购货等，这都会增加企业的货币资金规模。但是这种需要是暂时的，货币资金规模会随着企业现金的支出而降低。

④ 筹集资金尚未使用。企业通过发行新股、债券和银行借款而筹得大量资金，但由于时间关系还没来得及运用或暂时没有合适的投资机会进行投资。

思政案例 3-2　　　　　　　**康美药业货币资金造假超想象①**

2019 年 4 月 29 日，康美药业发布《关于前期会计差错更正的公告》称，由于财务数据出现会计差错，造成 2017 年营业收入多计入 88.98 亿元，营业成本多计入 76 亿元，销售费用少计入 5 亿元，财务费用少计入 2 亿元，销售商品多计入 102 亿元，货币资金多计入 299 亿元，筹资活动有关的现金项目多计入 3 亿元。康美药业董事长马兴田辩称：企业快速发展导致其内控不健全，财务管理不完善，财务差错和财务造假是两件事。那么真相又是如何呢？

2019 年 5 月 17 日，中国证监会发布调查进展：康美药业披露的 2016 年至 2018 年财务报告存在重大虚假问题，包括使用虚假银行单据虚增存款，通过伪造业务凭证进行收入造假，部分资金转入关联方账户买卖本公司股票。康美药业 2016 年年报虚增货币资金 225.8 亿元，2017 年年报虚增货币资金 299.4 亿元，2018 年半年报虚增货币资金 361.9 亿元。

康美药业如此大的造假力度成为 A 股史上最大规模的财务造假案。康美药业有预谋、有组织、长期系统地实施财务造假行为，恶意欺骗投资者，影响极为恶劣，后果极为严重。2020 年 5 月 14 日，证监会宣布，依法对康美药业违法违规案做出行政处罚及市场禁入决定，其中特别值得关注的一点是，证监会已将康美药业及相关人员涉嫌犯罪行为移送司法机关。

2. 交易性金融资产分析

交易性金融资产项目，反映企业为达到交易目的所持有的债券投资、股票投资、基金投资等金融资产。

交易性金融资产属于变现能力较强的资产，对该项目进行分析，也应当重点关注其规模的变动。由于股票等金融工具的公允价值来自证券市场的收盘价，所以在分析时还应关注相关市场信息。对交易性金融资产分析还应关注以下几点。

（1）交易性金融资产的风险性分析

由于企业在经营活动中无法做到现金收入和现金支出的完全同步，所以企业必须持有一定量的现金。鉴于银行利率低，持有大量现金将会降低资产的收益性，大多数企业都会选择

将一部分现金投入证券市场,希望能够在保持较高资产流动性的同时尽可能提高资产收益率。然而,实际上无风险套利机会非常罕见。企业进行金融资产投资的同时,必然要承担一定的风险,因此其金融资产投资活动必须谨慎,投资规模也应得到合理控制。

（2）交易性金融资产项目调节货币资金分析

从财务管理角度讲,企业持有大量货币资金是不符合现金管理要求的,因此有的企业为了避免巨额的货币资金会引起分析人员的关注,就想办法来压缩过高的货币资金余额。例如,将资产负债表中货币资金项目的一部分放到交易性金融资产项目中列示。

（3）交易性金融资产持有的目的性分析

由于交易性金融资产具有变现速度快、持有时间短、盈亏浮动性强的特征,因此该项目在报表中的表现具有金额经常波动、投资收益与亏损易变等特点。如果报表中交易性金融资产金额跨年度持久不变,投资收益稳定,则企业也存在可能故意将长期投资的一部分人为地划交易性金融资产,以改善资产流动性状况。

3. 应收账款分析

应收账款是指企业因销售商品、提供劳务等应向购货单位或接受劳务单位收取的款项。尽管企业都倾向于现金销售,但应收账款几乎是无法避免的。应收账款对于企业的价值在于可以刺激销售规模的扩大。对应收账款的分析可以从以下几方面进行。

（1）应收账款规模合理性分析

判断应收账款规模的合理性,首先应结合企业所处行业进行分析。例如,零售业企业一般多采用现销方式,故其应收账款较少。而大部分制造业企业一般采取赊销方式,从而形成较多的商业债权,应收账款数额较大。其次,企业应收账款规模还与生产经营规模和信用政策有直接联系。生产经营规模大,相应应收账款的规模也较大;而生产规模较小的企业,则其应收账款的规模一般来说也较小。从企业采用信用政策来看,若采用相对宽松的信用政策,销售量增加,应收账款的数额也增大;反之,则会减少应收账款。最后,巨额的应收账款也有可能是因为应收账款质量不高,存在长期挂账且难以收回的账款,或因客户发生财务困难,暂时难以偿还所欠货款。

为此,财务报表分析人员可以综合运用水平分析法、垂直分析法、趋势分析法等分析和判断应收账款规模的合理性。

① 对最近 3～5 年的应收账款占收入的比重和应收账款占资产总额的比重进行趋势分析,观察是否存在重大波动。如果应收账款占收入的比重或占资产总额的比重突然增加较大,则需要进一步排查其增长是否合理。

② 与同行业的其他企业进行对比。这种分析一般是比率分析,因为同行业内的企业商业模式基本相同,一般而言,应收账款占收入比重、占资产总额的比重及坏账损失率也应具有一定的可比性。如果企业应收账款相关比率与同行业其他企业相差较大,则可能意味着企业的应收账款存在一定的问题。

③ 应收账款与现金流量、营业收入进行对比分析,也即对应收账款的来龙去脉进行分析。应收账款的产生源于营业收入的增长,若二者的增长比例相差过大,则应当提高警惕,分析其原因。一般而言,应收账款的回收伴随着货币资金的相应增加。因此,应收账款的增减变动与营业收入,以及现金流量表中销售商品、提供劳务收到的现金应该有一个大概的数量钩稽关系,若三者之间严重脱节,则应追查原因,以便做出更为全面的分析与评价。

【例 3-4】根据相关资料，对 SYZG 公司应收账款变动情况进行分析。

受宏观经济不断增长、市场环境逐渐变好的影响，SYZG 公司近三年的营业收入不断上升，与此同时应收账款规模也在不断增加，但营业收入增长率始终大于同期的应收账款增长率。另外，由表 3-9 可知，应收账款占总资产的比重、应收账款占营业收入的比重均呈逐年下降趋势。因为过高的应收账款会给企业带来极大的信用风险，所以 SYZG 公司从 2017 年开始加大了回款力度，至 2019 年已初见成效。

表 3-9 SYZG 公司应收账款概况

项　目	2019 年	2018 年	2017 年
应收账款增长率/%	8.24	9.63	1.55
营业收入增长率/%	35.55	45.61	64.67
应收账款占总资产的比重/%	24.07	27.29	31.54
应收账款占营业收入的比重/%	28.80	36.07	47.91

（2）应收账款规模变动原因分析

企业销售产品是形成应收账款的直接原因，在其他条件不变时，应收账款会随着销售规模的增加而同步增加。如果企业的应收账款增长率超过营业收入增长率，就可以初步判断其应收账款存在不合理增长的倾向。从经营角度讲，应收账款的变动可能出于以下原因。

① 销售规模变动。

② 信用政策改变。

③ 收账政策变化。

④ 销售收入造假。

⑤ 关联方占用。

⑥ 巨额冲销。

思政案例 3-3　　　　科技"小巨人"为何如此"优秀"？[①]

2020 年 4 月 27 日，越博动力（300742）披露了 2019 年年报，归母净利润为 -8.41 亿元，同比下降 4 063.08%。让众多投资者难以接受的是，越博动力在上市的第二年业绩便来了个"华丽转身"。2018 年 5 月 8 日，越博动力在深交所创业板成功上市。上市前，2015—2017 年，越博动力净利润分别为 2 635 万元、8 187 万元和 9 426 万元。2018 年，公司实现净利润 2 121 万元，同比下降 77.5%，而扣非净利润为 -4 023 万元。由此可见，越博动力的"扭盈为亏"行动其实在上市当年已经开始。

对于 2019 年的巨亏，越博动力表示：主要是受行业环境及 2019 年新能源汽车补贴政策调整的影响，新能源汽车市场有所下滑，公司营业收入有一定幅度下降；计提各项资产减值准备共计约 6.86 亿元，其中计提应收账款坏账准备约 5.15 亿元，计提存货跌价

---

① 百度公众号"时报证券"2020 年 5 月 7 日报道，原题为：上市第 2 年巨亏 8.4 亿元！江苏科技"小巨人"为何如此"优秀"？。

准备约 3 857.57 万元,计提固定资产减值损失约 1.13 亿元,计提商誉减值准备约 2 047.44万元。

2019 年 6 月份,公司收到创业板公司管理部监管函,要求公司董事会充分重视,吸取教训,及时整改,杜绝类似问题的再次发生。

具体来看,在 2018 年,公司向多家经销商销售纯电动动力总成、整车控制器等产品,相关销售均为赊销,所购买的产品均未实现终端销售,也未见有明确的终端客户订单支持,在不符合确认条件情况下,公司于当期确认收入,导致 2018 年半年报净利润披露数据比实际数据多计 728.23 万元,三季报多计 2 191.27 万元。

同时,公司 2018 年 6 月与银行开展无追索权保理业务,将第三方应收账款 5 600 万元转让给银行,冲减应收账款。该项业务实质是以应收账款为抵押向银行进行短期融资的行为,应确认为短期借款,结果导致公司 2018 年半年报少计 5 600 万元的应收账款和短期借款。

（3）应收账款账龄分析

应收账款账龄分析是对现有债权按欠账期的长短进行分类,进而对不同账龄的债权进行质量分析。一般而言,未过信用期或已过信用期但拖欠期较短的债权发生坏账的可能性较小,而拖欠时间越久的债权发生坏账的可能性越大。企业一般会在财务报表附注中提供应收账款的账龄信息,可以借此分析应收账款的质量。

【例 3-5】根据相关资料,对 SYZG 公司应收账款账龄情况进行分析。

由表 3-10 可知,SYZG 公司应收账款账龄主要都在 1 年以内,信用风险较小。一般来说,1 年以内的应收账款信用风险较小;1~2 年的应收账款尽管有一定的信用风险,但可能仍然在企业可控范围之内;3 年的应收账款出现坏账的风险则比较高;而 3 年以上的应收账款回收的可能性非常小,很有可能就会形成坏账。

表 3-10　SYZG 公司应收账款账龄比重分析　　单位:%

账龄	2019 年	2018 年	2017 年
1 年以内	85.54	77.99	66.80
1~<2 年	2.67	7.14	12.91
2~<3 年	2.28	5.70	8.92
3~<4 年	1.77	4.14	6.83
4~<5 年	1.84	2.23	1.85
5 年及以上	5.90	2.80	2.69
合计	100	100	100

（4）应收账款的债务人分析

应收账款的债务人分析是指利用债务人的信息来判断企业应收账款的可回收性。一般来说,与企业业务关系稳定、经营效益好、信誉度高的债务人,其偿还应收账款的可能性较高;

反之，则应收账款回收的可能性较低。债务人分析具体包括以下几点。

① 债务人的财务实力分析。评价债务人的财务实力，需要对债务人的财务状况进行了解。简单的方法是查阅债务人单位的资本实力和交易记录，用这种方法可以识别出一些皮包公司或者根本就是虚构的公司。

②债务人的集中度分析。对于应收账款，存在集中度风险，即由于某一个主要债务人支付困难而导致较大比例的债权面临回收风险。

③ 债务人的关联性分析。从债权人与债务人的关联状况来看，可以把债务人分为关联方债务人和非关联方债务人。由于关联方彼此之间在债权债务方面的操纵色彩较强，因此针对关联方债务人对上市公司债务的偿还状况应给予足够的重视。利用关联方交易进行利润操纵是一些企业常用的手法。如果一个企业应收账款中关联方应收账款的金额增长异常或所占比例过大，应视为企业利用关联方交易进行利润调节的信号。

【例 3-6】根据相关资料，对 SYZG 公司 2019 年应收账款债务人结构进行分析。

由表 3-11 可见，SYZG 公司应收账款金额前五名合计占应收账款的比例为 11.78%，应收账款相对分散，可以在一定程度上规避集中度风险。值得注意的是，排名首位的客户 A 应收账款金额较大，比重较高，且账龄较长，需结合其他资料对其信用风险大小做进一步分析。

表 3-11　SYZG 公司应收账款债务人结构

单位名称	与本公司关系	金额/万元	年限	占应收账款总额的比重/%
客户 A	客户	98 713	1~2 年以内	4.33
客户 B	客户	50 565	1 年以内	2.22
客户 C	客户	44 990	1 年以内	1.97
客户 D	客户	39 613	1 年以内	1.74
客户 E	客户	34 565	1 年以内	1.52
合计		268 446		11.78

（5）坏账准备计提的合理性分析

根据会计稳健性原则，企业的应收账款应当计提一定比例的坏账准备。按照我国企业会计准则的规定，企业应当根据自己的实际情况，自行确定坏账准备的计提方法和计提比例。由于坏账准备的计提具有一定的主观性，所以财务报表分析人员应格外关注企业关于坏账准备方面的信息披露，尤其关注坏账准备的计提比例，可以采用自身不同历史时期纵向比较和与同行业横向比较相结合的方式进行分析。若坏账准备的计提比例过低，则有潜在亏损挂账之嫌；若计提比例过高，则存在"洗大澡"的可能。

思政案例 3-4　　　　上市公司神州长城自爆财务造假[①]

2020 年 1 月 7 日，神城 A 退（000018.SZ）在深交所摘牌，成为 A 股史上第六只面值退市股，神州长城也是首家 A 股、B 股同时面值退市的上市公司。

---

① 洪小棠. 上市公司神州长城自爆财务造假 虚增利润 3 600 万 立信曾出具无保留意见报告.经济观察报，2019-10-24.

神州长城曾发公告自爆 2017 年度通过虚假应收账款保理业务，终止确认 2.32 亿元应收账款，达到少计提应收账款坏账准备、虚增当期利润的目的，虚增利润金额约为 3 573.76 万元。

然而，在该公司的 2017 年财务报告中，负责审计的立信会计师事务所却出具了标准无保留意见的审计报告。与此同时，更为蹊跷的是，在内部控制审计报告中，立信会计师事务所对神州长城出具了否定意见。

时间回溯到 2017 年 12 月 14 日，神州长城和深圳前海石泓商业保理有限公司（以下简称"石泓保理"）签订了《无追索权国内保理业务合同》，约定公司将 2.32 亿元的应收账款折扣转让给石泓保理，折扣率为 86.76%，融资总额为 2.013 亿元。

然而，该业务并不是真实的保理业务。保理公司的资金实质上大部分由公司提供，实质亦未向业主方寄送债权转让通知书，业主方亦未将工程款付给石泓保理。2.013 亿元的融资款是公司以自有资金 2 亿元和大股东个人资金 130 万元通过龙岩市恒达工程有限公司和北京安鲁莱森建筑材料有限公司支付给石泓保理，石泓保理又转回给神州长城。公司财务人员在收到石泓保理款项时，终止确认 2.32 亿元的应收账款，达到少计提应收账款坏账准备的目的，虚增了公司当期的净利润，虚增金额约为 3 573.76 万元。

4. 其他应收款分析

其他应收款是指企业除应收票据、应收账款和预付账款外的其他应收、暂付的款项。其他应收款属于企业主营业务以外的债权，如应收的各项赔偿、罚款、存储的保证金，应向职工个人收取的垫付款项等。其他应收款主要有以下分析要点。

（1）利润调节分析

一些公司常常把其他应收款作为企业调整成本费用和利润的手段，把一些应该计入当期费用的支出或本应计入其他项目的内容放在其他应收款中，从而高估利润或隐藏亏损。

（2）关联方占用分析

一些公司的"其他应收款"期末余额巨大，也有可能是资金被关联方占用或被管理层挪用而形成的，如拆借给母公司的资金等。另外，相当多的托管收益、资产置换收益等没有现金到账，以及上市公司的大额资金被关联公司无偿占用，即使有偿，收益也是挂账。大量的关联方其他应收款不能收回，一方面形成了企业不良资产，另一方面还减少了企业的收入。

（3）抽逃税金或其他违规行为分析

个别企业利用所谓的职业判断，将正常的赊销收入中应计入应收账款的业务，计入其他应收款，以此"合理避税"。此外，也有可能隐含企业的违规行为，如非法拆借资金、给个人的销售回扣、抽逃注册资金等。

思政资料 3-1　　　　　　为什么说其他应收款是垃圾桶？[①]

关于其他应收款的一个经典判断是，其他应收款是垃圾桶。那么这个判断合适吗？当我们遇到上市公司的其他往来款余额比较大时，我们需要关注什么？

---

① 节选自搜狐号"初善投资" 2020-07-21 推送文章，原题：0306：其他应收款。

上市公司 ST 华泽，2015 年年报显示其他应收款余额高达 18.62 亿元，当年净资产不过 12.57 亿元。查看报表附注明细发现，其他应收款主要是股东的往来款 14 亿元左右，而且账龄高达 2～3 年。

很明显，虽然性质是往来款，其实就是大股东占款，而且是长期占款，万一钱收不回来，上市公司就完了。到了 2018 年半年报，这笔钱大股东不仅没还，而且已经计提了坏账准备 7.72 亿元。尽管如此，仍然剩余 7 亿元左右，那么其大股东星王集团会还或者有能力还这笔钱吗？当然不会，华泽钴镍也早早变身 ST 华泽，然后是华泽退市了。

再比如上市公司千山药机，2018 年半年报显示，其他应收款余额高达 10.15 亿元，净资产只有 5.34 亿元，查看其他应收款附注，发现主要是资金拆借，难道去投资 P2P 了？

再看客户明细，发现原来是借给了自己股东的关联人，这跟被大股东占用也没什么区别，这种钱基本上就是一拖再拖，拖个三五年，最后大股东也不还了，上市公司只能计提减值。

所以说，很多公司的其他应收款是垃圾桶，一不小心就成了资产减值损失的大户。

针对其他往来款，一般来说，最好是金额很小甚至没有其他往来款。如果金额比较大，首先要确认是否是行业因素，如果不是，就要小心了。其他应收款需要查看其性质、账龄等，确认是否存在大额减值风险，其他应付款则需要判断是否是借款，或者是否是因为资金链问题而被迫拖欠的。

5. 存货分析

存货之所以重要，主要有以下两个方面的原因：一是存货在流动资产甚至总资产中往往占据较大的比重，尤其对制造业、零售业、地产业而言更是如此；二是存货的计价直接影响销货成本的确定，从而影响当期的损益。

【例 3-7】根据有关资料，对 SYZG 公司 2019 年存货项目进行分析。

由表 3-12 可知，一方面，受宏观经济增速提升、固定资产投资特别是房地产投资持续兴起的影响，工程机械产品需求上升，SYZG 公司近三年营业收入上升较大，营业成本也随之上升。另一方面，公司强化存货管理，控制存货风险，存货增长率始终低于营业成本增长率，存货占总资产的比重先增后降，资产流动性有所提升。

表 3-12　SYZG 存货构成分析

项目	2019 年	2018 年	2017 年
存货增长率/%	6.55	31.33	10.04
营业成本增长率/%	31.51	44.48	56.03
存货占总资产的比重/%	15.42	15.74	12.31

（1）存货真实性分析

存货是企业重要的实物资产，资产负债表上列示的存货应与库存的实物相符，待售商品应是完好无损，产成品的质量应符合相应的产品质量要求，库存的原材料应属于生产所需等。对这一项目进行分析，应结合资产负债表附注给出的存货结构及种类的详细信息。同时，存货的真实性分析应结合企业的内部控制制度分析来进行。企业存货的质量不仅取决于存货的账面数字，还与企业存货的内部控制制度密切相关。由于存货种类多、数量大，如果没有完善的内部控制制度，极易流失。

（2）存货结构分析

存货主要由材料、在产品和产成品构成。存货结构是指各类存货在存货总额中的比重。各类存货在企业再生产过程中的作用是不同的。其中材料类存货是维持再生产活动的必要物质基础，但属于生产的潜在因素，因此应把它限制在能够保证再生产正常进行的最低水平上。产成品存货是存在于流通领域的存货，它不是保证再生产过程持续进行的必要条件，因此必须压缩到最低限度。而在产品存货是保证生产过程持续进行的存货，企业的生产规模和生产周期决定了在产品存货的存量。企业在正常的经营条件下，在产品存货应保持在一个稳定的水平。

一个企业在正常情况下，其存货结构应保持相对稳定性，分析时应特别注意对变动较大的项目进行重点分析。任何存货比重的剧烈变动，都表明企业生产经营过程中有异常情况发生，因此应深入分析其原因，以便最终能够判断存货结构的合理性。

（3）存货计价分析

资产负债表中，各种存货是以实际成本反映的，但在日常会计核算中，由于同类存货的进价成本不一定相同，在计算耗用成本或销售成本时，就要采用一定的计价方法进行核算。存货发出采用不同的计价方法，对企业的财务状况、盈亏情况会产生不同的影响，主要表现在以下 4 个方面：

① 期末存货如果计价虚低，当期的收益可能因此而相应虚减。

② 期末存货如果计价虚高，当期的收益可能因此而相应虚增。

③ 期初存货如果计价虚低，当期的收益可能因此而相应虚增。

④ 期初存货如果计价虚高，当期的收益可能因此而相应虚减。

在实际工作中，一些企业往往利用不同的存货计价方法来实现其操纵利润的目的。例如，当物价持续上涨时，将存货的计价方法由加权平均法改为先进先出法，能够提高期末存货成本，从而达到增加本期利润的效果。因此，企业当期的存货计价方法发生变更时，要注意分析变更的真正原因及其对当期利润的影响。

（4）存货跌价准备分析

在一般情况下，企业应当按照每个存货项目的成本与可变现净值逐一进行比较，取其低者计量存货，并且将成本高于可变现净值的差额作为计提的存货跌价准备。

要确定存货的可变现净值需要进行估计，但是不同的人估计的结果是不一样的，而这些结果又会直接影响企业期末存货的计价和本期损益的确定，因而对企业具有重要的财务影响。因而，财务报表分析者要特别注意存货的期末计价及存货跌价损失准备的提取情况，分析其对企业的财务影响。一般而言，计提存货跌价准备会产生如下影响。

① 由于存货跌价准备是作为存货的减项出现的，因而计提存货跌价准备会减少存货资产的价值。

② 增加本期的管理费用，从而减少当期利润。

③ 由于计提准备后的存货账面价值较低，以后期间存货耗用或者销售时，所结转的成本也较低，从而产生较高的利润，即对未来会计期间的利润产生积极的影响。

　　企业会计准则要求期末存货按照成本与市价孰低法计价对企业而言是一把双刃剑。一方面，它有利于促使企业按照稳健性的要求提供更为可靠的财务数据，避免虚增资产、利润和股东权益；另一方面，也为企业调节利润提供了一种较为便利的工具，尤其是当企业有特殊动机的时候，如上市公司需要扭亏为盈，或者需要"脱帽"，或者公司有融资需求的时候，更容易利用计提准备进行利润操纵。

思政案例 3-5　　　　　　　　**存货造假耍手段，ST 抚钢收罚单**[①]

　　ST 抚钢 2019 年 7 月 8 日晚间披露收到证监会《行政处罚及市场禁入事先告知书》(以下简称《事先告知书》)，公司及 45 名相关责任人将受到处罚，其中主要责任人遭顶格处罚。

　　ST 抚钢因未在法定期限内披露 2017 年年报及 2018 年第一季度报告，于 2018 年 3 月 21 日被证监会立案调查。

　　经查，ST 抚钢在 2010 年至 2016 年年报及 2017 年第三季度报告中，连续 8 年在 6 个方面进行了虚假记载。通过虚增存货、减少生产成本、将部分虚增存货转入在建工程和固定资产进行资本化等方式，8 年累计虚增利润总额 19.02 亿元。

　　除利润总额外，ST 抚钢还通过伪造、变造原始凭证及记账凭证、修改成本核算系统等"技巧"，在期末存货余额、在建工程余额、主营业务成本数据等方面进行虚假记载。

　　2010—2016 年、2017 年前三季度，ST 抚钢累计虚增存货 19.89 亿元，累计少结转主营业务成本 19.89 亿元；2013—2014 年，公司累计虚增在建工程 11.38 亿元；2013—2015 年，公司累计虚增固定资产 8.42 亿元；2014—2016 年，公司累计虚增固定资产折旧 0.87 亿元。

3.3.2　非流动资产项目分析

1. 长期股权投资分析

（1）长期股权投资持有目的分析

一般来说，企业进行长期股权投资的目的有以下几个。

① 出于企业战略性考虑。企业的对外长期投资，可能会出于某些战略性考虑，如通过对竞争对手实施兼并而消除竞争、通过对自己的重要原材料供应商的投资而使自己的原材料供应得到保证等。

② 通过多元化经营而降低经营风险。按照财务管理理论，企业的投资方向越是多样化，企业的经营风险越小，企业获取稳定收益的可能性越大。因此，一些企业出于多元化经营的考虑，扩大其对外投资规模，投资方向也日益多样化。

③ 为将来某些特定目的积累资金。例如，企业为了将来归还长期债券而建立的偿债基金，在偿债基金专户存款用于清偿债务前，企业往往将其投资于有价证券或其他资产以获取收益。

④ 粉饰财务状况。某些企业集中进行财务造假粉饰业绩容易被审计发现，于是化整为零，在多个子公司分散财务造假，以达到美化业绩的目的。

---

① 魏中原. ST 抚钢八年虚增 19 亿元利润：九大银行持股，顶格处罚压身. 第一财经网，2019-07-11.

（2）长期股权投资年度内重大变化分析

长期股权投资年度内的重大变化，可分为以下 3 种情况。

① 收回或者转让某些长期股权投资。收回或者转让某些长期股权投资将会导致长期股权投资减少，企业进行上述操作的目的有可能是：试图优化企业的投资结构从而进行投资结构调整；为了变现资产弥补资金需要而出售长期股权投资；按照协议或合同规定而收回投资等。

② 增加新的长期股权投资。企业增加新的长期股权投资的目的有可能是：第一，企业根据其战略规划，采取扩张型投资战略，扩大对外投资规模；第二，为了实现业绩的增长而进行的投资组合调整；第三，为了盘活资产存量而进行资产重组活动，以提高资产的利用效率；第四，操纵利润。例如，甲企业想要人为提高业绩，就可以收购一家具有一定收益水平的公司，假如目标公司净资产价值 3 000 万元，甲企业可以以 5 000 万元的价格收购其全部股权，并与目标公司原有股东私下约定，2 000 万元溢价以销售收入的形式返还甲企业。当年目标公司作为甲企业的子公司要并入合并报表，子公司的收入和利润全体现到合并报表上，这样甲企业的利润和规模就都有了。一些企业收购子公司的根本目的就是粉饰业绩，并通过子公司将投资变身为营业收入。

③ 因权益法确认投资收益而导致长期股权投资增加。因权益法确认投资收益而导致长期股权投资增加，一般这种增加可能属于一种"泡沫"资产的增加，对企业难以产生实质性贡献。

（3）长期股权投资收益确认方法分析

长期股权投资的核算方法有权益法和成本法，这两种方法各有利弊。企业会计准则对于成本法与权益法的应用做出了明确的规定，但企业出于调节利润的考虑，往往会在成本法还是权益法的选择上做文章。典型的做法是：对于盈利的被投资企业，采用权益法核算，而对于亏损的被投资企业，采用成本法核算。

（4）长期股权投资减值准备分析

按照企业会计准则，计提长期股权投资减值准备应分为以下两种情况。

① 按照成本法核算的、在活跃市场中没有报价、公允价值不能可靠计量的长期股权投资，在发生减值后，应当将该项投资的账面价值与按照类似金融资产当时市场收益率对未来现金流量折现确定的现值之间的差额，确认为减值损失，计入当期损益；计提的减值损失，不得转回。

② 其他长期股权投资项目，当该项投资的可收回金额低于其账面价值时，应当将其账面价值减记至可回收金额，减记的金额确认为资产减值损失，计入当期损益，同时计提相应的资产减值准备；资产减值损失一经确认，在以后会计期间不得转回。

2. 固定资产

固定资产是企业维持持续经营所必需的投资，其主要特点是：长期拥有并在生产经营过程中发挥作用；投资数额较大，风险也大；反映企业生产的技术水平、工艺水平；对企业的经济效益和财务状况影响巨大；变现能力差。

（1）固定资产的规模分析

解读固定资产，首先应对其总额进行数量判断，即将固定资产与销售总额进行比较。这种分析应当结合行业、企业生产经营规模及企业生命周期来进行。

（2）固定资产的结构分析

合理配置固定资产，既可以在不增加固定资金占用量的同时提高企业生产能力，又可以使固定资产得到充分利用。固定资产按经济用途使用情况，可分为生产用固定资产、非生产用固定资产、未使用和不需用固定资产等。在各类固定资产中，生产用固定资产，特别是其中的生产设备，同企业生产经营直接相关，在全部资产中占较大比重。非生产用固定资产是指职工宿舍、食堂、俱乐部等非生产单位使用的房屋和设备。非生产用固定资产应在发展生产的基础上，根据实际需要适当增加，但增长速度不应超过生产用固定资产的增长速度，它的比重降低应当认为是正常现象。一般而言，生产用固定资产所占比重越大，说明企业固定资产的质量越高。未使用和不需用的固定资产对固定资金的有效利用是不利的，应该查明原因，采取措施，积极处理，压缩到最低限度。例如，未来得及安装或某项资产正在进行检修等，这虽然属于正常原因，但也应加强管理，尽可能缩短安装和检修时间，使固定资产尽早投入到生产运营中去。

（3）固定资产折旧的计提分析

采用合理的固定资产折旧方法计提固定资产折旧额，对于加强企业经济核算，正确计算产品成本和企业盈利，对于足额补偿固定资产损耗，保证固定资产再生的顺利进行均有重要意义。同时，采用不同的折旧方法，对企业的利润及纳税会产生不同的影响。

在进行固定资产折旧分析时，财务分析人员应该注意以下几个方面的问题。

① 分析企业固定资产折旧方法的合理性。企业选择折旧方法应从企业实际情况出发，但是在实际中企业往往利用折旧方法的选择，来达到调整固定资产净值和利润的目的。

② 观察企业的固定资产折旧方法是否前后一致。因为折旧方法一经确定，除非企业的经营环境发生变化，一般不得随意变更。企业变更固定资产折旧方法，可能隐藏一些不可告人的动机。

③ 分析企业对固定资产净残值及使用年限的估计是否符合国家有关规定，是否符合企业的实际情况。在实际中，一些采用直线法计提折旧的企业在固定资产没有减少的情况下，通过延长折旧年限，使得折旧费用大量减少，转眼之间就"扭亏为盈"。对于这样的会计失真现象，财务分析人员在分析时应持谨慎态度，并利用相关信息进行调整。

（4）固定资产减值分析

固定资产减值需要专业性很强的职业判断。分析者分析企业的固定资产减值问题时，要注意：企业对固定资产的使用目的，绝不是为了将其出售"收回"，而是在长期使用过程中逐渐收回。因此，必须考虑固定资产在企业被利用的状态如何，如果固定资产能够按照既定的用途被企业所利用，即使其市场价格已经低于账面价值，也不能认为企业的固定资产质量低劣。企业会计准则规定固定资产的资产减值损失不得转回，这在一定程度上避免了上市公司利用资产减值操纵利润。同时，企业会计准则对可收回金额做了明确的解释：可收回金额是指公允价值减去处置费用后的净额与未来现金流量现值孰高者；公允价值，综合考虑销售协议价格、市场价格、比较价格；未来现金流量现值，综合考虑未来现金流量、使用寿命、折现率等；把资产可回收金额与资产账面价值比较；确认资产减值损失同时计提资产减值准备，减值资产的折旧和摊销在未来进行调整。

思政案例 3-6　　　　　　　　　　利源精制固定资产造假疑点分析[①]

　　吉林利源精制股份有限公司（简称"利源精制"）主营业务为铝材加工，包括工业铝型材、建筑铝型材及多种铝型材深加工产品、轨道车辆制造等。铝材行业以赚取稳定加工费为盈利模式，不同产品加工费差异巨大，从 2 000 元/t 至 10 000 元/t 以上不等。通常来看，建筑型材产品最为低端、利润空间最低，工业型材次之，精深加工型材（如轨道交通车辆等）利润空间较高、技术壁垒高。

　　2019 年 2 月 18 日，证监会因涉嫌信息披露违法违规，对利源精制予以立案调查。与其他因财务状况恶化而进行财务造假的公司不同，利源精制财务造假的疑点是：公司收入明明虚增、成本明显偏低，盈利情况明显高于行业水平，但是公司经营活动现金流和利润表匹配度较好。该公司是通过什么手法做到虚增利润的同时又产生较好的现金回流呢？原来该公司是通过固定资产投资虚增将资金流出体系外，再通过关联企业、贸易公司采购公司商品来达到虚增利润和经营性现金流的目的。那么又应该怎样判断公司固定资产投资存在异常呢？

　　① 投资造价高。公司于 2015 年启动的 1 000 辆轨道交通车辆项目，累计投资近 100 亿元；对比同行业投资情况，2018 年北京市基础设施投资有限公司轨道交通机车制造项目一期总投资约 45 亿元，年产城市轨道交通列车 1 300 辆，并形成相关配套产品的生产能力。利源精制固定资产投资造价高出同行业一倍以上。

　　② 产能释放慢。利源精制轨道交通车辆项目规划的建设周期是 3 年，应于 2017 年末或 2018 年中投产，但迟迟未实现产能释放；2017 年至 2018 年上半年，轨道交通车辆项目陆续转成固定资产；结合财务指标来看，2012—2018 年，公司固定资产周转率逐年下降，尤其是 2015 年公司开始大规模投资轨道交通车辆项目后，固定资产周转率从 2014 年末的 1.47 倍下降到 2018 年 9 月的 0.04 倍，说明固定资产投资并未真实产生有效产能，资产营运能力和产能释放情况存疑。

　　③ 资产负债表结构不符合行业特征。根据 2018 年 6 月末财报，利源精制的"固定资产+在建工程"与总资产的比例为 0.85，为有色金属行业上市公司的最高水平，也显著高于同为铝材加工的南山铝业、新疆众和等公司。

　　综上所述，判断固定资产是否存在舞弊，一方面需要从报表项目变化中寻找蛛丝马迹，另一方面需要结合实际出发，即企业建设项目的必要性、未来可能带来的收益等方面去判断企业行为。

3. 无形资产

　　无形资产，是指企业拥有或者控制的没有实物形态的可辨认非货币性资产。无形资产是市场经济高度发达的产物，看似无形，却能给企业的生存和发展带来巨大影响。无形资产与有形资产最大的区别在于：有形资产比较容易找到相同、相近或相似的参照物，可以通过成本途径或市场途径对其价值做出相对较为准确的评估；而大多数的无形资产往往不

---

　　① 中债资信工商企业信用品质研究团队. 那些易被粉饰的财报科目系列——固定资产造假常见模式及案例分析. 中债资信网，2019-09-19.

容易找到参照物，只能对其价值做出模糊的评估。无形资产价值难以准确确定，导致一些企业的控制人利用无形资产掏空企业资产。一些上市公司在上市当年，持有的大多都是一些优质的实物资产，而后往往发生与控股股东进行资产置换的业务或是控股股东以持有的无形资产偿还其对上市公司的欠款的情形。在这些事项中，控股股东高估无形资产价值，"偷梁换柱"在所难免。

（1）无形资产的规模分析

分析无形资产，首先应对其总额进行数量判断，即将无形资产与资产总额进行比较。进行比较时应当结合行业、企业生产经营规模及企业生产经营生命周期。随着知识经济的到来，企业的无形资产占资产总额的比重逐渐提高，尤其是高科技行业企业，往往超过10%，甚至更高。

（2）无形资产的确认分析

与有形资产相比，无形资产能够给企业带来未来经济利益的大小具有不确定性。这些无形资产的经济价值在很大程度上受企业的外部因素影响，预期的获利能力不能准确地加以确定。无形资产的取得成本不能代表其经济价值，一项取得成本很高的无形资产可能给企业带来较小的经济利益，而取得成本较低的无形资产则可能给企业带来较大的利益。对此，需要关注财务报表附注，分析无形资产的确认是否符合《企业会计准则第6号——无形资产》规定的确认条件。

在资产负债表上作为无形资产列示的主要是企业从外部取得的无形资产。如果企业出现无形资产的不正常增加，则应关注是否是企业为了减少研究和开发支出对利润表的冲击而进行了不合理的资本化处理。

（3）无形资产的类别比重分析

无形资产分为可辨认无形资产和不可辨认无形资产。可辨认无形资产包括专利权、非专利技术、商标权、著作权、土地使用权、特许权、电子计算机软件、网址和域名等；不可辨认的无形资产是指商誉。一般而言，专利权、商标权、著作权、土地使用权、特许权等无形资产价值质量较高，且易于鉴定。如果企业的无形资产以非专利技术、商誉为主，则容易产生资产的"泡沫"。

（4）表外无形资产分析

研究和开发支出的会计处理，并不能影响自创无形资产的成功与否。长期以来，企业已经自主研发成功的无形资产难以在资产负债表上出现，只能"游离"在资产负债表外。因此，历史较为悠久且重视研究和开发的企业，有可能存在多项已经成功并且能为企业未来的发展做出积极贡献的无形资产而没有在报表内体现。此外，作为无形资产重要组成部分的人力资源和品牌资源，也没有在资产负债表上体现。

（5）无形资产的减值准备

无形资产是一种技术含量很高的特殊资源，它的价值确认存在高风险。风险是未来预期结果的不确定性程度，表现为由于高估无形资产背离价值的"泡沫"现象。当今世界新技术层出不穷，伴随新旧技术的更换，原有的无形资产必然引发价值的贬损。企业会计准则规定，企业应定期对无形资产的账面价值进行检查，至少每年年末检查一次。如果发现下述一种或数种情况，应对无形资产的可收回金额进行估计，并将该无形资产的账面价值超过可回收金额的部分确认为减值准备。

① 该无形资产已被其他技术所代替，使其为企业创造经济利益的能力受到重大的不利影响。

② 该无形资产的市价在当期大幅下跌，在剩余摊销年限内预期不会恢复。

③ 其他足以证明该无形资产的账面价值已超过可回收金额的情况。

在这里，"可回收金额"是指以下两项金额中较大者：无形资产的销售净价，即该无形资产的销售价格减去因出售该无形资产所发生的律师费和其他相关税费后的余额；预期从无形资产的持续使用和使用年限结束时的处置中产生的预计未来现金流量的现值。

对此应于会计期末，分析资产减值准备明细表中无形资产的减值情况，并关注财务报表附注中有关无形资产的会计政策。

思政案例 3-7　　　　　商誉减值又炸雷，人福医药巨亏 27 亿元 [①]

2019 年 1 月 29 日晚间，人福医药（600079.SH）公告称，经财务部门初步测算，公司预计 2018 年度实现归属于上市公司股东的净利润与上年同期相比将出现亏损，亏损额度在 22 亿～27 亿元之间。扣除非经常损益后，人福医药的亏损区间将扩大至 25 亿～30 亿元。

人福医药称，本期业绩预亏主要受主营业务和非经营性损益的影响。财报显示，2018 年前三季度，人福医药增收不增利现象明显，其实现营业收入 135.38 亿元，同比增长 26.71%；实现净利润 6.48 亿元，同比大幅下降 66.57%。

公告称，因市场供需发生变化，2018 年人福医药全资子公司 Epic Pharma LLC（下称 Pharma 公司）的主要产品熊去氧胆酸胶囊的价格大幅下降，导致该公司销售收入、毛利率、净利润等经营业绩大幅下降，同时重要产品羟考酮缓释片仍在美国 FDA 审核过程中尚未获批，经过减值测试，人福医药拟计提商誉减值损失及无形资产减值损失，合计约 30 亿元。

资料显示，Pharma 公司成立于 2008 年 6 月 17 日，是一家集研发、生产、销售为一体的医药企业，具备管制类药品生产资质，其主要产品均为处方药，针对胆结石、疼痛、晕动症、高血压等适应症。

2016 年，人福医药通过其全资子公司人福美国，以 5.5 亿美元（以 6.734 3 汇率计算，约合 37.03 亿元人民币）的价格收购了 Pharma 公司及其附属企业 100% 的股权。但审计报告显示，截至 2015 年 12 月 31 日，Pharma 公司及其附属企业的无形资产约 1 943.69 万元，净资产约 2.43 亿元人民币。

收购价格与净资产之间的差额，直接使得人福医药的商誉余额在 2016 年年末时，由 13.8 亿元飙升至 44.97 亿元，增长 225.91%。

---

① 李章洪. 商誉减值又炸雷，人福医药巨亏 27 亿，这会影响正推进的 30 亿融资计划吗?. 界面新闻，2019-01-29.

3.4　负债及股东权益项目分析

3.4.1　负债主要项目分析

负债的存在会给企业带来财务风险，因此财务报表分析人员需要对负债项目的真实性和合理性进行分析。

1. 短期借款分析

对短期借款规模的分析，主要注意以下两点。

（1）与流动资产的规模相适应

从财务角度考察，短期借款筹资快捷，弹性较大。企业在生产经营中往往会发生或多或少的短期借款。但短期借款的目的是维持企业正常的生产经营活动，因此短期借款必须与当期流动资产相适应。一般而言，短期借款应当以流动资产的数额为上限。

（2）短期借款规模的变动

短期借款数量的多少往往取决于企业生产经营和业务活动对流动资金的需要量、现有流动资金的沉淀和短缺情况等。短期借款发生变化，可能是基于以下方面的原因。

① 流动资金需要。当季节性或临时性资金需要产生时，企业就可能通过举借短期借款来满足其资金需要；当这种季节性或临时性资金需要消除时，企业就会偿还这部分短期借款，从而造成短期借款的变动。

② 节约利息支出。一般来讲，短期借款的利率低于长期借款和长期债券的利率，举借短期借款相对于长期借款来说，可以减少利息支出。

③ 调整负债结构。企业增加短期借款，就可以相对减少对长期负债和所有者资金的需求，使企业负债结构发生变化。相对于长期负债和所有者权益而言，短期借款具有风险大、利率低的特点，负债结构变化将会引起负债成本和财务风险发生相应的变化。

④ 增加资金弹性。短期借款可以随借随还，有利于企业对资金存量进行调整。

2. 应付账款分析

应付账款是企业在采购业务中较普遍的一项流动负债，它是一种商业信用行为。与应付票据相比，它是以企业的商业信用作为保证的。

分析应付账款的规模时应注意以下问题。

（1）应付账款的质量界定

判断企业应付账款的质量应与存货相联系，在企业供货商赊销政策一定的条件下，企业的应付账款规模应该与企业的采购规模保持一定的对应关系，且应付账款一般不应高于存货。在企业产销较为平稳的条件下，企业的应付账款规模还应该与企业的营业收入保持一定的对应关系。企业的应付账款平均付账期应保持稳定。但是，如果企业的购货和销售状况没有发生很大的变化，企业的供货商也没有主动放宽赊销的信用政策，则企业应付账款规模的不正常增加、应付账款平均付账期的不正常延长，就是企业支付能力恶化、资产质量恶化、利润质量下降的表现。对此，应当结合行业性质及其发展趋势、企业生产经营规模及企业的信用政策来分析。

（2）应付账款规模的变动

企业应付账款规模变动的原因主要有以下几点。

① 企业销售规模的变动。当企业销售规模扩大时，会增加存货需求，使应付账款债务规模扩大；反之，会使其降低。

② 为充分利用无成本资金。应付账款是因商业信用而产生的一种无资金成本的资金来源，企业在不违约的前提下可加以利用，从而减少资金的投入，降低资金成本。

③ 供应商的信用政策发生变化。如果供应商放宽信用政策和收账政策，企业应付账款的规模就会大些，反之就会小些。

④ 企业资金的充裕程度。企业资金相对充裕，应付账款的规模就小些；当企业资金比较紧张时，就会影响应付账款的清欠。

3. 其他应付款分析

财务报表分析人员应关注会计报表的"聚宝盆"——其他应付款。其他应付款也常常被当作调节各期收入和利润的"调节器"，即当收入多的时候，先在这儿存放，以备不景气的年度使用。

（1）其他应付款的内容分析

通常情况下，其他应付款只核算与企业主营业务没有直接关系的应付其他单位或个人的零星款项，如应付经营租入固定资产和包装物的租金、存入保证金等。这些暂收应付款构成了企业的一项非经常性负债。然而，有许多企业将很多不该进的项目都往里填，造成其他应付款这个科目金额较大。

思政资料 3-2　　　　　　　　其他应付款有玄机[①]

2020 年 5 月 22 日，深交所发布公告，龙力生物股票终止上市，4.84 万股东手中的股票将成为没有价值的"废纸"。据龙力生物 2019 年年报显示：资产总额 11.25 亿元，负债总额 51.72 亿元，负债超过总资产的近 4 倍，严重资不抵债。2019 年年报显示，龙力生物其他应付款为 11.84 亿元，主要是借款。

佳兆业在 2012—2014 年与诸多非银行金融机构签订了 41 项借款协议，总贷款额度为 352 亿元，截至 2014 年底有 308 亿元并未还清。而在会计记录中，这 308 亿元债务中有 138 亿元被归类为"其他应付款"，44 亿元被归类为"权益"，另有 44 亿元款项没有入账。

龙力生物和佳兆业都将一部分借款隐藏在其他应付款中。隐藏借款的目的有两个：一是减少借款产生的财务费用，提升业绩；二是隐藏旧借款，以便于去贷新借款。

因为其他应付款常常会隐瞒收入，所以分析人员应将其他应付款明细与应收账款明细互相核对。如果发现其他应付款中的债权人实际上是购买公司产品的购货方，则应进一步审查这是否意味着公司有隐瞒收入的行为。

[①] 朱振鑫，宋赟. 上市公司十大财务造假手段全解析. 搜狐网，2019-04-19.

（2）关联方分析

个别上市公司也有可能占用关联方巨额资金，此时财务报表分析人员应考虑上市公司资金周转是否出现问题。

4. 预收账款分析

一般而言，预收货款是一种"良性"的债务，它表明收款企业的产品结构和销路较好，生产的产品供不应求，也意味着该企业具有较好的未来盈利能力和偿债能力。当然，在实际中，有可能存在一些企业利用预收账款项目调整当期损益，逃避税收。例如，企业在完成销售或收到货款后，为逃税而不作收入处理，将其挂入"预收账款"之中。对此，应严加关注和重点分析。

5. 长期借款分析

对长期借款进行分析时应注意以下几点。

（1）与固定资产、无形资产的规模相适应

长期借款的目的是满足企业扩大再生产的需要。金融机构对于发放此项信贷有明确的用途和控制，因此长期借款必须与当期固定资产、无形资产的规模相适应。一般而言，长期借款应当以小于固定资产与无形资产之和的数额为上限；否则，企业有转移资金用途之嫌，如将长期借款用于炒股或期货交易。

（2）与企业当期收益相适应

长期借款使企业在一定时期内形成了一项固定的利息费用。对此，应关注其产出是否大于投入，即资金运用收益是否高于借款利率。

（3）长期借款利息费用的处理

与短期借款相比，长期借款除借款期限较长外，其不同点还体现在对借款利息费用的处理上。企业会计准则规定，长期借款的利息费用应当按照权责发生制原则的要求，按期预提计入所购建资产的成本（即予以资本化）或直接计入当期损益（即予以费用化）。由于长期借款利息费用数额较大，直接影响资产账面价值和当期损益的高低，因此必须关注财务报表附注中关于借款费用的会计政策，分析长期借款利息费用的会计处理（资本化或费用化）的合理性。

6. 预计负债分析

只有在明确或有负债概念的基础上，才能更好地理解预计负债的内涵。我国《企业会计准则第 13 号——或有事项》中，或有负债被定义为："或有负债，是指过去的交易或者事项形成的潜在义务，其存在须通过未来不确定事项的发生或不发生予以证实；或过去的交易或者事项形成的现时义务，履行该义务不是很可能导致经济利益流出企业或该义务的金额不能可靠计量。"

与或有事项相关的义务同时满足下列条件的，应当确认为预计负债：

① 该义务是企业承担的现时义务；

② 履行该义务很可能导致经济利益流出企业；

③ 该义务的金额能够可靠地计量。

与负债相比，或有负债、预计负债在确认和计量上更为复杂。因为后两者的存在与否及金额、受款人和偿付日期主要取决于有关的未来事项是否发生，因此带有很大的不确定性。如果未来事项确定发生，或有负债就成为一项实际的负债；如果未来事项不发生，这种债务义务就不存在。本着传统的稳健性原则，对或有负债进行确认和披露是必要的，不过或有负债的确认和计量要比负债更为复杂。

随着市场经济的发展，或有事项这一特定的经济现象已越来越多地存在于企业的经济活动中，给企业的财务状况和经营成果带来了很大的不确定性。或有负债的形式有：商业票据背书转让或贴现、未决诉讼、未决仲裁、产品质量保证、为其他单位提供债务担保、应收账款抵押等。

分析或有负债需要关注以下两点：一是有的公司故意向投资者隐瞒或有事项的存在；二是有的公司将或有事项的披露分散在年报中或中报的几个部分中。例如，我国某上市公司在或有事项一栏无披露事项，但在承诺事项中，披露为子公司贷款担保 8 100 万元，为其他单位贷款担保 4.34 亿元，共计 5.15 亿元（占净资产比例将近 50%），这就需要分析人员认真阅读财务报告的有关内容。

3.4.2 股东权益主要项目分析

股东权益的定义与计量一般从属于资产和负债的定义与计量，尤其是在资产已经确定之后，股东权益就取决于负债的确认和计量，因为它表示一种资产减负债之后的"剩余权益"。当然，这种定义方式可能导致将某些不能被列为负债的要求权均归为股东权益，而其中可能包含某些不完全具备企业的股东权益的项目，如优先股权和少数股东权益等。这些项目实际上是股东权益和负债的混合体，或者可以看成是介于两者之间的另一类要求权。

股东权益可以反映企业资本来源，有助于向股东、债权人等提供有关资本来源、净资产的增减变动、分配能力等对其决策有用的信息。分析股东权益质量时应注意以下两个问题。

（1）总量判断

资产总额代表了一个企业的生产经营规模。掌握一个企业的资产总额固然重要，但更要关注其净资产有多少，因为净资产是归股东所有的资产。

（2）结构判断

分析者可根据来源将股东权益项目分为内部产生和外部投入两大类，然后进行期末与期初的对比分析。实收资本和资本公积来源于企业外部的资本投入，而盈余公积和未分配利润则来源于企业内部的资本增值，也称留存收益。外部股东权益的增长，只能说明投资额的加大，代表了企业外延式扩大再生产的能力；而内部股东权益的持续增长才意味着企业经营者的资本保值增值能力，才体现了企业内涵式扩大再生产的能力。

在基本确认了股东权益的数额后，还需对股东权益的各项目进行具体分析。

1. 股本分析

股本（或实收资本）是指投资者按照企业章程或合同、协议的约定实际投入企业的资本。企业资本的来源及其运用受企业组织形式、相关法律的约束较多。分析股本的规模应注意以下 3 个问题。

（1）实收资本的总额

企业进行生产经营必须具备一定的物质基础，而报表上的实收资本揭示了一个企业生产经营的物质基础。一般来说，资本总额越大，企业的物质基础就越雄厚，经济实力就越强。同时，资本总额也是一定经营领域的准入"门槛"。

（2）股本与企业的注册资本配比

投入资本是投资者实际投入企业的资金数额，一般情况下，投资者的投入资本，即构成企业的实收资本，也正好等于其在登记机关的注册资本。若实收资本远远低于注册资本，需进一步阅读财务报表附注及公司合同的有关说明，是否为注册资本不到位或者抽逃注册资本，对此应予以高度重视。

（3）考察股东权益内部的股东持股构成状况与企业未来发展的适应性

在分析时，要首先了解企业的控股股东的背景、实力等基本情况。按照企业股权持有者对企业的影响程度，一般可以将企业的股东分为控制性股东、重大影响性股东和非重大影响性股东三类。控制性股东有权决定一个企业的财务和经营政策；重大影响性股东则对一个企业的财务和经营决策有参与决策的权利。因此，控制性股东、重大影响性股东将决定企业未来的发展方向。

2. 资本公积分析

分析资本公积项目应注意以下问题。

（1）资本公积项目与股东权益总额配比

由于资本公积是股东权益的有机组成部分，而且它通常会直接导致企业净资产的增加，因此资本公积的信息对于投资者、债权人等财务信息使用者的决策十分重要。若资本公积数额过大，应进一步了解资本公积的构成。在实际工作中，有的企业为了小集团的利益，在不具备法定资产评估条件的情况下，通过虚假评估来虚增净资产，以达到粉饰企业财务指标（如资产负债率、每股净资产）、提高企业信用形象的目的。

（2）资本公积的用途

根据我国《公司法》等法律的规定，资本公积主要是用来转增股本的。资本公积从本质上讲属于投入资本的范畴，由于我国采用注册资本制度等原因导致了资本公积的产生，所以将资本公积转增股本可以更好地反映所有者的权益。

资本公积转增股本虽然没有改变企业的股东权益总额，但是资本公积转增股本可以改变企业投入资本的结构，体现企业持续发展的潜力。因为企业股本不能用于投资者的分配或者用于弥补亏损。对于股份有限公司而言，资本公积会增加投资者持有的股份，从而增加公司股份的流通量，进而可以激活股价，提高股票的交易量和资本的流动性。

（3）资本公积转增股本的来源

为了避免虚增资产、误导决策，有必要分析资本公积转增股本的来源，考察其合理性。

3. 盈余公积分析

对盈余公积进行分析，首先应明确其含义和种类。盈余公积是指企业按照规定从税后利润中提取的企业留利。盈余公积可分为两种：法定盈余公积，按税后利润的10%提取，在此项公积已达到注册资本的50%时企业可不再提取；任意盈余公积（主要是公司制的企业提取此项基金），按股东会决议提取。

对盈余公积进行质量分析时应注意以下问题。

（1）总量判断

由于盈余公积是在企业净利润中形成的，主要用于企业维持或扩大再生产经营活动的资金需要。因此一般而言，盈余公积越多越好。根据我国《公司法》的规定，计提法定盈余公积累计达到注册资本的50%时，可不再提取。

（2）结构判断

分析盈余公积的有机构成的意义在于可以了解企业的意图，如任意盈余公积所占比重较大，说明企业意在加强积累，谋求长远的发展。

（3）用途合理性判断

将盈余公积的期末数与期初数配比，若盈余公积期末数额大大少于期初数额，则需进一步分析盈余公积用途的合理性。

① 弥补亏损。根据企业会计制度和有关法规的规定，企业发生亏损，可用发生亏损后五年内实现的税前利润来弥补；当发生的税前利润五年内仍不足弥补的，应使用后续年度实现的税后利润弥补。通常企业发生的亏损在所得税后利润仍不足弥补的，可以用提取的盈余公积来弥补，但是盈余公积弥补亏损应当由董事会提议，股东大会批准，或由类似的机构批准。

② 转增股本。当企业提取的盈余公积累计比较多时，可以将盈余公积转增股本，但是必须经股东大会或类似机构批准。而且用盈余公积转增股本后，留存的盈余公积不得少于注册资本的 25%。

③ 发放现金股利或利润。在特殊情况下，当企业累积的盈余公积比较多，而未分配利润比较少时，为了维护企业形象，给投资者以合理的回报，对于符合规定的企业，也可以用盈余公积分派现金利润或股利。因为盈余公积从本质上讲是由收益形成的，属于资本增值部分。

4. 未分配利润分析

未分配利润是企业实现的净利润经过弥补亏损、提取盈余公积和向投资者分配利润后留存在企业的历年的结存利润。未分配利润通常用于留待以后年度向投资者进行分配。由于未分配利润相对于盈余公积而言，属于未确定用途的留存收益，所以企业在使用未分配利润上有较大的自主权，受国家法律和法规的限制比较少。分析未分配利润时应注意以下几点。

① 未分配利润是一个变量，可能是正数（未分配的利润），也可能是负数（未弥补的亏损），可将该项目的期末数与期初数配比，以观察其变动趋势。

② 对资产负债表上未分配利润项目的时间界定，应平分为（1—11 月）与年终利润分配后（12 月）两部分来解读。平时该项目由企业的年初未分配利润与本年利润两部分构成，而年终利润分配后该项目是利润分配后的余额，以此进一步分析和揭示企业经营状况。

③ 现金股利分析。出于保护中小股东利益和培育上市公司分配回报机制的目的，中国证监会规定发行审核委员会审核上市公司再融资申请，应当关注公司上市以来最近 3 年历次分红派息情况，特别是现金分红占可分配利润的比例以及董事会对于不分配所陈述的理由。因此对于我国近年来上市公司的"派现热"，投资者应理性看待，需要注意以下事项：根据有关政策，分红派现是上市公司再融资的条件之一，所以有些公司的派现目的往往是再融资；"分红"也可能成为大股东套现的一种手段；分配现金股利也是有些公司为提高净资产收益率而使用的手段。

本 章 小 结

资产负债表是反映企业某一特定日期财务状况的财务报表。

资产负债表水平分析的目的之一就是从总体上概括了解资产、权益额的变动情况，揭示资产、负债和股东权益变动的差异，分析其差异产生的原因。

资产负债表垂直分析，又称作资产负债表结构分析，是通过计算资产负债表中各项目占总资产或权益总额的比重，分析评价企业资产结构和权益结构变动的合理程度。

资产负债表趋势分析，即是将资产负债表各项目连续几年或几个时期的数据进行对比，以分析各有关项目的变动情况和趋势。

资产负债表项目分析，即是在全面分析的基础上，对资产负债表各项目进行深入分析，包括会计政策、会计估计等变动对相关项目的影响，项目发生变动的可能原因，项目被人为操纵的可能性分析等。

货币资金分析的主要内容有：货币资金的规模分析和货币资金变动原因分析。

以公允价值计量且其变动计入当期损益的金融资产分析的主要内容有：以公允价值计量且其变动计入当期损益的金融资产的风险性分析；以公允价值计量且其变动计入当期损益的金融资产项目调节货币资金分析和以公允价值计量且其变动计入当期损益的金融资产持有的目的性分析。

应收账款的分析具体来说可以从以下几方面进行：应收账款规模合理性分析；应收账款规模变动原因分析；应收账款账龄分析；应收账款的债务人分析和坏账准备计提的合理性分析。

存货分析的主要内容有：存货真实性分析；存货的结构分析；存货的计价和存货跌价准备分析。

长期股权投资分析的主要内容有：长期股权投资持有目的分析；长期股权投资年度内重大变化分析；长期股权投资收益确认方法分析和长期股权投资减值准备分析。

固定资产分析的主要内容有：固定资产的规模分析；固定资产的结构分析；固定资产折旧的计提分析和固定资产减值分析。

无形资产分析的主要内容有：无形资产的规模分析；无形资产的确认分析；无形资产的类别比重分析；表外无形资产分析和无形资产的减值准备分析。

短期借款的规模分析应注意以下两点：借款规模与流动资产的规模相适应以及流动资产规模的变动情况。

应付账款分析包括应付账款的质量界定和应付账款的变动分析。

长期借款分析的主要内容有：与固定资产、无形资产的规模相适应；与企业当期收益相适应和长期借款利息费用的处理。

分析股东权益项目时应着重分析其质量，尤其注意以下问题：考察股东权益内部的股东持股构成状况及与企业未来发展的适应性；现金股利的合理性。

练 习 题

一、单项选择题

1. 下列项目中，不属于长期资产项目的是（　　）。

　A. 固定资产

　B. 无形资产

　C. 以公允价值计量且其变动计入当期损益的金融资产

  D. 长期投资

2. 进行资产结构与变动分析，应采用（　　　）。

  A. 水平分析法   B. 垂直分析法

  C. 趋势分析法   D. 比率分析法

3. 若企业占用过多的存货和应收账款，一般不会直接影响企业的（　　　）。

  A. 资金周转   B. 获利能力

  C. 偿债能力   D. 长期资本结构

4. 下列选项中，不会引起货币资金变动的是（　　　）。

  A. 为大笔支出做准备   B. 信用政策变动

  C. 销售规模变动   D. 将库存现金存入银行

5. 下列业务活动，不会引起固定资产增加的是（　　　）。

  A. 投资转入   B. 自行购入

  C. 融资租入   D. 盘亏

6. 短期借款的特点不包括（　　　）。

  A. 风险较大   B. 弹性较好

  C. 满足长期资金需求   D. 利率较低

7. 存货分析不包括（　　　）。

  A. 存货真实性分析   B. 存货计价分析

  C. 存货结构分析   D. 应付账款分析

8. 关于货币资金，下列说法错误的是（　　　）。

  A. 货币资金包括库存现金、银行存款和其他货币资金

  B. 信誉好的企业没必要持有大量的货币资金

  C. 企业不仅应保持一定量的货币资金，而且越多越好

  D. 货币资金本身就是现金，无须变现

9. 利用共同比资产负债表评价企业的财务状况属于（　　　）。

  A. 水平分析   B. 垂直分析

  C. 趋势分析   D. 比率分析

10. 由直线法折旧变更为加速折旧，在固定资产使用初期会（　　　）。

  A. 增加收益   B. 收益平滑

  C. 增加预算   D. 减少收益

二、多项选择题

1. 以下各项属于应收账款变动原因的有（　　　）。

  A. 企业销售规模变动   B. 信用政策改变

  C. 收账政策改变   D. 巨额冲销

  E. 关联方占用

2. 导致长期股权投资账面价值发生变动的因素有（　　　）。

  A. 进行投资   B. 转让投资

C. 追加投资

D. 用权益法确认投资收益

E. 收回投资

3. 在对下列资产项目进行分析时，应关注其资产减值准备计提情况的有（   ）。

A. 存货

B. 长期投资

C. 无形资产

D. 固定资产

E. 应收账款

4. 导致企业货币资金发生增减变动的原因可能有（   ）。

A. 销售规模的变动

B. 信用政策的变动

C. 坏账准备计提方法的变更

D. 为大笔现金支出做准备

E. 存货盘存制度的变更

5. 短期借款发生变化，可能是基于以下原因（   ）。

A. 流动资金需要

B. 增加资金弹性

C. 节约利息支出

D. 进行长期投资

E. 调整负债结构

6. 或有负债的形式有（   ）。

A. 商业票据背书转让

B. 未决仲裁

C. 商业票据贴现

D. 产品质量保证

E. 未决诉讼

7. 应收账款的债务人分析具体包括（   ）。

A. 债务人的区域性分析

B. 债务人的财务实力分析

C. 债务人的信用分析

D. 债务人的集中度分析

E. 债务人的关联性分析

8. 企业增加长期股权投资的目的可能包括（   ）。

A. 为了变现资产补充资金

B. 企业根据其战略规划，采取扩张型投资策略，扩大对外投资规模

C. 为了实现业绩增长而进行的投资组合调整

D. 为了盘活资产存量，而进行资产重组活动，以提高资产的利用效率

E. 操纵利润

9. 分析股东权益质量时应注意的问题有（   ）。

A. 总量判断

B. 垂直判断

C. 结构判断

D. 行业判断

E. 趋势判断

10. 下列有关现金股利内容正确的有（   ）。

A. 上市公司为了再融资而分红派现

B. 分红派现成为大股东套现的一种手段

C. 上市公司有可能为提高净资产收益率而分红派现

D. 审核上市公司再融资申请需关注现金分红占可分配利润比例

E. 投资者应理性看待上市公司现金分红

三、判断题

1. 资产负债表分析就是要揭示出资产负债表数据所体现的财务状况与真实财务状况之间的差异，进而对差异进行调整，修正会计数据，为进一步利用资产负债表的信息进行分析打下基础。　　　　　　　　　　　　　　　　　　　　　　　　　　　　（　　）

2. 资产负债表水平分析是通过对企业各项资产、负债和所有者权益的横向比较，分析企业经营导致的财务状况变动及其变动的原因。　　　　　　　　　　　　　　　（　　）

3. 一般而言，预收账款是一种"主动"的债务。　　　　　　　　　　　　　　（　　）

4. 其他应付款常常被视作调节各期收入和利润的"调节器"。　　　　　　　　（　　）

5. 过高的货币资金持有量，会增加资金的收益性，减少持有的机会成本，表明企业的货币资金管理良好。　　　　　　　　　　　　　　　　　　　　　　　　　　　　（　　）

6. 如果企业的应收账款增长率超过营业收入增长率，就可以初步判断其应收账款存在不合理增长的倾向。　　　　　　　　　　　　　　　　　　　　　　　　　　　（　　）

7. 会计准则要求期末存货按照成本与市价孰低法计价有利于促使企业按照稳健性的要求提供更为可靠的财务报表，避免虚增资产、利润和所有者权益，提高了财务报告质量。
　　　　　　　　　　　　　　　　　　　　　　　　　　　　　　　　　　（　　）

8. 对应收账款的债务人进行分析时不需要考虑企业债务人的集中程度。　　　（　　）

9. 对存货的真实性进行分析应进一步结合企业的内部控制制度。　　　　　　（　　）

10. 企业的长期借款要与固定资产、无形资产的规模相适应，一般情况下，企业的长期借款应该高于固定资产与无形资产之和。　　　　　　　　　　　　　　　　　（　　）

四、简答题

1. 分析以公允价值计量且其变动计入当期损益的金融资产时应关注哪些内容？

2. 企业应收账款变动有哪些原因？

3. 存货计价变化对企业财务状况有哪些影响？

4. 进行固定资产折旧分析时，应该注意哪些问题？

5. 股东权益项目分析包括哪些内容？

五、计算分析题

1. 某公司 20×1 年资产负债表如表 3-13 所示。要求：对该公司资产负债表进行水平分析和垂直分析。

表 3-13　资产负债表

编制单位：　　　　　　　　　　　　　20×1 年 12 月 31 日　　　　　　　　　　　单位：万元

资产	期初	期末	负债及所有者权益	期初	期末
流动资产	35	30	流动负债	15	19
其中：速动资产	8	5	长期负债	25	21
固定资产净值	22	20	股本	50	60
无形资产	33	30	资本公积	10	0
			未分配利润	−10	−20
总计	90	80	总计	90	80

2. A 公司 20×2 年会计报表附注提供的存货资料如表 3-14 所示。要求：分析 A 公司 20×2

年的存货结构及其变动情况。

表 3-14　存货明细表　　　　　　　　　　　　　　　　单位：万元

项　目	20×1 年 12 月 31 日		20×2 年 12 月 31 日	
	金　额	跌价准备	金　额	跌价准备
材料	122 217		123 518	2 354
在产品	26 850		17 939	
产成品	3 045		7 524	
合　计	152 112		148 981	2 354

3. 某公司 20×1 年和 20×2 年末的比较资产负债表有关数据如表 3-15 所示。

表 3-15　资产负债表　　　　　　　　　　　　　　　　单位：万元

项目	20×1 年	20×2 年	差额	百分比
流动资产：				
速动资产	30 000	28 000		
存货	50 000	62 000		
流动资产合计	80 000	90 000		
固定资产净额	140 000	160 000		
资产总计	220 000	250 000		
负债				
流动负债	40 000	46 000		
长期负债	20 000	25 000		
所有者权益：				
实收资本	130 000	130 000		
盈余公积	18 000	27 000		
未分配利润	12 000	22 000		
所有者权益合计	160 000	179 000		
负债及权益合计	220 000	250 000		

要求：

（1）将以上比较资产负债表填写完整；

（2）分析总资产项目变化的原因；

（3）分析负债项目变化的原因；

（4）分析所有者权益项目变化的原因；

（5）指出该公司应该采取的改进措施。

4. 某企业固定资产期初累计折旧为 907 100 万元，期末累计折旧为 1 211 190 万元。其他信息详见表 3-16 和表 3-17。

表 3-16　某企业固定资产分析资料（一）　　　　　　单位：万元

固定资产类别	期初	期末
1. 生产用固定资产	260 000	783 000
2. 非生产用固定资产	900 000	903 000
3. 租出固定资产	250 000	250 000
4. 融资租入固定资产	74 000	74 000
5. 未使用固定资产	40 000	40 000
6. 不需用固定资产	150 000	0
合计	1 674 000	2 050 000

表 3-17　某企业固定资产分析资料（二）　　　　　　单位：万元

本期增加固定资产	金额	本期减少固定资产	金额
购入		出售	
生产用固定资产	105 750	不需用固定资产	23 500
建造完成		报废	
生产用固定资产	796 000	生产用固定资产	47 000
非生产用固定资产	50 000	盘亏	
盘盈		非生产用固定资产	25 850
生产用固定资产	11 750	非常损失	
		非生产用固定资产	21 150
		投资转出	
		生产用固定资产	343 500
		不需用固定资产	126 500
合计	963 500	合计	587 500

要求：对固定资产变动情况进行分析。

六、综合题

1. T 公司为一家上市公司，1999 年至 2002 年的经营业绩经历了翻天覆地的变化，如表 3-18 所示。2000 年的销售收入和净利润分别达到 50 419 万元和 24 191 万元，与 1999 年相比，增幅分别为 177% 和 297%。然而，2001 年 T 公司的经营业绩却发生了"变脸"，销售收入锐减至 10 043 万元，净利润跌至 -58 412 万元。2002 年，T 公司"起死回生"，销售收入增至 16 099 万元，实现了净利润 1 642 万元。

T 公司的经营业绩在 2000 年达到历史最高水平，主要原因是在 2000 年 9 月该公司以 31 800 万元向 ZHC 公司购买了"奇圣胶囊"的全部生产及经销权。然而，好景不长。2001 年，T 公司的经营业绩跌入了低谷，其主要原因：一是"奇圣胶囊"的销售收入锐减，且 2000 年销售的 2.77 亿元 "奇圣胶囊" 中有近一半发生了 "退货"（实际上 2000 年确认了虚假的销售）；二是该公司在 2001 年末对 "奇圣胶囊" 的摊余价值 28 090 万元全额计提了减值准备。到了 2002 年，T 公司成功地 "扭亏为盈"，实现了 1 642 万元的净利润。

那么，"奇圣胶囊" 到底价值几何？T 公司的年度报告显示，"奇圣胶囊" 转让之前在 ZHC 公司账面上的余额为 1 245 万元，2000 年 6 月 T 公司和 ZHC 公司聘请一家知名评估事务所对 "奇圣胶囊" 的评估结果为 44 300 万元，评估增值高达 3 458%，2000 年 9 月，T 公司和 ZHC 公司达成的转让价格为 31 800 万元（相当评估值的 72%），2000 年和 2001 年这项无形资产的摊余价值分别为 31 270 万元和 0。不到两年的时间，"奇圣胶囊" 的价值发生如此天翻地覆的变化，足见无形资产的 "魔力"，T 公司 "善用" 无形资产会计政策更是令人叹为观止。表 3-18 是 T 公司 1999—2002 年的经营业绩。

表 3-18 T 公司 1999—2002 年的经营业绩 单位：万元

项目	1999 年	2000 年	2001 年	2002 年
销售收入	28 485	50 419	10 043	16 099
净利润	8 145	24 191	−58 412	1 642

要求：

（1）T 公司 2000 年以来销售收入和净利润所发生的巨大变化与该公司购入 "奇圣胶囊" 业务之间存在什么关系？

（2）T 公司在 2001 年末对 "奇圣胶囊" 摊余价值全额计提减值准备这一处理方式对 T 公司 2001 年会计报表造成了什么影响？对 2002 年会计报表有影响吗？

2. A 企业是一家上市公司，其年报有关资料见表 3-19、表 3-20 和表 3-21。

表 3-19 资产负债表 单位：万元

资产	期初	期末	负债及股东权益	期初	期末
流动资产：			流动负债：		
货币资金	8 679	20 994	短期借款	13 766	37 225
短期投资		1 000	应付账款	2 578	5 238
减：投资跌价准备		27	应付职工薪酬	478	508
短期投资净额		973	应交税费	51	461
应收账款	9 419	13 596	其他应付款	2 878	7 654
其他应收款	3 489	7 215	流动负债合计	19 751	51 086
减：坏账准备	35	2 081	非流动负债：	640	320
应收款项净额	12 873	18 730	负债合计	20 391	51 406
存货	13 052	16 007	股东权益：		
减：存货跌价损失		229	股本	16 535	24 803
存货净额	13 052	15 778	资本公积	25 752	17 484

续表

资产	期初	期末	负债及股东权益	期初	期末
其他流动资产	2 828	3 277	盈余公积	6 017	7 888
流动资产合计	37 432	59 752	未分配利润	13 395	19 225
非流动资产：			股东权益合计	61 699	69 400
长期投资	13 957	15 197			
固定资产：					
固定资产原值	40 202	68 185			
减：累计折旧	20 169	25 246			
固定资产净值	20 033	42 939			
在建工程	9 978	1 534			
固定资产合计	30 011	44 473			
无形资产：	690	1 384			
非流动资产合计	44 658	61 054			
总计	82 090	20 806	总计	82 090	120 806

表3-20 应收账款账龄表　　　　单位：万元

账龄	期初数	比例/%	期末数	比例/%
1年以内	8 617	91.48	10 699	78.69
1～<2年	376	3.99	2 147	15.79
2～<3年	180	1.91	325	2.39
3年及以上	246	2.62	425	3.13
合计	9 419	100	13 596	100

表3-21 其他应收款账龄表　　　　单位：万元

账龄	期初数	比例/%	期末数	比例/%
1年以内	2 715	77.8	5 052	70.02
1～<2年	516	14.79	1 706	23.64
2～<3年	248	7.12	416	5.76
3年及以上	10	0.29	41	0.58
合计	3 489	100	7 215	100

该企业相关会计政策：坏账准备原按应收账款余额的 5‰计提，改按应收款项（包括应收账款和其他应收款）余额的 10%计提；期末短期投资原按成本计价，现改按成本与市价孰低法计价并按投资总体计提跌价准备；期末存货原按成本计价，现改按成本与可变现净值孰低法计价；期末长期投资原不计提减值准备，现改为计提减值准备。

要求：根据以上资料对该公司的财务状况进行分析并做出评价。

第4章 利润表分析

◎ 学习目标：

- 了解利润表分析的内涵与意义；
- 掌握利润表水平分析、垂直分析和趋势分析的基本原理；
- 掌握利润表项目分析的基本方法；
- 了解收入项目操纵的常用手段。

引 例	雏鹰农牧巨亏30亿元，深交所火速问询

2019年1月30日晚间，雏鹰农牧发布业绩预告修正公告称，公司预计2018年度亏损29亿～33亿元。而在2018年10月26日发布的三季报中，公司预计全年亏损15亿～17亿元，相比之下，公司2017年实现净利润4 518.8万元。

对于业绩修正原因，公司表示，2018年6月开始，公司出现资金流动性紧张局面，由于资金紧张，饲料供应不及时，公司生猪养殖死亡率高于预期，致使生猪养殖成本及管理费用高于预期；第四季度生猪市场受非洲猪瘟影响，销售价格低于预期。

综合上述因素，与前次业绩预测相比，减少利润3.91亿元。

此外，雏鹰农牧还有商誉减值0.9亿元，资产减值准备7.3亿元。

据了解，雏鹰农牧创于1988年，2010年9月上市，被业界誉为"中国养猪第一股"，公司已发展成为拥有粮食贸易、饲料生产、良种繁育、生猪养殖、屠宰加工、冷链物流、终端销售、线上业务等完整产业链体系的现代化大型企业集团。

此公告一出，市场哗然。

1月31日，深交所向雏鹰农牧下发关注函，提出7大问题，涉及销售生猪单价大幅下滑的具体原因及合理性；2018年公司各产区生猪存栏量、正常死亡率、预期死亡率、存栏出栏比等情况；2018年集中计提各类资产减值准备的原因及合理性；是否存在进行行业业绩"洗大澡"的情形。

利润是经营业绩的衡量标准，被众多利益相关者所关注。它关乎企业能否顺利获得发展所需资金，它关乎投资者能否获得丰厚的回报，它关乎管理层能否获取高额的报酬……本章主要介绍利润表分析的基本原理。

经济环境将要从旧的以产品为中心、重视市场份额转向新的以客户和利润为中心。

——《发现利润区》作者 亚德里安·斯莱沃斯基等

4.1 利润表分析概述

4.1.1 利润表分析的内涵

利润表是反映企业一定时期经营成果的会计报表。如果说资产负债表是在某一时点为企业抓拍的一张"快照",那么利润表就是记录企业在两张"快照"之间做了些什么的一段"视频"。它反映了企业的收入、成本、费用、税收情况,揭示了企业利润的构成和实现过程。利润表是企业内外部利益相关者了解企业经营业绩的主要窗口,为评价企业经营管理业绩提供重要依据,也是预测企业利润的基础,所以利润表分析有极其重要的意义。

因为利润在各种场合常常以评价标准的身份出现,所以有的企业出于不同动机,费尽心机地粉饰利润表,其根本目的就是能够按照个人意愿操纵利润。因此,利润表往往是财务舞弊的"重灾区"。财务报表分析人员如不小心谨慎,就很有可能掉进利润"陷阱"。

因此,财务报表分析人员需要采用水平分析法、垂直分析法、趋势分析法等,对利润表的真实可靠性进行分析,主要目的是发现问题,揭示舞弊,挤出"水分",还原企业经营业绩的真实面目。

4.1.2 利润表分析的意义

(1)可及时发现企业经营管理中存在的问题

正因为分析不仅能找出成绩,而且还能发现问题,所以通过对利润表的分析,可以发现企业在各环节存在的问题或不足,为企业进一步采取改进措施指明方向。这有利于促进企业全面改善经营管理,促使经济效益持续增长。

(2)可以为资金提供者的正确决策提供依据

由于收入、利润往往是企业进行财务舞弊的主要项目,因此资金提供者都非常关心企业利润表数据的真实可靠性。企业投资者是这样,债权人也是如此,他们希望通过对企业利润表的分析,揭示企业利润表存在的舞弊,从而规避决策风险。

4.1.3 利润表分析的步骤

(1)利润表的比较分析

利润表的比较分析包括利润表的水平分析、利润表的结构分析和利润表的趋势分析。

利润表的水平分析,是将利润表各项目报告期金额与基期金额相比较,反映利润额的变动规模和变动原因,揭示企业在利润形成过程中的管理业绩及存在的问题。

利润表的结构分析,主要是在对利润表进行垂直分析的基础上,揭示各项利润及成本费用与收入的关系,以反映企业的各环节的利润构成、利润及成本费用水平。

利润表的趋势分析，即将利润表各项目连续几年或几个时期的数据进行对比，以分析各有关项目的变动情况和变动趋势。

（2）收入项目分析

收入是影响利润的重要因素。企业收入项目分析主要包括收入的确认与计量分析、收入操纵与舞弊分析等内容。

（3）成本费用项目分析

成本费用项目分析主要是对企业的营业成本、销售费用、管理费用和财务费用等进行深入剖析，目的是分析成本、费用的发生、确认和计量的合理性，寻找降低成本、提高效益的途径。

4.2　利润表比较分析

4.2.1　利润表的水平分析

运用水平分析法，可以了解利润表项目增减变动规模和变动程度，从而发现分析疑点。变动规模多少为异常应视企业收入基础确定，一般而言变动幅度如果超过10%则应视为异常，当然通常还需要考虑项目的性质。

【例 4-1】根据表 1-10 及相关资料，对 SYZG 公司利润表进行水平分析。

1. 编制利润表水平分析表

根据表 1-10 编制 SYZG 公司的利润表水平分析表如表 4-1 所示。

表 4-1　SYZG 公司利润表水平分析表　　　　单位：万元

项　目	本期发生额	上期发生额	变动额	变动率/%
一、营业总收入	7 566 576	5 582 150	1 984 426	35.55
其中：营业收入	7 566 576	5 582 150	1 984 426	35.55
二、营业总成本	6 244 045	4 743 698	1 500 347	31.63
其中：营业成本	5 093 227	3 872 796	1 220 431	31.51
税金及附加	37 091	32 636	4 455	13.65
销售费用	548 759	444 663	104 096	23.41
管理费用	205 166	204 590	576	0.28
研发费用	364 441	175 448	188 993	107.72
财务费用	−4 639	13 565	−18 204	−134.20
其中：利息费用	55 716	56 352	−636	−1.13
利息收入	50 486	34 360	16 126	46.93
加：其他收益	56 811	34 157	22 654	66.32
投资收益	38 285	63 746	−25 461	−39.94
其中：对联营企业和合营企业的投资收益	13 953	12 827	1 126	8.78

续表

项　目	本期发生额	上期发生额	变动额	变动率/%
公允价值变动收益	28 965	−36 168	65 133	180.08
信用减值损失	−111 679			
资产减值损失	−14 245	−109 538	95 293	−87.00
资产处置收益	56 875	−2 805	59 680	2 127.63
三、营业利润	1 377 543	787 844	589 699	74.85
加：营业外收入	18 269	12 318	5 951	48.31
减：营业外支出	50 380	45 138	5 242	11.61
四、利润总额	1 345 432	755 024	590 408	78.20
减：所得税费用	195 987	124 675	71 312	57.20
五、净利润	1 149 445	630 349	519 096	82.35
归属于母公司所有者的净利润	1 120 666	611 629	509 037	83.23
少数股东损益	28 779	18 720	10 059	53.73
六、其他综合收益的税后净额	15 103	10 633	4 470	42.04
七、综合收益总额	1 164 548	640 982	523 566	81.68
归属于母公司所有者的综合收益	1 135 358	622 767	512 591	82.31
归属于少数股东的综合收益	29 190	18 215	10 975	60.25
八、每股收益：				
（一）基本每股收益（元/股）	1.359 5	0.790 7	0.568 8	71.94
（二）稀释每股收益（元/股）	1.352 0	0.746 6	0.587 6	76.87

2. 利润表规模变动情况的分析评价

利润表水平分析，应关注关键利润指标的变动情况，如净利润、利润总额和营业利润的变动额与变动率，再逐项分析导致这些利润指标变动的原因。如营业利润的增加可能是由于营业收入的增加，也可能是营业成本和费用的减少，也可能是两者共同作用的结果，当然还有其他可能的情况；但营业收入的增加水平如果低于营业成本或者期间费用的增加水平，就说明企业成本控制较差或者费用利用效率不高，从而导致企业盈利水平降低。

以下是对 SYZG 公司的利润表变动情况进行的分析。

（1）净利润分析

净利润是指企业所有者最终取得的财务成果。从表 4-1 看出，该公司 2019 年实现净利润 114.94 亿元，比上年增加了 51.91 亿元，增幅高达 82.35%，公司净利润增加主要是由于利润总额比上年增加 59.04 亿元引起的，同时由于所得税增加 7.13 亿元，二者相抵，导致净利润增加了 51.91 亿元。进一步分析可以看出，公司营业总收入增幅为 35.55%，营业总成本也对应上升，但增幅为 31.63%，略低于营业总收入的增幅，因而公司净利润增加了 51.91 亿元。

（2）利润总额分析

利润总额是反映企业全部财务成果的指标，它不仅反映企业的营业利润，而且反映企业的营业外收支情况。本例中公司利润总额增加了 59.04 亿元，主要原因是营业利润增加了 58.97 亿元，增幅为 74.85%；同时由于营业外收入增加了 5 951 万元，而营业外支出只增加了 5 242 万元。在这些因素的共同作用下，利润总额增加了 59.04 亿元。

（3）营业利润分析

营业利润是指企业营业收入与营业成本、税费、期间费用、资产减值损失、公允价值变动净损失、投资净损失之间的差额。本例中公司本期营业利润增加主要是营业收入和营业成本增长幅度不同所致：营业收入比上年增加了 198.44 亿元，增幅为 35.55%，营业成本增加了 150.03 亿元，增幅为 31.63%，可以看出营业收入的增幅大于营业成本的增幅，这是营业利润增加的原因之一，同时由于财务费用大幅减少及其他项目的增减变动，最终使营业利润增加了 58.97 亿元，增幅为 74.85%。当企业营业收入的增长水平高于营业成本的增长水平时，说明企业总体的经营情况良好，企业加大了对成本的控制力度。

需要说明的是，SYZG 公司主要从事工程机械的研发、制造、销售和服务。工程机械行业与宏观经济周期息息相关。2019 年上半年，下游基建、房地产投资较上年有所反弹，制造业投资略有回升，利好因素进一步传导至工程机械行业，整个行业呈现出平稳增长的趋势。同时，受下游基建需求拉动、国家加强环境治理、设备更新需求增长、人工替代效应等因素推动，工程机械行业在 2019 年下半年仍保持快速增长。

4.2.2　利润表的结构分析

利润表的结构分析是通过计算利润表中各项目占营业收入的比重或结构，反映利润表中的项目与营业收入关系情况及其变动情况，分析说明财务成果的结构及其增减变动的合理程度。

【例 4-2】根据表 1-10 及相关资料，对 SYZG 公司利润表进行垂直分析。

1. 编制利润表垂直分析表

根据表 1-10 可编制利润表垂直分析表如表 4-2 所示。

表 4-2　SYZG 公司利润表垂直分析表

项　　目	本期结构/%	上期结构/%	变动情况/百分点
一、营业总收入	100.00	100.00	0.00
其中：营业收入	100.00	100.00	0.00
二、营业总成本	82.52	84.98	-2.46
其中：营业成本	67.31	69.38	-2.07
税金及附加	0.49	0.58	-0.09
销售费用	7.25	7.97	-0.72
管理费用	2.71	3.67	-0.96
研发费用	4.82	3.14	1.68

项　　目	本期结构/%	上期结构/%	变动情况/百分点
财务费用	−0.06	0.24	−0.30
其中：利息费用	0.74	1.01	−0.27
利息收入	0.67	0.62	0.05
加：其他收益	0.75	0.61	0.14
投资收益	0.51	1.14	−0.63
其中：对联营企业和合营企业的投资收益	0.18	0.23	−0.05
公允价值变动收益	0.38	−0.65	1.03
信用减值损失	−1.48	0.00	−1.48
资产减值损失	−0.19	−1.96	1.77
资产处置收益	0.75	−0.05	0.80
三、营业利润	18.21	14.11	4.10
加：营业外收入	0.24	0.22	0.02
减：营业外支出	0.67	0.81	−0.14
四、利润总额	17.78	13.53	4.25
减：所得税费用	2.59	2.23	0.36
五、净利润	15.19	11.29	3.90

2. 利润表结构的分析评价

在利润表结构分析中，首先要看收入结构情况，如果营业收入中主营业务收入占的比重较大，说明企业的盈利主要来自主营业务，有利于企业的持续发展；而如果企业的营业收入中其他业务收入或者营业外收入的比重较大，那么说明企业的收入是不可持续的，不利于企业利润的长远发展。其次要看利润结构情况，在利润结构中，如果一个企业的利润主要来自主营业务，说明企业的盈利状况是比较稳定和可持续的；而如果利润主要是来自如投资净收益、营业外收入等项目，那么企业的利润可能会因为这些收益的变动而发生波动。此外，对利润组成中的其他项目进行粉饰也经常成为企业调节利润的手段。

以下是对 SYZG 公司利润结构的分析，从中可以发现影响利润变动的主要因素。

2019 年 SYZG 公司营业利润占营业收入的比重为 18.21%，比上年度的 14.11% 增加了 4.10 个百分点；本年度利润总额的比重为 17.78%，比上年的 13.53% 上涨了 4.25 个百分点；本年度净利润的比重为 15.19%，比上年的 11.29% 增加了 3.9 个百分点。可见，从企业利润的构成情况上看，盈利能力比上年度都有所提高。各项财务成果结构上涨的原因，从营业利润结构变动看，主要是营业成本及除了研发费用外各项费用结构的下降、公允价值变动收益增加所致，说明营业成本与多项费用减少、公允价值变动收益增加是提升营业利润比重的根本原因。而利润总额比重增加，除受营业利润影响外，还受营业外收支的影响，具体还应结合营业外收支的具体明细做进一步分析。

4.2.3　利润表的趋势分析

利润表的趋势分析是将连续数期利润表上有关项目选用某一年为基期进行比较，计算趋势百分比，反映利润表中各项目近几年的变动情况，从而揭示经营成果的变化趋势。

【例 4-3】根据表 1-10 及相关资料，对 SYZG 公司利润表进行趋势分析。

1. 编制利润表趋势分析表

根据表 1-10 可编制利润表趋势分析表，如表 4-3 所示。

表 4-3　SYZG 公司利润表趋势分析表　　　　　　单位：%

项目	2019 年	2018 年	2017 年
营业收入	197.38	145.61	100.00
营业成本	190.00	144.48	100.00
税金及附加	132.84	116.88	100.00
销售费用	143.19	116.03	100.00
管理费用	116.42	116.09	100.00
研发费用	472.76	227.60	100.00
财务费用	-3.52	10.28	100.00
其中：利息费用	85.78	86.76	100.00
利息收入	697.34	474.60	100.00
其他收益	422.84	254.23	100.00
投资收益	-1 984.30	-3 303.93	100.00
其中：对联营企业和合营企业的投资收益	136.47	125.46	100.00
公允价值变动收益	71.93	-89.82	100.00
资产减值损失	-11.98	-92.12	100.00
资产处置收益	-3 112.35	153.50	100.00
营业利润	478.97	273.93	100.00
加：营业外收入	185.72	125.22	100.00
减：营业外支出	477.28	427.62	100.00
利润总额	468.98	263.18	100.00
减：所得税费用	305.39	194.27	100.00
净利润	516.12	283.04	100.00

2. 利润表趋势分析评价

受工程机械行业整体向好发展、增速平稳的影响，SYZG 公司营业收入自 2018 年起一路上涨，由 2017 年的 100% 持续上涨至 2019 年的 197.38%，几乎翻了一番，这主要是行业良好的发展趋势带动了 SYZG 公司的销售规模逐步提高，使营业收入大幅上涨。营业成本与营业收入的上涨基本匹配，由 2017 年的 100%逐步上涨至 2019 年的 190%，也几乎涨了一倍，但其上涨的幅度小于营业收入上涨幅度，因此带来了营业利润的相应增加。

该公司的销售费用、管理费用等也有所上涨，尤其是研发费用，由 2017 年的 100%逐年快速增长至 2019 年的 472.76%，这说明该公司加大了研发投入。正如年报中所披露的，SYZG 公司近年来在研发创新、智能制造、营销服务等方面的核心竞争力持续增强，挖掘机械、混凝土机械、起重机械、路面机械等全线产品国内外市场份额持续提升，主导产品具备全球竞争力。公司大力推行"提质降本"，依靠智能制造与技术创新，提升产品质量，从而使收入的上升幅度超过了成本费用的上升幅度，促使利润总额与净利润均有大幅上涨，几乎达到了 2017 年的 4~5 倍。

4.3　收入项目分析

名人名言

熟悉企业管理的人都知道，所谓的成本、收入，会计中可以有很多操纵。有些企业本来亏损，会计上可以做成盈利；有些企业盈利，会计上可以做成亏损。

——张维迎

4.3.1　收入的确认和计量

2017 年，财政部发布了《企业会计准则第 14 号——收入》（财会〔2017〕22 号），取代了 2006 年 2 月 15 日发布的《企业会计准则第 14 号——收入》《企业会计准则第 15 号——建造合同》，并于 2018 年 1 月 1 日正式施行。新收入准则的主要变化表现在以下 3 个方面。

（1）不再区分业务类型，收入确认模式统一化

原收入准则区分销售商品、提供劳务、让渡资产使用权和建造合同，分别采用不同的收入确认模式，而新收入准则不再区分业务类型，采用统一的收入确认模式，即企业在履行了合同中的履约义务，也就是在客户取得相关商品控制权时确认收入。

（2）确认收入的判断依据发生了变化

原收入准则确认收入时主要以"风险和报酬是否转移"作为判断依据，而新收入准则把"控制权转移"作为判断依据。取得相关商品控制权，是指能够主导该商品的使用并从中获得几乎全部的经济利益。

（3）新收入准则中引入了"履约义务"的概念

新收入准则引入"履约义务"的概念，明确了如何识别是否存在多个"履约义务"及如何将交易价格分摊到各个"履约义务"。此外，新收入准则采用"履约进度"的计量方式，对某一段期间履行的履约义务，企业应当考虑商品的性质、采用产出法或投入法确定恰当的履约进度，并按照该履约进度确认收入。

一直以来，收入在财务报表分析中的地位和作用都是举足轻重的。财务报表使用者在关注净利润的同时，还十分重视收入。作为利润表的首行项目，营业收入的重要性一点也不逊

色于净利润这一末行项目，因为营业收入的规模及其成长性是评价上市公司财务业绩的关键所在。从我国上市公司历年来曝光的财务丑闻中，利用收入确认操纵利润的案例屡见不鲜，银广夏、黎明股份、东方电子、康美药业和康得新等就是典型的例证。所有这些均表明，收入确认是企业经常采用的操纵方式。基于此，财务报表使用者在分析收入时，应当充分关注企业是否存在收入操纵行为，以免被误导或上当受骗。

4.3.2 收入操纵的常用手段

尽管企业会计准则对收入确认和计量标准做了详细的规定，但收入的确认和计量在实务中仍被广泛操纵。收入舞弊的行为主要可分为会计操纵和交易造假两大类。

会计操纵主要表现为上市公司管理层通过选择对自身更有利的会计判断，以达到操纵业绩的目的，比如提前或延后确认收入、对期后销售退回事项未在当期冲减收入、通过内部关联交易虚增利润、在垫资模式下按总额法确认收入、利用会计政策操纵虚增收入、通过提前并表虚增收入等。交易造假主要表现为上市公司管理层虚构交易以达到虚增收入的目的，比如通过关联方或隐性关联方、非关联方合谋虚构业务和收入、人为调高合同单价以虚增收入、通过变更销售模式虚增收入等。此外，还有其他的操纵收入手段，如伪装收入性质以夸大营业收入、双向或三角交易、篡改收入分配等。

下面将选取最常见的收入操纵手段，结合具体案例加以分析。

1. 提前确认未实现收入

这一做法固然可以在短期内使销售收入大幅提升，但其实质是透支未来会计期间的收入。

① 利用补充协议，隐瞒风险和报酬尚未转移的事实。风险和报酬的转移是确认收入的前提条件。收入确认准则规定，附有退货条款的企业，如果无法根据以往经验确定退货比例，在退货期届满前，不得确认销售收入。为了规避此规定，一些公司在销售合同中只字不提退货条款等可能意味着风险和报酬尚未转移等事项，而是将重大事项写进补充协议，以达到其提前确认收入的目的。

② 填塞分销渠道，刺激经销商提前购货。填塞分销渠道是一种向未来期间预支收入的恶性促销手段。卖方通过向买方（通常是经销商）提供优厚的商业刺激，诱使买方提前购货，从而在短期内实现销售收入的大幅增长，以达到美化其财务业绩的目的。

③ 违反企业会计准则的规定，将尚未达到收入确认条件的收入确认为当期收入。

思政案例 4-1   *德马科技 IPO 恐提前确认亿元营收*[①]

浙江德马科技股份有限公司是一家主要从事自动化物流输送分拣系统、关键设备及其核心部件的研发、设计、制造、销售和服务的拟上市公司。据公司披露，作为一家国内自动化物流输送分拣装备领域的领先企业，旗下客户包括京东、苏宁、亚马逊、唯品会、盒马生鲜等诸多大型电商企业。

由于行业特点，大部分大型设备制造商或者系统工程类企业往往采用在终验完成后确

---

① 金色光. 收入确认原则异于同行，德马科技 IPO 恐提前确认亿元营收. 新浪财经，2020-01-13.

认收入。然而，根据德马科技的招股书披露，公司采用确认收入的方式为在初验完成后即确认收入，早于同行企业的收入确认方式，可能存在提前确认收入调剂业绩的情形。

根据招股书披露的信息，2016 年至 2019 年上半年，德马科技在初验完成后便确认收入的金额分别为 5 185.13 万元、7 183.69 万元、15 879.70 万元、11 896.88 万元，若使用行业内普遍采用的终验后确认收入的方法重新计算，则各期确认的收入金额将分别变为 3 340.54 万元、3 613.32 万元、12 689.31 万元、6 506.57 万元。也就是说，若采用行业内普遍运用的收入确认方式，德马科技各期营业收入将分别减少 1 844.59 万元、3 570.37 万元、3 190.39 万元、5 390.31 万元，报告期内收入合计将减少 1.40 亿元。此外，变更收入确认方法后，报告期内的毛利润将合计减少 2 822.06 万元，按照 15% 的税率计算，报告期内净利润将减少 2 398.75 万元。德马科技非要采用"与众不同"的收入确认方式，是由于会计核算基础薄弱还是因为别的原因，这有待于进一步观察。

2. 延迟确认已实现收入

这一操纵手法往往以稳健主义为幌子，通过递延收入或指使被收购企业在收购日之前推迟确认收入等手法，将本应在当期确认的收入推迟至以后期间确认，并将当期储备的收入在经营陷入困境的年份予以释放，以达到以丰补歉、平滑收入和利润的目的。

思政案例 4-2　　　　　　　任子行混乱的财务数据令人直冒冷汗[①]

2019 年 12 月 20 日，任子行收到证监会深圳监管局的《行政监管措施决定书》。决定书里披露的任子行混乱的财务数据，让人看过之后，感觉直冒冷汗。根据证监会深圳监管局《行政监管措施决定书》，任子行存在"公司财务核算较为混乱随意""部分会计确认存在跨期情形""转包收入核算方式错误""成本核算未遵循配比原则""收入确认相关内部控制存在明显瑕疵"，财务报表几个最关键的财务数据收入、成本等都存在问题，任子行财务报表中披露的数据还有何可信度？显然这种财务报表是没有办法看的，也不具有观察比较的价值。根据该公司的整改报告，任子行以前年度的财务数据将会进行重大调整。

证监会深圳监管局认定任子行财务数据混乱、收入确认相关内部控制存在明显瑕疵的一大理由就是任子行在多项业务上存在不同程度的提前或延后确认收入的行为，从而达到控制净利润水平的目的。根据决定书中披露的信息，任子行将泡椒思志（泡椒思志于 2017 年 1 月被任子行并购）2017 年度收到的业绩补偿款 1 161.71 万元计入了 2018 年度的营业外收入，将部分 2016 年已验收的项目在 2017 年确认相关收入和成本，将服务期间为 2017 年 7 月至 2018 年 9 月的合同全部在 2017 年 8 月一次性确认。毫无疑问，这是典型的提前或推迟确认收入行为，往轻了说是财务核算不规范，往重了说就是赤裸裸的财务造假。

根据披露信息，任子行在 2014 年至 2019 年期间，6 年 5 次更换财务总监，每任财务总监的任期均在 1 年左右，有的甚至不到一年。财务总监是上市公司的核心岗位，频繁更换财务总监是一个非常不好的信号。首先，这种行为肯定不利于公司经营的稳定；其次，也反映出该公司可能存在重大财务风险。

---

① 马靖昊说会计. 任子行! 看其财务数据，感觉直冒冷汗! . 东方财富网，2020-04-02.

3. 期后销售退回未调减收入

企业售出商品已经确认收入，但由于质量或品种不符合要求等原因发生退回时，不论是当年销售的产品，还是以前年度销售的产品，都应当冲减当月的销售收入，但企业为了不减少收入，特别是一些经营业绩不佳的企业，在年终时为达到粉饰财务报表的目的，可能会隐瞒销售退回事件，而在以后年度再确认冲减收入。

思政案例 4-3 　　　　　**尔康制药虚构销售收入的细节剖析**

根据湖南尔康制药股份有限公司（简称尔康制药）的公告，该公司于 2018 年 6 月 13 日收到湖南证监局下发的《行政处罚决定书》（编号：〔2018〕2 号），在《行政处罚决定书》中提到，湖南尔康制药主要通过虚构业务及隐瞒销售退回，不调整当期销售收入的行为虚构收入，以上行为构成违法事实。

根据调查，尔康制药的全资子公司尔康柬埔寨在 2016 年销售给加拿大某公司改性淀粉一批，收到货物后，加拿大方提出产品存在均一度指标不达标等问题，因此要求尔康柬埔寨予以退货。在得到同意补偿损失的口头承诺后，加拿大方将其中的 216 t 改性淀粉进行低价处理，构成销售退回，但尔康制药未对该重大销售退回事件进行任何会计处理，并借此虚增营业收入 25 759 338.34 元，间接虚增净利润 23 273 318.62 元。

此外，尔康香港从尔康柬埔寨购入 1 878 t 改性淀粉，通过广州某食品公司、上海某实业公司等中间商间接销往尔康制药，为此尔康香港确认了营业收入 229 315 853.50 元，确认净利润 208 981 130.18 元。经调查，尔康制药从全资子公司全额现款购入原材料不具有商业合理性，商品实际控制权没有发生转移，相关经济利益也没有实际流入。

通过这两种主要手段，尔康制药虚增营业收入 255 075 191.84 元，虚增净利润 232 254 448.80 元，占当期合并报表披露的营业收入的 8.61%，占披露净利润的 22.63%，导致年度报告中存在虚假记录，构成违法行为。

4. 关联方交易操纵收入

市场实现交易的途径主要有两种：一种是与独立当事人的交易；另一种是与关联方的交易。与独立当事人的交易一般遵循供求关系并通过价格机制决定是否成交和成交价格，最为公允和真实。相反地，与关联方发生的交易，很可能扭曲供求关系和价格机制，掩盖企业产品或劳务缺乏市场竞争力的事实。企业会计准则要求上市公司披露关联交易的性质、交易条件、金额和对财务报表的影响。由于证券市场对独立交易和关联交易所产生的销售收入赋予迥然不同的权重，如实披露很可能降低证券市场对上市公司的价值评估。为此，一些上市公司蓄意隐瞒关联关系，将关联交易所产生的收入包装成独立交易的收入，以获得证券市场的青睐。

5. 关联方/隐性关联方客户协助虚构业务及收入

这是上市公司最常见的一种收入舞弊手法，即通过关联方客户或者隐性关联方、串通合谋以虚构业务和收入。

思政案例 4-4　　　　　藏格控股：利用关联方虚构收入[①]

　　藏格控股是一家从事矿业、贸易和珠宝的公司，根据公司 2017 年年报数据，公司的主要业务以氯化钾为主，营业收入占比高达 94%。公司于 2015 年借壳上市，3 年来营业收入和净利润连年上升，看起来是一个处于上升期的好公司。然而，深交所在 2018 年 5 月 23 日向藏格控股发去了问询函，对其应收账款、其他应收款和预付账款的异常增加提出了质疑。

　　根据藏格控股 2017 年年报，公司前五大应收账款客户中，有四家均存在异常，异常金额高达 8.83 亿元，从金额上来看，超过公司营业收入的四分之一，其中两家与藏格控股有着千丝万缕的联系，很可能是藏格控股的关联方，产生的异常金额也就是隐藏的关联方资金占用。

　　在五大应收账款客户中，排名第三的是成都禾禾农业生产资料有限公司（以下简称"禾禾农业"），应收账款额为 2.74 亿元。禾禾农业是一家以销售化肥为主的贸易公司，由于没有任何渠道可以查到这家公司的年报，所以看起来没有破绽。但是这家公司在一个商贸网站发了一个公司推广的小广告，留下了一部分信息及公司法人代小清的手机号，还在公司自我介绍的材料里提到现在公司员工几十人，年销售额为 5 000 万～1 亿元。

　　这就出现了疑点：年销售额不足 1 亿元的公司是如何产生 2.74 亿元的应收账款的？

　　当然，这种商贸网站的广告所反映的信息不一定完全准确，不能作为公司真实经营能力的佐证，但还有其他的信息可以比对。据天眼查，这家公司的法人代小清，除了是禾禾农业的法人外，还是另一家公司（青海中泽矿业有限公司）的法人。这是一家看似平淡无奇的公司，注册资本为 1 000 万元，工商注册信息里，邮件地址甚至是一个 QQ 邮箱，但它的注册地址却是：青海省格尔木市昆仑南路 15－02 号，这个地址与藏格控股的注册地址一模一样。

　　不仅如此，排名第五的格尔木藏华大颗粒钾肥有限公司，应收账款额为 2.1 亿元，根据天眼查的数据，注册地也是同一个地址：青海省格尔木市昆仑南路 15－02 号！

6. 真实非关联方协助虚构业务及收入

这种手法主要是上市公司借助于真实的、且不存在关联关系的客户进行业务和收入的虚构。

思政案例 4-5　　　神农科技虚构销售业务以虚增主营业务收入与利润

　　2019 年 9 月 20 日，海南证监局披露了对海南神农科技股份有限公司（以下简称"神农科技"）信息披露违法案的处罚决定，处罚原因主要是定期报告虚假记载与未按规定披露信息。

　　经查明，2014 年至 2016 年神农科技通过虚构与非关联方客户的种子销售业务，分别虚增主营业务收入 54 057 684.25 元、22 235 969.95 元、7 514 012.75 元。虚构业务的主要情况如下。

　　① 2014 年 11 月，神农科技与湛江市兴罗农业科技有限公司（以下简称"湛江兴罗"）、广西藤县佳禾种子有限公司（以下简称"藤县佳禾"）签订种子销售合同。2014 年神农科

---

① 李国强. 藏格控股关联交易穿马甲. 证券市场周刊, 2018-06-29.

技分别确认向湛江兴罗、藤县佳禾销售种子业务收入 19 307 150.25 元和 24 098 234 元。

② 2014 年 11 月，神农科技控股子公司湖南神农大丰种业科技有限责任公司（以下简称"神农大丰种业"）与湖南正隆农业科技有限公司（以下简称"湖南正隆"）签订种子销售合同。2014 年神农大丰种业确认向湖南正隆销售种子业务收入 10 652 300 元。

③ 2015 年 3 月和 11 月，神农科技与湛江兴罗、藤县佳禾签订种子销售合同。2015 年神农科技分别确认向湛江兴罗、藤县佳禾销售种子业务收入 9 568 583.20 元和 7 816 836.75 元。

④ 2015 年 3 月，神农大丰种业与湖南正隆签订种子销售合同。2015 年神农大丰种业确认向湖南正隆销售种子业务收入 4 850 550 元。

⑤ 2016 年 3 月，神农科技与湛江兴罗、藤县佳禾签订种子销售合同。2016 年神农科技分别确认向湛江兴罗、藤县佳禾销售种子业务收入 4 023 024 元和 3 490 988.75 元。

经有关部门调查，神农科技以伪造的销售发货单，使用外部借款划入合同相对方银行账户并最终以购买种子名义流入神农科技银行账户来伪造"真实"的资金流等方式，虚构上述种子销售业务。证监会认为神农科技虚构交易的违法行为恶劣，对经济市场造成了严重的不良影响，社会危害巨大，因此对神农科技及相关当事人均做出处罚决定。

7. 虚构非关联方协助完成收入造假

这种方法与前一种方法的共同之处在于都是虚构业务操纵收入，区别在于前者串通的是真实存在的非关联方客户，后者是通过虚构非关联方客户进行收入造假。

思政案例 4-6　　　　**ST 康得造假轮回：公募狂欢后一地鸡毛[①]**

2019 年 11 月 19 日，在证监会召开的 ST 康得（002450.SZ）财务造假听证会上，江苏证监局人士再次强调，ST 康得的财务造假属于"系统性地上下勾结造假"，其外销业务实际上是以 PET 等产品冒充光学膜运到海外，免费送给别人，再由 ST 康得相关人员一手炮制虚假业务合同，假装国外客户签名，粘贴打印，从而虚构出一条完整的外销业务产业链。

根据 ST 康得公布的年报，2015 财年至 2018 财年，公司营业总收入分别为 74.59 亿元、92.27 亿元、117.89 亿元和 91.50 亿元，其中 ST 康得所称的光学膜业务收入分别为 58.07 亿元、75.16 亿元、98.31 亿元及 77.97 亿元，占比分别达到 77.85%、81.40%、83.39% 及 85.21%。在这四个财年中，光学膜业务的毛利分别为 22.53 亿元、30.87 亿元、40.16 亿元和 32.70 亿元，四年合计 126.26 亿元，光学膜业务毛利率分别为 38.80%、41.07%、40.85% 和 41.95%。

在 2015 财年至 2018 财年的营业总收入中，公司来自海外业务的收入分别为 27.50 亿元、31.78 亿元、42.92 亿元和 32.63 亿元，占比分别达到 36.38%、34.41%、36.41% 和 35.66%；海外业务的毛利分别为 10.05 亿元、12.51 亿元、16.53 亿元和 5.50 亿元，四年合计 44.59 亿元，海外业务毛利率依次为 36.54%、39.36%、38.52% 和 16.85%。

然而根据证监会 2019 年 7 月 5 日下发的《行政处罚事先告知书》立案调查结果，2015 年 1 月至 2018 年 12 月，ST 康得通过虚构销售业务方式虚增营业收入，并通过虚构采购、

---

① 易强. ST 康得造假轮回：公募狂欢后一地鸡毛.证券市场周刊，2019-11-29.

生产、研发费用、产品运输费用等方式虚增营业成本、研发费用和销售费用，使其 2015 财年至 2018 财年分别虚增利润总额 23.81 亿元、30.89 亿元、39.74 亿元和 24.77 亿元，分别占到年报披露利润总额的 144.65%、134.19%、136.47% 和 722.16%。

　　也就是说，ST 康得在 2015 财年至 2018 财年累计虚增利润 119.21 亿元，占年报披露利润总额（四年依次为 16.46 亿元、23.02 亿元、29.12 亿元和 3.43 亿元，累计 72.03 亿元）的 165.50%。

　　既然 2015 年至 2018 年 ST 康得海外业务毛利总额（44.59 亿元）远不及证监会立案调查结果所示的 119.21 亿元虚增利润，不难推断出公司包括光学膜在内的国内业务也存在严重虚构产业链的嫌疑。

8. 伪装收入性质以夸大营业收入

　　上市公司为了迎合经营业绩预期，可能不惜采用鱼目混珠的方法，将非经常性收益，如投资收益、补贴收入和营业外收入等包装成营业收入。尽管这种收入操纵手法并不会改变利润总额，但它却歪曲了利润结构，夸大了企业创造经营收入和经营性现金流量的能力，特别容易误导投资者对上市公司盈利质量和现金流量的判断。

思政案例4-7　**全景网络涉嫌虚增营业利润：将 4 748 万元维权收入计入营业收入**[①]

　　2019 年 4 月，因"图片黑洞"事件，全景网络收到全国中小企业股份转让系统问询函。然而图片风波尚未平息，虚增收入问题又让全景网络站在了"聚光灯"下。新三板挂牌公司全景网络发布的年报显示，2018 年实现营业收入 1.5 亿元，同比增长 6.25%，但经过调查分析发现，全景网络每年因图片被侵权获得大量的"赔偿性"收入，以"产品维权收入"的形式被反映在了主营业务收入项目下。

　　2018 年，全景网络实现产品维权收入 4 748.53 万元，占营业收入的 31.75%。但是，全景网络如此进行会计处理是否符合企业会计准则的相关规定？针对赔偿款项的会计处理，多位资深注册会计师均表示，一般情况下，通过诉讼判决或诉讼谈判获得的赔偿性收入均不能计入主营业务，而应该列入营业外收入。

　　《企业会计准则第 14 号——收入》的应用指南中明确，收入是指企业在日常活动中形成的、会导致所有者权益增加的、与所有者投入资本无关的经济利益的总流入。其中，日常活动是指企业为完成其经营目标所从事的经常性活动及与之相关的活动。比如，工业制造企业制造并销售产品、商品流通企业销售商品、咨询公司提供咨询服务、软件公司为客户开发软件等。

　　那么，全景网络所涉及的"侵权诉讼"或"侵权谈判"能归为日常经营类活动吗？显然，并不能。因为侵权行为本身就具有偶发性，谈判和诉讼也具有不确定性，侵权主体、侵权时间点、侵权数量均不明确，这导致全景网络在每一期间内能获得的赔偿数量和金额也不确定，所以从业务性质看，"侵权诉讼"或"侵权谈判"并不能归为日常经营活动，维权赔偿收益应当计入营业外收入。

---

　　① 廖丹，王小璟，卢九安. 全景网络涉嫌虚增营业利润：将 4 748 万元维权收入计入营业收入. 每日经济新闻，2019-05-07.

9. 双向交易或三角交易

双向交易就是交易双方互为买方和卖方，为彼此"创造"收入。由于双向交易容易引起外界的怀疑，于是与双向交易相似的三角交易就登场了。三角交易实质上也是一种双向交易，但因为引入了第三方或过桥公司，使其双向交易不容易被外界发觉。

思政案例4-8 华信国际虚增三年收入[①]

2020 年 2 月 18 日，安徽证监局公布了一则行政处罚决定书，华信国际因未按规定披露关联交易事项、虚增营业收入和利润，以及未按规定披露为控股股东提供担保事项，被安徽证监局处以 60 万元罚款。同时，上海华信作为华信国际的控股股东，被罚款 60 万元。

根据公示信息，华信国际的信息披露违法行为包括三项。其中，华信国际虚增 2016 年度、2017 年度营业收入和利润，导致 2016 年、2017 年年报存在虚假记载。华信国际虚增收入的方式包括虚增保理业务、虚增原油转口贸易业务，合计虚增 2016 年度营业收入、利润总额分别为 76.89 亿元、1.82 亿元，合计虚增 2017 年度营业收入、利润总额分别为 72.77 亿元、2.39 亿元，两年虚增利润总额超 4 亿元。

从具体操作手段来看，华信国际均通过上下游企业之间的资金流转完成虚假交易，不涉及货物实际交割。例如，在保理业务中，华信国际作为上游供应商与三家公司签订销售协议，同时华信国际控股股东上海华信及其关联方等作为上述三家公司的下游客户签订购买协议。上下游所有销售合同、出入库单据、签收单等均由华信方提供，三家公司只负责签字盖章。华信国际关联方把对三家公司的应收账款向子公司上海华信集团商业保理有限公司（以下简称"华信保理"）进行应收账款保理后，华信保理等下游客户在保理期限到期后转款给上述三家公司，三家公司收到资金后随即转给华信保理，保理业务闭合。虚增原油转口贸易业务的方式也类似，华信保理与三家公司签订原油买卖委托协议，指定华信国际子公司华信天然气作为上游供应商，上下游合同同时签订，货款资金由华信方统一安排，三家公司收到下游货款后立即支付上游华信天然气货款。

4.3.3 营业收入分析要点

1. 营业收入合理性分析

（1）比率分析

可以选用销售收入增长率、销售毛利率、销售净利率、应收账款周转率、存货周转率等指标进行分析，并在横向上将本公司与同行业其他公司的数据进行比较，纵向上将本公司不同时期的数据进行比较，如果存在显著差异，财务报表分析人员应将其确定为具有潜在风险的项目予以特别关注。

（2）关注日后退货事项

有的公司为了提高报告年度的经营业绩，在年末集中实现"销售"，但这些销售只是"纸面富贵"，并未真正实现，往往在期后表现为销货退回。分析人员应关注资产负债表日后有无大额或连续的退货，并查明这些退货是否为年末集中"销售"部分。为了进一步证实报告期

① 顾志娟. 两年虚增利润超 4 亿元 华信国际被罚款 60 万元. 新京报，2020-02-18.

收入确认的合理性，还应结合分析银行存款和应收账款的有关变动情况进行分析。

（3）注意收入和费用的确认方式或确认时间的一致性

某些业务是一个整体性系统而不是单一的产品（如建筑施工），销售过程是持续的并存在跨年度销售，因而应当关注上市公司是否客观地按进度划分销售收入实现比例；尤其需要注意上市公司可能存在的安排销售收入、资产出售、研究支出、广告支出、维修费用的实际发生时间来调节收入和费用。

（4）营业收入与应收账款的对比分析

如果应收账款的增长速度高于营业收入的增长速度，这可能存在以下原因：公司放宽信用条件以刺激销售；公司违反规定，提前确认收入；公司虚构收入等。

2. 营业收入结构分析

（1）产品结构分析

为了分散经营风险，企业大多会选择从事多种商品或劳务的经营活动。在从事多品种经营的情况下，掌握企业营业收入具体体构成情况对信息使用者具有非常重要的意义。占总收入比重大的商品或劳务是企业实现利润的主要来源，也是决定企业盈利能力的最主要因素。企业销售商品或劳务结构的变化往往会传递出市场环境的变化、经营战略的调整、竞争优势变化等信息。信息使用者可以通过对企业主要产品或劳务的未来发展趋势进行分析，初步判断企业业绩的持续性。具有较好市场发展前景的商品和劳务将在很大程度上决定企业的未来业绩。除了关注产品结构与变化，还要注意考察企业现有业务结构与企业战略之间的吻合性，与企业战略关联度低的业务即便规模较大，也不能认为是符合企业发展战略的高质量业务。

（2）区域结构分析

当企业在为不同地区提供商品或劳务的情况下，企业在不同地区的商品或劳务的营业收入构成信息对财务报表使用者也具有重要价值。占收入总额比重大的地区是企业过去业绩的主要贡献区域。从消费者的心理与行为表现来看，不同地区的消费者对不同品牌的商品具有不同的偏好。不同区域的市场潜力则在很大程度上制约着企业的未来发展。

（3）客户结构分析

一般来说，当其他条件相同时，企业销售业务的客户越分散、集中率越低，说明企业销售的市场化程度越高，行业竞争力相对也会越强，营业收入的持续性也可能越好。同时，企业销售客户越分散，企业销售回款因为个别客户的坏账影响所产生的波动越小，营业收入的回款质量会更有保障。因此，通过分析营业收入的客户构成情况，也有助于判断企业营业收入质量和业绩波动性。

（4）关联方交易比重分析

在企业形成集团化经营的条件下，集团内各个企业之间就有可能发生关联方交易。由于关联方之间的密切联系，关联方之间就有可能为了"包装"某个企业的业绩而人为地制造一些业务。当然，关联方之间的交易也有企业间正常交易的成分。但是，财务报表分析人员必须关注以关联方销售为主体形成的营业收入在交易价格、交易实现时间等方面的非市场化因素。

3. 营业收入趋势分析

要对企业营业收入进行连续若干年的趋势分析，以判断其营业收入的稳定性。只有营业收入较为稳定或稳步增长的企业，其生产和再生产才能正常进行。

4.3.4 投资收益分析

投资收益是企业以各种方式对外投资所获得的净收益。投资收益包括对外投资分得的利润、股利和债券利息,投资到期收回或者中途转让取得款项高于账面价值的差额,以及按照权益法核算的股权投资在被投资单位增加的净资产中所拥有的数额等。

长期投资的投资收益主要取决于被投资项目的经营情况和分配政策,因此分析企业的投资收益要弄清投资项目的经济效益、发展前景、增长潜力。若投资收益占利润总额比重较大,则更应该认真分析投资收益质量。

1. 投资收益的来源分析

分析投资收益的来源,目的是分析这种投资收益的可持续性。如果一次性投资的投资收益较大,比如出售投资所得的收益数量较大,这种投资收益的可持续性就很难保证。分析人员可以查询利润表投资收益项目的附注,确定投资收益的来源。还可以将利润表中投资收益金额与资产负债表中为取得投资收益而发生的对外投资金额进行比较,如果比率过高,则应关注是否存在非正常投资收益。

2. 投资收益的现金回收分析

企业的投资收益,有下列几个来源渠道:投资的转让收益、债权投资的利息收益、权益法确认的长期股权投资收益和成本法确认的长期股权投资的股利收益。其中,转让收益、利息收益和成本法下的股利收益对应的是现金的流入,是已实现收益,收益质量较高;而权益法确认的投资收益是否对应现金流回,取决于被投资企业的利润分配情况,可能会存在质量隐患。在企业的长期股权投资收益全部或者大部分对应的不是现金的情况下,很难确定这种投资收益的最终质量到底会怎么样,即投资收益的实现存在不确定性。为此,在分析投资收益的现金可收回性时,应注意与现金流量表中投资收益收回的现金相比较。

3. 经营利润与投资收益的互补分析

营业利润扣除投资收益后,即为企业自身经营业务所得利润,称之为经营利润。如果经营利润和投资收益之间出现了互补性变化趋势,应引起关注。经营利润和投资收益之间互补变化并不一定就是利润操纵的结果,因为企业通过预防性投资组合的调整,投资收益的数量变化是投资组合变化的正常反映。但仍有充分理由对营业利润低迷时的投资收益增长保持警惕,因为投资收益主要是来自企业的对外投资活动,在企业投资组合没有重大调整、投资结构的盈利能力没有根本性变化的情况下,企业的投资收益在年度间一般不会出现重大变化。然而,在某些情况下,企业为了故意调高或调低企业特定会计期间的利润总额和净利润,通常会人为地调增或调减投资收益,或者多计或少计投资减值准备。

思政资料 4-1 <center>*上市公司炒股也疯狂*[①]</center>

据数据宝统计,截至 2019 年 3 月 20 日,715 只股认购理财产品不足 2 400 亿元,而去年同期 926 只股认购 3 971.78 亿元,同比下滑超四成;2015 年同期仅 319 只股认购 980.13 亿元。可见行情好时,上市公司对认购理财产品的热情明显下降,对证券投资的热情明显

---

① 张娟娟. 上市公司炒股也疯狂 15 股投资赚超 10 亿!. 金融界,2019-03-21.

升温。

年报陆续披露，上市公司投资收益也逐渐浮出水面。传统行业的公司，近年来更是"不务正业"，利用自有资金进行炒股。而这些公司的投资收益如何？以及对上市公司的净利润影响又如何呢？超八成公司 2018 年投资赚钱了。

A 股上市公司从来不缺炒股高手，截至 3 月 20 日，309 家公司披露了其 2018 年度的投资净收益，其中 262 只股取得正收益，占比超八成。52 只股投资收益超亿元，排名前 10 中，非金融股达到 6 只。中国平安以高达 745.89 亿元的投资净收益位居首位，排名第二的平安银行与之相差甚远，仅 91.86 亿元。中国联通、TCL 集团、中煤能源及兰州民百投资收益均超过 15 亿元。

从投资净收益对净利润的贡献率来看，41 只股贡献率超过 50%，20 只股贡献率更是超过 100%，详见表 4-4。居首位的华星创业 2018 年度投资净收益为 1.39 亿元，其净利润仅为 0.11 亿元，贡献率近 13 倍，也就是说，如果撇开投资收益，该公司 2018 年度业绩极有可能为亏损状态。居次位的粤传媒 2018 年度投资净收益为 3.39 亿元，净利润为 0.55 亿元，贡献率超 6 倍。另外，成都路桥、东方锆业、美好置业及群兴玩具 5 只股贡献率超过 200%。

表 4-4 2018 年投资净收益对净利润贡献率超 100%的个股

代码	简称	2018 年度投资净收益/亿元	2018 年度净利润/亿元	投资收益对净利润贡献率/%	所属行业
300025	华星创业	1.39	0.11	1 273.74	通信
002181	粤传媒	3.39	0.55	621.67	传媒
002628	成都路桥	0.89	0.21	417.49	建筑装饰
002167	东方锆业	0.4	0.11	377.42	有色金属
000667	美好置业	8.5	2.49	341.63	房地产
002575	群兴玩具	0.16	0.07	224.28	轻工制造
002211	宏达新材	0.23	0.11	210.78	化工
000610	西安旅游	1.89	0.96	196.22	休闲服务
600826	兰生股份	4.32	2.29	188.87	商业贸易
601519	大智慧	1.79	1.08	165.49	计算机
000043	中航善达	12.5	8.57	145.87	房地产
002612	朗姿股份	3.01	2.1	143.08	纺织服装
000737	*ST 南风	3.45	2.67	129.18	化工
600310	桂东电力	0.87	0.69	127.45	公用事业
600257	大湖股份	0.21	0.18	120.33	农林牧渔
600738	兰州民百	18.46	15.84	116.54	商业贸易
000948	南天信息	0.87	0.75	116.06	计算机
600011	华能国际	15.73	14.39	109.31	公用事业
601878	浙商证券	8.04	7.37	109.06	非银金融
600982	宁波热电	1.67	1.54	108.14	公用事业

4.3.5 营业外收支

营业外收入反映的是与企业日常生产经营活动无直接关系的各项收入；营业外支出反映的是与企业日常生产经营活动无直接关系的各项支出。由于营业外收支是企业正常生产经营活动以外的原因产生的收入和支出，所以属于非经常性损益。经常性损益与非经常性损益共同组成企业的净收益，反映公司可持续盈利能力的是经常性损益。在短期内，增加经常性损益一般比较困难，但是增加非经常性损益相对而言要容易得多。公司常常利用非经常性损益项目来进行利润操纵。

经常性损益与非经常性损益两者性质有很大的不同。经常性损益具有连续性和重复性，是企业收益的核心内容；而非经常性损益具有一次性、偶发性和非重复性等特点。通常，经常性损益应该是构成企业利润的主体部分。但是，近年来不少企业非经常性损益喧宾夺主，占净利润的比重相当可观。如果对非经常性损益与经常性损益不加区分，势必会影响对公司盈利能力和可持续发展能力的判断，难以准确预测企业未来的发展前景。因此，财务报表分析人员应注意区分经常性损益和非经常性损益，并关注它们各自对企业净利润的贡献。

思政案例 4-9   *新世界多元化经营收效甚微　6 成净利润依赖补助*[①]

新世界是一家集现代百货、旅游休闲和娱乐综合消费于一体的百货零售企业，主要业务为百货零售，近年来受电商冲击，公司营业收入不断下滑。新世界披露的财务数据显示，新世界的营业收入在 2012 年就已经达到 35.48 亿元，然而到了 2018 年，公司营业收入下滑至 27.76 亿元。

2013 年，新世界主业受到电子商务冲击，当年公司的扣非净利润实现 1.92 亿元，同比下滑 11.80%。后来，新世界的业绩连续陷入两年下滑。直到 2016 年和 2017 年，公司连续两年通过处置资产，分别取得非经常性收益 1.99 亿元和 2.28 亿元，让新世界的业绩连续两年出现高速增长。然而，到了 2018 年，公司没有对资产再进行处置，并且公司 2018 年收到的政府补助突然下降到 3 116.42 万元，比 2016 年减少了近一半，新世界业绩便再次迎来下滑。2018 年，新世界净利润实现 2.73 亿元，同比下滑 39.13%。

2019 年前三季度，公司营业收入实现 12.44 亿元，同比再度下滑 37.09%。在这种情况下，新世界的业绩对非经常性收益的依赖程度明显增强。2019 年前三季度，新世界收到政府补助 3 083 万元，为公司贡献了 60.15% 的净利润。2019 年 12 月 26 日，新世界发布公告称，公司近日收到上海市黄浦区财政局"政府关于促进商业结构调整引导奖励资金"3 300 万元，上述 3 300 万元补助将以"营业外收入"计入公司当期损益。

事实上，近年来，新世界也努力通过多元化经营来减少在零售行业受到的冲击，相继在医药销售及酒店服务业等领域进行布局。但可惜的是，酒店服务业为公司贡献的营业收入较少，多年以来，贡献的营业收入均不足一成；医药销售则每年为公司贡献约四分之一的营业收入，逐渐成为新世界的第二业务。然而，近几年新世界的医药销售业务也明显陷

---

① 改编自：曹雪娇. 新世界多元化经营收效甚微 6 成净利依赖补助. 长江商报，2019-12-27.

入发展瓶颈，自2014年起，医药行业的营业收入一直在下滑和微增之间挣扎。新世界维持利润主要还是靠政府补助等营业外收入。

4.3.6 其他综合收益分析

其他综合收益，是指企业根据其他会计准则规定未在当期损益中确认的各项利得和损失。其他综合收益项目应当根据其他相关会计准则的规定分下列两类列报。

① 以后会计期间不能重分类进损益的其他综合收益项目，主要包括重新计量设定受益计划净负债或净资产导致的变动、按照权益法核算的在被投资单位以后会计期间不能重分类进损益的其他综合收益中所享有的份额等。

② 以后会计期间在满足规定条件时将重分类进损益的其他综合收益项目，主要包括按照权益法核算的在被投资单位以后会计期间在满足规定条件时将重分类进损益的其他综合收益中所享有的份额、可供出售金融资产公允价值变动形成的利得或损失、持有至到期投资重分类为可供出售金融资产形成的利得或损失、现金流量套期工具产生的利得或损失中属于有效套期的部分、外币财务报表折算差额等。

对于其他综合收益的分析，一方面应关注其他综合收益金额及其构成的变化；另一方面应注意区分其他综合收益和净利润，同时分析它们各自占综合收益总额的比重及其变化。

4.4 成本与费用项目分析

成本费用项目包括营业成本、销售费用、管理费用、财务费用、所得税等各种项目。从各项财务成果的分析可以看出，成本费用对财务成果有着十分重要的影响，降低成本费用是增加财务成果的关键或重要途径。

4.4.1 营业成本分析

营业成本是指与营业收入相关的，已经确定了归属期和归属对象的成本。在不同类型的企业里，营业成本有不同的表现形式。在制造业或工业企业，营业成本表现为已销售产品的生产成本；在商品流通企业，营业成本表现为已销商品成本。

工业企业产品销售成本是根据已销商品的数量和实际单位成本计算出来的。在实务中，往往是每月末汇总销售成本后一并结转，而不是在每次发出库存产成品时立即结转产品销售成本。

在进行营业成本分析时可结合利润表及资产负债表的相关内容来核实企业产品销售成本结转的合理性。企业为了虚增利润或掩盖亏损，有可能采取当期少结转产品销售成本的方法。这样单独从利润表上也许无法直接发现，但可以用利润表 "营业成本" 项目的金额和资产负债表 "存货" 项目的年初与年末平均数相除，计算 "存货周转率" 指标 [存货周转率=（营业成本/存货平均余额）×100%，这个指标是用于衡量企业在一定时期存货资产周转次数，反映存货资产的使用效率的重要指标，一般而言，存货周转率越大说明存货使用效率越高]。如果企业某一期的存货周转率不正常降低，则应寻找变化原因：有可能是存货使用效率降低，也有可能是企业存在少结转"营业成本"而虚增利润或掩盖亏损的问题。

思政案例 4—10　　　　　　　　**武汉凡谷因少计成本而受处罚**[①]

在被立案调查 5 个月后，武汉凡谷的违规行为已被查明，公司在 2016 年半年报和三季报中存在虚假信息披露行为。

处罚文件显示，武汉凡谷 2016 年 4 月至 6 月少计了自制半成品的领用，由此导致公司 2016 年半年报合并报表虚增营业利润 1 559 万元，虚增存货 1 559 万元，虚增的营业利润占当期披露营业利润的 51.17%。另外，武汉凡谷 2016 年 4 月至 9 月少计了自制半成品的领用，由此导致公司 2016 年第三季度报告合并报表虚增营业利润 3 811 万元，虚增存货 5 370 万元，虚增的营业利润占当期披露营业利润的 115.09%。

《金证券》记者注意到，尽管证监会处罚文件中只提到了公司在 2016 年半年报、三季报中的信息披露违规，但实际上公司 2016 年业绩变脸事件也与本次违规有关。

2017 年 2 月 24 日，武汉凡谷披露了 2016 年度业绩快报，公司 2016 年营业利润为 −3 619.59 万元，净利润为 −3 603.28 万元。但在 2017 年 3 月 24 日晚间，武汉凡谷又发布了一份 2016 年度业绩快报修正公告，公司营业利润变更为 −1.68 亿元，净利润为 −1.65 亿元，较之前增加了近亿元的亏损。

当时，武汉凡谷曾在更正公告中表示，公司于 2016 年 4 月因为业务需要进行了财务人员的岗位调整，由于工作交接不全面，新上岗的财务人员在数据处理环节出现失误，从而导致截止到当年 12 月末累计少记成本 12 452.99 万元。因为月度的经营数据存在波动且规律不明显，公司推行的精益改善又对分布多地的仓库及物料进行了持续而反复的调整，导致物料的全面盘查存在难度，所以以上差错并未及时发现，直到年报审计过程中进行跨地域的全面盘查才得以确定。这样的解释，正好与证监会处罚文件中透露的细节相对应。

4.4.2　期间费用分析

由于费用是为了取得收入而发生，因此费用的确认应当与收入的确认相联系。确认费用应该遵循划分收益性支出与资本性支出原则、权责发生制原则和配比原则。

期间费用是指与当期产品的管理和销售直接相关，而与产品产量和产品制造过程不直接相关，不能直接或间接归属于某个特定对象的各种费用。这些费用容易确定其发生期间和归属期间，但很难判别其归属对象，因而在发生的当期应从损益中扣除。期间费用包括销售费用、管理费用和财务费用。

1. 销售费用分析

销售费用可能对销售收入产生较大的影响。销售费用增加时，应该关注其是否带动了营业收入的增加。销售费用超过一定水平后，由于市场趋于饱和，收入的增长率将降低。如果一个公司销售费用增长幅度要远远大于营业收入增长幅度，那么其获利空间是非常有限的，

① 陶炜. 证监会处罚文件明确武汉凡谷索赔范围. 金证券，2018–02–08.

收入增长的可持续性值得怀疑。

思政案例 4-11   **水井坊困局：销售费用率居高不下**[①]

水井坊是一家靠次高端产品，更确切说是靠 300～400 元价格带的臻酿八号带动的川酒企业。在 2019 年上半年，水井坊实现营业收入 16.9 亿元，实现净利润 3.4 亿元，全年营业收入有望突破 30 亿元，销售毛利率提升了 1.07%，达到 82.21%，在 18 家上市白酒企业中仅次于茅台。2019 年上半年，水井坊的营业收入和净利润分别同比增长 26.47% 和 26.97%，其营业收入增长速度在 18 家上市白酒公司中位居第五，净利润增速则排在第八位，实现了增速超过行业平均水平的目标。

然而为实现这个增长目标，水井坊在 2019 年上半年就花费了 5.4 亿元的销售费用，占营业收入的 32%，也就是说，水井坊拿出了近三分之一的营业收入用于营销推广。根据 2019年上半年年报数据，五粮液销售费用率为 9.76%，泸州老窖为 19.2%，酒鬼酒为 25.39%，且这一数据远高于贵州茅台同期的 3.84%，因此水井坊的销售费用率在 2019 年上半年排在第一位。

自 2017 年以来，水井坊不断增加销售费用投入，2016 年销售费用率仅为 21.22%，2017 年增长到 26.88%，2018 年增长到 30.31%，2019 年上半年继续增至 32%。从某种程度上说，水井坊是以超高的销售费用投入换取业绩高增长。值得注意的是，经过前几年的高增长后，水井坊的营业收入增速已经渐显疲态，去年增速滑落到第 3 名，今年上半年进一步滑落到第 6 名。在次高端酒类竞争越发激烈的情况下，总规模不到 30 亿元的水井坊，以高销售费用率带动营业收入高增长的路还能走多久呢？

---

2. 管理费用分析

一般来说，在企业的组织结构、管理风格、管理手段、业务规模等方面变化不大的情况下，企业的管理费用规模变化不会太大。这是因为管理费用中固定性管理费用往往占比较大，变动性管理费用会随着业务量的增长而增长，固定性管理费用则不会有较大变化。

行政管理部门计提的固定资产折旧也在管理费用科目中核算。在管理费用分析过程中，分析人员尤其要注意企业是否通过折旧调节成本利润。考虑到固定资产使用情况的复杂性，会计准则对于固定资产折旧提供了多种可供选择的会计政策。这种会计处理的灵活性，为上市公司利润操纵提供了机会。利用固定资产折旧方法的变更调节利润已经成为企业管理者进行利润操纵的常用手段。

3. 财务费用分析

财务费用是指企业为筹集生产经营所需资金等而发生的费用。财务费用主要包括：企业生产经营期间发生的利息净支出（减利息收入）、汇兑损失（减汇兑收益）及相关手续费、企业发生的现金折扣或收到的现金折扣等。

企业贷款利息水平的高低主要取决于 3 个因素：贷款规模、贷款利率和贷款期限。概括

[①] 王永. 水井坊困局：销售费用率居高不下 巨量散酒库存待解. 新浪财经官方账号，2019-09-13.

地说，如果因贷款规模的原因导致计入利润表的财务费用下降，则企业会因此而提高盈利能力。但是，还应该看到，企业可能因贷款规模的降低而限制了其发展。从企业融资的角度看，贷款利息率的具体水平主要取决于以下几个因素：一定时期资本市场的供求关系、贷款规模、贷款的担保条件及贷款企业的信誉等。在利率的选择上，可以采用固定利率、变动利率或浮动利率等。可见，贷款利率中既有企业不可控制的因素，也有其可以选择的因素。在不考虑贷款规模和贷款期限的条件下，企业的利息费用将随着利率水平波动。总体来说，贷款期限对企业财务费用的影响主要体现在利率因素上。应该说，企业的利率水平主要受一定时期资本市场的利率水平的影响，所以不应该对企业因贷款利率的宏观下调而导致的财务费用降低给予过高的评价。

总之，财务费用是因企业筹资活动而发生的，因此在进行财务费用分析时，应当将财务费用的增减变动和企业的筹资活动联系起来，分析财务费用的增减变动的合理性和有效性，发现其中存在的问题，查明原因，采取对策，以期控制和降低费用，提高企业利润水平。

4.4.3 所得税费用分析

所得税费用是企业在会计期间内发生的利润总额，经调整后按照国家税法规定的比率，计算缴纳的税款所形成的费用。利润总额减去所得税费用后的差额，即为净利润。所得税率变化会对企业净利润造成相当大的影响。虽然企业所得税税率是法定的，但政府往往通过所得税实际负担率的途径调节上市公司最终由股东分享的经营成果。

思政案例 4—12　　　　**ST 天业操纵所得税项目调整净利润**

根据中国证监会下发的《行政处罚及市场禁入事先告知书》（处罚字〔2019〕121 号）显示，证监会对 ST 天业立案调查后发现，ST 天业涉嫌违法的内容包括在定期报告中虚增利润、虚减所得税费用和未及时披露重大关联交易、对外担保等事项。据证监会调查发现，ST 天业在 2014 年至 2017 年通过对工程成本、财务费用、孙公司营业成本、所得税费用等科目进行不当操纵，虚增公司的营业利润，同时虚减所得税费用，从而达到操纵利润的目的。

在投资收益方面，2017 年，ST 天业以 1.8 亿元的交易对价向吉林省中青股权投资基金管理有限公司转让深圳天盈实业有限公司 51% 的股权，在不符合股权转让投资收益确认条件的情况下，ST 天业在 2017 年确认了投资收益，且在合并财务报表中未将天盈实业纳入合并范围，从而在 2017 年虚增营业利润 1.46 亿元。

在工程成本方面，ST 天业对其东营分公司的盛世龙城项目按照预算总成本结转工程成本，因部分工程结算单没有及时上交，财务部门未能及时将结算值与预算值的差额部分入账，导致 ST 天业在 2015 年、2016 年和 2017 年分别虚增营业利润 1 094.66 万元、34.99 万元和 5 257.17 万元。

在财务费用方面，ST 天业在 2016 年 4 月至 2017 年 8 月期间，将向个人支付的融资居间费、向债权人支付的违约金、向相关公司支付的财务顾问费等财务费用作为对关联方山东亨业贸易有限公司的其他应收款入账，且隐瞒了与该公司的关联关系，这导致 ST 天业在 2016 年和 2017 年分别虚增营业利润 2 319.92 万元和 2 260.80 万元。

此外，ST 天业的境外孙公司明加尔金源公司存货确认错误，使其少计 2014 年至 2016 年的主营业务成本，从而 ST 天业各期分别虚增营业利润 6 902.06 万元、5 731.23 万元和 6 259.24 万元。

此外，ST 天业还通过操纵所得税费用来平衡净利润，2016 年至 2017 年，ST 天业子公司烟台市存宝房地产开发有限公司重复计提递延所得税资产并减记所得税费用，导致 ST 天业在 2016 年、2017 年分别虚增净利润 809.36 万元和 168.34 万元；2017 年，孙公司明加尔金源公司多计提当期所得税费用，导致 ST 天业在 2017 年虚减净利润 849.44 万元。

本 章 小 结

利润表是反映企业一定时期经营成果的会计报表。它反映了企业的收入、成本、费用、税收情况，揭示了企业利润的构成和实现过程。

财务报表分析人员需要采用水平分析法、垂直分析法、趋势分析法等，对利润表的真实可靠性进行分析，主要目的是发现问题，揭示舞弊，挤出"水分"，还原企业经营业绩的真实面目。

利润表的水平分析是指通过将企业报告期的利润表数据与前期对比，揭示各方面存在的问题，为全面深入分析企业的利润情况奠定基础。

利润表的结构分析是通过计算利润表中各项目占营业收入的比重或结构，反映利润表中的项目与营业收入关系情况及其变动情况，分析说明财务成果的结构及其增减变动的合理程度。

利润表的趋势分析是指的将利润表各项目连续几年或几个时期的数据进行对比，以分析各有关项目的变动情况和趋势。

收入舞弊的行为主要可分为会计操纵和交易造假两大类。会计操纵类主要表现为上市公司管理层通过选择对自身更有利的会计判断，以达到操纵业绩的目的，比如提前或延后确认收入、对期后销售退回事项未在当期冲减收入、通过内部关联交易虚增利润等。交易造假主要表现为上市公司管理层虚构交易以达到虚增收入的目的，比如通过关联方或隐性关联方、非关联方串通合谋虚构业务和收入等。此外，还有其他的操纵收入手段，例如伪装收入性质以夸大营业收入、双向交易或三角交易等。

营业收入分析的要点包括营业收入合理性分析、营业收入结构分析和营业收入趋势分析等方面。

投资收益是企业以各种方式对外投资所获得的净收益。该项目分析要点包括：投资收益的来源分析；投资收益的现金回收分析；经营利润与投资收益的互补分析。

在分析营业外收支项目时，财务报表分析人员应注意区分经常性损益和非经常性损益，并关注它们各自对企业净利润的贡献。

对于其他综合收益的分析，一方面应关注其他综合收益金额及其构成的变化；另一方面应注意区分其他综合收益和净利润，同时分析它们各自占综合收益总额的比重及其变化。

成本费用分析应注意企业是否为了虚增利润或掩盖亏损而少结转成本费用或者为掩盖利润或扩大亏损而多结转成本费用。

练 习 题

一、单项选择题

1. 企业一定期间净利润是指（　　）。
    A. 营业利润加所有者权益
    B. 营业利润加公允价值净损益
    C. 营业利润加营业外收支净额
    D. 营业利润加营业外收支净额减所得税费用

2. 下列不属于提前确认收入的是（　　）。
    A. 利用补充协议，隐瞒风险和报酬尚未转移的事实
    B. 人为地通过"应收票据""应收账款"等账户虚增销售收入
    C. 填塞分销渠道，刺激经销商提前购货
    D. 违反企业会计准则规定，将尚未达到收入确认条件的收入确认为当期收入

3. 下列各项费用中，不能计入产品生产成本的费用是（　　）。
    A. 直接材料　　　　　　　　　　B. 直接人工
    C. 制造费用　　　　　　　　　　D. 管理费用

4. 收入的合理性分析不包括（　　）。
    A. 比较分析　　　　　　　　　　B. 垂直分析
    C. 关注日后退货事项　　　　　　D. 收入与应收账款的对比分析

5. 影响利息支出水平的因素不包括（　　）。
    A. 贷款规模　　　　　　　　　　B. 贷款利率
    C. 贷款期限　　　　　　　　　　D. 手续费

6. 下列各项中，属于反映企业全部财务成果的指标是（　　）。
    A. 主营业务利润　　　　　　　　B. 营业利润
    C. 利润总额　　　　　　　　　　D. 净利润

7. 下列各项中，属于对企业商品经营盈利状况最终起决定性作用的因素是（　　）。
    A. 主营业务利润　　　　　　　　B. 营业利润
    C. 利润总额　　　　　　　　　　D. 投资收益

8. 下列各项中，属于营业利润影响因素的是（　　）。
    A. 营业外收入　　　　　　　　　B. 营业外支出
    C. 所得税费用　　　　　　　　　D. 其他收益

9. 下列各项中，不属于与当期损益直接相关的费用是（　　）。
    A. 销售费用　　　　　　　　　　B. 管理费用
    C. 财务费用　　　　　　　　　　D. 制造费用

10. 如果企业本年营业收入增长快于营业成本增长，那么企业本年营业利润（　　）。
    A. 一定大于零
    B. 一定大于上年营业利润

    C. 一定大于上年利润总额

    D. 不一定大于上年营业利润

二、多项选择题

1. 利润表可提供的利润指标包括（   ）。

    A. 利润总额   B. 净利润

    C. 息税前利润   D. 营业外利润

    E. 营业利润

2. 营业收入分析的要点包括（   ）。

    A. 营业收入比率分析   B. 营业收入与应收账款对比分析

    C. 营业收入因素分析   D. 营业收入趋势分析

    E. 营业收入结构分析

3. 属于期间费用分析的有（   ）。

    A. 生产成本分析   B. 制造费用分析

    C. 管理费用分析   D. 财务费用分析

    E. 销售费用分析

4. 以下属于收入操纵的手法有（   ）。

    A. 利用计提坏账准备调节利润   B. 伪装收入性质以夸大营业收入

    C. 通过关联交易操作收入   D. 延迟确认已实现收入

    E. 双向交易或三角交易操纵收入

5. 分析收入结构时，需分析的方面包括（   ）。

    A. 品种结构分析   B. 区域结构分析

    C. 关联方交易比重分析   D. 客户结构分析

    E. 主要产品收入所占比重分析

6. 下列各项中，不属于企业营业利润影响因素的有（   ）。

    A. 投资收益   B. 营业外收入

    C. 其他收益   D. 营业外支出

    E. 资产处置收益

7. 以下影响投资活动经营业绩的有（   ）。

    A. 出售债券   B. 实现销售

    C. 分到现金股息   D. 发行债券

    E. 出售固定资产

8. 以下影响经营活动经营业绩的有（   ）。

    A. 出售债券   B. 实现销售

    C. 购买办公用品   D. 发生广告费用

    E. 出售固定资产

9. 企业拥有较低的毛利率，可能因为（   ）。

    A. 产品的生命周期已经达到衰退期

    B. 产品的品牌、质量、成本和价格等在市场上没有竞争力

C. 会计处理不当，故意采用调低毛利率的手段

D. 企业经营管理不善，期间费用未能严格控制

E. 新产品在研究阶段投入过高

10. 以下项目中可能成为企业非经常性损益项目的有（　　　）。

A. 捐赠支出

B. 资产减值损失

C. 资产的盘盈或盘亏

D. 罚款收入或支出

E. 非流动资产处置损益

三、判断题

1. 投资收益不构成营业利润。（　　）

2. 进行营业成本分析时可结合利润表及资产负债表的相关内容来核实企业产品销售成本结转的合理性。（　　）

3. 净利润是指税后利润，即等于利润总额与所得税费用之差。（　　）

4. 净利润是反映企业经营成果的最综合指标，因此只要净利润达到预期目标，其他利润也一定能达到预期目标。（　　）

5. 财务费用增加时，应该关注其是否带动了营业收入的增加。（　　）

6. 收入是指企业在日常活动中形成的、会导致所有者权益增加的经济利益的总流入。（　　）

7. 按照我国现行会计制度规定，企业当期实现的净利润就是企业当期可供分配的利润。（　　）

8. 企业成本总额的增加不一定意味着利润的下降和企业管理水平的下降。（　　）

9. 其他收益是指与企业日常活动相关，但又不宜确认收入或冲减成本费用的政府补助。（　　）

10. 除了资产减值损失之外，信用减值损失也对营业利润有影响。（　　）

四、简答题

1. 利润表分析的意义有哪些？

2. 利润表分析的一般步骤有哪些？

3. 请说明收入操纵的常用手段有哪些。

4. 收入分析的要点包括哪些？

5. 如何对投资收益进行分析？

五、计算分析题

1. 某企业20×1年营业收入2 000万元，营业成本1 200万元，税金及附加150万元，三项期间费用合计250万元，资产减值损失100万元，公允价值变动净收益200万元，投资收益400万元，营业外收入180万元，营业外支出230万元，所得税费用300万元，请计算该企业的营业利润、利润总额和净利润。

2. 某企业生产的甲产品有关单位成本资料如表4-5所示。

表 4-5　甲产品单位成本表

20×1 年度　　　　　　　　　　　　　　　　　　　　　　　　　　单位：万元

成本项目	上年度实际	本年度实际
直接材料	580	622
直接人工	175	195
制造费用	345	316
产品单位成本	1 100	1 133

运用水平分析法对单位成本控制情况进行分析。

3. 运用水平分析法对 A 公司 20×1 年度利润完成情况进行分析，主要的利润数据见表 4-6。

表 4-6　A 公司 20×1 年度部分利润数据

单位：万元

项　　　目	计划额	实际
产品销售利润	921 123	1 089 675
其他销售利润	36 000	34 000
投资收益	67 000	81 000
营业外净收支	−33 189	−27 198
利润总额	990 934	1 177 477

根据上述资料，运用水平分析法对 A 公司 20×1 年度利润的完成情况进行分析。

4. 乙公司 20×1 年度部分利润表项目数据如表 4-7 所示。

表 4-7　乙公司 20×1 年度部分利润表项目

单位：万元

项　　　目	20×1 年度	20×0 年度
营业收入	1 938 270	2 205 333
营业成本	1 083 493	1 451 109
税金及附加	79 469	92 624
销售费用	19 830	10 180
管理费用	188 980	170 500
研发费用	200 978	10 956
财务费用	69 500	58 000
投资收益	42 500	30 000
营业利润	338 520	441 964
营业外收入	60 000	80 000

续表

项　　目	20×1 年度	20×0 年度
营业外支出	29 000	22 000
利润总额	369 520	499 964
所得税费用	92 380	124 991
净利润	277 140	374 973

根据上述资料，运用结构分析法对乙公司利润结构进行分析。

六、案例分析题

1. 某公司 20×1 年度的利润表如表 4-8 所示。

表 4-8　利润表

单位：千元

项　　目	20×1 年	20×0 年
一、营业收入	964 063	784 126
减：营业成本	832 702	771 851
税金及附加	9 550	6 201
销售费用	13 896	14 550
管理费用	66 577	51 597
财务费用	33 412	30 039
资产减值损失	45 575	765
投资收益	−339	1 466
二、营业利润	−37 988	−89 411
加：营业外收入	69 877	73 193
减：营业外支出	5 455	9 272
三、利润总额	26 434	−25 490
减：所得税	7 930.2	
四、净利润	18 503.8	−25 490

要求：

（1）分析企业本期利润表项目较上期增减变动情况；

（2）对企业利润结构进行分析；

（3）评价企业经营成果完成情况。

2. 江苏恒瑞医药股份有限公司是一家从事医药创新和高品质药品研发、生产及推广的医药健康企业，创建于 1970 年，2000 年在上海证券交易所上市。恒瑞医药 2017—2019 年度利润表资料如表 4-9 所示。

表 4-9　恒瑞医药 2017—2019 年度利润表资料

单位：万元

项　目	2019 年	2018 年	2017 年
一、营业总收入	2 328 858	1 741 790	1 383 563
其中：营业收入	2 328 858	1 741 790	1 383 563
二、营业总成本	1 765 795	1 320 900	1 022 360
其中：营业成本	291 294	233 457	184 988
税金及附加	21 634	23 678	25 362
销售费用	852 497	646 449	518 892
管理费用	224 118	162 632	119 357
研发费用	389 633	267 048	175 913
财务费用	−13 382	−12 364	−3 663
其中：利息费用	—	—	—
利息收入	12 714	7 015	8 742
加：其他收益	18 971	16 304	15 542
投资收益	30 927	24 794	3 872
公允价值变动收益	3 753	—	—
信用减值损失	−1 323	—	—
资产减值损失	−547	−2 534	−1 511
资产处置收益	124	211	165
三、营业利润	614 968	459 665	380 782
加：营业外收入	81	42	171
减：营业外支出	9 473	9 799	5 035
四、利润总额	605 576	449 908	375 918
减：所得税费用	72 931	43 790	46 623
五、净利润	532 645	406 118	329 295
归属于母公司所有者的净利润	532 803	406 561	321 665
少数股东损益	−158	−443	7 630
六、其他综合收益的税后净额	290	−987	11
七、综合收益总额	532 935	405 131	329 306
归属于母公司所有者的综合收益	533 168	405 563	321 739

项 目	2019 年	2018 年	2017 年
归属于少数股东的综合收益	-233	-432	7 567
八、每股收益：			
（一）基本每股收益/（元/股）	1.2	0.92	0.87
（二）稀释每股收益/（元/股）	1.2	0.91	0.87

要求：

（1）编制恒瑞医药利润表水平分析表，并对其进行分析评价；

（2）编制恒瑞医药利润表结构分析表，并对其进行分析评价；

（3）编制恒瑞医药利润表趋势分析表，并对其进行分析评价。

第 5 章　现金流量表分析

◎ 学习目标：

- 了解现金流量表分析的内涵与意义；
- 掌握现金流量表水平分析、垂直分析和趋势分析的基本原理；
- 掌握经营活动、投资活动、筹资活动现金流量项目分析的基本方法。

引 例	贵人鸟现金从 5.5 亿元降至负数几近枯竭[①]

2019 年 9 月 16 日晚间，贵人鸟（SH：603555）发布公告称，公司委托联合信用评级有限公司（以下简称"联合评级"）对公司 2014 年发行的"14 贵人鸟"公司债券进行了跟踪信用评级，公司主体及债券评级均由 AA－降至 A，评级展望由"稳定"调整为"负面"。这是贵人鸟债券及公司主体年内第二次遭信用评级机构下调评级。

1. 公司评级、债券评级半年两连降

公开资料显示，"14 贵人鸟"2014 年 12 月 23 日正式登陆上海证券交易所开始公开交易，发行总额为人民币 8 亿元。贵人鸟本次债券评级为 AA，公司主体长期信用等级为 AA。本次债券上市前，贵人鸟三个会计年度实现年均可分配利润 4.53 亿元。

2019 年 6 月 24 日，贵人鸟发布公告称，联合评级在对公司经营状况、财务状况等进行分析评估后下调了公司债券及公司本体信用评级。公司债券及公司主体均由 AA 级评级降为 AA－，评级展望仍维持"稳定"。"14 贵人鸟"的评级在本次跟踪评级后实现上市以来首次下调。

令市场意想不到的是，9 月 17 日，贵人鸟再度发布公司债券评级调整公告，公司主体及债券评级由 AA－调整至 A，同时评级展望也由"稳定"调整至"负面"，本次评级调整距离上次还不足三个月，贵人鸟债券及公司主体评级半年内实现两连降。

2. 业绩大幅下滑，上半年现金流减少 5 亿多元

公司公告中称，经营状况和财务状况是贵人鸟公司主体和债券评级两次遭下调的原因。贵人鸟 2018 年年报显示，公司 2018 年实现营业收入 28.12 亿元，比 2017 年的 32.52 亿元下降了 13.52%；归属于上市公司股东净利润由正转负，从 1.57 亿元减少至－6.86 亿元，降幅达 536.01%。同时，公司经营活动产生的现金流量净额从 2017 年的 6.33 亿元减少 11.66% 至 2018 年的 5.59 亿元。

贵人鸟 2019 年上半年的业绩延续了上年的颓势。公司 2019 年半年报显示，公司上半

---

① 郭帅. 贵人鸟遭机构下调评级至"负面"：业绩大幅下滑 现金流从 5.55 亿降至负数几近枯竭. 中国网财经，2019-09-17.

年实现营业收入 8.10 亿元，较去年同期的 15.36 亿元较少 47.27%；归属于上市公司股东的净利润也由上年同期的 0.34 亿元减少至 -0.58 亿元；经营活动产生的现金流量净额上半年内大幅减少，由 5.55 亿元减少至 -0.20 亿元，减少了 103.53%。

公司将上半年经营活动产生的现金流净额巨幅减少归因于报告期内回款减少。公司 2019 年半年报显示，截至 2019 年 6 月 30 日，公司应收账款期末金额为 14.10 亿元，占总资产总额的 28.77%。贵人鸟也坦言，如果经销商拖欠公司货款，将对公司的经营产生不利影响。

贵人鸟的事件说明了"现金为王"对企业而言是硬道理。因此，财务报表分析人员不能将眼光仅盯住利润报表上的利润数，还应该结合现金流量表进行分析，这样才能全面把握企业的经营状况。总之，企业应该从贵人鸟的事件中认识到现金管理的重要性，并树立现金是企业的"血液"的理念。本章主要介绍现金流量表分析的基本原理。

5.1 现金流量表分析概述

如果把现金流量看作是企业的"血液"，那么现金流量表就好比是企业的"验血报告单"。通过这个报告单，投资者和分析人员可以判断企业日常生产经营运转是否正常。

5.1.1 现金流量表分析的内涵

从编制原则上看，现金流量表按照收付实现制原则编制，将权责发生制下的盈利信息调整为收付实现制下的现金流量信息，为信息使用者补充了资产负债表和利润表之外的企业财务状况信息。

综上所述，现金流量表的分析指的是以现金流量表为对象，对现金流量表进行水平分析、垂直分析及趋势分析，从而了解企业现金变动情况和变动原因，并结合资产负债表和利润表，获取企业财务状况和经营成果信息的过程。

思政案例 5-1　　　　莲花健康沉重转型：背负债务难喘气[①]

20 世纪 90 年代，莲花味精市场占有率曾稳居第一，但近 6 年来其营业收入持续下滑。产能落后、债务包袱、转型迟暮加之行业衰退，使这一老牌国企早已今不如昔。

1. 6 年营业收入减少近 10 亿元

2017 年 8 月 30 日，莲花健康发布 2017 年半年报，尽管其营业收入同比增长 1.67%，至 8.87 亿元，但亏损达 6 029 万元。莲花健康未对亏损原因做出明确解释。

中国食品产业分析师朱丹蓬认为，莲花健康亏损主要有两个原因。一方面是资产重组

① 张晓荣. 莲花健康沉重转型：背负债务难喘气.新京报，2017-09-12.

之后莲花健康包袱较重；另一方面，味精行业整体竞争白热化，由于家庭消费味精较少，莲花味精主打餐饮企业及企事业单位，这就导致其价格过低，毛利也偏低。一旦竞争激烈或促销力度稍大，很容易造成亏损。

公开资料显示，莲花健康前身是成立于 1983 年的河南莲花味精股份有限公司。20 世纪 90 年代，莲花味精曾是河南省的一张工业名片。1998 年莲花味精上市，当时在国内家庭消费市场的占有率超过 40%，占全国味精出口总量的 80% 以上，稳居全国第一。

然而近年来，莲花味精的日子却并不好过。2011—2016 年，莲花健康营业收入从 27.6 亿元逐年下降至 17.7 亿元；2011 年、2013 年、2015 年分别亏损 4.59 亿元、3.29 亿元、5.08 亿元；2012 年、2014 年、2016 年净利润分别为 3 657 万元、2 387 万元、6 525 万元，盈利额不足以弥补亏损额。其经营活动现金净流量自 2014 年以来也开始下降，2012 年、2014 年、2016 年分别为 -3 870.89 万元、515.17 万元、-3 020.97 万元。

值得注意的是，6 年来，莲花健康主营业务味精的收入呈下降趋势。2011 年，其味精收入为 20.23 亿元，占营业收入比重为 73.38%。而到了 2016 年，其味精营业收入已降至 12 亿元，占营业收入比重为 67.9%。

与之相比，同样是味精生产企业的阜丰集团和梅花生物却实现了营业收入、利润双增长。2017 年上半年，阜丰集团净利润为 6.42 亿元，同比增长 83.4%；梅花生物净利润为 6.2 亿元，同比增长 53.43%。而在 2011—2016 年，阜丰集团营业额从 83.99 亿元增至 118.03 亿元，净利润从 6.04 亿元增至 10.92 亿元；梅花生物营业收入从 68.7 亿元增长至 110.93 亿元，净利润则由 7.2 亿元增至 10.4 亿元。

2. 债务包袱重压老牌国企

2017 年 5 月，上交所就莲花健康 2016 年年报中的负债率高达 98.56%、期末预计负债金额达 2 389.14 万元及公司主营业务持续亏损等问题提出问询。

莲花健康对此回应称，其主营业务连年亏损主要是深受资金和债务影响。2002—2004 年，由于大规模技术改造、环保治理的大量投入和对外投资的失败，造成莲花健康资金链断裂，全部银行贷款逾期偿还，截至 2017 年 5 月仍有部分逾期贷款无力偿还，以致无法通过正常渠道融资。

此外，莲花健康面临资金不足带来的设备超期服役、工艺落后、自动化水平较低、技术更新缓慢等问题，导致其生产效率低下、产品成本过高。

莲花健康的负债率及其贷款合同纠纷等也证明了以上说法。

2011 年，莲花健康的资产负债率为 71.03%，此后继续上升。2016 年，莲花健康总负债已达 20.46 亿元，资产负债率达到 98.56%。而截至 2017 年 6 月 30 日，莲花健康的资产负债率已高达 102.12%。

按照业内人士说法，上市公司的资产负债率若超过 70% 则显示出危机，超过 100% 则代表公司已开始资不抵债。

负债高企的同时，莲花健康还深陷多起借款合同纠纷。2017 年半年报显示，莲花健康及其子公司因借款或借款担保陷入的合同纠纷共有 7 起，涉及金额近 3.2 亿元。其中，上海浦东发展银行因借款担保合同纠纷控告莲花健康，涉案金额达 2.2 亿元；项城市农村信用社联社因借款合同纠纷控告莲花健康、莲花集团及佳能热电，涉案金额为 4 300 万元。

5.1.2 现金流量表分析的目的

经营成功的企业，往往有不同的战略和秘密，但很多经营失败的企业，都有着共同的问题和征兆，那就是现金周转不灵。据一些统计数据显示，每 5 家破产倒闭的企业，有 4 家是盈利的，只有 1 家是亏损的。这种账面盈利反而破产的情形也被称为"黑字破产"。可见，企业主要是因为缺乏现金而倒闭的，而不是因为盈利不足而消亡的。因此，现金流量分析在财务报表分析中具有举足轻重的作用。

进行现金流量表分析，其目的主要体现在以下 4 个方面。

1. 了解现金流变动情况及其原因

对于现金，资产负债表只是反映了一定时点企业拥有现金的数量，是相对固定的。而现金具有较高的流动性，因此一个时点的数值不足以反映企业现金的真实情况。而现金流量表揭示了在一段时间内现金的变化情况及其来源和去向，从动态上揭示了现金流的变动和原因。

2. 评价企业的盈利质量

由于企业在确定利润时将赊销收入等按照权责发生制原则确认为当期收入，进而确认为利润的一部分，但这部分收入并不能保证完全收回，因而账面上的利润和实际的现金仍然存在差异。通过对现金流量表中的经营现金流量与利润表中利润的关系进行分析，可以看出每一元的利润能有多少的现金与之对应，以此来判断企业所得利润与其现金流是否相匹配、是否存在异常，进而得出企业创造的利润的"含金量"。

3. 预测未来现金流量

从财务角度讲，企业价值取决于其创造未来现金流量的能力，因此股东、债权人及管理者都有通过评价企业目前现金流量的可持续性从而预测企业未来现金流量的情况。

4. 衡量企业的支付能力

企业偿还债务和支付股利的能力，是债权人和股东直接关心的一个重要问题。虽然这种能力很大程度上依赖于盈利能力，但由于经营活动创造的利润以权责发生制为基础，因而其与经营活动创造的现金流量还是存在差异的。而企业支付的直接手段是现金，因此衡量企业在到期日支付利息和股息及清偿债务的能力时，就有必要使用现金流量表提供的信息。

5.1.3 现金流量表分析的步骤

现金流量表分析包括以下基本步骤。

1. 现金流量表的比较分析

（1）现金流量表水平分析

现金流量表的水平分析主要是指分析人员通过对比现金流量表相同项目在前后不同期间的不同数值，计算它们之间的差异，并找出相关异常变动的原因。

（2）现金流量表垂直分析

现金流量表的垂直分析也称结构分析，分为现金流入结构分析、现金流出结构分析和现金净流量结构分析。每种结构分析都有两种思路来比较：一种是以某项业务活动现金流入（流出）量占总现金流入（流出）量的比重来衡量；另一种是以某项业务活动现金流入（流出）

量占该项目所属业务活动的现金流入（流出）量的比重来衡量。

（3）现金流量表趋势分析

现金流量表的趋势分析，即是将现金流量表各项目连续几年或几个时期的数据进行对比，以分析各有关项目的变动情况和趋势。

2. 现金流量表项目分析

现金流量表的项目分析是指按照现金流量表中现金流量的项目或者类别，分析该类现金流入与流出情况是否符合企业发展阶段的特征，以及是否符合企业发展战略的预期目标，从而进一步分析其产生的原因和过程。

5.2 现金流量表比较分析

名人名言

Cash is king. ——现金为王。

——华尔街名言

现金流量对企业至关重要，它是企业顺利运行、提高竞争力的根本保障。有利润无现金流量，企业必将麻烦不断，甚至走向衰亡。

5.2.1 现金流量表的水平分析

现金流量表的水平分析，即通过现金流量表每个项目前后期的增减变动来观察企业现金流的变化情况，对异常变动的原因和后果进行分析。

【例 5-1】根据表 1-12 及相关资料，对 SYZG 公司的现金流量表进行水平分析。

1. 编制现金流量表水平分析表

根据表 1-12 编制 SYZG 公司的现金流量表水平分析表如表 5-1 所示。

表 5-1 现金流量表水平分析表

单位：万元

项 目	本期发生额	上期发生额	变动额	变动率/%
一、经营活动产生的现金流量：				
销售商品、提供劳务收到的现金	7 876 473	5 964 547	1 911 926	32.05
收到的税费返还	94 789	42 138	52 651	124.95
收到的其他与经营活动有关的现金	102 683	121 425	-18 742	-15.44
经营活动现金流入小计	8 073 945	6 128 110	1 945 835	31.75
购买商品、接受劳务支付的现金	5 197 176	3 874 604	1 322 572	34.13
支付给职工以及为职工支付的现金	537 389	464 072	73 317	15.80
支付的各项税费	387 904	272 084	115 820	42.57
支付其他与经营活动有关的现金	624 939	464 660	160 279	34.49

续表

项 目	本期发生额	上期发生额	变动额	变动率/%
经营活动现金流出小计	6 747 408	5 075 420	1 671 988	32.94
经营活动产生的现金流量净额	1 326 537	1 052 690	273 847	26.01
二、投资活动产生的现金流量：				
收回投资收到的现金	1 425 434	219 236	1 206 198	550.18
取得投资收益收到的现金	75 615	50 603	25 012	49.43
处置固定资产、无形资产和其他长期资产收回的现金净额	19 747	37 704	−17 957	−47.63
处置子公司及其他营业单位收到的现金净额	15 324	31 068	−15 744	−50.68
收到的其他与投资活动有关的现金	52 115		52 115	
投资活动现金流入小计	1 588 235	338 611	1 249 624	369.04
购建固定资产、无形资产和其他长期资产支付的现金	235 463	138 022	97 441	70.60
投资支付的现金	2 429 762	1 247 775	1 181 987	94.73
取得子公司及其他营业单位支付的现金净额				
支付其他与投资活动有关的现金	121 098	29 328	91 770	312.91
投资活动现金流出小计	2 786 323	1 415 125	1 371 198	96.90
投资活动产生的现金流量净额	−1 198 088	−1 076 514	−121 574	11.29
三、筹资活动产生的现金流量：				
吸收投资收到的现金	42 774	53 773	−10 999	−20.45
其中：子公司吸收少数股东投资收到的现金	3 253	1 043	2 210	211.89
取得借款收到的现金	1 574 974	952 691	622 283	65.32
收到其他与筹资活动有关的现金	98 853	44 210	54 643	123.60
筹资活动现金流入小计	1 716 601	1 050 674	665 927	63.38
偿还债务支付的现金	1 399 394	794 265	605 129	76.19
分配股利、利润或偿付利息支付的现金	288 328	173 281	115 047	66.39
其中：子公司支付给少数股东的股利、利润	12 713	5 095	7 618	149.52
支付其他与筹资活动有关的现金	143 953	434	143 519	33 068.89
筹资活动现金流出小计	1 831 675	967 980	863 695	89.23
筹资活动产生的现金流量净额	−115 074	82 694	−197 768	−239.16
四、汇率变动对现金及现金等价物的影响	−318	643	−961	−149.46
五、现金及现金等价物净增加额	13 057	59 513	−46 456	−78.06
加：期初现金及现金等价物余额	432 089	372 578	59 511	15.97
六、期末现金及现金等价物余额	445 146	432 091	13 055	3.02

2. 现金流量表的水平分析评价

从表 5-1 可以看出，SYZG 公司 2019 年净现金流量比 2018 年减少了 4.65 亿元。经营活动、投资活动和筹资活动产生的净现金流量较上年的变动额分别是 27.38 亿元、-12.16 亿元及 -19.78 亿元。

本年度经营活动净现金流量比去年增长了 27.38 亿元，增长率为 26.01%，主要是公司销售回款增加。其中经营活动现金流入量增加 194.58 亿元，增幅为 31.75%，主要是因为销售商品、提供劳务收到的现金增加了 191.19 亿元所致；经营活动现金流出量增加 167.20 亿元，增幅为 32.94%，主要是由于购买商品、接受劳务支付的现金增加 132.26 亿元所致。其中经营活动现金流入的增加额高于经营活动现金流出的增加额，说明企业盈利质量提高，自我"造血"功能增强。

本年度投资活动净现金流量比上年减少了 12.16 亿元，下降率为 11.29%，主要是公司本期购买基金、债券及有息存款增加。其中投资活动现金流入量增长 124.96 亿元，增幅为 369.04%，主要表现为收回投资收到的现金和取得投资收益收到的现金；投资活动现金流出量增加 137.12 亿元，增幅为 96.90%，表现为：投资支付的现金增加了 118.20 亿元，增幅为 94.73%；支付其他与投资活动有关的现金增加了 9.18 亿元，增幅为 312.91%；购建固定资产、无形资产和其他长期资产支付的现金增加了 9.74 亿元，增幅为 70.60%。因而投资活动净现金流量减少是由于投资活动现金流入，量的增长小于投资活动现金流出量的增长所致，说明公司对内对外的投资力度都有所增强，其合理性需结合企业实际情况进一步分析。

本年度筹资活动净现金流量比上年减少了 19.78 亿元，降幅为 239.16%，主要是本期利润分配增加及回购股票影响。其中筹资流入量增长 66.59 亿元，增幅为 63.38%，主要是取得借款增加和收到其他与筹资活动有关的现金所致；筹资流出量增长 86.37 亿元，增幅 89.23%，主要表现为偿还债务支付的现金、分配股利利润或偿付利息支付的现金以及支付其他与筹资活动有关的现金。说明公司现金流充足，足够偿还债务，有利于降低筹资成本。

5.2.2 现金流量表的垂直分析

现金流量表的垂直分析是指在现金流量表有关数据的基础上，分析现金流入、现金流出的构成和现金余额的形成原因。

【例 5-2】根据表 1-12 及相关资料，对 SYZG 公司的现金流量表进行垂直分析。

1. 编制现金流量表垂直分析表

根据表 1-12 编制 SYZG 公司的现金流量表垂直分析表如表 5-2 所示。

表 5-2 现金流量表垂直分析表　　单位：万元

项　目	本期发生额	流入结构/%	流出结构/%	内部结构/%
一、经营活动产生的现金流量：				
销售商品、提供劳务收到的现金	7 876 473			97.55
收到的税费返还	94 789			1.17
收到的其他与经营活动有关的现金	102 683			1.27

项　　目	本期发生额	流入结构/%	流出结构/%	内部结构/%
经营活动现金流入小计	8 073 945	70.96		100.00
购买商品、接受劳务支付的现金	5 197 176			77.02
支付给职工以及为职工支付的现金	537 389			7.96
支付的各项税费	387 904			5.75
支付其他与经营活动有关的现金	624 939			9.26
经营活动现金流出小计	6 747 408		59.37	100.00
经营活动产生的现金流量净额	1 326 537			
二、投资活动产生的现金流量：				
收回投资收到的现金	1 425 434			89.75
取得投资收益收到的现金	75 615			4.76
处置固定资产、无形资产和其他长期资产收回的现金净额	19 747			1.24
处置子公司及其他营业单位收到的现金净额	15 324			0.96
收到的其他与投资活动有关的现金	52 115			3.28
投资活动现金流入小计	1 588 235	13.96		100.00
购建固定资产、无形资产和其他长期资产支付的现金	235 463			8.45
投资支付的现金	2 429 762			87.20
取得子公司及其他营业单位支付的现金净额				0.00
支付其他与投资活动有关的现金	121 098			4.35
投资活动现金流出小计	2 786 323		24.52	100.00
投资活动产生的现金流量净额	-1 198 088			
三、筹资活动产生的现金流量：				
吸收投资收到的现金	42 774			2.49
其中：子公司吸收少数股东投资收到的现金	3 253			0.19
取得借款收到的现金	1 574 974			91.75
收到其他与筹资活动有关的现金	98 853			5.76
筹资活动现金流入小计	1 716 601	15.08		100.00
偿还债务支付的现金	1 399 394			76.40
分配股利、利润或偿付利息支付的现金	288 328			15.74
其中：子公司支付给少数股东的股利、利润	12 713			0.69
支付其他与筹资活动有关的现金	143 953			7.86
筹资活动现金流出小计	1 831 675		16.11	100.00
筹资活动产生的现金流量净额	-115 074			

续表

项　　目	本期发生额	流入结构/%	流出结构/%	内部结构/%
现金流入总额	11 378 781			
现金流出总额	11 365 406			
四、汇率变动对现金及现金等价物的影响	−318			
五、现金及现金等价物净增加额	13 057			
加：期初现金及现金等价物余额	432 089			
六、期末现金及现金等价物余额	445 146			

2. 现金流量表的垂直分析评价

（1）现金流入垂直分析

SYZG 公司 2019 年现金流入量为 1 137.88 亿元，其中经营活动现金流入量、投资活动现金流入量和筹资活动现金流入量所占比重分别为 70.96%、13.96%、15.08%，可见企业的现金流入量主要由经营活动产生。经营活动的现金流入量中销售商品和提供劳务收到的现金、投资活动的现金流入量中收回投资收到的现金、筹资活动的现金流入量中取得借款收到的现金分别占各类现金流入量的绝大部分比重。

总体来说，企业的现金流入量中，经营活动的现金流入量应当占有相当大的比例，特别是其销售商品、提供劳务收到的现金应明显高于其他经营活动流入的现金。经营活动现金流入量比例越大，企业现金流越稳定，企业盈利质量越高，支付能力越强。因此，SYZG 公司现金流较稳定、盈利质量较高、支付能力较强，自我造血功能相当不错。

（2）现金流出结构分析

SYZG 公司 2019 年现金流出量总额为 1 136.54 亿元，其中经营活动现金流出量、投资活动现金流出量和筹资活动现金流出量所占比重分别为 59.37%、24.52% 和 16.11%。可见，在现金流出量中经营活动现金流出量所占比重最大，投资活动现金流出量所占比重次之。在经营活动现金流出量中，购买商品、接受劳务支付的现金占 77.02%，比重最大；投资活动现金流出量中投资支付的现金占 87.20%，比重最大；筹资活动的现金流出量用于偿还债务支付的现金占 76.40%，比重最大。

5.2.3　现金流量表的趋势分析

现金流量表的趋势分析是指在现金流量表有关数据基础上，选用某一年为基期进行比较，计算趋势百分比，从而揭示其现金流入、现金流出的变化和发展趋势。

【例 5-3】根据表 1-12 及相关资料，对 SYZG 公司进行现金流量趋势分析。

1. 编制现金流量表趋势分析表

根据表 1-12 及 SYZG 公司 2016—2019 年的年报资料编制 SYZG 公司的现金流量表趋势分析表如表 5-3 所示。

表 5-3　现金流量表趋势分析表

项　　目	2019 年/%	2018 年/%	2017 年/%	2016 年/%	2015 年/%
经营活动产生的现金流量净额的定基指数	624.04	492.84	400.96	152.13	100
投资活动产生的现金流量净额的定基指数	5 230.68	4 699.91	−531.81	−987.78	100
筹资活动产生的现金流量净额的定基指数	579.75	−416.61	6 592.05	2 348.29	100
现金及现金等价物净增加额的定基指数	7.64	34.83	−194.55	43.49	100

2. 现金流量表的趋势分析评价

在经营活动现金流量方面,SYZG 公司近五年经营活动产生的现金流量呈上升趋势。2016年现金流量净额为 2015 年(基期)的 152.13%,主要是销售回款率上升、付现费用及其他经营性支出减少。2017 年、2018 年和 2019 年公司的销售回款大幅增加,使得经营活动现金流量净额进一步提升,分别高达到 2015 年(基期)的 400.96%、492.84%和 624.04%。

投资活动现金流量方面,SYZG 公司近五年投资活动现金流量波动较大。其中,2016 年现金流量净额为基期的 −987.78%,投资净额由负转正,主要是公司本期处置了部分子公司股权收到的款项增加。2017 年现金流量相比于上期有所下降,主要是公司本期购买银行理财产品,投资活动现金流出增加。2018 年和 2019 年由于公司购买基金、债券及有息存款增加等原因,投资净额都为负数。

筹资活动现金流量方面,SYZG 公司近五年筹资活动现金流量波动较大,先是在 2016 年和 2017 年大幅上升至基期的 2 348.29%和 6 592.05%,筹资净额都为负数,主要是由于公司现金流充裕,归还了银行贷款。而 2018 年由于本期举借银行贷款较多使得筹资净额由负转正。2019 年现金流量净额又达到基期的 579.75%,主要是本期利润分配增加及回购股票影响。

5.3　现金流量表项目分析

名人名言

一个企业的死亡,其直接原因往往不是它的利润,而是现金流量。

——海信集团董事长　周厚健

现金流量表的项目分析,是指按照现金流量表中现金流量的项目及类别,分析现金流入与流出情况是否符合企业发展阶段的特征和企业发展战略的目标。具体而言,就是分别对经营活动现金流量、投资活动现金流量、筹资活动现金流量进行分析。

5.3.1　经营活动现金流量分析

经营活动现金流量是指企业经营活动中的所有交易和事项所产生的现金流量,它是企业现金的主要来源。相对于净利润而言,企业的经营活动现金流量更能反映企业真实的经营成果。净利润是根据权责发生制原则计算出来的,只是账面上的盈利,并不代表企业实际的可支配资源的增加;经营活动现金流量则反映了企业资金的充裕程度,正的金额越大,企业的资金越充裕，就有更多的资金用于企业的进一步扩大经营规模；反之，若企业的经营活动现金流量长期为负，则企业必然将入不敷出，难以支付企业的日常开支和到期债务，最后导致破产。

思政案例 5-2　　　震有科技的现金流 IPO：营收与现金流背道而驰[①]

科创板上市委 2020 年第 24 次审议会议公告显示，深圳震有科技股份有限公司（以下简称"震有科技"）将于 2020 年 5 月 14 日接受上交所科创板发审委的审核。此次 IPO 震有科技拟融资 5.5 亿元，其中计划用于下一代互联网宽带接入设备开发项目 1.4 亿元，5G 核心网设备开发项目 2 亿元，应急指挥及决策分析系统开发项目 1.1 亿元，剩余 1 亿元用于产品研究开发中心建设项目。

震有科技是通信网络设备及技术解决方案的供应商，通信设备行业属于资本与技术密集型行业，项目执行和结算周期较长，对企业的现金流状况要求较高，而震有科技的经营性现金流净额连续三年为负。与同行相比，震有科技的资金营运管理能力明显偏弱。

2019 年震有科技净利润分别为 3 912 万元、6 034 万元和 6 065 万元，经营活动产生的现金流量净额分别为 -4 508 万元、-3 884 万元和 -5 917 万元，经营性现金流量净额连续三年为负，且与当期净利润明显背离，报告期内差额高达 1 亿元左右。在经营性现金流净额为负且均低于净利润的背后，是震有科技较低的应收账款周转率、存货周转率。

招股书显示，2017—2019 年，震有科技的应收账款周转率分别为 1.97 次/年、2.06 次/年和 1.11 次/年，而同期可比同行均值分别为 2.71 次/年、2.41 次/年和 1.89 次/年，震有科技的应收账款周转率明显低于同行可比公司平均水平。而从营运管理能力的另一指标——存货周转率看，震有科技也面临同样的问题，存货金额较大且占流动资产的比例较高，存货周转能力处于行业平均水平以下，震有科技的资金营运管理能力令人担忧。

1. 经营活动现金流量的充足性分析

（1）经营活动产生的现金流量小于零

在这种情况下，企业正常的经营活动产生的现金流入不足以支付企业经营活动引起的现金流出。在企业的初创期，由于大量的扩大生产活动、开拓市场的活动及产能没有达到规模经营的水平，经营活动的现金流量会出现负值，这是企业成长过程中的正常现象；处于成长期的企业，虽然创造的现金不断增加，但由于还处在不断的扩大再生产过程中，一般不会有很充裕的现金流量；企业处于成熟期以后，经营活动的现金流量若仍然是负的，则必须采用一定手段向短期周转中补充资金（事实上处于这个状况的企业很难筹集到资金），否则会面临资金链断裂的危险，从而导致企业破产；在企业的衰退期，由于新产品的出现和市场占有率的逐渐下滑，在后期经营现金流量一般也会是负的，这也是企业发展过程中的正常现象。

思政案例 5-3　　　　　华谊兄弟利润含金量明显不足[②]

利润的含金量，核心是指利润的现金含量。理论上说，一家公司的净利润从长期来看

① 郑一佐. 震有科技 IPO 观察：应收账款占比近 6 成，经营性现金流连年为负.时代周报，2020-05-13.
② 薛云奎. 克服偏见，还原财报背后的真相. 北京：机械工业出版社，2018.

应当与其经营活动所产生的现金净流入相等或相当，因为净利润与净现金（图5-1中指经营活动现金流量净额）只是计量原则的不同。它们之间之所以有暂时性的差异，是因为在市场条件下信用结算和应计会计方法所引起的时间差。如果一家公司经营活动的净现金严重不足，通常来说，其已实现利润便被应收款项或存货所占用，这表明公司管理上存在现金周转不灵的问题。

纵观华谊兄弟过去10年的净利润与净现金比值，没有一年接近或超过1，而且许多年份还为负值。10年来的净利润合计高达47.5亿元，而10年来经营活动创造的净现金仅为12.99亿元，仅及净利润的27%。其中现金含量最高的年份是2016年，净现金达到净利润的76%，具体如图5-1所示。当然，其中原因也很可能与利润构成中大部分源于投资收益有关。不过，从总体上来说，净利润含金量不足，也是显而易见的事实。

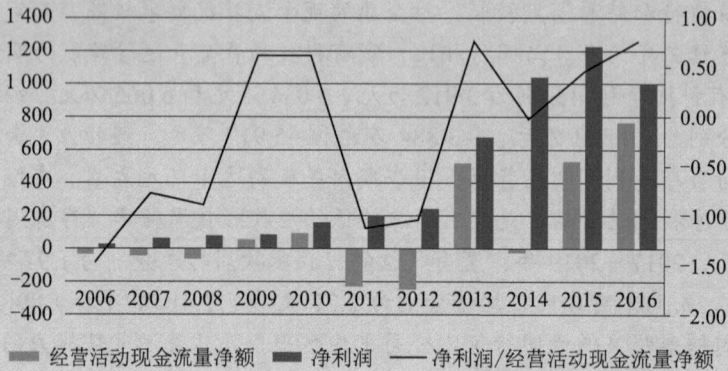

图5-1　华谊兄弟利润含金量分析

如果公司经营活动不能为公司扩张提供足够的现金支持，那么公司扩张必然会借助股东或银行融资。从这一指标来看，华谊兄弟显然是高手中的高手。根据Wind数据库统计，公司自上市以来，累计募资178.62亿元，其中股权融资52.48亿元，债券融资89亿元，银行借款37.14亿元。所以，在融资能力方面，华谊兄弟展示了高超的融资技巧，不仅资本结构控制合理，而且融资成本很低。尤其是债券融资的利率，大部分都控制在5%左右。图5-2是华谊兄弟资产负债率分析。

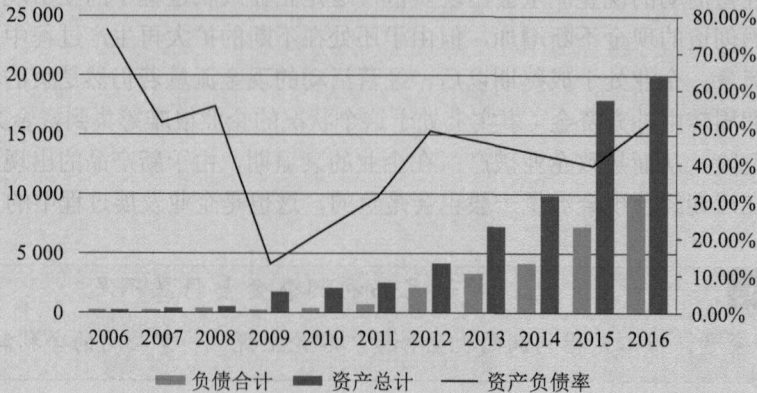

图5-2　华谊兄弟资产负债率分析

从总体上看，华谊兄弟在过去 10 年，并没有摆脱依赖"输血"度日的迥境。虽然公司资产规模扩张很快，早已从上市前的 5.55 亿元扩张至 2016 年的 198.53 亿元，但并未形成自身的造血能力。10 年来累计实现利润 46.29 亿元，但向股东现金分红仅为 7.67 亿元，仍然是一家取多予少的公司。尽管公司投资业绩很好，但主营业务经营差强人意，所以股东权益报酬率仍然一路走低。2016 年股东权益报酬率仅为 10%，远低于上市前的 27.44%，如图 5-3 所示。

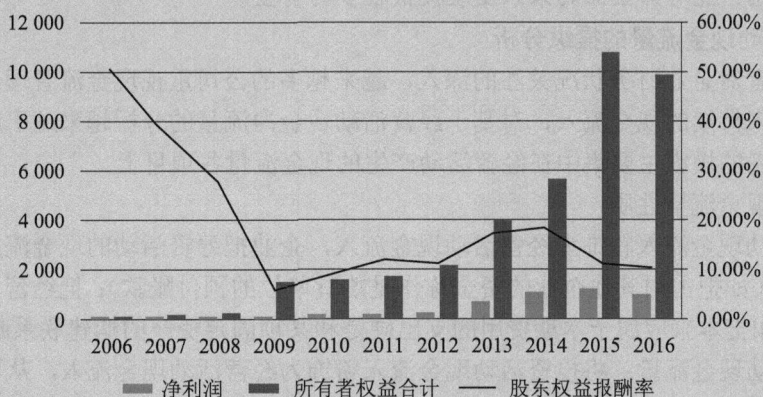

图 5-3　华谊兄弟股东权益报酬率分析

（2）经营活动产生的现金流量等于零

如果企业正常的经营活动产生的现金流入刚好可以满足企业经营活动引起的现金流出，那么企业的经营现金流量处于平衡状态。这种情况下，企业仅仅弥补了付现成本，非付现成本没有得到货币补偿。从短期看，企业无须向短期周转中注入资金，仍然可以维持周转，但是从长期来看，一旦需要重新购置固定资产，企业就会面临资金危机，因此必须采用一定手段融资，否则无法更换设备继续生产。即使筹集到了资金，企业如果一直无法达到使非付现成本得到货币补偿的状态，那么最后的命运必然是资金枯竭，走向破产。

（3）经营活动产生的现金流量大于零，但是无法完全弥补非付现成本

在这种情况下，企业的经营活动现金流入足以使经营付现成本得到货币补偿，但是无法完全弥补折旧、摊销等非付现成本。由于折旧、摊销费用不需要支付现金，企业的日常开支并不困难，甚至会有一部分结余。但是由于积攒起来的资金不足以重新购置固定资产，企业从长期来看仍是面临危机的。

（4）经营活动产生的现金流量大于零并且刚好可以弥补非付现成本

这种情况下，企业摆脱了日常经营在现金流量方面的压力，企业经营活动产生的现金流量刚好能够弥补企业的付现成本和非付现成本，能够维持经营活动货币的简单再生产，但是无法为企业的扩大再生产和进一步发展提供资金。

（5）经营活动产生的现金流量大于零并且在弥补非付现成本后仍有剩余

这种情况下，企业的经营现金流量完全弥补非付现成本后仍有剩余的资金用于投资活动等，是企业运行的一种良好状态。企业富余的现金可以用于购置设备，从而扩大企业的生产

规模，使企业获得更大的未来发展潜力。

【例5-4】根据表1-12及相关资料，对SYZG公司的经营活动现金流量进行充裕性分析。

从表1-12可以看出，2019年度SYZG公司的经营活动产生的现金流量净额是正的，较2018年度有一定幅度增长，增幅为26.01%。结合报表的其他部分可知，SYZG公司2019年的净利润大幅度上升，增幅高达82.35%。由此可以判定，SYZG公司经营现金流量属于上述第5种情况，经营活动产生的现金流量大于零并且在弥补非付现成本后仍有剩余，处于一种良好的运转状态，能够为企业的未来发展提供较多的资金。

2. 经营活动现金流量的操纵分析

随着投资者对企业财务状况关注的深入，越来越多的公司重视现金流管理。由于经营活动能给企业带来持续的现金流入，对基于经营活动现金净流量的分析越来越引起重视，故企业对现金流量表的操纵主要集中在经营活动产生的现金流量各项目上。

（1）篡改现金流量性质

将筹资活动现金流入粉饰为经营活动现金流入，企业把筹资活动的现金流入加到经营活动现金流量中（如把占用其他企业的资金称作是购货单位的预付账款）；把经营活动支出放到投资活动中（如把本来应属于本期费用的支出硬是和某项固定资产的购建联系起来），合在一起夸大经营活动现金流量；将投资活动现金流入粉饰为经营活动现金流入，从而使经营活动现金流量净额大于零。

（2）资金暂时回笼

企业为了避免年度会计报表中的经营现金净流量恶化，可让母公司或大股东在期末大量偿还应收账款甚至先行支付预付货款，在下期再将资金以多种形式返回给母公司或大股东，对其他应收款账户亦可采用类似的手段。这种方式很容易调高当期经营活动现金净流量，但并没有改变母公司或大股东长期占用资金的现状。

（3）应收票据贴现

对应收票据贴现，特别是在会计期末向银行贴现商业票据，既可以解决企业现金不足的困境，又可减少期末应收票据余额。但如果贴现的商业汇票到期，票据承兑人不能承兑，贴现银行会将贴现款划回或转为逾期贷款。因此，应收票据贴现实质上是企业筹措资金的一种形式，并不能改善企业获取现金的能力及收益质量。

（4）利用应付项目

投资者对经营活动现金流量重视程度的增加驱使上市公司有对其进行改善的动机，在改善应收账款余地已不大的情况下，将目标瞄准了应付项目。如果一个公司某年经营活动现金流量主要得益于经营性应付项目的巨额增加，分析人员应如何看待呢？我们不能假设企业就一定"赖账"，但应看到当期应付项目的增长必然对应未来应付项目的减少，从而减少以后年度经营活动现金流量。

5.3.2 投资活动现金流量分析

投资活动现金流量是指企业长期资产的购建和不包括现金等价物范围在内的投资及其处置活动产生的现金流量。一般在企业的初创期和成长期，企业会有大规模的投资活动，从而导致企业的投资现金流量小于零；在企业的衰退期，随着产品销量的减少，一般会对固定资产等长期投资进行处置，此时企业的投资现金流量一般会大于零。应该注意的是，对处置或购置固定资产的现金流入或流出进行分析，结合固定资产的投资规模或者性质，可以进一步了解企业的发展战略和方向。对一种或者一系列产品而言，如果处置其相关固定资产的现金流入大于重新购置该固定资产的现金支出，则说明该企业的该产品在逐步萎缩或者该企业正试图退出该行业。

1. 投资活动现金流量小于或等于零

这种情况下，企业在购建固定资产、无形资产和其他长期资产、权益性投资及债务性投资等方面所支付的现金大于企业因处置固定资产、无形资产或其他长期资产、收回投资、分得股利、取得债券收入等所收到的现金净额之和。投资活动现金流量小于或等于零，不能武断地认为是好还是坏，应该观察这个特征是否符合企业的发展阶段，是否与企业的发展战略和发展方向相一致，才能进一步做出判断。从企业投资活动引起的现金流出量来看，企业的投资活动明显地分为两类：对内扩大再生产或转产投资，即购建固定资产、无形资产和其他长期资产支付的现金；对外扩张性投资，即对外股权、债权投资支付的现金。上述两类活动，都将增加企业未来的现金流量，因而应该体现企业长期发展战略的要求。因此，此类活动的现金流量应有较强的计划性，并应该与企业的发展战略之间有较为密切的联系，都不应该是"盲目冲动"的结果，而应该是在进行充分的研究与论证以后决策的结果。为此，我们应该关注投资活动的现金流出量与企业投资计划的吻合程度。

另外，由于对内扩大再生产而进行的固定资产投资的收回方式是增加经营活动的现金流量，所以长期来看，投资活动现金流量净额的累计数会小于零。

【例 5-5】根据表 1-12 及相关资料，对 SYZG 公司的投资活动现金流量进行分析。

根据表 1-12，2018 年和 2019 年 SYZG 公司投资活动现金净流量都为负，而且 2019 年比 2018 年上升了 11.29%。具体分析可见，主要是投资支付的现金，购建固定资产、无形资产、其他长期资产支付的现金以及支付其他与投资活动有关的现金的增加，结合附注可知，主要是公司本期购买基金、债券及有息存款增加，从而产生较多的现金流出量和较少的现金流入量。结合同期资产负债表发现，2019 年长期股权投资、其他权益工具投资及无形资产均出现了一定幅度的增长；而结合同期的利润表发现，投资收益相较于上一期有所下降，降幅为 39.94%。综合以上信息判断、SYZG 公司近两年正在实施投资扩张。

2. 投资活动现金流量大于零

这种情形是指上述与投资活动相关的现金流入量大于与投资活动相关的现金流出量。"投资活动现金流量大于零"可能出于两种原因：一是企业的投资回收的资金大于投资的现金流出；二是由于企业迫于资金压力，处理在用的固定资产或者持有的长期投资等。分析时应该加以区分，找到真正的原因。投资活动必须符合企业的发展战略，盲目的投资在增加企业资金压力的同时，可能会导致巨大的亏损，甚至投资无法收回，更严重的可能会造成企业破产。

思政案例 5-4

华侨城A现金流危机[①]

华侨城A 2019年实现营业收入600亿元，同比增长25%；净利润143亿元，每股基本盈利1.5元，同比增长17%；截至2019年12月底，资产总值达到3 796亿元，同比增长28%；公司股东权益合计950亿元，同比增长23%。乍看之下，业绩似乎相当亮眼。但该公司经营活动及投资活动产生的现金流持续呈净流出状态，现金流靠筹资活动支撑，资产负债率及净负债率双双攀升。

现金对于企业生存与发展的重要性不言而喻，对房地产开发企业更是如此。过去多年，华侨城A投资活动产生的现金流多数时间呈净流出状态，2015—2018年投资活动产生的现金流量净额依次为-48.26亿元、-74.30亿元、-93.35亿元、-169.88亿元。而自2017年起，其经营活动亦持续入不敷出。2017年及2018年，该公司经营活动产生的现金流量净额分别为-79.14亿元、-100.45亿元。

这显然已引起了华侨城A的重视，其在2019年年报中表示，公司加大存货的去化力度，通过"以收定投"的政策，逐步改善公司现金流状况。2019年，该公司投资活动和经营活动现金流有所好转，但净流出状态仍未得到彻底改变。其中，投资活动产生的现金流量净额为-48.25亿元，经营活动产生的现金流量净额为-51.88亿元，二者合计净流出100.12亿元，融资成为缓解资金压力的重要途径。2019年，华侨城A筹资活动产生的现金流量净额为212.83亿元，以此来维持现金净流入。截至2019年年末，其融资余额为1 177.04亿元，其中期限在1年之内的融资余额达351.20亿元。

在此情况下，华侨城A的负债率持续上升。过去3年，华侨城A的资产负债率依次为69.97%、73.77%、74.98%，净负债率依次为52.83%、84.31%、84.47%，均呈逐年上升之势。到了今年一季度末，其资产负债率及净负债率均进一步攀升，分别达到76.16%、96.79%。

5.3.3 筹资活动现金流量分析

筹资活动是指导致企业资本及债务规模和结构发生变化的活动，包括吸收投资、发行股票、借入和偿还资金、分配利润等活动。如果该项的现金净流入量大幅增加，说明企业需要从外部大量筹集资金；如果筹资活动的现金净流出量大幅度增加，则说明企业外部筹资规模正在收缩。

1. 筹资活动现金流量小于或等于零

"筹资活动现金流量小于或等于零"是指筹资活动所产生的现金流入量小于或者等于筹资活动的现金流出量。这种情况的出现，可能是因为企业的筹资达到了一定目的，利用经营活动产生的现金流量或者投资活动产生的现金流量在到期时进行偿还，也可能因为企业的投资活动或经营活动出现失误，需要变卖资产偿还债务。

【例5-6】根据表1-12及相关资料，对SYZG公司的筹资活动现金流量进行分析。

根据表1-12并结合报表附注可知，SYZG公司2019年筹资净额由正转为负，具体表现在偿还债务支付的现金、分配股利利润或偿付利息支付的现金、支付其他与筹资活动有关现

[①] 黄凤清. 华侨城A归母净利润增速4年最低 经营活动现金流持续净流出. 投资时报，2020-05-14.

金的增加，主要是本期利润分配增加及回购股票影响，从而造成较多的现金流出量和较少的现金流入量。

2. 筹资活动现金流量大于零

"筹资活动现金流量大于零"是指筹资活动所产生的现金流入量大于筹资活动的现金流出量。在企业的初创期和成长期，内部资金不足以满足大规模的投资，需要从外部筹集资金。分析一个企业的筹资活动现金流量大于零是否正常，关键看筹集资金的目的，可能是因为企业扩大规模，也可能是因为企业的投资失误出现亏损或者经营现金流量长期入不敷出。

思政案例 5-5　　　　**传音控股融资亿元，竟然都拿去理财了**[①]

传音控股成立于 2013 年，主要从事以手机为核心的智能终端的设计、研发、生产、销售和品牌运营，产品集中销往非洲、南亚、东南亚、中东和南美等全球新兴市场国家，被称"非洲手机之王"。从传音控股披露的 2019 年年报来看，公司 2019 年度实现营业收入 253.46 亿元，同比增长 11.92%；同期归属母公司净利润为 17.93 亿元，较上年增长 172.80%，扣非归属母公司净利润则为 15.53 亿元，同比增幅 26.84%。靓丽业绩的 B 面，是公司账上资金储备雄厚。

截至 2019 年末，传音控股账面货币资金达到 77.17 亿元。年报还"曝光"，公司短期理财产品 2019 年期末余额达到 30.13 亿元，较年初（9.49 亿元）新增 20.64 亿元，由此增加当期利润 4 797.65 万元。2019 年 10 月 18 日，传音控股发布公告称，拟将不超过 25 亿元的暂时闲置募集资金进行现金管理，购买一些安全性高、流动性好、有保本约定的投资产品。这则消息立即在资本市场引起轩然大波。要知道，传音控股 9 月刚刚登陆科创板，扣除发行费用后，传音控股实际募资净额为 26.75 亿元。也就是说，传音控股有可能会将募集来的大部分资金用于理财。

此举被指合规但不合理——"公司根本不缺钱为啥 IPO"。随后传音控股紧急做出了"说明"，强调"募集资金用途无变化，将根据募投项目进度持续投入"，并称"25 亿元仅为授权的最高额度而非实际现金管理金额，对闲置募资进行现金管理可增加公司收益"。

实际上不止传音控股这一家上市公司采取这种做法，A 股上市公司购买理财产品的规模已不容小觑。截至 2019 年 12 月 1 日，A 股 3 751 家上市公司中，近三成公司购买了理财产品，规模达 1.2 万亿元。当天 A 股总市值为 54.7 万亿元。上市公司既然不缺钱，为何要来资本市场募资呢？

一方面，为了鼓励企业直接融资，促进实体经济发展，多种募资渠道的扩张为上市公司带来了大体量的闲置资金。长期研究上市公司的财务专家徐文辉指出，不管是 IPO 还是定向增发等募资渠道，都令上市公司在短时间内募集到大量资金，但是对企业来说，花钱是有步骤、有规划的，不可能一下子全部投出去。在这种情况下，先存在银行进行理财，得到更高收益，是常见做法。另一方面，斥巨资购买理财产品的上市公司，并非都是财大气粗。一部分企业的确是因为"闲钱"多了，所以用于理财提高闲置资金的利用率；而另一部分企业，则是因为产能过剩甚至行业衰退，当理财收益高于自身主营业务的收益率时，只能依靠购买理财产品来粉饰财报。

① 卢宝宜. 上市公司融资万亿，竟然都拿去理财了. 南方周末，2019-12-12.

5.3.4 企业生命周期理论与现金流量分析

一般地,将企业经营周期分为初创期、成长期、成熟期和衰退期。各个周期的现金流有各自的特点,具体如下。

1. 初创期

在这期间,企业患有"资金饥渴症",它们需要资金扩大生产规模,支付员工工资,加快产品生产和开拓市场。由于市场尚未打开,产品质量和品牌知名度不高,很难产生正的经营现金流量,企业面临的风险很高。投资活动消耗的现金流量远大于经营活动产生的现金流量,存在大量筹资需求,筹资活动产生的现金流量巨大。处于创业阶段的企业,具有非常高的经营风险。该阶段企业一般会采取低财务风险的筹资战略,即通过吸收权益资本进行筹资。

综上所述,初创期的企业的财务特征主要表现为:

① 只有少量的销售收入;

② 经营亏损或勉强盈利;

③ 经营活动产生的现金流量入不敷出;

④ 投资活动产生的现金流出量巨大;

⑤ 筹资活动产生的现金流量是维系企业正常运转的首要资金来源。

2. 成长期

企业经过市场开拓、产品研发等措施取得一定的市场地位之后,已经逐渐掌握有力的市场销售渠道,树立了良好的市场品牌,产品销售高速增长,经营活动产生的现金流量大为改观。但由于生产的快速增长,需要不断地追加投资,资本性支出仍然在持续,在成长期的开始阶段,经营活动产生的现金流量依然无法满足投资需要,企业需要寻求外部融资。

该阶段的财务特征是:

① 销售额和利润不断增加;

② 经营活动产生的现金流量在不断增加,但不会有很大的现金节余;

③ 设备投资继续进行,但相对于前一阶段已减少,投资活动的现金净流量继续出现负值;

④ 筹资活动产生的现金净流量通常为正,但企业对筹资活动产生的现金流量的依赖性大为降低。

思政案例 5—6 **成长期企业的现金流量状况——以德才装饰和江苏北人为例**[①]

德才装饰是综合性建筑类企业,主营业务是建筑装饰及房屋建筑工程的设计与施工,为客户提供两大类服务,分别为建筑装饰、房屋建筑工程的设计与施工。从 2016 年到 2019 年 6 月,德才装饰的经营活动现金流量净额分别为 −2.11 亿元、0.28 亿元、−0.53 亿元、−0.35 亿元。一方面,经营活动现金流量整体规模波动性较大,近年来净流出趋势明显,虽然在 2017 年出现回升,但是整体收不抵支,公司的现金流基本依靠筹资活动支持。另一方面,经营活动现金流量与净利润长期背离。从 2016 年到 2019 年 6 月份,德才装饰实现净利润分别为 0.23 亿元、0.65 亿元、0.9 亿元和 0.64 亿元。虽然德才装饰的经营业绩非常"漂

① 白晓旭. 现金流常年为负 官司内耗过多 德才装饰上市挑战大.每日财报,2019−12−03;林倩. 江苏北人:经营现金流净额连续两年为负,年研发投入占比下滑.澎湃新闻,2019−03−25.

亮",但是伴随着净利润和营业收入的长期增加发生的却是经营活动现金流量的长期为负。

对此,德才装饰在招股书中做出的解释是:主要由公司所处行业的经营模式及发展阶段所决定,德才装饰作为建筑装饰施工类企业,在工程项目实施过程中,需根据项目情况支付履约保证金、垫付材料款及劳务款。建筑装饰行业业主付款进度一般慢于项目完工进度,项目完成后工程款的决算流程较长、项目质保金等因素也影响了公司款项的回收。收付款时间的差异影响了公司资金的流动性,公司处于成长期,业务规模的持续增长进一步加大了上述差异。

江苏北人则是一家主营业务为提供工业机器人自动化、智能化的系统集成整体解决方案的公司,主要涉及柔性自动化、智能化的工作站和生产线的研发、设计、生产、装配及销售。2016—2018 年,江苏北人经营活动产生的现金流量净额分别为 2 129 万元、−7 697 万元和−1 779 万元,报告期三年累计为−7 347 万元。经营性现金流量均远远低于净利润。

江苏北人称,主要原因是公司业务规模迅速扩大,经营性现金支出增加,而公司一般与客户协商约定分阶段收取货款,通常在"合同订立或合作意向确定""运送至客户现场且预验合格""终验合格""质保期满"这四个节点收取不同比例的货款,经营活动现金流入与经营活动现金流出不匹配导致经营活动现金流量为负。江苏北人也将此项列为财务风险因素,指出由于公司处于成长期,未来经营活动现金流量净额为负或偏低的现状可能仍将持续,对公司的生产经营和偿债能力带来了一定的风险。

虽然德才装饰和江苏北人都从发展阶段层面和经营模式给出了解释,但是不得不承认的是,现金流与净利润的严重偏离在一定程度上传递出两家公司"造血能力"不强的事实。

3. 成熟期

这段时期,企业的经营活动相对稳定,生产成本逐步降低,生产的规模效应开始呈现,战略目标及竞争优势已显现出来,在行业中的地位也基本稳定。但此时的市场需求已达到饱和,销售增长开始放缓。由于企业试图通过提高市场占有份额求得增长,该阶段价格竞争通常趋于白热化。成熟期的企业对资本的需求较小,顾客对其产品的需求增长缓慢,企业不需要大幅度扩大生产。有些经营管理者开始尝试由单一化经营向多元化经营转化,以寻求新的商机。

企业处于成熟期的财务特征是:

① 经营现金流量稳定,净流量很大,现金充足;

② 企业处于"负投资"的状态;

③ 企业倾向于向股东支付巨额股利,甚至回购股票,或者加速偿还银行借款。筹资活动产生的现金流量常常体现为巨额流出。

4. 衰退期

企业处于衰退期,通常面临惨烈的市场竞争,产品被淘汰或被新产品替代的风险很大。这一时期企业的财务特征主要表现为:

① 销售收入严重萎缩;

② 经营出现亏损,经营活动产生的现金流量急剧下降;

③ 投资活动产生的现金流量可能由于企业的战略撤退(收回投资)而出现正数;

④ 筹资活动产生的现金流量枯竭。

本 章 小 结

进行现金流量表分析的目的包括：了解现金流变动情况及其原因；评价企业的盈利质量；预测未来现金流量；衡量企业的支付能力。现金流量表分析包括比较分析（含水平分析、垂直分析、趋势分析）和项目分析。

现金流量表的水平分析主要是指分析人员通过对比现金流量表相同项目在前后不同期间的不同数值，计算它们之间的差异，并找出相关异常变动的原因。

现金流量表的垂直分析也称结构分析，分为现金流入结构分析、现金流出结构分析和现金净流量结构分析。每种结构分析都有两种思路来比较：可以以某项业务活动现金流入（流出）量占总现金流入（流出）量的比重来衡量，也可以以某项业务活动现金流入（流出）量占该项目所属业务活动的现金流入（流出）量的比重来衡量。

现金流量表趋势分析，即是将现金流量表各项目连续几年或几个时期的数据进行对比，以分析各有关项目的变动情况和趋势。

现金流量表的项目分析，是指按照现金流量表中现金流量的项目或者类别，分析该类现金流入与流出情况是否符合企业发展阶段的特征及是否符合企业发展战略中的预期目标，从而进一步分析其产生原因的过程。

现金流量的充足性分析分为以下几种情况：经营活动产生的现金流量小于零；经营活动产生的现金流量等于零；经营活动产生的现金流量大于零，但是无法完全弥补非付现成本；经营活动产生的现金流量大于零并且刚好可以弥补非付现成本；经营活动产生的现金流量大于零并且在弥补非付现成本后仍有剩余。

经营活动现金流量操纵的方法主要有：篡改现金流性质；资金暂时回笼；应收票据贴现；利用应付项目。

投资活动现金流量小于或等于零，不能武断地认为是好还是坏，应该观察这个特征是否符合企业的发展阶段，是否与企业的发展战略和发展方向相一致，才能进一步做出判断。投资活动现金流量大于零可能出于两种原因：一是企业的投资回收的资金大于投资的现金流出；二是由于企业迫于资金压力，处理在用的固定资产或者持有的长期投资等。

筹资活动现金净流量小于或等于零，可能是因为企业利用经营活动或投资活动产生的现金流量在偿还贷款，也可能是因为投资活动或经营活动出现失误，需要变卖资产偿还债务。筹资活动现金净流量大于零是否正常，关键看筹资的目的是否合理。

一般地，将企业经营周期分为初创期、成长期、成熟期和衰退期，各个时期的现金流有各自的特点。

练 习 题

一、单项选择题

1. 下列指标中，最能反映企业盈利质量的指标是（ ）。

  A. 利息保障倍数   B. 流动比率

  C. 盈余现金保障倍数   D. 销售利润率

2. 下列不属于经营活动现金流量的是（　　　）。
　　A. 收回应收账款　　　　　　　　　　B. 本期收到客户的预付款项
　　C. 以现金支付的在建工程人员的工资　D. 向购买方收取的增值税销项税额

3. 企业支付股票股利时，（　　　）。
　　A. 影响当期经营现金流量　　　　　　B. 影响当期投资现金流量
　　C. 影响当期筹资现金流量　　　　　　D. 不影响当期现金流量

4. 为了反映企业当期营业收入的现金收回情况，可以用来与营业收入对比分析的现金流量表项目是（　　　）。
　　A. 经营活动现金流入小计　　　　　　B. 经营活动产生的现金流量净额
　　C. 现金及现金等价物的净增加额　　　D. 销售商品、提供劳务收到的现金

5. 能反映企业自身主要业务活动创造现金流量水平的指标是（　　　）。
　　A. 经营活动产生的现金流量净额　　　B. 投资活动产生的现金流量净额
　　C. 筹资活动产生的现金流量净额　　　D. 现金及现金等价物净增加额

6. 企业操纵经营活动现金流量的主要手段不包括（　　　）。
　　A. 篡改现金流量性质　　　　　　　　B. 资金暂时回笼
　　C. 应收票据贴现　　　　　　　　　　D. 虚构现金流量

7. 下列不属于现金流量表比较分析的内容的是（　　　）。
　　A. 现金流量表水平分析　　　　　　　B. 现金流量表垂直分析
　　C. 现金流量表项目分析　　　　　　　D. 现金流量表趋势分析

8. 下列不属于经营活动产生的现金流量的是（　　　）。
　　A. 采购原材料支付的货款　　　　　　B. 采购原材料支付的增值税
　　C. 支付给职工的工资　　　　　　　　D. 取得长期股权投资支付的手续费

9. 下列选项中能使经营活动现金流减少的项目是（　　　）。
　　A. 固定资产折旧　　　　　　　　　　B. 出售长期资产利得
　　C. 其他应收款减少　　　　　　　　　D. 原材料增加

10. 下列项目中，不属于现金流入的是（　　　）。
　　A. 营业收入　　　　　　　　　　　　B. 建设投资
　　C. 处置固定资产收入　　　　　　　　D. 回收垫支的流动资金

二、多项选择题

1. 根据现行的会计准则，现金流量表将现金分为三类，它们是（　　　）。
　　A. 经营现金流量　　　　　　　　　　B. 筹资现金流量
　　C. 投资现金流量　　　　　　　　　　D. 营业现金流量
　　E. 自由现金流量

2. 现金流量表分析的目的有（　　　）。
　　A. 了解现金流变动情况及其原因
　　B. 预测未来现金流量
　　C. 分析企业的支付能力
　　D. 评价企业的盈利质量
　　E. 评价企业的财务状况

3. 若企业的日常经营活动现金流入量不足以支付企业日常经营活动现金的流出量,企业可以采取的措施包括(　　)。

A. 提高销售收入的收现率
B. 向银行贷款
C. 加速应收账款的收回
D. 临时动用准备投资的现金
E. 抛售以公允价值计量且其变动计入当期损益的金融资产

4. 若企业的筹资活动现金净流量小于零,可能是由于(　　)。

A. 企业处在无法取得贷款的困境中,同时需要偿还到期债务
B. 企业处于良好的运转状态,近期内不打算扩充规模,开始大规模偿还前期债务
C. 企业在良好的运转状态下,大量派发现金股利
D. 企业在良好的运转状态下,大量派发股票股利
E. 企业可能陷入财务危机

5. 下列关于企业现金流量与企业经营周期的关系,说法正确的有(　　)。

A. 在企业的初创期,投资活动活跃,投资活动消耗的现金流量远大于经营活动产生的现金流量
B. 在企业的成熟期,经营现金流稳定,净流量很大,现金充足
C. 一般在企业的初创期存在大量筹资需求,筹资活动产生的现金流量巨大
D. 在企业的成长期,经营、筹资和投资的现金流量都为正
E. 在企业的衰退期,经营现金流稳定,净流量很大,现金充足

6. 如果企业的某种产品处于成熟期,下列描述属于这一时期特点的有(　　)。

A. 销售额和利润不断增加
B. 企业处于"负投资"状态
C. 筹资活动产生的现金流量常常体现为巨额流出
D. 经营活动产生的现金流量在不断增加,但不会有很大的现金节余
E. 经营现金流稳定,净流量很大,现金充足

7. 下列关于投资活动现金流量的说法中,正确的有(　　)。

A. 在企业的衰退期,企业的投资现金流量一般会大于零
B. 投资活动现金流量大于零可能是企业投资回收的资金大于投资的现金流出
C. 投资活动现金流量大于零可能是企业迫于资金压力处理在用的固定资产或者持有的长期投资
D. 投资活动的现金流量小于零可能是投资收益状况较差的表现
E. 投资活动的现金流量小于零可能是有较大的对外投资的表现

8. 下列财务活动中,属于企业投资活动的现金流量的有(　　)。

A. 提供劳务收到的现金
B. 收到的股利
C. 收到的利息
D. 短期借款增加
E. 偿还长期债券

9. 下列各项中,属于现金流量表"现金及现金等价物"的有(　　)。

A. 持有的 1 个月内到期的国债
B. 库存现金
C. 银行本票存款
D. 银行承兑汇票
E. 可以随时用于支付的银行存款

10. 下列关于现金流量表的说法中，正确的有（　　　）。

A. 现金流量表是反映企业在一定期间现金和现金等价物的流入和流出情况的报表

B. 现金是指企业库存现金及可以随时用于支付的存款

C. 现金等价物是指企业持有的期限短、流动性强、易于转换为已知金额的现金、价值变动风险很小的投资

D. 现金流量表按照收付实现制原则编制

E. 现金流量表的分析步骤包括现金流量表的比较分析和现金流量表的项目分析

三、判断题

1. 在现金流量表中，股利支出属于投资现金流量。（　　　）

2. 有些公司为了粉饰现金流量，会选择蓄意调整经营活动的现金支出，从而营造出公司自我"造血"能力较强的假象，从而误导投资者。（　　　）

3. 除非企业可以完全弥补非付现成本，否则企业会从"经营活动产生的现金流量大于零但是无法弥补非付现成本"的情况变为"经营活动产生的现金流量等于零或小于零"的情况，进而破产。（　　　）

4. 经营活动现金流量大于零，企业一定处于盈利状态。（　　　）

5. 企业支付所得税将引起投资活动现金流出量的增加。（　　　）

6. 企业当期收到的税费返还应列入现金流量表中的经营活动现金流入量。（　　　）

7. 现金流量表是按照权责发生制编制的。（　　　）

8. 现金流量表的垂直分析，就是通过对现金流量表的每个项目前后期的增减变动来观察企业现金流的变化情况，对异常变动的原因和结果进行分析。（　　　）

9. 经营活动现金流量的可持续性最强，是现金流量分析的重点。（　　　）

10. 应收票据贴现所获得的现金流量应放到经营活动现金流量。（　　　）

四、简答题

1. 试述利润和现金的含义，并结合两者的关系评价盈利质量分析的意义。

2. 简要说明现金流量表垂直分析的意义。

3. 如何评价经营活动现金净流量的变化？

4. 简要说明现金流量表与资产负债表、利润表的关系。

5. 简要说明常见的操纵经营活动现金流量的手段。

五、计算分析题

1. 甲股份有限公司 2019 年的现金流量表如表 5-4 所示。

表 5-4　现金流量表

编制单位：甲股份有限公司　　　　　　　　2019 年度　　　　　　　　单位：万元

项　目	本期金额	上期金额
一、经营活动产生的现金流量		
销售商品、提供劳务收到的现金	490 811	354 726
收到的税费返还		
收到其他与经营活动有关的现金	3	1 029

续表

项　　目	本期金额	上期金额
经营活动现金流入小计	490 814	355 755
购买商品、接受劳务支付的现金	436 825	335 736
支付给职工以及为职工支付的现金	9 236	7 836
支付的各项税费	9 547	5 805
支付其他与经营活动有关的现金	23 844	8 048
经营活动现金流出小计	（1）	357 425
经营活动产生的现金流量净额	11 362	（2）
二、投资活动产生的现金流量		
收回投资收到的现金		
取得投资收益收到的现金	2 253	3 919
处置固定资产、无形资产和其他长期资产收回的现金净额	125	59
处置子公司及其他营业单位收到的现金净额		
收到其他与投资活动有关的现金		
投资活动现金流入小计	2 378	3 978
购建固定资产、无形资产和其他长期资产支付的现金	8 774	6 689
投资支付的现金	6 898	21 117
取得子公司及其他营业单位支付的现金净额		
支付其他与投资活动有关的现金		56
投资活动现金流出小计	15 672	27 862
投资活动产生的现金流量净额	（3）	−23 884
三、筹资活动产生的现金流量		
吸收投资收到的现金		
其中：子公司吸收少数股东投资收到的现金		
取得借款收到的现金	19 500	14 750
收到其他与筹资活动有关的现金		
筹资活动现金流入小计	19 500	14 750
偿还债务支付的现金	12 500	12 575
分配股利、利润或者偿付利息支付的现金	5 225	4 548
其中：子公司支付给少数股东的股利、利润		
支付其他与筹资活动有关的现金		21
筹资活动现金流出小计	17 725	17 144
筹资活动产生的现金流量净额	1 775	−2 394
四、汇率变动对现金及现金等价物的影响		
五、现金及现金等价物净增加额	（4）	−27 948
加：期初现金及现金等价物余额	15 165	43 113
六、期末现金及现金等价物余额	15 008	15 165

要求：

（1）请利用钩稽关系将表中数字补充完整；

（2）请对上述现金流量表进行水平分析，并评价企业的运营状况；

（3）请对上述现金流量表进行垂直分析，并评价企业的运营状况；

（4）对上表进行现金流量表的项目分析，并结合企业的生命周期理论进行相关评价。

2. 乙股份有限公司 2015—2019 年的现金流量情况如表 5-5 所示。

表 5-5　乙公司现金流量情况　　　　　　　单位：万元

年份	2015	2016	2017	2018	2019
经营活动产生的现金流量净额	1 800	5 100	5 500	15 000	1 100
投资活动产生的现金流量净额	−1 500	−2 200	−3 800	−200	−5 200
筹资活动产生的现金流量净额	−2 000	−4 200	2 100	9 800	−2 300

根据以上资料，进行现金流量趋势分析。

六、案例分析题

1. 丙股份有限公司 2019 年的现金流量表部分内容如表 5-6 所示。

表 5-6　现金流量表（部分）

编制单位：丙股份有限公司　　　　　　2019 年度　　　　　　　　单位：万元

项　　目	本期金额
一、经营活动产生的现金流量	
销售商品、提供劳务收到的现金	78 400
收到的税费返还	175
收到其他与经营活动有关的现金	6 400
经营活动现金流入小计	（1）
购买商品、接受劳务支付的现金	67 000
支付给职工以及为职工支付的现金	5 800
支付的各项税费	6 050
支付其他与经营活动有关的现金	9 060
经营活动现金流出小计	（2）
经营活动产生的现金流量净额	（3）
二、投资活动产生的现金流量	
收回投资收到的现金	4 100
取得投资收益收到的现金	6 700
处置固定资产、无形资产和其他长期资产收回的现金净额	40
处置子公司及其他营业单位收到的现金净额	
收到其他与投资活动有关的现金	475

续表

项 目	本期金额
投资活动现金流入小计	（4）
购建固定资产、无形资产和其他长期资产支付的现金	9 840
投资支付的现金	6 500
取得子公司及其他营业单位支付的现金净额	
支付其他与投资活动有关的现金	735
投资活动现金流出小计	（5）
投资活动产生的现金流量净额	（6）
三、筹资活动产生的现金流量	
吸收投资收到的现金	365
其中：子公司吸收少数股东投资收到的现金	
取得借款收到的现金	4 360
收到其他与筹资活动有关的现金	446
筹资活动现金流入小计	（7）
偿还债务支付的现金	3 300
分配股利、利润或者偿付利息支付的现金	4 710
其中：子公司支付给少数股东的股利、利润	
支付其他与筹资活动有关的现金	15
筹资活动现金流出小计	（8）
筹资活动产生的现金流量净额	（9）
四、汇率变动对现金及现金等价物的影响	
五、现金及现金等价物净增加额	-8 500
加：期初现金及现金等价物余额	48 500
六、期末现金及现金等价物余额	40 000

（1）将表中数字补充完整；

（2）请对上述现金流量表进行现金流量表结构分析。

2. 天能重工于 2006 年成立，2016 年在深交所创业板挂牌，是国内风机塔架生产的龙头企业，且稳步推进产业链拓展和战略转型，其 2019 年现金流量表如表 5-7 所示。

表 5-7 现金流量表

编制单位：天能重工　　　　　　　　　　2019 年度　　　　　　　　　　单位：万元

项 目	本期金额	上期金额
一、经营活动产生的现金流量		
销售商品、提供劳务收到的现金	184 341	103 541
收到的税费返还		

续表

项　目	本期金额	上期金额
收到其他与经营活动有关的现金	3 295	1 752
经营活动现金流入小计	187 637	105 293
购买商品、接受劳务支付的现金	182 029	120 406
支付给职工以及为职工支付的现金	6 628	5 906
支付的各项税费	7 682	3 292
支付其他与经营活动有关的现金	7 884	5 037
经营活动现金流出小计	204 223	134 641
经营活动产生的现金流量净额	−16 587	−29 348
二、投资活动产生的现金流量		
收回投资收到的现金		
取得投资收益收到的现金		
处置固定资产、无形资产和其他长期资产收回的现金净额	1	4
处置子公司及其他营业单位收到的现金净额		
收到其他与投资活动有关的现金	18 821	87 686
投资活动现金流入小计	18 822	87 690
购建固定资产、无形资产和其他长期资产支付的现金	21 294	47 857
投资支付的现金		
取得子公司及其他营业单位支付的现金净额	10 924	679
支付其他与投资活动有关的现金	2	50 335
投资活动现金流出小计	32 220	98 871
投资活动产生的现金流量净额	−13 399	−11 181
三、筹资活动产生的现金流量		
吸收投资收到的现金	5	1 400
其中：子公司吸收少数股东投资收到的现金	5	1 400
取得借款收到的现金	63 000	87 900
发行债券收到的现金		
收到其他与筹资活动有关的现金	77 622	26 267
筹资活动现金流入小计	140 627	115 567
偿还债务支付的现金	63 370	43 000
分配股利、利润或者偿付利息支付的现金	6 911	4 199
其中：子公司支付给少数股东的股利、利润	2 234	0
支付其他与筹资活动有关的现金	32 033	10 741
筹资活动现金流出小计	102 314	57 940

续表

项　目	本期金额	上期金额
筹资活动产生的现金流量净额	38 313	57 627
四、汇率变动对现金及现金等价物的影响		
五、现金及现金等价物净增加额	8 328	17 099
加：期初现金及现金等价物余额	28 293	11 194
六、期末现金及现金等价物余额	36 621	28 293

（1）请对上述现金流量表进行水平分析；

（2）请对上述现金流量表进行垂直分析；

（3）天能重工 2018 年和 2019 年营业收入分别为 139 356 万元和 246 417 万元，净利润分别为 11 576 万元、28 439 万元。请结合企业的盈利状况，对现金流量表进行分析。

第6章 盈利能力分析

◎ 学习目标:

- 了解盈利能力分析的内涵与意义;
- 掌握营业盈利能力指标的计算与评价方法;
- 掌握资产盈利能力指标的计算与评价方法;
- 掌握资本盈利能力指标的计算与评价方法;
- 理解盈利能力的影响因素;
- 应用盈利能力指标综合分析评价企业的盈利能力。

引例　非经常性收益挑大梁　香雪制药主营业务盈利能力下滑[①]

2020年10月24日,香雪制药发布的2020年三季度报告显示,实现营业收入为6.78亿元,归属上市公司股东的净利润为0.07亿元,较上年同期下滑81.40%。

1. 非经常性损益"挑大梁"

公告显示,香雪制药主营业务为现代中药及中药饮片的研发、生产和销售,包括抗病毒口服液、板蓝根颗粒、橘红系列中成药及中药饮片四大产品系列。同时,公司还拥有医疗器械、保健用品、软饮料、少量西药产品及医药流通等业务。

梳理香雪制药的财务数据发现,尽管香雪制药的营业收入不断增加,但归属母公司净利润却持续下滑。数据显示,香雪制药2017—2019年的营业收入分别为21.87亿元、25.04亿元、27.86亿元,扣非后归属于上市公司股东的净利润分别为-1.52亿元、-0.46亿元、-0.23亿元。

经计算,2017—2019年,香雪制药非经常性损益为2.18亿元、1.02亿元和1.03亿元。由此可见,非经常性损益具有扮靓香雪制药业绩的重要作用。

从非经常性损益的项目来看,主要集中于计入当期损益的政府补助、委托他人投资或者管理资产的损益、债务重组损益及除了同公司正常经营业务相关的有效套期保值业务外,持有交易性金融资产、衍生金融资产等所取得的投资收益等。

需要注意的是,通常上市公司以非经常性损益来为业绩增色,其背后的原因可能是主营业务盈利能力的下滑。

对于这一质疑,香雪制药方面在回应记者时表示,2017—2019年非经常性损益较大,主要是公司为了聚焦主业,处置了部分与主业不相关的资产和投资;扣非净利润主要是受抚松长白山人参市场投资发展有限公司股权银行委托贷款项目的影响。

---

① 伍月明. 非经常性收益挑大梁 香雪制药主营业务盈利能力下滑. 中国经营报, 2020-10-31.

2. 转让资产聚焦主业

令外界不解的是，香雪制药在聚焦主业的过程中，却进行了一系列在研项目及专利的转让。

事实上，香雪制药近年来持续通过自主研发和对外合作的方式布局前沿生物制药领域，但在短期内尚未贡献较大收入和利润。

值得注意的是，香雪制药的研发费用要远低于销售费用。从香雪制药近年来的研发费用来看，2018 年和 2019 年分别为 0.38 亿元、0.61 亿元，与之相对应的是，同期的销售费用却高达 3.73 亿元、3.95 亿元。

反观公司的主营业务发展趋缓，数据显示，2017—2019 年，抗病毒口服液实现营业收入 2.01 亿元、2.44 亿元、2.9 亿元，橘红系列实现营业收入 1.8 亿元、2.14 亿元、2.57 亿元，中药材实现营业收入 8.11 亿元、9.24 亿元、11.46 亿元。

在毛利率方面，抗病毒口服液自 2017 年的 38.52%上升至 2019 年的 47.94%，另外两大产品的毛利率呈现下降趋势。橘红系列的毛利率自 2017 年的 61.83%下降至 2019 年的 54.09%，而中药材的毛利率自 2017 年的 25.15%上升至 2018 年的 30.61%，又降至 2019 年的 25.74%。

香雪制药之所以引起媒体和社会公众的关注，主要是由于其非经常性收益挑大梁，且主营业务盈利能力下滑，因此盈利能力对于企业而言至关重要。那么应该如何正确分析企业的盈利能力呢？本章主要介绍盈利能力分析的基本原理。

6.1 盈利能力分析的内涵与意义

名人名言

公司市场价值之所以能增长，得益于三个要素，那就是盈余增长、盈余增长、盈余增长。

——彼得·林奇

6.1.1 盈利能力分析的内涵

盈利是企业全部收入和利得扣除全部成本费用和损失后的盈余，是企业生产经营活动取得的财务成果。实现盈利是企业从事生产经营活动的根本目的，是企业赖以生存和发展的物质基础，是企业投资者、债权人、经营者和员工关心的焦点。企业盈利的多少与他们的利益直接相关，因此备受瞩目。

盈利能力是指企业在一定时期内赚取利润的能力。企业的业绩可以通过盈利能力体现出来。因此，分析盈利能力就要对利润额进行分析，但利润额的大小受投资规模、经营好坏的制约。通常用利润率指标衡量企业的盈利能力，利润率越高，说明盈利能力越强，利润率越低，说明盈利能力越差。

6.1.2　盈利能力分析的意义

不同的利益相关者，站在不同的角度，对盈利能力分析有着各自不同的要求和目的。因此，盈利能力分析对于不同的利益相关者具有不同的意义。

对于债权人来说，出让资金使用权的目的是获取利息收入。而利润是举债企业偿还债务的资金来源，因此盈利能力直接影响其偿债能力，即企业的盈利能力决定了债权人到期能否全额收回本息。由此可见，债权人进行盈利能力分析的目的就是考察并保证其债权的安全性。

对于投资者来说，投资的直接目的就是获得股利和股票价格的上涨带来的差价收入，以获取更多的利润。而实现净利润及盈利能力的不断增强是企业发放股利和股价上涨的基础和保证。投资者在进行投资前，往往通过判断企业的盈利能力来预测未来收益或估计投资风险，并以此作为投资决策的主要依据。

对于企业的经营者来说，盈利能力是经营的最终目的和最重要的业绩衡量标准，同时企业的盈利水平是经营者获取薪酬的主要依据和保证。经营者将分析期的盈利能力指标与该企业的历史标准、预期计划及同行业其他企业的指标进行比较，以此来衡量各部门、各环节的业绩，并评价其工作效率和效果，从而找出差距，分析经营管理中存在的问题和不足，以便采取有效措施，提高企业的盈利能力，促进企业持续稳定发展，同时提高经营者个人收益。

思政案例 6-1　　　　　**2019 年 A 股最会"赚钱"的十家房企**[①]

2019 年上半年，房地产市场降温明显，过去的火爆场面难再上演，房企经营状况持续分化，行业竞争不断加剧。面对降温的市场和收紧的融资渠道，迈入新发展阶段的房地产企业，能够保有较高水平的盈利能力变得愈发重要。

为了在新的市场环境中为投资者提供策略参考，降低其投资风险，提高资金利用效率，第一财经以行业洞察者的身份，重磅推出了"2019·第一财经中国上市房企价值榜"。榜单从房企盈利能力、资本市场表现、融资能力、企业规模、偿债能力、运营能力 6 个维度进行数据收集解读、模型计算，详细展现了中国房地产企业在 6 个维度的表现与发展，并持续发布了相应维度的 TOP10 榜单。

对于股权投资而言，资金的回报是投资人最为关注的，这就体现在投资标的的盈利能力上，是判断企业是否具有股权投资价值的重要因素之一。在此次揭晓的"A 股上市房企盈利能力榜单"中，我们采用了净资产收益率（ROE）、总资产报酬率（ROA）、销售毛利率、销售净利率 4 个指标来进行诠释，以求反映企业经营活动对股东回报的体现。通过对样本企业 4 个有关盈利能力指标的比较，以及赋予相应的权重，最终确定了 2019 年 A 股上市房企盈利能力 TOP10。

根据公开数据统计，2019 年上半年我国 A 股上市样本房企净资产收益率 ROE 均值为 5.93%，总资产报酬率 ROA 均值为 1.98%，较去年同期分别下降 0.35%及 0.2%，主要原因

---

①　2019 年 A 股最会"赚钱"的十家房企——2019·第一财经中国上市房企价值榜系列之 A 股盈利能力榜单揭晓. 第一财经网页，2019－11－13.

是半年来楼市调控趋严及市场观望情绪较重导致楼市销售遇冷，房企利率下降；房企融资成本增加；大部分房企急于扩大规模而牺牲了部分利润。其中荣安地产由于归属于母公司权益较低，其净资产收益率达到11%，再加上低土地成本带来的高销售净利率，使得它在盈利能力方面表现不错。

销售毛利率方面，A股上市样本房企销售毛利率均值为35.87%，相比去年同期小幅上涨0.31%；销售净利率均值为10%，同比降低1.3%。面对情况复杂的市场，房企融资成本、销售费用等增加，导致出现毛利率同比基本持平，但净利率出现下降的情况。上半年，A股上市样本房企中净利率低于10%的企业共有31家，但这一数字在去年同期为28家。华联控股、中华企业由于土地结转增加，带动销售毛利率和净利润二者指标上涨。苏宁环球则以72.57%的高销售毛利率，超出样本房企均值1倍有余，同时加上目前持有的117万平方米土地储备，整体发展持续性良好。

对照来看，2018年A股上市房企价值榜前十强中，只有招商蛇口、华夏幸福两家房企挺进了今年盈利能力前十强。其他上榜盈利能力TOP10的房企有大悦城、华联控股、荣安地产、广宇发展、苏宁环球、陆家嘴、中华企业和北辰实业。从巴菲特看重的净资产收益率来看，华夏幸福以18.71%的数值排名榜首，大悦城15.64%、广宇发展13.68%紧随其后。而擅长运营和融资的绿地控股虽然受其他指标影响，未能入围盈利能力TOP10，但其ROE达到12.4%，远超A股上市样本房企ROE平均水平，位列A股上市房企ROE第五。总的来看，在今年的榜单中，既有以稳定的盈利能力坚守多年的老牌房企，也有首次上榜的新晋黑马，房企盈利能力分化明显加剧。

6.1.3 盈利能力分析的内容

盈利能力分析是财务分析的重点，盈利能力是营运能力分析的目的和归宿，也是偿债能力和增长能力的保障和根源。本章就反映盈利能力的各种相对指标进行分析，同时进行横向比较和纵向比较，找出差异，分析其变动原因及其相关影响因素。下面将从以下3个方面来分析盈利能力。

1. 营业盈利能力分析

营业盈利能力是指企业在生产经营过程中获取利润的能力，具体来说是指单位营业收入中所实现利润的多少。企业的利润归根结底来源于企业的营业盈利能力，企业主营业务的获利能力是决定企业利润大小的关键，也是其他因素发挥作用的前提。也就是说，营业盈利能力指标是衡量其他方面盈利能力的基础，也是同行业企业比较经营业绩、考察管理水平的重要依据。因此，关注企业盈利能力的报表使用者都非常重视营业盈利能力指标的分析，分析指标包括销售毛利率、销售净利率、成本费用利润率、主营业务利润率等。

2. 资产盈利能力分析

资产盈利能力是指企业通过生产要素的优化配置和产业结构的动态调整，对企业的有形资产和无形资产进行综合有效运营以获取利润的能力，具体地说是每单位资产运营所获取利润的能力。

资产盈利能力分析主要研究利润与占用和消耗的资产之间的比率关系，反映企业的各项资产在营运过程中实现的盈利水平，分析指标主要包括总资产利润率、总资产净利率、总资产报酬率等。

3. 资本盈利能力分析

资本盈利是指围绕投资者投入资本的保值增值进行经营管理，从而使企业以一定的资本投入，取得尽可能多的资本收益。资本盈利能力是指企业所有者投入的资本在生产经营过程中取得利润的能力。

资本盈利能力分析主要研究所有者投入资本创造利润的能力，反映资本盈利能力的指标主要有所有者权益利润率、资本保值增值率、净资产收益率等。另外，针对上市公司的盈利能力，除上述指标以外，还可利用每股收益、每股净资产、每股股利、市盈率、市净率、股票获利率等指标进行分析。

6.2 营业盈利能力分析

　　企业的兴衰与其说是依靠其评估各种投资机会的能力，还不如说是取决于创造盈利机会的能力。

——派克，多宾斯

反映企业营业盈利能力的主要指标如下。

6.2.1 销售毛利率计算与分析

销售毛利率是企业的营业毛利润与营业收入净额的对比关系，表示营业收入净额扣除营业成本后，还有多少剩余可以用于支付各项期间费用及形成盈利。其计算公式如下。

$$销售毛利率 = \frac{营业毛利润}{营业收入净额} \times 100\%$$

其中，营业毛利润通常也叫毛利，是指企业的营业收入净额扣除营业成本后的差额，它可以在一定程度上反映企业生产环节效率的高低。营业收入净额是指企业主营业务销售收入和非主营业务销售收入扣除销售折扣、销售折让及销售退回后的余额，反映了销售实际取得的收入。一般来说，管理费用和财务费用具有刚性，当企业在一定规模和范围内经营时，这些费用不会随着企业产品产量和销售量发生变化，利息费用也比较稳定，与生产量或销售量没有太大的关系。所以，在进行该指标变动分析时一般不考虑三项期间费用。毛利润是企业最基本的或初始的利润，是企业获取净利润的起点。销售毛利率是企业销售净利率的最初基础，没有足够高的毛利率便不能形成较高的盈利能力。

有关销售毛利率的分析应注意以下几点。

（1）销售毛利率反映了企业经营活动的盈利能力

企业只有取得足够高的销售毛利率，才能为形成企业的最终资本盈利能力打下良好的基础。在分析该指标时，应从各成本项目入手，深入分析企业在成本控制、产品经营等方面的不足与成绩。

（2）销售毛利率具有明显的行业特点

一般而言，营业周期短、固定费用低的行业，销售毛利率比较低，比如零售业；反之，营业周期长、固定费用高的行业则具有较高的毛利率，以弥补巨大的固定成本，比如交通运输业。销售毛利率随着行业的不同高低各异，但同一行业的销售毛利率一般差别不大。在分析销售毛利率时，必须与企业以前各年度的销售毛利率、同行业的销售毛利率加以对比，并进一步分析差距形成的原因，以找出提高营业盈利能力的途径。

一般情况下，企业的销售毛利率相对比较稳定。如果销售毛利率连续不断提升，说明企业产品市场需求强烈，产品竞争力不断增加；反之，销售毛利率连续下跌，说明企业在走下坡路。如果销售毛利率发生较大的变化，应该引起财务报表分析人员的警觉。

【例 6-1】根据 SYZG 公司年报资料，计算其 2017—2019 年的销售毛利率，具体如表 6-1 所示。

表 6-1　销售毛利率计算表

项目	2019 年	2018 年	2017 年
营业收入/万元	7 566 576	5 582 150	3 833 509
营业成本/万元	5 093 227	3 872 796	2 680 585
营业毛利/万元	2 473 349	1 709 354	1 152 924
销售毛利率/%	32.69	30.62	30.07

由表 6-1 计算可知，SYZG 公司近三年销售毛利率持续缓慢升高，说明企业市场需求及销售情况有所上升，营业盈利能力变强。主要是国家加大基础设施建设等领域的补短板力度，工程机械行业的市场需求依然持续稳定增长，同时起重机市场从国三标准向国六标准升级，行业整体盈利水平高于预期所致。

但同时也要注意，尽管高销售毛利率为补偿期间费用和形成盈余奠定了基础，但适当降低销售毛利率、加速资金周转有时也是一件好事。

思政案例 6-2　　　薄利多销，碧桂园深耕三、四线加速回款[①]

在《财富》杂志公布的 2019 年世界 500 强排行榜中，碧桂园以 573.087 亿美元的营业收入位列第 177 位，较上年的 353 位提升了 176 名，成为世界 500 强榜单中排名上升最快的企业。

通过碧桂园的销售额亦可佐证其发展速度。2007 年碧桂园正式登陆香港资本市场，其合同销售额为 158.25 亿元，营业收入为 177.49 亿元。碧桂园的关键发展始于 2013 年，其销售额从 2012 年的 476 亿元蹿升至 1 060 亿元，首破千亿元。2017 年，碧桂园全口径合同销售金额达到 5 508 亿元，成为全球最大住宅开发商。

2019 年中报显示，截至 2019 年 6 月底，碧桂园共实现归属公司股东权益的合同销售

---

① 薄利多销毛利率创 5 年新高，碧桂园深耕三、四线加速回款. 新浪财经，2019-10-24.

金额约 2 819.5 亿元，归属公司股东权益的合同销售面积约 3 129 万平方米；总收入为 2 020.1 亿元，净利润为 230.6 亿元，同比分别增长 53.2% 和 41.3%。业绩高增长的背后，碧桂园的秘诀是什么？

在 2013—2018 年，碧桂园的毛利率曾经下滑至 20.19%，随后一路上扬，到 2018 年上升至 27.03%。2019 年中报显示，碧桂园的股东应占净利润约为 156.4 亿元，同比增长 20.8%；股东应占核心净利润达 159.8 亿元，同比增长 23.4%；毛利率为 27.16%，同比增加约 0.6 个百分点。

受开发的产品所限，碧桂园 27% 的毛利率水平在行业排名中处于较低位置。杨国强曾表示："碧桂园和沃尔玛属同一类企业，薄利多销。他们做到世界最大，我们也可以的。大家不能怀疑我们的方向。"薄利多销意味着对高周转的追求，也是对高利润的舍弃。与其他房企不同，碧桂园卖房子，犹如卖白菜。

在房地产行业，碧桂园向来以高周转著称，其库存去化能力也在持续提升。截至 2019 年上半年，碧桂园的存货为 8 305.61 亿元，较上年末增加 5.4%；预收账款余额为 6 075.5 亿元，同比增加 29%，反映库存去化情况的指标"存货/平均预收账款"为 1.42，同比下降 19.0%，库存去化压力持续减小。

尽管不对外公布每年的销售目标，但碧桂园将回款纳入考核范畴。自 2018 年起，碧桂园便不设定合约销售目标并表示将根据市场情况推出销售量，继续实现增长，同时停止公布全口径销售额。对此，杨国强在 2018 年的业绩发布会上解释道，"披露全口径销售额会让大家搞不清碧桂园真正的销售情况，长远来看，披露权益数据才能让人更好地了解碧桂园。"

虽然未公布全口径销售数据，但据克而瑞数据显示，2018 年及 2019 年上半年碧桂园全口径销售面积和销售金额仍位居行业第一。碧桂园不设定销售目标，但会加速回款，保证回款率。

根据披露，2019 年上半年碧桂园权益物业销售现金回笼约 2 659.4 亿元，回款率高达 94.3%，较去年末 91% 的回款率还提升了 3 个百分点，实现了良性循环。在 2019 年中期业绩发布会上，碧桂园总裁莫斌透露，2019 年全年公司将权益回款纳入了工作考核。

6.2.2　销售净利率

销售净利率是指企业实现的净利润与营业收入净额的对比关系，用以衡量企业在一定时期的营业收入的盈利能力。其计算公式如下。

$$销售净利率 = \frac{净利润}{营业收入净额} \times 100\%$$

销售净利率的大小主要受营业收入和净利润的影响，这两个项目分别是利润表中的第一项和最后一项，从利润的源泉到最终的净利润，中间要经过营业成本、税金及附加、三项期间费用、研发支出、资产减值损失、信用减值损失、其他收益、资产处置收益、公允价值变动损益、投资收益、营业外收入、营业外支出及所得税费用等多个环节。因此，这些项目的增减变化都会影响销售净利率的大小。销售净利率是反映企业营业盈利能力的最终指标,该指标越高,说明企业的盈利能力越强。

分析销售净利率指标,应注意以下问题。

(1)净利润的来源结构

因为销售净利率指标的年度变化比较大,企业的短期投资者和债权人更关心该指标,但是对企业的经营者来说,应将该指标与净利润的内部构成结合起来进行分析,即应关注净利润来源中经常性收益和非经常性收益各自所占的比重,以此评价企业的管理水平是提高了还是下降了。

(2)销售净利率具有行业差异性

因为不同行业的竞争状况、经济状况、行业经营特征不同,所以不同行业的销售净利率之间具有差异。在分析过程中,应选择同行业企业进行比较分析,这样才具有可比性。

【例6-2】根据SYZG公司年报资料,计算其2017—2019年的销售净利率指标,具体如表6-2所示。

表6-2 销售净利率指标计算表

项目	2019年	2018年	2017年
营业收入/万元	7 566 576	5 582 150	3 833 509
净利润/万元	1 149 445	630 349	222 709
销售净利率/%	15.19	11.29	5.81

由表6-2可知,受工程机械行业因经济周期上升而处于上升阶段的影响,SYZG公司近三年营业收入、净利润同比持续增加:2018年营业收入较2017年增加1 748 641万元,增幅为45.61%,2019年营业收入较2018年增加1 984 426万元,增幅为35.55%;2018年净利润较2017年增加407 640万元,增幅为183.04%;2019年净利润较2018年增加519 096万元,增幅为82.35%。从以上数据可以看出,无论是2018年还是2019年净利润增幅都明显大于营业收入增幅,从而导致销售净利率上升,企业盈利能力增强,这说明该公司成本费用控制较好。

总之,企业要想提高销售净利率,一方面要扩大营业收入,另一方面要降低成本费用,同时还要注意对非经常性损益项目的控制。

6.2.3 成本费用利润率的计算与分析

成本费用利润率是指企业的利润总额与成本费用总额之间的比率,是反映企业在经营过程中发生的耗费与获得的收益之间关系的指标。其计算公式如下。

$$成本费用利润率 = \frac{利润总额}{成本费用总额} \times 100\%$$

其中

成本费用总额=营业成本+税金及附加+三项期间费用(管理费用、销售费用和财务费用)

该项指标越高，表明企业生产经营的单位成本费用取得的利润越多，成本耗费的效益越高；反之，则表明单位成本费用实现的利润越少，成本耗费的效益越低。这是一个能直接反映增收节支效益的指标。

【例 6-3】根据 SYZG 公司年报资料，计算其 2017—2019 年的成本费用利润率，具体如表 6-3 所示。

表 6-3　成本费用利润率指标计算表

项目	2019 年	2018 年	2017 年
成本费用总额/万元	5 879 604	4 568 250	3 399 863
利润总额/万元	1 345 432	755 024	286 885
成本费用利润率/%	22.88	16.53	8.44

由表 6-3 可知，受宏观经济恢复、基建投资回暖的影响，SYZG 公司近三年利润总额同比持续增加，2018 年增幅为 163.18%、2019 年增幅为 78.20%，各项成本费用也随之增加，但增幅小于利润总额，其中 2018 年增幅为 34.37%、2019 年增幅为 28.71%，可见两年的利润总额增幅均高于成本费用增幅，最终导致成本费用利润率持续上升。这说明企业单位成本费用实现的利润增加，成本费用耗费的效益提高，企业成本费用管控效果显著增强。另外，结合矿山冶金建筑设备制造业 2019 年的绩效标准值看，SYZG 公司 2019 年的成本费用利润率大大超过了其所在行业的优秀值 10.9%，这说明该公司在成本费用控制方面取得了非常好的经济效益。

对于企业的管理者来讲，成本费用利润率是非常有益的指标，它可以提醒管理者生产经营在哪些方面存在问题，哪些环节需要改进。因此，成本费用利润率既可以评价企业盈利能力的强弱，也可以评价企业成本费用管理水平的高低。

6.2.4　主营业务利润率

主营业务利润率是指企业的主营业务利润与主营业务收入之间的比例关系，反映了企业依靠主营业务赚取利润的能力。其计算公式如下。

$$主营业务利润率=\frac{主营业务利润}{主营业务收入}\times100\%$$

其中

$$主营业务利润=主营业务收入-主营业务成本-主营业务税金及附加$$

该指标越高，说明企业的主营业务赚取利润的能力越强，企业的盈利越有保障。

【例 6-4】根据 SYZG 公司年报资料，计算其 2017—2019 年的主营业务利润率，具体如表 6-4 所示。

表 6-4   主营业务利润率指标计算表

项目	2019 年	2018 年	2017 年
主营业务收入/万元	7 392 585	5 433 647	3 765 660
主营业务成本/万元	4 933 818	3 742 863	2 631 536
主营业务利润/万元	2 458 767	1 690 784	1 134 124
主营业务利润率/%	33.26	31.12	30.12

注：因无法获取"主营业务税金及附加"数据，且考虑其影响不大，故在此忽略不计。

从该公司的营业盈利能力情况看，受基建投资回暖、产品市场竞争力提高的影响，SYZG 公司近三年主营业务收入、主营业务利润同比持续增加，导致主营业务利润率从 30.12% 上升到 33.26%，说明 SYZG 公司的主营业务盈利能力略有上升。

6.3 资产盈利能力分析

企业在一定时期内占用和耗费的资产越少，获取的利润越大，说明资产的盈利能力越强，经济效益越好。反映企业资产盈利能力的主要指标包括总资产利润率、总资产净利率和总资产报酬率等。

6.3.1 总资产利润率计算与分析

总资产利润率是指企业的利润总额与资产总额平均值之间的比率，即企业一定时期总资产所实现的利润额。总资产利润率反映了企业综合运用所拥有的全部经济资源获得的经济利益，它是一个综合性的效益指标。其计算公式如下。

$$总资产利润率 = \frac{利润总额}{资产总额平均值} \times 100\%$$

其中

$$资产总额平均值 = （资产总额期初值 + 资产总额期末值）/2$$

由公式可以看出，企业的总资产利润率与企业的利润总额成正比，与资产总额平均值成反比，即在利润总额不变时，占用的总资产越少，总资产利润率就越高；在占用的总资产不变时，实现的利润总额越多，总资产利润率越高。

该指标越高说明企业资产的盈利能力越好。在评价总资产利润率时，需要与企业历史标准和行业标准进行比较。

【例 6-5】根据 SYZG 公司年报资料，计算其 2017—2019 年的总资产利润率，具体如表 6-5 所示。

表 6-5　总资产利润率计算表

项目	2019 年	2018 年	2017 年
利润总额/万元	1 345 432	755 024	286 885
资产总额平均值/万元	8 215 802	6 600 620.5	3 709 986
总资产利润率/%	16.38	11.44	7.73

由表 6-5 可以看出，SYZG 公司近三年的总资产利润率呈上升态势，2018 年较 2017 年增长了 3.71 个百分点，2019 年较 2018 年又增长了 4.94 个百分点，这说明该公司的总资产盈利能力在不断提高。提高的主要原因是利润总额大幅度增加，2018 年较 2017 年上升 163.18%，2019 年较 2018 年上升 78.20%，且利润总额的增长速度超过了资产总额的增长速度，这意味着 SYZG 公司的资源投入的增加产生了良好的经济效益，这也反映出 SYZG 公司资产利用效率较高。总体来看，SYZG 公司最近三年的总资产盈利能力表现较好，当然要得出更加精确的结论还需要结合同行业标准进行比较。

6.3.2　总资产净利率计算与分析

总资产净利率是指企业的净利润与资产总额平均值之间的比率，其计算公式如下。

$$总资产净利率 = \frac{净利润}{资产总额平均值} \times 100\%$$

$$= \frac{净利润}{营业收入净额} \times \frac{营业收入净额}{资产总额平均值}$$

$$= 销售净利率 \times 总资产周转率$$

总资产净利率是反映企业资产经营效率和盈利能力的综合指标，将其划细分解，可以看出该指标由总资产周转率和销售净利率构成。总资产周转率是反映企业资产营运能力的指标，用来评价资产的运用效率，该指标越高，说明企业对资产的运用越有效率；销售净利率是反映盈利能力的指标，销售净利率越高说明企业的盈利能力越强。总资产周转率的快慢和销售净利率的高低共同决定着总资产净利率的高低。

对于总资产净利率的分析，应注意以下问题。

（1）注重资产结构分析

企业应注重资产结构的合理配置，比如流动资产与非流动资产之间的合理配置；生产经营用资产与非生产经营用资产之间的合理配置；不良资产、闲置资产与优质资产之间的合理配置，以提升资产利用效率，进而提高总资产净利率。

（2）注重利润来源分析

企业应注重利润来源分析，加强销售管理，扩大营业收入，降低成本费用，增强主营业务盈利能力，控制非经常性损益，从而提高总资产净利率。

【例 6-6】根据 SYZG 公司的资产负债表和利润表的有关数据，整理计算的总资产净利率分析表如表 6-6 所示。

表 6-6 总资产净利率分析表

项目	2019 年	2018 年	差异
营业收入/万元	7 566 576	5 582 150	1 984 426
资产总额平均值/万元	8 215 802	6 600 620.5	1 615 181.5
总资产周转率/次	0.920 9	0.845 7	0.075 2
净利润/万元	1 149 445	630 349	519 096
销售净利率/%	15.19	11.29	3.90
总资产净利率/%	13.99	9.55	4.44

根据表 6-6 的数据可知，该公司 2019 年的总资产净利率为 13.99%，2018 年的总资产净利率为 9.55%，2019 年比 2018 年上升了 4.44 个百分点。

总资产净利率变动情况分析如下。

总资产周转率对总资产净利率的影响：15.19%×（0.920 9-0.845 7）=1.14%

销售净利率对总资产净利率的影响：（15.19%-11.29%）×0.845 7=3.3%

两因素共同影响的结果：3.3%+1.14%=4.44%

根据上述资料，由于 2019 年的总资产周转率较上年上涨了 0.075 2 次，使得总资产净利率上升了 1.14 个百分点；而且由于 2019 年的销售净利率也较上年上升了 3.90 个百分点，从而使总资产净利率上升了 3.3 个百分点，两项合计共同导致总资产净利率上升了 4.44 个百分点。总体来看，SYZG 公司营业盈利能力增强，资产利用效率提高，促进了企业资产盈利能力的整体提升，当然其中营业盈利能力增强是主要原因。

6.3.3 总资产报酬率计算与分析

总资产报酬率是指息税前利润（EBIT）与资产总额平均值之间的比率。其反映了企业总资产为社会创造的全部收益，是评价企业资产综合利用效果和企业经济效益的核心指标，是企业资产经济效益的最直观的体现。其计算公式如下。

$$总资产报酬率=\frac{息税前利润（利润总额+利息支出）}{资产总额平均值}×100\%$$

由于该指标不仅反映资产为企业带来的利润，而且还反映企业为社会带来的经济利益，所以在计算该指标时需要将从利润总额中扣掉的利息支出加回。这样分子中既包含了可分配给股东的净利润、可上交给国家的所得税，也包含了可支付给债权人的利息，体现了企业通过资产运营为主要利益相关者创造的价值。

从计算公式中可以看出，总资产报酬率主要受企业总资产规模和实现的息税前利润的影响。在平均总资产规模不变的情况下，实现的息税前利润越多，说明总资产使用效率越高，总资产报酬率就越高；在实现的息税前利润不变的情况下，占用的总资产平均额越少，说明总资产使用效率越高，总资产报酬率就越高。但是，利用这一指标评价企业盈利能力时，还需要与企业历史标准、预算标准或行业标准进行比较，进一步找出该指标变动的原因和存在的问题，以便企业加强经营管理。

提高总资产报酬率的途径如下。

（1）优化资产结构

企业在保证正常生产经营的前提下，减少流动资产的资金占用；对于闲置或由于技术进步使用价值较小的固定资产，及时进行处置或更新换代；提高资产管理水平，加强对资产的日常管理等。

（2）提高利润总额

采取科学有效的产品销售策略，努力扩大产品的市场份额，增加营业收入，控制成本费用的支出，不断提高企业的营业利润。在此基础之上，还需要注意控制营业外支出。

【例 6-7】根据 SYZG 公司年报资料，计算其总资产报酬率，具体如表 6-7 所示。

表 6-7　总资产报酬率计算表

项目	2019 年	2018 年	2017 年
利润总额/万元	1 345 432	755 024	286 885
利息支出/万元	55 716	56 352	64 953
资产总额平均值/万元	8 215 802	6 600 620.5	3 709 986
总资产报酬率/%	17.05	12.29	9.48

由表 6-7 可以看出，SYZG 公司近三年的总资产报酬率呈现逐年增长态势，2018 年较 2017 年上涨了 2.81 个百分点，2019 年较 2018 年上涨了 4.76 个百分点，这说明该公司的总资产盈利能力一直在稳步上升，公司的经济效益一年比一年好。上升的主要原因是利润总额大幅度增加，且息税前利润的增长速度超过资产总额的增长速度。因此，SYZG 公司最近三年的总资产综合利用效果较好，当然要得出更加精确的结论还需要结合同行业标准进行比较。根据矿山冶金建筑设备制造业 2019 年标准，可以发现 2019 年 SYZG 公司的总资产报酬率远高于其所处行业的优秀值 6.5%，这进一步说明该公司的总资产盈利能力较强。

6.4　资本盈利能力分析

名人名言

成功的经营管理绩效，便是获得较高的股东权益报酬率，而不只是每股收益的持续增加。

——巴菲特

资本盈利能力是指企业的所有者通过投入资本经营所取得利润的能力。反映企业资本盈利能力的指标主要包括所有者权益利润率、资本保值增值率、净资产收益率等。

6.4.1　所有者权益利润率计算与分析

所有者权益利润率也可叫作权益利润率，是指企业利润总额与所有者权益总额平均值的比率。所有者权益利润率表示单位所有者权益所获得的利润额，反映所有者的回报水平。其计算公式如下。

$$所有者权益利润率=\frac{利润总额}{所有者权益总额平均值}×100\%$$

其中

$$所有者权益总额平均值=（所有者权益总额期初值＋所有者权益总额期末值）/2$$

【例6-8】根据SYZG公司年报资料，计算其所有者权益利润率指标，具体如表6-8所示。

表6-8 所有者权益利润率

项目	2019 年	2018 年	2017 年
利润总额/万元	1 345 432	755 024	286 885
所有者权益/万元	4 552 675	3 250 212	2 637 318
所有者权益总额平均值/万元	3 901 443.5	29 437 65	2 491 294
所有者权益利润率/%	34.49	25.65	11.52

由表6-8可知，SYZG公司近三年所有者权益利润率呈现持续上升的态势：2019年较2018年上升8.84个百分点，2018年较2017年上升14.13个百分点。因此从投资者的角度来看，SYZG公司股东投入资本的获利能力显著提升。

所有者权益利润率从投资者的角度考察企业的盈利状况，反映了投入资本的获利能力，是投资者及潜在投资者关注的焦点。所有者权益利润率越高，说明企业资本盈利能力越强；反之，说明企业资本盈利能力越弱。

6.4.2 资本保值增值率计算与分析

企业通过资本的投入和周转，收回资产消耗后可能会产生净利润。如果企业在资本经营过程中产生盈利，资本就会增值；如果经过一定经营周期后发生亏损，企业的资本就会减值。

资本保值增值率反映了企业资本增值的程度：该指标大于100%，表明资本实现了增值；该指标等于100%，表明资本得到了保值；该指标小于100%，表明资本贬值。其计算公式如下。

$$资本保值增值率=\frac{期末所有者权益总额}{期初所有者权益总额}×100\%$$

【例6-9】根据SYZG公司年报资料，计算其资本保值增值率指标，具体如表6-9所示。

表6-9 资本保值增值率计算表

项目	2019 年	2018 年	2017 年	2016 年
利润总额/万元	1 345 432	755 024	286 885	6 297
所有者权益/万元	4 552 675	3 250 212	2 637 318	2 345 270
资本保值增值率/%	140.07	123.24	112.45	—

由表 6-9 可知,SYZG 公司近三年利润总额分别为 1 345 432 万元、755 024 万元、286 885 万元,利润为正,从利润的角度来看,企业实现了资本增值;近三年的资本保值增值率均大于 100%,说明所有者投入资本在生产经营过程中实现了增值,其财富也得以增长。另外,根据矿山冶金建筑设备制造业 2019 年标准,可以发现 SYZG 公司 2019 年资本保值增值率高于其所处行业的优秀值 115.4%,说明其具有较强的资本盈利能力。

企业的资本有两个来源,一个是自有资金,另一个是负债。在某一个时点上,企业的资本等于负债和所有者权益总和。企业的成本费用相当于企业资产的耗费和占用,企业的收入相当于企业的资金来源,因此得到下面的公式。

$$资产+成本费用=负债+期初所有者权益+收入$$

移项得

$$收入-成本费用=资产-负债-期初所有者权益=新增资产$$

由上面的公式可知,企业实现的利润在分配之前正好等于企业的新增资产,它说明了企业资本的保值增值程度,在一定程度上反映了企业的盈利能力。当企业利润为零时,企业实现了资本保值;当企业利润为正时,所有者权益中未分配利润增加,企业实现了资本增值;当利润为负时,企业发生亏损,所有者权益减少,企业资本贬值。值得注意的是,有时企业的资本有较大的增长,有可能并不是企业自身生产经营的结果,而是投资者注入了新的资本。

思政案例 6-3　　　安钢软件资本保值增值率年均超过 126%[①]

安钢软件(870730)作为河南省优秀新三板挂牌公司,近年来,以持续创新和良好业绩获得投资者关注。安钢软件 2019 年年报显示,营业收入为 17 649.83 万元,净利润为 3 033.58 万元,净资产为 14 676.71 万元,相对于成立之初的 500 万元注册资本来说,公司实现了国有资产的大幅增值。

谈到安钢软件的成功之道,公司董事长部海明介绍,一是练好内功,先后自主开发安钢智能物流服务系统、安钢钢材营销系统等一大批软件,助推安钢从供应、生产、销售到财务、成本、质量等实现了信息化管理,为实现跨越式发展和可持续发展、大力提升安钢核心竞争力提供了强大的技术支撑。公司积极参与安钢内部项目建设,先后完成安钢质检一体化、远程操作岗位高效化等大量的工程项目,为安钢降本增效、环境保护、安全生产、管理提升提供了自动化和信息化保障。

二是做好对外开拓,加快"走出去"的步伐,大力开拓外部市场。10 年来,公司外部市场已逐渐扩展到河北、新疆、山西、江苏等 20 个省、市、自治区,成功进军食品、发电、水泥、化工、服务、汽车等非钢行业,安钢自动化品牌的影响力与日俱增,"安钢软件"在全国的知名度不断提升。

挂牌以来,安钢软件以问题为导向,动"真刀枪",啃"硬骨头",用改革破解转型发展中遇到的难题。改革是最大动力,改革也是最大红利。改革,悄然擦亮了安钢软件闪金

---

① 李保平. 安钢软件:以创新打造核心竞争力. 河南日报,2020-05-14.

的底色，带来了活力。10年来，公司营业收入每年均实现递增20%，资本保值增值率均超过126%，公司的竞争能力逐步得到提升。

6.4.3　净资产收益率计算与分析

净资产收益率是指企业的净利润与净资产平均余额（所有者权益总额平均值）之间的比率。该指标是判断企业资本盈利能力的核心指标，其计算公式如下。

$$净资产收益率=\frac{净利润}{所有者权益总额平均值}\times100\%$$

净资产收益率是评价企业自身资本获取报酬的最具有综合性和代表性的指标，它反映了企业资本运营的综合效益。一般来说，企业的净资产收益率越高，说明企业资本盈利能力越强，所有者投资的回报程度越高。

6.4.4　资本盈利能力的因素分析

1. 影响净资产收益率的主要因素

净资产收益率是企业经营管理业绩的最终反映，是盈利能力、营运能力和偿债能力综合作用的结果。因此，要想对净资产的盈利状况做出客观、合理的评价，还需要对各方面的影响因素进行深入分析。将净资产收益率进行分解后发现，影响净资产收益率的因素之间的关系如下。

$$净资产收益率=\left[总资产报酬率+（总资产报酬率-负债利息率）\times\frac{负债总额}{净资产}\right]\times$$
$$（1-所得税税率）$$

从公式中可以看出，影响净资产收益率的因素主要有总资产报酬率、负债利息率、资本结构和所得税税率等。

（1）总资产报酬率

总资产报酬率对净资产收益率有重要的影响，因为净资产是总资产的重要组成部分，两者呈正向变动关系。总资产报酬率的高低直接影响净资产收益率的高低，是影响净资产收益率最基本的因素。

（2）负债利息率

在资本结构不变的情况下，由于负债利息率的下降，使得总资产报酬率高于负债利息率，必将使净资产收益率提高，增强资本收益能力；反之，如果负债利息率上升，使得总资产报酬率低于负债利息率，则必将使净资产收益率下降，资本盈利能力降低。

（3）资本结构

资本结构是指负债总额与净资产的比例。在其他因素不变的前提下负债占净资产的比例越高，净资产收益率就越高；反之，净资产收益率越低。

（4）所得税税率

所得税税率的变动直接影响税后利润额，当然也必定影响净资产收益率。一般来讲，所得税税率越高，净利润会越少，净资产收益率会越低。

2. 净资产收益率因素分析

净资产收益率因素分析的方法有两种，第一种方法是分析净资产收益率的影响因素，在此基础之上进行因素分析，第二种方法是用杜邦财务分析法进行因素分析。

（1）分析净资产收益率的影响因素

【例 6-10】根据 SYZG 公司年报资料，按照对净资产收益率进行因素分析的第一种方法，计算的净资产收益率分析表如表 6-10 所示。

表 6-10　净资产收益率因素分析表

项　　　目	2019 年	2018 年	差　异
资产总额平均值/万元	8 215 802	6 600 620.5	1 615 181.5
净资产总额平均值/万元	3 901 443.5	2 943 765	957 678.5
负债平均值/万元	4 314 358.5	3 656 855.5	657 503
负债总额平均值/净资产平均值	1.11	1.24	−0.13
利息支出/万元	55 716	56 352	−636
负债利息率/%[①]	1.29%	1.54%	−0.25%
利润总额/万元	1 345 432	755 024	590 408
息税前利润/万元	1 401 148	811 376	589 772
净利润/万元	1 149 445	630 349	519 096
所得税税率/%[②]	14.57	16.51	−1.94
总资产报酬率/%	17.05	12.29	4.76
净资产收益率/%	29.52	21.39	8.13

① 负债利息率按利息支出/负债总额平均值结算。

② 所得税税率按所得税费用/利润总额推算。

SYZG 公司各项指标计算结果如下。

2019 年的净资产收益率=[17.05%+（17.05%−1.29%）×1.11]×（1−14.57%）=29.52%

2018 年的净资产收益率=[12.29%+（12.29%−1.54%）×1.24]×（1−16.51%）=21.39%

分析对象为：29.52%−21.39%=8.13%

替代总资产报酬率：[17.05%+（17.05%−1.54%）×1.24]×（1−16.51%）=30.30%

替代负债利息率：[17.05%+（17.05%−1.29%）×1.24]×（1−16.51%）=30.56%

替代负债/平均净资产：[17.05%+（17.05%−1.29%）×1.11]×（1−16.51%）=28.85%

替代所得税税率：[17.05%+（17.05%−1.29%）×1.11]×（1−14.57%）=29.52%

总资产报酬率的影响为：30.30%−21.39%=8.91%

负债利息率的影响为：30.56%−30.30%=0.26%

负债总额平均值/净资产总额平均值的影响为：28.85%−30.56%=−1.71%

所得税税率的影响为：29.52%−28.85%=0.67%

最后检验结果为：8.91%+0.26%−1.71%+0.67%=8.13%

根据以上分析结果可以看出，在 SYZG 公司净资产收益率的变动中，主要受总资产报酬率的影响，由于总资产报酬率的上升导致净资产收益率上升了 8.91 个百分点，负债利息率的上升导致净资产收益率上升了 0.26 个百分点，所得税税率的下降导致净资产收益率上升了 0.67 个百分点，资本结构的变动对净资产收益率带来了负面影响，使其降低了 1.71 个百分点。

负债经营对企业而言是一把"双刃剑"，如果盈利，那么其成果由所有投资者均享；但如果亏损，也须由所有投资者共同承担，因此也给企业带来了一定的财务风险。在总资产报酬率超出负债利息率的情况下，负债总额与净资产之比越大，则净资产收益率越高；反之，如果总资产报酬率低于负债利息率，负债总额与净资产之比越大，则净资产收益率越低。可见，企业经营管理者要想提高净资产收益率，一方面要提高资产盈利能力，另一方面要把握负债经营程度。

（2）杜邦财务分析法

【例 6-11】根据 SYZG 公司年报资料，按照杜邦财务分析法，对净资产收益率进行因素分析，得到 2019 年按杜邦财务分析体系分解的净资产收益率如图 6-1 所示。

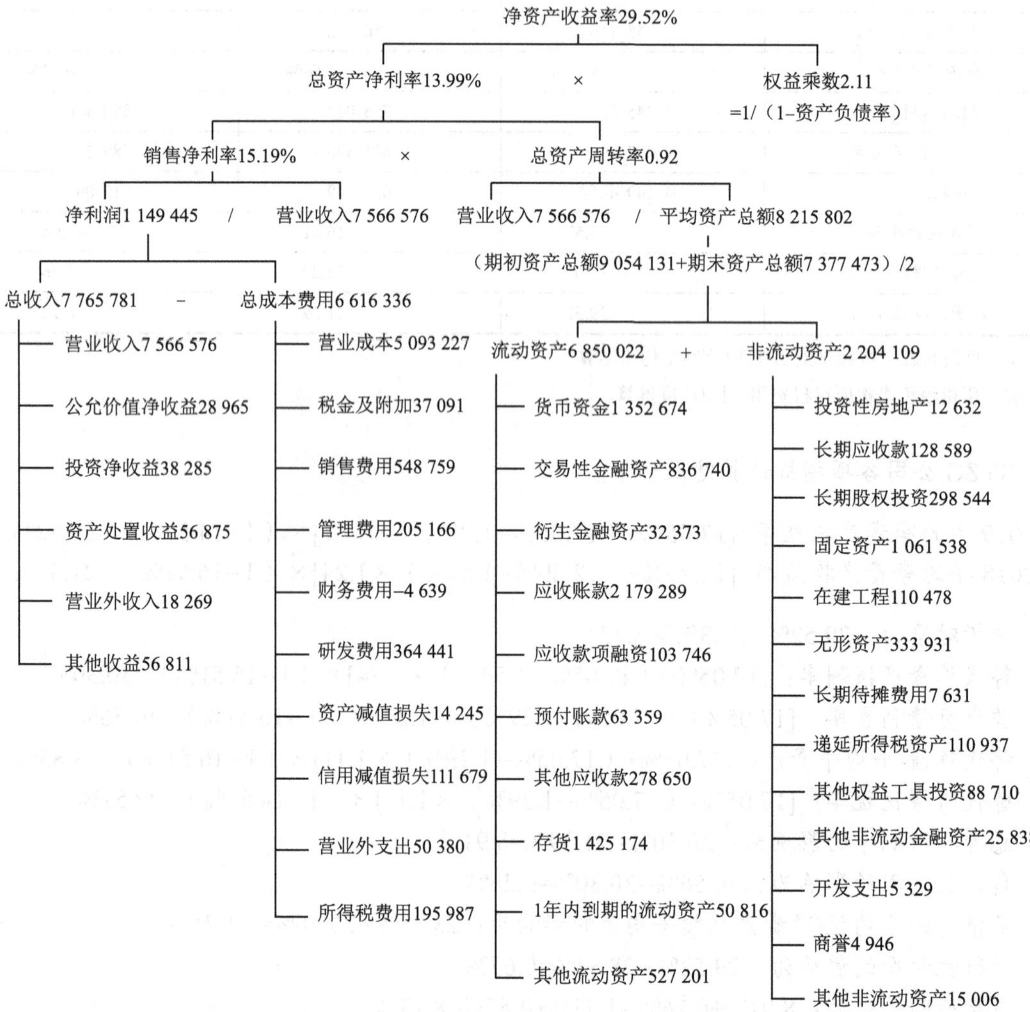

图 6-1　按杜邦分析体系分解的净资产收益率（单位：万元）

结合图 6-1 可以得到以下信息。

① 净资产收益率是一个综合性极强、最具有代表性的财务指标，它是杜邦财务分析体系的核心，反映了企业的财务目标及企业经营、筹资、投资等各种活动的综合效率和效益。SYZG 公司 2019 年的净资产收益率为 29.52%，主要受总资产净利率和权益乘数的影响。

② 销售净利率是反映企业营业盈利能力的一个非常重要的财务指标。与 2018 年相比，2019 年的销售净利率有所上升，给净资产收益率的提高带来了积极的影响，可见 SYZG 公司在提高营业盈利能力方面实现了突破。

③ 总资产周转率是反映企业营运能力的一个非常重要的财务指标。与 2018 年相比，2019 年的总资产周转率提高了 0.075 3 次，这有利于净资产收益率的提高。由此可见，SYZG 公司 2019 年对资产的利用效率有所提升。

④ 权益乘数是反映企业偿债能力的指标，同时也反映了企业筹资活动的结果。与 2018 年相比，2019 年的权益乘数有小幅下降，从 2.24 下降到 2.11，但是对净资产收益率的影响不大。

思政资料 6-1　　　**7 股连续 5 年净资产收益率超过 20%**[①]

净资产收益率（ROE）是衡量上市公司经营情况的重要指标。巴菲特曾说过，"如果只能选择一个指标来衡量公司经营业绩，那就选净资产收益率吧；我选择的公司，都是净资产收益率超过 20% 的公司"。ROE 代表了自有资本获得净收益的能力，一般来说 ROE 越大，说明投资带来的收益将越高。

按照上述标准，选取上市时间 3 年以上的股票进行分析。从近 5 年（2014—2018 年）披露的净资产收益率数据来看，仅 7 股连续 5 年 ROE 都超过了 20%，这些股票主要分布于食品饮料及医药生物行业，如双汇发展、伊利股份、信立泰及恒瑞医药等。值得一提的是，这 7 股中除先导智能和大华股份外，其余 5 股更是连续十年 ROE 都超过了 20%。

从近 5 年 ROE 的均值来看，双汇发展接近 30%，恒瑞医药及大华股份较低，但也超过了 23%。

按照巴菲特的选股指标，ROE 越高的股票，是否能带来越高的回报呢？数据宝将股票按照连续超过 20% 的年份进行分类，2018 年 ROE 超过 20% 的股票共有 66 只，2017 年至 2018 年连续 2 年均超过 20% 的股票有 36 只，连续 3 年、4 年均超过 20% 的股票分别有 23 只和 15 只。

从市场表现来看，2018 年 ROE 大于 20% 的股票，股票价格 2014 年以来累计涨幅均值最低，为 177.27%；连续 4 年 ROE 大于 20% 的股票，股票价格 2014 年以来累计涨幅均值为 197.9%；连续 5 年 ROE 大于 20% 的 7 股，股票价格 2014 年以来平均涨幅高达 289.94%。例如连续 5 年 ROE 大于 20% 的先导智能，股票价格 2014 年以来累计上涨近 14 倍，恒瑞医药累计涨幅也达到 4.2 倍。

【例 6-12】以 SYZG 公司为例，对其 2017—2019 年的盈利能力进行全面分析，并与中联

---

① 数据宝. 高净资产收益率股票名单！66 股去年 ROE 超 20% 7 股已保持 5 年. 金融界官方账号，2019-03-25.

重科和徐工机械两家同行业竞争对手进行比较。三家公司的盈利能力主要指标如表 6-11 所示。

表 6-11　三家公司盈利能力主要指标比较　　　　单位：%

年份	SYZG			中联重科			徐工机械		
	2019 年	2018 年	2017 年	2019 年	2018 年	2017 年	2019 年	2018 年	2017 年
总资产报酬率	17.05	12.29	9.48	10.67	7.52	7.15	11.88	11.33	10.58
净资产收益率	29.52	21.39	8.21	11.25	5.29	3.54	10.91	6.79	4.25
销售毛利率	32.69	30.62	30.07	30.00	27.09	21.35	17.45	16.69	18.89
销售净利率	15.19	11.29	5.81	9.87	6.82	5.36	6.16	4.63	3.53
资本保值增值率	140.07	123.24	112.45	101.97	101.42	101.14	110.90	126.13	117.45

SYZG 公司、中联重科和徐工机械同属工程机械行业，排名位列行业前三。由表 6-11 可知，这三家公司除徐工机械个别指标以外，近三年各项盈利能力指标均呈上升趋势，原因在于受下游基建需求拉动、国家加强环境治理、设备更新需求增长、人工替代效应等因素推动，工程机械行业持续快速增长，行业整体盈利水平不断提升。从 2019 年看，SYZG 公司各项指标均高于对标公司，特别是其净资产收益率指标远高于矿山冶金建筑设备制造业 2019 年优秀值 14.9%，这说明 SYZG 公司各方面盈利能力都非常强，在同业中处于领先地位。

6.4.5　上市公司资本盈利能力分析指标

我国的证券市场还处于发展阶段，在信息披露上存在严重的信息不对称。投资者要规避投资风险、获取较好的投资收益、做出正确的投资决策，对上市公司盈利能力的正确分析与判断是非常必要和关键的。对上市公司除分析以上指标外，还可以增加一些特殊的指标。这些指标包括每股收益、每股净资产、每股股利、市盈率、市净率、股票获利率等。

1. 每股收益

每股收益是指企业归属于普通股股东的当期净利润与发行在外的普通股的加权平均数之比。它反映了在外流通的每股普通股获得的收益，是衡量上市公司盈利能力最重要的财务指标之一。每股收益的计算公式如下。

$$每股收益=\frac{本期净利润-优先股股利}{发行在外的普通股的加权平均数}$$

【例 6-13】通过 SYZG 公司的 2019 年年报资料可知，本期归属于母公司股东的净利润是 1 120 666 万元，发行在外的普通股加权平均数是 824 019 万股，则

$$每股收益=\frac{1 120 666}{824 019}=1.36 （元）$$

一般来说，每股收益指标值越高，表明股东的投资效益越好，股东获取高额股利的可能性也就越大。因此，人们普遍有这样一个观点：如果一个企业的每股收益增幅令人满意，那么它的股票市价就会上涨，股东的财富、企业的价值就会增加。

对于每股收益指标的分析，应该注意以下问题。

① 每股收益不反映股票所含有的风险，高风险的行业往往有高收益，但利润指标本身没有考虑风险因素，同时利润指标也不能反映资金的时间价值，因此需要综合市盈率、市净率等指标进行综合分析。

② 每股收益的多少，并不能决定股利的多少，股利的多少还取决于股利支付率；而股利支付率取决于公司的股利分红政策。收益多的年份，可能分红少，收益少的年份，反而有可能分红多。

③ 每股收益可以进行横向比较和纵向的比较。通过与同行业平均水平或竞争对手的比较，可以考察公司每股收益在整个行业中的状况及与竞争对手相比的优劣。通过与公司以往各期的每股收益进行比较，可以了解该公司盈利能力的变化趋势。

我国实行新会计准则后，要求企业把每股收益作为利润表的一部分内容予以列示，每股收益成为联系资产负债表和利润表的"桥梁"。每股收益是衡量上市公司经营业绩最基本的指标，同时还是分析市盈率、股利支付率等重要盈利指标的依据和基础。总之，每股收益作为上市公司盈利能力分析的核心指标，具有引导投资方向、增强市场评价功能的作用。

思政资料 6-2　　　　　　　**普钢板块每股收益情况分析**[①]

据普钢板块近 8 年基本每股收益情况（见图 6-2）可知：2012—2015 年，普钢板块有 2 年基本每股收益为负值，并于 2015 年降至近 8 年最低水平。2012—2015 年，影响普钢板块基本每股收益持续走低的主要原因是钢铁行业产能过剩矛盾在这 4 年呈现日益加剧的态势，行业效益持续低迷。

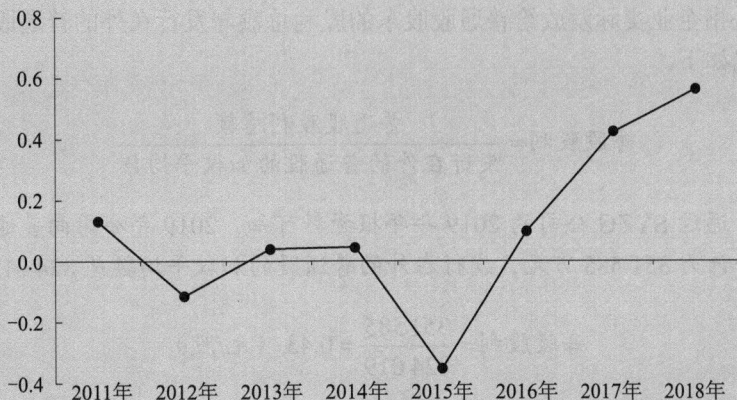

图 6-2　普钢板块 2011—2018 年基本每股收益情况（元/股）

2016—2018 年，普钢板块基本每股收益连续 3 年增长，其中 2016 年基本每股收益为 0.13 元，较 2015 年大幅提升 0.45 元，增长量创近 8 年新高。但盈利水平仅高于 2012—2015 年，这表明一方面 2016 年钢铁板块普通股的获利水平较 2012—2015 年有了提高，另一方面钢铁板块在 2016 年仅仅是走出了亏损低谷，呈现出基本面向好的发展态势。普钢板块

① 李拥军. 普钢板块近 8 年盈利状况分析. 中国冶金报，2019-07-11.

2017 年、2018 年基本每股收益分别为 0.42 元、0.56 元，连创 2011 年以来新高，且与 2011—2015 年相比，有着较大的领先优势，表明普钢板块普通股的获利水平达到了近 8 年来的新水平，对投资者有更好的回报。

2. 每股净资产

每股净资产是净资产与普通股总数之比，反映了每股股票所拥有的净资产价值，是支撑股票市场价格的重要基础。在企业并购中，每股净资产也是估算并购企业价值的重要依据。其计算公式如下。

$$每股净资产=\frac{股东权益总额-优先股股东权益}{发行在外的普通股的加权平均数}\times100\%$$

【例 6-14】通过 SYZG 公司的 2019 年年报资料可知，归属于母公司股东权益的总额是 4 442 099 万元，普通股加权平均数是 824 019 万股，则

$$每股净资产=\frac{4\,442\,099}{824\,019}=5.39（元）$$

每股净资产通常被认为是股价下跌的底线，如果股价低于每股净资产，那么企业的发展前景极度堪忧。每股净资产越高，表明企业内部积累雄厚，在经济不景气的时期拥有较强的防御能力。

3. 每股股利

每股股利是指企业实际发放给普通股股东的股利总额与发行在外的普通股加权平均数之比。其计算公式如下。

$$每股股利=\frac{普通股股利总额}{发行在外的普通股的加权平均数}$$

【例 6-15】通过 SYZG 公司的 2019 年年报资料可知，2019 年公司向普通股股东分配的现金股利总额合计为 351 585 万元，发行在外的普通股的加权平均数是 824 019 万股，则

$$每股股利=\frac{351\,585}{824\,019}=0.43（元/股）$$

每股股利是普通股股东获得投资收益的方式之一。按照公司价值的股利折现评估模型，企业的价值取决于未来的股利发放能力。每股股利的高低一方面取决于企业获利能力的强弱，另一方面还受到企业股利发放政策与利润分配需要的影响。例如，处于朝阳产业的企业为了扩大再生产、增强发展后劲，可能采取保守的股利政策，而处于夕阳产业的企业可能由于缺乏投资机会而派发较多的每股股利。

4. 市盈率

市盈率是指普通股每股市价与每股收益的比率，它反映了投资人相对于每股收益所愿意支付的股票价格，可以用来估计股票的投资报酬和风险。投资者非常关注上市公司的市盈率，

金融机构和资本市场的中介机构都会定期发布该指标，有关证券刊物也会报道各类股票的市盈率。市盈率的计算公式如下。

$$市盈率 = \frac{每股市价}{每股收益}$$

其中，每股市价一般采用年度平均价格，即全年每天收盘价的简单平均数，从证券市场发布的证券交易资料即可获得。为简单起见，也为了增加适时性，也可以采用报告日前一日的现时收盘价。

【例 6-16】 SYZG 公司 2019 年 12 月最后一个交易日的收盘价为 17.05 元，该公司的每股收益是 1.36 元，则市盈率可计算如下。

$$市盈率 = \frac{17.05}{1.36} = 12.54$$

从计算结果看，SYZG 公司的投资者愿意为取得公司未来 1 元/股的投资收益投资 12.54 元。

市盈率可以用来估计股票的投资报酬和风险，它是市场对企业的共同期望指标。一般来讲，市盈率越高，表明市场对企业的未来越看好，企业价值就越大。

由于一般的期望报酬率为 5%～20%，所以正常的市盈率为 5～20。仅从市盈率高低的横向比较看，高市盈率说明企业能够获得投资者信赖，具有良好的前景；反之亦然。充满扩张机会的新兴行业市盈率普遍较高，而成熟工业的市盈率普遍较低，这并不说明后者的股票没有投资价值，也不是说股票的市盈率越高就越好。我国股市尚处在发展阶段，庄家肆意拉抬股价、造成市盈率奇高、市场风险巨大的现象时有发生，投资者应该从公司背景、基本素质等方面多加分析，对市盈率水平进行合理判断。该指标不能用于不同行业企业的比较。

市盈率的高低受净利润的影响，而净利润受可选择的会计政策的影响，从而使得企业之间的比较受到限制。在每股收益很小或亏损时，市价不会降至零，此种情况下市盈率会很高，但已没有实际意义。因此，观察市盈率的长期趋势很重要。同时也建议投资者应结合其他有关信息，更好地运用市盈率指标判断股票的价值。

另外，影响市盈率变动的因素之一是股票市价，但是股票市价的变动除了企业本身的经营状况以外，还受到宏观经济形势和经济环境等多种因素的影响，所以要对股票市场做出全面的了解和分析后方可做出正确评价。

思政案例 6-4 **一周市值蒸发超千亿元！这家"白马股"为何突然闪崩？**[①]

2014 年，海天味业上市。上市当天，其市值仅为 497 亿元。2019 年 9 月，海天味业市值突破 3 000 亿元。仅仅一年后，其市值再次翻倍。9 月 3 日早盘，海天味业股价再度上扬，一度突破 200 元，最高达到 203 元，对应市值达到 6 578.1 亿元，均创历史新高，市盈率超 100 倍。海天味业也由此位列 A 股第 11 位，直追第 10 位的中国石油。在消费股中，海天

---

① 余源. 一周市值蒸发超千亿元！这家"白马股"为何突然闪崩？.中国新闻周刊，2020-09-12.

味业的市值仅次于贵州茅台和五粮液，跻身消费股第三把交椅。

事实上，今年以来，一众调味品上市公司股价均实现了大幅增长。除海天味业外，恒顺醋业、千禾味业及天味食品的股价均翻倍，千禾味业的涨幅更是达到 178.13%。

不过随着海天味业股价的一路走高，市场对其估值是否过高、是否存在泡沫的讨论也不断增多。

8 月 31 日，银河证券发布研报称，近期食品饮料持续走强，白酒、调味品等行业市盈率不断创近年新高，尽管我们在过去很长时间强烈推荐白酒、调味品等消费股，但是我们不对当下创纪录的消费股再唱赞歌，因为创纪录估值意味着未来投资回报率下降。

中银证券则表示，食品饮料中报业绩稳定增长，但高估值的问题不能忽视。食品饮料行业业绩的稳定增长，是资金持续青睐的核心原因。目前食品饮料行业指数的估值已经创下历史新高，国内无风险利率上行会给估值带来一定的下行压力。

果不其然，从 9 月 4 日开始，海天味业连续三个交易日股价下挫，跌幅分别为 7.68%、5.33%、5.33%。9 月 8 日，海天味业股价小幅回升，但 9 日继续下跌。截至 9 月 9 日收盘时，海天味业收盘价为 158.9 元，比前一日下跌 5.7%，市值为 5 148 亿元，缩水超过 1 300 亿元。受此影响，食品饮料板块剧烈震动，中炬高新（"美味鲜"和"厨邦"的母公司）、千禾味业也跟随杀跌，收盘跌幅甚至更大。

"海天味业的市值或许是虚高的。"中国食品产业分析师朱丹蓬对中国新闻周刊表示，资金之所以对食品饮料等消费板块疯狂追逐，主要在于在目前不确定性环境下，消费板块业绩持续向好，抗风险能力较强。

香颂资本执行董事沈萌对中国新闻周刊表示，海天味业前期上涨主要是因为市场在流动性过剩背景下向大盘股集中，而下跌的理由是整体消费板块在消化了对疫情刺激下利好的消息后的回调。

海天味业的股价之所以持续飘红，得益于良好的业绩表现。

2020 年半年报显示，上半年海天味业实现营业收入 115.95 亿元，同比增长 14.12%；归属于上市公司股东的净利润为 32.53 亿元，同比增长 18.27%；经营活动产生的现金流净额为 15.70 亿元，同比增长 69.32%。

其实近年来，海天味业的增速一直在放缓。

数据显示，2017 年至 2019 年中报，海天味业营业收入增速分别为 20.57%、17.24% 和 16.51%，2020 年中报降至 14.12%；同期净利润增速分别为 22.7%、23.3% 和 22.34%，今年中报降至 18.27%。

增速放缓的主要原因是公司核心产品增长进入瓶颈期。

近几年来，海天酱油产品的营业收入增速一直在下滑，行业天花板已经临近。2017—2019 年，酱油类产品的营业收入增速分别为 16.59%、15.85%、13.60%。而同期海天味业的整体营业收入增速分别为 17.06%、16.80%、16.22%，同样呈下滑趋势。

随着核心业务增速持续放缓，海天味业急需寻找下一个增长点。

5. 市净率

市净率是指企业普通股每股市价与每股净资产之间的对比关系。其计算公式如下。

$$市净率 = \frac{每股市价}{每股净资产} \times 100\%$$

【例 6-17】SYZG 公司 2019 年 12 月最后一个交易日的收盘价为 17.05 元，该公司的每股净资产是 5.39 元，则市净率可计算如下。

$$市净率 = \frac{17.05}{5.39} = 3.16$$

每股净资产是股票的账面价值，它主要是以历史成本计量的，而每股市价是这些资产的现行市值，它是证券市场上交易的结果。一般而言，市价高于账面价值时企业资产的质量较好，有发展潜力，未来创造剩余收益的能力较强；反之则资产质量差，没有发展前景。优质股票的市价会超出每股净资产很多，一般来说市净率达到 3，可以树立较好的企业形象。市价低于每股净资产的股票，就像售价低于成本的商品一样，属于"处理品"。当然，"处理品"也不是没有投资价值，问题在于该企业今后是否有转机，或者购入后经过资产重组能否提高获利能力。

6. 股票获利率

股票获利率是指企业普通股每股股利与每股市价之比。其计算公式如下。

$$
\begin{aligned}
股票获利率 &= \frac{每股股利}{每股市价} \times 100\% \\
&= \frac{每股股利}{每股收益} \times \frac{每股收益}{每股市价} \\
&= \frac{股利收益率}{市盈率}
\end{aligned}
$$

股票获利率是衡量普通股股东当期股利收益率的指标，其高低取决于股利收益率和市盈率指标的大小，通常短期投资者比较注重股利收益率，长期投资者比较注重市盈率。

这一指标在用于分析股东投资收益时，分母应采用投资者当初购买股票时支付的价格；在用于对准备投资的股票进行分析时，则使用当时的市价。这样既可揭示投资该股票可能获得股息的收益率，又能表明出售或放弃投资这种股票的机会成本。

投资者可利用股价和获利率的关系以及市场调节机制预测股价的涨跌。当预期股利不变时，股票获利率与股票市价呈反方向运动。当某股票获利率偏低时，说明股票市价偏高；反之，若股票获利率偏高，说明股价偏低，投资者会竞相购买，从而又会导致股价上升。

【例 6-18】选择 SYZG 公司 2019 年 12 月最后一个交易日为基准日计算其股票获利率，SYZG 公司在该交易日的收盘价为 17.05 元，2019 年每股股利为 0.43 元，则其股票获利率可计算如下。

$$股票获利率 = \frac{0.43}{17.05} \times 100\% = 2.52\%$$

在引入资本市场数据后，可以重新构建新的上市公司盈利能力财务指标体系，如图6-3所示。

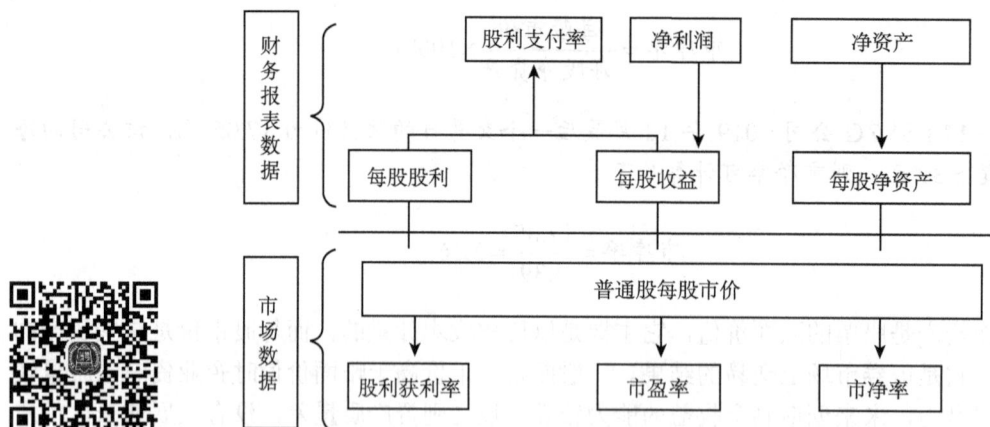

图6-3 基于资本市场的上市公司盈利能力财务指标体系

本 章 小 结

盈利是企业全部收入和利得扣除全部成本费用和损失后的盈余，是企业生产经营活动取得的财务成果。实现盈利是企业从事生产经营活动的根本目的，是企业赖以生存和发展的物质基础，是企业投资者、债权人、经营者和员工关心的焦点。

盈利能力是指企业在一定时期内赚取利润的能力。通常采用利润率指标反映企业的盈利能力。利润率越高，说明盈利能力越强；反之，相反。

盈利能力分析对于不同利益相关者而言具有不同的意义。盈利能力分析的内容包括营业盈利能力分析、资产盈利能力分析和资本盈利能力分析。

营业盈利能力是指企业在生产经营过程中获取利润的能力，具体来说是每百元销售额中所实现的利润的多少。企业的利润归根结底来源于企业的营业盈利能力，其中企业主营业务获利能力是决定企业利润大小的关键，也是其他因素发挥贡献的前提。因此，营业盈利能力指标是衡量资产盈利能力和资本盈利能力的基础，也是同行业企业比较经营业绩、考察管理水平的重要依据。因此，关注企业盈利能力的报表使用者都非常重视营业盈利能力指标的变动，分析指标包括销售毛利率、销售净利率、成本费用利润率、主营业务利润率等。

资产盈利能力是指企业通过生产要素的优化配置和产业结构的动态调整，对企业的有形的和无形的资产进行综合有效运营来获取利润的能力。资产盈利能力分析主要研究利润与占用和消耗的资产之间的比率关系，反映企业的各项资产在营运过程中实现的盈利水平，分析指标包括总资产利润率、总资产净利率和总资产报酬率等。

资本盈利是指围绕投资者投入资本的保值增值来进行经营管理，从而使企业以一定的资本投入，取得尽可能多的资本收益。资本盈利能力是指企业的所有者投入资本在生产经营过程中取得利润的能力。资本盈利能力分析主要研究所有者投入资本创造利润的能力，反映资本盈利能力的指标包括所有者权益利润率、资本保值增值率、净资产收益率等。另外，针对上市公司的盈利能力，除上述指标以外，还可利用每股收益、每股净资产、每股股利、市盈率、市净率、股票获利率等指标进行分析。

练 习 题

一、单项选择题

1. 下列各项中，反映盈利能力的核心指标是（　　　）。
   A. 总资产周转率 　　　　　　　　 B. 股利发放率
   C. 净资产收益率 　　　　　　　　 D. 总资产报酬率

2. 下列各项中，反映普通股每股市价为每股收益的倍数，以及投资人对每元净利润所愿意支付的价格指标是（　　　）。
   A. 市净率 　　　　　　　　　　　 B. 市盈率
   C. 每股收益 　　　　　　　　　　 D. 每股净资产

3. 所有者权益利润率也称权益利润率，其中利润是指（　　　）。
   A. 毛利润 　　　　　　　　　　　 B. 利润总额
   C. 营业利润 　　　　　　　　　　 D. 净利润

4. 按照总资产报酬率的计算公式，其分子是指（　　　）。
   A. 利润总额 　　　　　　　　　　 B. 息税前利润
   C. 净利润 　　　　　　　　　　　 D. 息前利润

5. 下列各项中，反映企业综合运用所拥有的全部经济资源所获得效果的一个综合性效益指标是（　　　）。
   A. 总资产报酬率 　　　　　　　　 B. 净资产收益率
   C. 总资产净利率 　　　　　　　　 D. 流动资产利润率

6. 反映企业的营业毛利润与营业收入之间的对比关系，表示营业收入扣除营业成本后，有多少钱可以用于支付各项期间费用及形成盈利的指标是（　　　）。
   A. 营业净利率 　　　　　　　　　 B. 总资产报酬率
   C. 销售毛利率 　　　　　　　　　 D. 所有者权益利润率

7. 企业销售毛利率与上年基本一致,销售净利率却大幅度下降,最可能的原因是(　　　)。
   A. 营业收入上升 　　　　　　　　 B. 营业成本上升
   C. 期间费用上升 　　　　　　　　 D. 营业外收支净额上升

8. 当权益乘数不变时，净资产收益率的变动率取决于（　　　）。
   A. 销售净利率的变动率 　　　　　 B. 销售毛利率的变动率
   C. 总资产周转率的变动率 　　　　 D. 总资产净利率的变动率

9. 下列关于每股收益的表述正确的是（　　　）。
   A. 上市公司必须在利润表中披露基本每股收益和稀释每股收益
   B. 每股收益反映企业为每一普通股和优先股股票所实现的税后净利润
   C. 每股收益能决定股东获得股利的多少
   D. 每股收益是衡量普通股的投资回报及投资风险的财务指标

10. 下列关于成本费用利润率的表述，错误的是（　　　　）。

　　A. 该指标是指企业利润总额与成本费用总额的比率

　　B. 该指标越高表明企业成本耗费所获得的效益越高

　　C. 该指标是一个能够直接反映企业增收节支效益的指标

　　D. 该指标能够评价企业盈利能力的强弱，不能评价企业成本费用控制和管理水平

二、多项选择题

1. 盈利能力分析对所有财务报表分析者都非常重要，对此理解正确的有（　　　　）。

　　A. 企业的盈利能力与股东财富直接挂钩，也是企业价值评估的数据基础

　　B. 企业的盈利能力影响债权人的债务安全

　　C. 企业的盈利能力直接反映管理者的经营业绩

　　D. 政府管理部门需要通过收益数额来分析企业盈利能力对市场和其他社会环境的影响，并取得财政收入

　　E. 企业的盈利能力分析对其他利益相关者也具有重要意义

2. 下列各项中，属于盈利能力分析的内容有（　　　　）。

　　A. 资本盈利能力分析　　　　　　　　B. 资产盈利能力分析

　　C. 固定资产盈利能力分析　　　　　　D. 负债盈利能力分析

　　E. 营业盈利能力分析

3. 下列各项中，影响成本费用利润率的因素包括（　　　　）。

　　A. 营业成本　　　　　　　　　　　　B. 期间费用

　　C. 资产减值损失　　　　　　　　　　D. 税金及附加

　　E. 营业外支出

4. 以下计算公式中，错误的有（　　　　）。

　　A. 总资产报酬率=总资产周转率×销售息税前利润率

　　B. 净资产收益率=营业利润/净资产平均余额

　　C. 毛利率=（营业收入–营业成本）/营业成本

　　D. 总资产净利率=销售毛利率×总资产周转率

　　E. 权益乘数=资产/股东权益

5. 下列各项中，属于营业盈利能力分析的指标有（　　　　）。

　　A. 销售毛利率　　　　　　　　　　　B. 销售净利率

　　C. 成本费用利润率　　　　　　　　　D. 资本保值增值率

　　E. 净资产收益率

6. 下列各项中，与净资产收益率直接相关的指标有（　　　　）。

　　A. 销售净利率　　　　　　　　　　　B. 总资产周转率

　　C. 总资产增长率　　　　　　　　　　D. 权益乘数

　　E. 资产负债率

7. 以股东投资为基础的盈利能力的衡量指标主要有（　　　　）。

　　A. 净资产收益率　　　　　　　　　　B. 每股收益

　　C. 市盈率　　　　　　　　　　　　　D. 市净率

　　E. 留存收益率

8. 下列各项中，属于反映上市公司盈利能力的特有指标有（　　）。
   A. 每股收益
   B. 市净率
   C. 市盈率
   D. 每股净资产
   E. 总资产周转率

9. 下列关于财务指标的各种表述中正确的有（　　）。
   A. 在市价确定的情况下，每股收益越高，市盈率越高，投资风险越小
   B. 市净率越高可能意味着企业未来的盈利前景越好，也可能意味着股票价格被高估
   C. 股利支付率的高低反映了企业的股利政策
   D. 提高留存收益率必然降低股利支付率
   E. 只有股票持有人认为股价将降低时，他们才会接受较低的股票获利率

10. 杜邦分析法是一个多层次的财务比率分解体系，对此理解正确的有（　　）。
   A. 各项财务比率分解的目的是识别引起或产生差距的原因，并衡量其重要性
   B. 在分解体系下，历史比较与同业比较会逐级向下，覆盖企业经营活动的各个环节
   C. 在分解体系下，各项财务比率可在每个层次上与本企业或同业财务比率进行比较
   D. 运用杜邦分析法进行综合分析，就是在每一个层次上进行财务比率的比较和分析
   E. 杜邦分析法可用来进行净资产收益率因素分析

三、判断题

1. 企业的销售毛利率相对比较合理稳定，如果销售毛利率发生较大的变化，应该引起管理者的警觉。（　　）
2. 不同行业的企业间销售净利率水平有时也具有可比性。（　　）
3. 企业提高销售净利率的唯一途径就是扩大营业收入。（　　）
4. 如果企业的销售毛利率非常高，那么销售净利率也必然很高。（　　）
5. 成本费用利润率是一个能直接反映增收节支效益的指标。（　　）
6. 企业当年的资本保值增值率大于1，一定是当年实现了盈利。（　　）
7. 市盈率较高的上市公司一定具备较高的成长性，风险较低。（　　）
8. 每股股利的高低一方面取决于企业获利能力的强弱，另一方面还受到企业股利发放政策与利润分配需要的影响。（　　）
9. 总资产报酬率的高低直接影响净资产收益率的高低，与净资产收益率呈反向变动关系，是影响净资产收益率最基本的因素。（　　）
10. 影响净资产收益率的因素主要有总资产报酬率、负债利息率、企业资本结构和所得税率等。（　　）

四、简答题

1. 简述盈利能力分析的意义。
2. 什么是营业盈利能力？常用的指标有哪些？
3. 分析销售毛利率指标时应注意哪些问题？
4. 分析销售净利率指标时应注意哪些问题？
5. 什么是资产盈利能力分析？具体包括哪些指标？
6. 总资产利润率与总资产报酬率有何区别？
7. 为什么计算总资产报酬率指标时包括利息支出？

8. 为什么净资产收益率是反映盈利能力的核心指标？

9. 资本保值增值率对于国有企业资产管理有何意义？

10. 进行每股收益指标分析时应注意哪些问题？

五、计算题

1. 某企业 202×年的利润总额为 30 万元，营业收入净额为 150 万元，资产负债表上列示的年初总资产为 180 万元，年末总资产为 220 万元，该企业的所得税税率为 25%，该企业 202×年共发生利息费用 2 万元。要求计算：

（1）企业 202×年的总资产报酬率；

（2）企业 202×年的总资产周转率；

（3）企业 202×年的销售净利率。

2. 已知某企业 202×年财务报表的有关数据如下。

资产负债表：资产总额为 2 000 万元，负债总额为 1 060 万元，所有者权益期初数为 880 万元。

利润表：营业收入为 3 000 万元，营业成本为 2 644 万元，营业利润为 306 万元，利润总额为 203 万元，净利润为 136 万元。

此外，企业不存在销售折让、折扣、退回，无优先股，普通股股数为 400 万股，市价为 6.8 元。

根据以上数据，分别计算如下指标：权益乘数、销售净利率、成本费用利润率、净资产收益率、每股收益、市盈率、市净率。

3. 某上市公司本年利润分配及年末股东权益的有关资料如下（单位：万元）。

净利润	3 150
加：年初未分配利润	600
可共分配利润	3 750
减：提取法定盈余公积	500
可供股东分配的利润	3 250
减：提取任意盈余公积	300
已分配普通股股利	1 800
未分配利润	1 150
股本（每股面值）	4 500
资本公积	3 300
盈余公积	1 800
未分配利润	900
所有者权益合计	10 500

该公司每股市价 10.5 元，年初流通在外普通股股数为 3 500 万股，年中发行普通股 1 000 万股，年末流通在外普通股股数为 4 500 万股。

分析要求：

（1）计算普通股每股收益。

（2）计算市盈率、每股股利、股利发放率。

4. 已知某企业 202×年流动资产年末数为 70 000 万元，非流动资产年末数为 110 000 万元，流动资产年初数为 57 000 万元，非流动资产年初数为 79 000 万元。利润表相关数据如表 6–12 所示。

表 6–12　利润表相关数据

项　　目	本期金额/万元
营业收入	150 000
减：营业成本	96 000
税金及附加	1 800
销售费用	5 200
管理费用	6 000
研发费用	
财务费用	1 200
利润总额	48 000
减：所得税费用	12 000
净利润	36 000

根据以上数据，分别计算如下指标：销售毛利率、销售净利率、成本费用利润率、总资产利润率、总资产净利率和总资产报酬率（利息支出按照财务费用计算）。

5. 已知某企业 202×年财务报表的有关数据如表 6–13 所示。

表 6–13　财务报表的有关数据

项　　目	本期金额/万元
营业收入	244 800
营业成本	169 000
税金及附加	2 800
销售费用	8 600
管理费用	9 900
财务费用	2 000
利润总额	58 400
所得税费用	15 500
净利润	42 900

根据以上数据，分别计算如下指标：销售毛利率、销售净利率、成本费用利润率。

六、案例分析题

1. 已知某公司 202×年会计报表的有关资料如表 6–14 所示。

表 6-14 资料   单位：万元

资产负债表项目	年初数	年末数
资产	8 000	10 000
负债	4 500	6 000
所有者权益	3 500	4 000
利润表项目	上年数	本年数
营业收入净额	（略）	20 000
净利润	（略）	500

要求：

（1）计算杜邦财务分析体系中的下列指标（凡计算指标涉及资产负债表项目数据的，均按平均数计算）：

① 净资产收益率

② 总资产净利率（保留三位小数）

③ 销售净利率

④ 总资产周转率（保留三位小数）

⑤ 权益乘数

（2）用文字列出净资产收益率与上述其他各项指标之间的关系式，并用本题数据加以验证。

2. 徐工机械 2019 年、2018 年的净资产收益率计算过程如表 6-15 所示。

表 6-15 净资产收益率计算过程

项　　目	2019 年	2018 年	差异
总资产平均余额/万元	6 927 077	5 550 995	
净资产平均余额/万元	3 199 335	2 719 815	
负债平均余额/万元			
负债平均余额/净资产平均余额			
利息支出①/万元	−1 459	−1 827	
负债利息率/%②			
利润总额/万元	410 228	221 483	
息税前利润/万元			
净利润/万元	364 538	205 565	
所得税税率/%③			
总资产报酬率/%			
净资产收益率/%			

① 利息支出按照财务费用计算。

② 负债利息率按利息支出/平均负债结算。

③ 所得税率按所得税费用/利润总额推算。

请根据净资产收益率因素分析的第一种方法，计算净资产收益率分析表中的相关指标，并对徐工机械 2019 年、2018 年这两年净资产收益率所产生的差异进行因素分析。

第 7 章 营运能力分析

◎ **学习目标:**

- 了解营运能力分析的内涵与意义;
- 掌握流动资产营运能力指标的计算与评价方法;
- 掌握固定资产营运能力指标的计算与评价方法;
- 掌握整体资产营运能力指标的计算与评价方法;
- 理解营运能力的影响因素;
- 应用营运能力指标综合分析评价企业的营运能力。

| 引例 | 海天精工近三年营运能力持续下降[①] |

　　根据 2019 年财报披露,海天精工流动资产类项目中,存货占比最高,存货/资产比值为 29.73%,高于行业均值 16.62%,但存货增长快于营业成本。近三年来,海天精工存货分别同比增长 7.63%、12.02%和 0.64%至 5.49 亿元、6.15 亿元和 6.19 亿元,存货/营业成本分别为 0.571 9、0.635 9、0.683 0。值得注意的是,近三年来,公司存货跌价准备也在不断增长,分别为 1 980.08 万元、3 273.65 万元和 3 433.37 万元。存货规模逐年增长的同时,存货周转天数也在不断增加,存货周转天数分别为 198.54、216.65 和 245.08,存货周转率不断减少,分别为 1.81、1.66、1.47,存货周转能力持续下滑。2019年半年报中,存货周转率仅 0.65,低于行业均值 1.39,行业偏离度超过 50%,触发了预警信号。

　　此外,公司的总资产周转率也在不断下滑,近三年的总资产周转率分别为 0.63、0.60和 0.54,总资产周转能力趋弱。

　　据统计,2019 年我国机床工具行业主要经济指标普遍同比下降,金属切削机床新增订单同比下降 30.4%,市场需求大幅下滑,行业竞争加剧。受外部环境影响,市场需求持续走弱,海天精工订单减少,营运艰难。

　　那么,如何衡量企业资产的营运能力?如何确定其影响因素进而对企业营运能力做出评价呢?本章主要介绍营运能力分析的基本原理。

[①] 鹰眼预警. 海天精工营收净利双降 营运能力持续下滑. 新浪财经,2020-03-17.

7.1 营运能力分析的内涵与意义

名人名言

如果我们不给仓库留地方，就不会有库存。

——迈克尔·戴尔

7.1.1 营运能力分析的内涵

1. 营运资产的概念

企业的营运资产，主体是流动资产和固定资产。无形资产是企业资产的重要组成部分，并且随着知识经济的发展，无形资产在企业资产中的比例越来越高，在提高企业经济效益方面发挥的作用越来越重要。但是，无形资产的作用必须通过或依附有形资产才能发挥出来。从这个意义上说，企业营运资产的利用及其能力如何，从根本上决定了企业的经营状况和经济效益。

2. 营运能力的概念

营运能力有广义和狭义之分。广义的营运能力是指企业所有要素共同发挥的营运作用，即企业各项经济资源，包括人力资源、财力资源、物力资源、技术信息资源和管理资源等，通过配置、组合与相互作用而生成推动企业运行的物质能量。狭义的营运能力是指企业资产的利用效率。

本书介绍的营运能力主要指狭义的营运能力，即企业资产营运的效率和效益，反映企业的资产管理水平和资产周转情况。企业资产营运的效率主要利用资产的周转率和周转天数两类指标反映。企业资产营运的效益主要指企业的产出额与资产占用额之间的比率。资产运用的效率高、循环快，企业就可以以较少的投入获得较多的收益。

3. 营运能力分析的概念

营运能力分析主要是对反映企业资产营运效率与效益的指标进行计算和分析，评价企业资产的营运状况，为企业提高经济效益指明方向。营运能力分析的内容主要包括流动资产营运能力分析、固定资产营运能力分析和整体资产营运能力分析。

思政案例 7-1 *新强联应收账款狂飙周转慢[①]*

洛阳新强联回转支承股份有限公司（以下简称"新强联"）首发上会获通过。新强联拟于深交所创业板上市，计划公开发行股份数量不超过 2 650 万股，保荐机构为东兴证券。新强联本次拟募集资金 4.42 亿元，分别用于 2.0 MW 及以上大功率风力发电主机配套轴承建设项目和补充流动资金。

① 王晨曦. 新强联应收账款狂飙周转慢 现金流屡负毛利率连降 3 年. 中国经济网，2020-03-23.

新强联经营性现金流量净额报告期内连续低于净利润。2016 年至 2019 年上半年，新强联实现营业收入分别为 3.55 亿元、3.71 亿元、4.57 亿元、2.76 亿元，实现归属于母公司股东的净利润分别为 4 274.59 万元、4 085.76 万元、5 697.58 万元、3 098.68 万元，经营活动产生的现金流量净额分别为 −497.78 万元、3 271.77 万元、2 352.47 万元、−1 945.32 万元。

新强联客户集中，销售区域集中。报告期内，新强联对前五大客户的销售收入占营业收入的比例分别为 69.11%、75.75%、66.39% 和 77.30%，来自华中地区的主营业收入比例分别为 51.98%、58.62%、56.95% 和 51.56%。

新强联应收账款金额较大。2016 年至 2019 年上半年，新强联应收账款余额、占营业收入的比例如表 7−1 所示。

表 7−1 新强联 2016 年至 2019 年上半年应收账款相关数据 单位：万元

项目	2019 年上半年/ 2019 年 6 月 30 日	2018 年度 / 2018 年 12 月 31 日	2017 年度/ 2017 年 12 月 31 日	2016 年度/ 2016 年 12 月 31 日
应收账款余额	41 729.67	30 859.76	25 014.34	24 906.12
营业收入	27 594.83	45 712.82	37 057.78	35 547.85
应收账款/营业收入	75.61%	67.51%	67.50%	70.06%

注：2019 年 6 月 30 日，应收账款/营业收入的比例已年化处理。

据招股书，应收账款较大是风电装备制造企业的特点之一，主要是下游风电整机行业应收账款金额较大、周转率偏低导致。

报告期内，新强联应收账款周转率分别为 1.53、1.48、1.64 和 1.52，低于同行业上市公司应收账款周转率，具体如表 7−2 所示。

表 7−2 2016—2018 年同行业上市公司应收账款周转率比较 单位：次

上市公司代码	公司名称	2018 年度	2017 年度	2016 年度
SH.603667	五洲新春	3.84	4.03	4.35
SZ.002708	光洋股份	3.26	3.41	3.55
SZ.002122	天马股份	1.70	2.10	1.64
SZ.002046	轴研科技	4.14	4.28	2.07
SZ.002553	南方轴承	4.12	4.39	4.13
可比公司平均		**3.41**	**3.64**	**3.15**
新强联		1.64	1.48	1.53

新强联表示，公司应收账款周转率低于同行业上市公司，主要是公司轴承产品的应用领域及客户性质与同行业上市公司有较大差异。

招股书称，公司应收账款规模较高，主要原因有：第一，公司的产品主要应用于风力发电机、盾构机、海工装备起重机等大型机械设备，由于下游风电整机等行业应收账款周转较慢，客户付款期较长，相应导致公司应收账款金额较高；报告期内，公司的应收账款周转率整体高于明阳智慧和湘电股份等下游风电客户；第二，公司主要客户包括明阳智慧、湘电风能、中铁装备等大型装备制造企业，而该类企业付款审批流程较为严格，结算周期较长，导致应收账款余额较大。

2016 年至 2019 年 6 月 30 日，新强联存货金额分别为 1.32 亿元、1.34 亿元、1.34 亿元、1.49 亿元，占流动资产的比例分别为 27.44%、26.59%、24.13% 和 23.87%。 其中，库存商品金额分别为 4 400.71 万元、6 461.27 万元、7 033.83 万元、4 045.95 万元。

2017 年末，公司库存商品较上年末增加 2 060.56 万元，增长较大，一方面，受下游船舶行业景气度下降和风电整机装机容量放缓的影响，公司客户推迟了订单交货时间；另一方面，公司盾构类产品收入大幅增长，亦造成了公司库存商品金额增长。

2018 年末，公司的库存商品金额较 2017 年末增加 572.56 万元，主要原因是 2018 年度圣久锻件营业收入和订单增长幅度较大，致使库存商品中锻件增加较多；2018 年末母公司回转支承库存约为 4 989.70 万元，较 2017 年末下降 1 376.43 万元，主要原因为下游客户恢复了上年推迟订单的执行，使得母公司回转支承库存下降明显；另一原因是公司对生产进行了更加精细化的排产和管理，一定程度上降低了库存商品。

报告期内，新强联 2016—2018 年存货周转率分别为 1.77、1.91、2.40、2.82，低于可比上市公司存货周转率均值，具体如表 7-3 所示。

表 7-3 2016—2018 年同行业上市公司存货周转率比较　　　　　　单位：次

上市公司代码	公司名称	2018 年度	2017 年度	2016 年度
SH.603667	五洲新春	1.86	1.99	2.13
SZ.002708	光洋股份	3.41	3.89	4.00
SZ.002122	天马股份	1.36	1.44	0.94
SZ.002046	轴研科技	3.19	2.21	0.64
SZ.002553	南方轴承	3.02	3.15	3.21
可比公司平均		**2.57**	**2.54**	**2.18**
新强联		2.40	1.91	1.77

新强联表示，公司的存货周转率略低于同行业上市公司，主要是公司生产的轴承主要应用于风力发电机、盾构机、港口及船用吊机等大型设备，轴承尺寸较大，生产技术相对较高，生产周期相对较长；而同行业的上市公司生产的轴承主要应用于汽车、摩托车、洗衣机等领域，轴承尺寸较小，生产周期较快，因此造成公司的存货周转率相对较低。

7.1.2 营运能力分析的意义

营运能力不仅反映企业的盈利水平，而且反映企业资产管理、经营策略、市场营销等方面的状况。 因此，对企业营运能力进行分析十分必要。

1. 评价企业资产利用的效益

企业营运能力的实质就是以尽可能少的资产占用、尽可能短的时间周转，生产出尽可能多的产品，实现尽可能多的销售收入，创造尽可能多的利润。 通过对企业资产营运能力分析，能够了解并评价资产利用的效益。

2. 确定合理的资产存量规模

随着企业生产规模的不断变化，资产存量也处于经常变化之中。营运能力分析可以帮助了解企业经营活动对资产的需要情况，以便根据企业生产经营的变化调整资产存量，使资产的增减变动与生产经营规模变动相适应，为下一期资产结构调整提供依据。

3. 促进企业各项资产的合理配置

企业各项资产在经营中的作用各不相同，对企业的财务状况和经营成果的影响程度也不同。在企业资产存量一定的情况下，如果其配置不合理，营运效率就会降低。通过对企业资产营运能力的分析，可以了解资产配置中存在的问题，优化资产配置，进而改善企业的财务状况。

4. 提高企业资产的使用效率

通过对资产营运能力的分析，能够了解资产利用过程中存在的问题，进一步挖掘资产利用能力，提高企业资产的利用效率，以最少的资产占用获得最大的经济效益。

7.2　流动资产营运能力分析

7.2.1　流动资产周转速度指标计算与分析

企业经营成果的取得，主要依靠流动资产的形态转换。流动资产是企业全部资产中流动性最强的资产。流动资产完成从货币到商品再到货币这一循环过程，表明流动资产周转了一次。

流动资产周转速度指标主要包括流动资产周转率（次数）和流动资产周转天数，这两项指标分别指在一定时期内流动资产的周转次数和周转一次所需要的时间。

1. 流动资产周转率（次数）

流动资产周转率（次数）表示企业在一定时期内完成从货币到商品再到货币循环的次数。其计算公式如下。

$$流动资产周转率（次数）= \frac{营业收入净额}{流动资产平均余额}$$
$$营业收入净额=营业收入总额-（销货折扣+销货退回）$$
$$流动资产平均余额=（期初流动资产余额+期末流动资产余额）/2$$

在一定时期内，企业流动资产周转次数越多，表明企业流动资产周转速度越快，流动资产的营运效率越高。

2. 流动资产周转天数

流动资产周转天数表示企业完成一次从流动资产投入到营业收入收回所需要的时间。其计算公式如下。

$$流动资产周转天数=\frac{360}{流动资产周转率}$$

在一定时期内，企业流动资产周转天数越少，表明企业流动资产周转速度越快，流动资产的营运效率越高。流动资产周转次数和周转天数呈反方向变动。

【例7-1】根据SYZG公司2017—2019年的年报数据，计算其2017—2019年的流动资产周转速度，具体如表7-4所示。

表7-4　SYZG公司流动资产周转速度计算表

项目	2019 年	2018 年	2017 年
营业收入净额/万元	7 566 576	5 582 150	3 833 509
期初流动资产总额/万元	5 189 594	3 620 745	3 799 227
期末流动资产总额/万元	6 850 022	5 189 594	3 620 745
流动资产平均余额/万元	6 019 808	4 405 170	3 709 986
流动资产周转率/次	1.26	1.27	1.03
流动资产周转天数/天	285.71	283.46	349.51

$$2019年流动资产周转率=\frac{7\,566\,576}{6\,019\,808}\approx1.26（次）$$

$$流动资产周转天数=\frac{360}{1.26}\approx285.71（天）$$

从表7-4中可以看出，SYZG公司近三年流动资产周转水平总体呈波浪式趋势。就2019年而言，SYZG公司的流动资产周转率较2018年有所下降，但是下降的幅度非常小，可以说几乎没有变化，流动资产周转天数也是这种情况，但相比2017年变动趋势明显。该公司2019年流动资产周转率较2017年上升了22.33%，周转天数较2017年减少了18.25%。其中，营业收入净额增加了 97.38%，流动资产平均余额同期增加了 62.26%。因为企业收入净额的增长率高于流动资产的增长率，从而导致企业流动资产的使用效率有所上升。当然流动资产周转率变动的具体原因还应通过进一步分析才能得出精准的结论。

SYZG公司属于建筑设备制造业行业，根据2019年绩效标准值，该行业流动资产周转率平均值为0.7次，而良好值为1.2次，SYZG公司2019年的流动资产周转率高于行业良好值，说明该公司具有较高的流动资产利用效率，但还有进一步改善的空间。

另外，企业流动资产周转率的分析和评价还应结合行业标准。不同行业的流动资产周转水平有差异，如零售批发行业、物流行业的流动资产周转率一般要快些，房地产行业、白酒行业的流动资产周转率相对慢些。同时，流动资产周转率还受企业资产结构的影响，如银行业的资产以流动资产为主，其流动资产周转速度就慢。

7.2.2 主要流动资产项目周转速度指标计算与分析

1. 应收账款周转速度分析

应收账款是企业因对外销售产品、材料，提供劳务等而应向购货或接受劳务的单位收取的款项。应收账款的周转速度主要通过计算和分析应收账款周转率（次数）和应收账款周转天数两个指标进行评价。其具体计算公式如下。

$$应收账款周转率（次数）=\frac{营业收入净额}{应收账款平均余额}$$

$$应收账款周转天数=\frac{360}{应收账款周转率}$$

其中

$$应收账款平均余额=（年初应收账款净额+年初坏账准备+年末应收账款净额+\\年末坏账准备）/2$$

当坏账准备比较少时，可以直接采用资产负债表上的应收账款净额。

【例 7-2】根据 SYZG 公司 2017—2019 年的年报数据，计算其 2017—2019 年的应收账款周转速度，具体如表 7-5 所示。

表 7-5 SYZG 公司应收账款周转速度计算表

项目	2019 年	2018 年	2017 年
营业收入净额/万元	7 566 576	5 582 150	3 833 509
期初应收账款余额/万元	2 013 336	1 836 563	1 808 479
期末应收账款余额/万元	2 179 289	2 013 336	1 836 563
应收账款平均余额/万元	2 096 313	1 924 950	1 822 521
应收账款周转率/次	3.61	2.90	2.10
应收账款周转天数/天	99.72	124.14	171.43

$$2019 年应收账款周转率（次数）=\frac{7\,566\,576}{2\,096\,313}\approx3.61（次）$$

$$应收账款周转天数=\frac{360}{3.61}\approx99.72（天）$$

从表 7-5 可以看出，SYZG 公司近三年应收账款周转速度持续上升。2019 年的应收账款周转率比 2018 年增加了 0.71 次，应收账款周转天数减少了 24.4 天，说明应收账款的周转速度有所加快。2019 年矿山冶金建筑设备制造业的应收账款周转率平均值为 2.3 次，良好值为 6.3 次，SYZG 公司的应收账款周转率处于行业的平均值与良好值之间，说明企业目前对应收账款的管理水平处于行业平均水平之上，但还有较大的提升空间，应当加强对应收账款的管理。

> **思政案例 7-2**　　　　　　　**恒瑞制药的应收账款管理**[①]
>
> 　　恒瑞制药是一家集药剂（主要为抗肿瘤药物）产、研、销于一体的医药类股份有限公司，也是国内最大的抗肿瘤药物的研究和生产基地。但恒瑞制药近年来的应收账款管理情况不容乐观：2013—2018 年恒瑞制药应收账款总额从 15.8 亿元上涨至 38.3 亿元，应收账款呈现逐年上涨的趋势，2018 年的应收账款总额是 2013 年的两倍之多。对于大量应收账款，恒瑞制药应当加强管控，以防大量坏账的产生。
>
> 　　应收账款周转率是衡量一个企业应收账款管理好坏的重要指标，一般来说，企业应收账款周转率越大，企业平均收账期越短，应收账款回收速度就越快。恒瑞制药 2013—2018 年的应收账款周转率分别为 4.13 次、4.44 次、4.79 次、5.02 次、5.02 次，收款天数分别为 87.15 天、81.05 天、75.12 天、71.67 天、71.73 天、71.93 天。在证监会行业分类 A 股医药制造业的 218 只个股中，应收账款周转天数平均为 40～60 天，行业平均应收账款周转率为 7.38 次。恒瑞制药 2013—2018 年的数据表明，虽然应收账款周转速度有加快的趋势，但均在行业平均值之下，说明恒瑞制药资金回笼慢，这主要与恒瑞制药医保收入占比较高、结算周期较长有关，但也表明了公司需要加强对应收账款的管理。

　　应收账款金额的大小反映了企业资金被占用的程度。由于应收账款存在收不回来的可能性，过高的应收账款加大了未来损失的风险；过低的应收账款又对企业的销售产生影响，影响企业的市场占有率，最终影响企业的利润。在市场经济条件下，应收账款的存在是必然的，过高过低都可能对企业造成不利的影响，而化解这一不利因素的最佳途径就是加速应收账款的周转。一般来说，应收账款周转率越高，平均收现期越短，说明应收账款收回的速度越快；否则，企业的营运资金会过多地呆滞在应收账款上，影响企业资金的正常周转。

2. 存货周转速度分析

　　存货是企业在生产经营中为销售或耗用而储备的资产，它属于流动资产中变现能力最弱、风险最大的资产，但存货又是流动资产中收益率最高的资产。

　　存货周转速度分析一般有两个指标，即存货周转率（次数）和存货周转天数。通过存货周转率和存货周转天数的计算与分析，可以判断企业在一定时期内存货资产的周转速度。这两个指标是反映企业购、产、销平衡效率的一种尺度。

　　存货周转率的计算有两种方法：一种是以存货成本为基础，另一种是以营业收入为基础。以存货成本为基础和以营业收入为基础的存货周转率各有不同的意义：以存货成本为基础的存货周转率运用较为广泛，因为与存货相关的是营业成本，它们之间的对比更符合实际，能够较好地反映存货的周转状况及存货的管理业绩；以营业收入为基础的存货周转率既维护了资产运用效率比率各指标计算上的一致性，又因为由此计算的存货周转天数与应收账款周转天数建立在同一基础上，从而可以直接相加并得出营业周期，进而评估资产的变现能力。由于本书关注的是存货营运能力，所以采用以营业收入为基础的计算方法，

[①] 改编自：吕晓虹. 企业的应收账款管理和赊销政策研究：以药企恒瑞制药（600276）为例. 中外企业家，2020（12）：65.

具体计算公式如下：

$$存货周转率（次数）=\frac{营业收入净额}{存货平均余额}$$

$$存货平均余额=（期初存货余额+期末存货余额）/2$$

$$存货周转天数=\frac{360}{存货周转率}$$

【例 7-3】根据 SYZG 公司 2017—2019 年的年报数据，计算其 2017—2019 年的存货周转速度，如表 7-6 所示。

表 7-6　SYZG 公司存货周转速度计算表

项目	2019 年	2018 年	2017 年
营业收入净额/万元	7 566 576	5 582 150	3 833 509
期初存货余额/万元	1 159 463	764 189	622 030
期末存货余额/万元	1 425 174	1 159 463	764 189
存货平均余额/万元	1 292 319	961 826	693 110
存货周转率/次	5.86	5.80	5.53
存货周转天数/天	61.43	62.07	65.10

$$2019 年存货周转率=\frac{7\,566\,576}{1\,292\,319}\approx5.86（次）$$

$$存货周转天数=\frac{360}{5.86}=61.43（天）$$

从表 7-6 中可以看出，SYZG 公司近三年存货周转速度持续上升，尽管上升幅度并不大，但这种上升态势表明 SYZG 公司的存货管理效率在不断提高。根据 2019 年矿山冶金建筑设备制造业的存货周转率良好值 3.1 次，优秀值 6.5 次，可以发现 SYZG 公司 2019 年的存货周转率介于在行业的良好值与优秀值之间，说明公司存货管理水平处于行业中上游，且还有较大的提升空间。

通常情况下，存货周转率越高，表明企业存货管理效率越佳，存货从资金投入到销售收回的时间越短，在销售净利率相同的情况下，获取的利润就越多；反之，存货周转率过低，表明企业的存货管理效率欠佳，产销配合不好，存货积压过多，致使资金冻结在存货上，仓储费用及利息负担过重。在企业经营管理中，增加存货量，一方面可以增加抵御市场不确定性因素对企业正常经营活动的影响，有利于提高企业盈利能力；但另一方面则增加了企业资金的占用量，使资金利用率降低，盈利能力降低，同时还会加大变现能力的风险。减少存货量，一方面减弱了抵御市场不确定性因素对企业的冲击力，而且有碍企业营销能力的扩大和盈利的增加；但另一方面则减少了企

业资金的占用量，提高了资金利用率，降低了变现风险。可见，存货的增减对企业有利有弊。因此，要在正确分析企业存货周转水平的基础上，对存货量的大小做出合理的设计，以便制定正确的经营决策。

3. 现金转化周期

现金转化周期也叫做现金转换周期，可用来反映企业从现金投入生产经营开始到最终收回转化为现金的过程。一个企业的现金转化周期越短，说明其供产销资金周转速度越快，企业的流动资金利用效率越高；反之，相反。

名人名言

我坚持认为现金是最重要的。如果一个公司没有现金，公司的流动性就不存在，结果就是破产。……现金是衡量一个公司实力的重要标准，足够的现金储备能够为公司的投资提供支付保障。

——柯达公司前财务总监　毕盛

在为企业设计最佳现金持有量时可以采用现金周转模式，该模式是从现金周转的角度出发，根据现金的周转速度来确定最佳现金持有量。现金转换周期反映了企业现金的周转速度，其具体计算公式如下。

现金转化周期＝存货周转天数＋应收账款周转天数－应付账款周转天数

为了更直观地反映现金转化周期，可用图 7-1 表示如下。

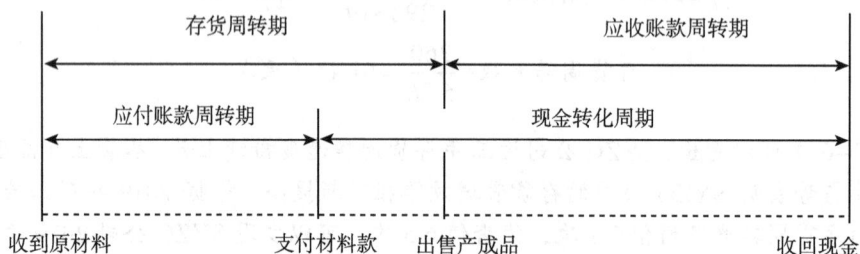

图 7-1　现金转化周期示意图

由图 7-1 可以看出，现金的周转经历了收到原材料、支付材料款、出售产成品和收回现金 4 个过程。其中，从收到原材料到出售产成品称为存货周转期，从出售产成品到收回现金称为应收账款周转期，从收到原材料到支付材料款称为应付账款周转期，从支付材料款到收回现金称为现金转化周期。

【例 7-4】根据 SYZG 公司 2017—2019 年的年报数据，计算其 2017—2019 年的现金转化周期，如表 7-7 所示。

表7-7　SYZG 公司 2017—2019 年现金转化周期计算表

项目	2019 年	2018 年	2017 年
应收账款周转天数/天	99.74	124.14	171.15
存货周转天数/天	61.49	62.03	65.09
营业收入净额/万元	7 566 576	5 582 150	3 833 509
期初应付账款余额/万元	878 571	621 783	460 535
期末应付账款余额/万元	1 227 623	878 571	621 783
应付账款平均余额/万元	1 053 097	750 177	541 159
应付账款周转率/次	7.19	7.44	7.08
应付账款周转天数/天	50.07	48.39	50.85
现金转化周期/天	111.16	137.78	185.39

从表7-7中可以看出，SYZG 公司近三年的现金转化周期持续减少，由 2017 年的 185.39 天减少到 2018 年的 137.78 天，到 2019 年又缩短到 111.16 天，总体看来 SYGS 公司的流动资金循环加快了 74.23 天，这反映该公司的流动资金管理效率有了大幅度提升。究其原因，在于应收账款周转天数大幅缩短，说明 SYZG 公司最近三年的应收账款管理卓有成效。

理论上说，现金转化周期的天数最好是负数，这样就不需要用自己的钱，就可以"用别人的钱，做自己的生意"，这是流动资金管理的最高境界——OPM（other people's money）策略。比如一些大型零售业企业，比如沃尔玛、国美、苏宁，其现金转化周期通常能为负数，主要原因之一就在于零售业企业对供应商提出了比较苛刻的付款条件，导致其付款周期远高于其营运周期。当然，一些大的制造业企业也能够实现现金转化周期为负数，这是由于其具有规模优势，在供应商面前往往具有议价优势，从而使得其付款周期足够长而超过其应收账款周转天数与存货周转天数之和。

思政案例7-3　　　　国美电器的现金转化周期分析

国美零售控股有限公司成立于 1987 年 1 月 1 日，是中国领先的连锁零售企业，目前在国内 600 多个城市经营 2 400 家门店，拥有"国美""大中""永乐""黑天鹅""北方电器"等多个全国性和地方性零售连锁品牌，并形成实体店、国美 App、社交电商"三端合一"、线上线下融合的多元化零售渠道，年销售规模超千亿元，是中国企业 500 强、2018 中国民营企业 500 强、亚洲品牌 500 强企业。2004 年，国美在香港联交所上市。2017 年，国美品牌价值已达 801.09 亿元，连续 11 年位居电器零售行业第一。

据国美电器 2018 年的年报显示，存货周转天数由 2017 年的 69 天减少 4 天，2018 年存货周转天数为 65 天。存货的减少主要是由于该公司 2018 年底推行了大型的促销活动及于报告期内该公司与供应商加快了采购及结算的频次，也进一步提升了存货的周转效率。应付账款及应付票据的周转天数约为 148 天，相比于 2017 年的 141 天增加了 7 天。国美电器 2015—2018 年的现金转化周期如表7-8所示。

表 7-8　国美电器 2015— 2018 年的现金转化周期　　　　　单位：天

年份	应收账款周转天数	存货周转天数	应付账款周转天数	现金转化周期
2018	0.93	65.00	145.63	−79.70
2017	0.88	69.00	139.01	−69.13
2016	0.83	60.00	117.22	−56.39
2015	1.27	70.00	131.27	−60.00

通过对国美电器现金转化周期的分析，可以发现国美电器的现金转化周期常年是负的，而它的应付账款周转期一直维持在较高的水平，加之它的应收账款和存货的周转期较短，从而保证了国美电器有充足的资金进行扩张。

总之，现金转化周期指标揭示了管理资产负债表的重要意义：减少应收账款占用的时间，加快库存的周转期，延长应付账款占用的时间，这样可以在收入和费用没有变化的情况下，加速流动资金的周转，实现用钱来赚钱的目标。

7.2.3　流动资产周转速度的影响因素分析

1. 影响因素

流动资产周转率受很多因素的影响，流动资产周转率分析主要包括以下影响因素。

（1）流动资产周转额的大小

在一定时期内，流动资产周转速度越快，实现的周转额就越多，表明企业实现销售的能力就越强，对利润目标的贡献就越大。

（2）流动资产占用额的大小

流动资产占用额与流动资产周转速度有着密切的制约关系。在销售额既定的条件下，流动资产周转速度越快，流动资产的占用额就越少，就会相对节约流动资产，这就相当于扩大了企业资产的投入，增强了企业的盈利能力；反之，若流动资产周转速度慢，为了保证正常营业，企业必须不断补充流动资产，投入更多的资源，从而导致资产使用效率降低，也就降低了企业的盈利能力。

从流动资产周转率的计算公式可以看出，企业加速流动资产周转，必须从提高营业收入净额和降低平均流动资产占用额两个方面入手。在增加营业收入净额方面，企业要加强市场调查和预测，根据市场需要开发适销对路的产品，并根据市场的变化情况，及时调整产品结构；还要强化销售工作，采取有效的销售策略开拓市场，提高市场占有率，加快产品的销售过程。

在降低流动资产占用额方面，其基本途径如下。

① 加强定额管理，制定和贯彻先进合理的流动资产消耗定额和储备定额，降低材料、能源等消耗量，降低各项存货的储备量。

② 强化上游供应链，努力降低材料采购成本和产品制造成本。

③ 采取技术措施和管理措施，提高生产效率和工作效率，缩短周转期，包括生产周期，存货的供应、在途、验收、整理准备和库存等环节的时间。

④ 制定合理的信用政策和应收账款的催收政策，加快货款结算，及时收回货款。

⑤ 定期清仓查库，及时处理积压产品和物资。

⑥ 避免过量存款。

2. 评价方法

在分析、了解企业流动资产总体周转情况的基础上，为了对流动资产的周转状况做出更加详尽的分析，并进一步揭示影响流动资产周转速度变化的因素，还必须对流动资产中的主要构成项目（如应收账款、存货等）的周转率进行分析，以增强对企业经营效率的分析，并进一步查明流动资产周转率升降的原因。

7.3 固定资产营运能力分析

7.3.1 固定资产周转速度指标计算与分析

固定资产营运能力分析主要是判断企业管理固定资产的效率，其通常运用的指标是固定资产周转率（次数）和固定资产周转天数。

销售量反映了企业资产的利用效果。通过销售量的价值指标——营业收入与固定资产的对比，可以反映企业固定资产的利用效率。

固定资产周转率是指一定时期企业实现的营业收入净额与固定资产平均余额的比率。其具体计算公式如下。

$$固定资产周转率（次数）=\frac{营业收入净额}{固定资产平均余额}$$

其中

固定资产平均余额=（期初固定资产净值+期末固定资产净值）/2

固定资产净值=固定资产原值−累计折旧

$$固定资产周转天数=\frac{360}{固定资产周转率}$$

【例 7-5】结合 SYZG 公司年报及有关资料，计算其 2017—2019 年的固定资产周转速度，如表 7-9 所示。

表 7-9 SYZG 公司固定资产周转速度计算表

项目	2019 年	2018 年	2017 年
营业收入净额/万元	7 566 576	5 582 150	3 833 509
期初固定资产/万元	1 186 724	1 280 543	1 401 442
期末固定资产/万元	1 061 538	1 186 724	1 280 543
固定资产平均余额/万元	1 124 131	1 233 634	1 340 993
固定资产周转率/次	6.73	4.52	2.86
固定资产周转天数/天	53.49	79.65	125.87

$$2019\text{年固定资产周转率}=\frac{7\,566\,576}{1\,124\,131}\approx6.73\text{（次）}$$

$$\text{固定资产周转天数}=\frac{360}{6.73}\approx53.49\text{（天）}$$

表 7-9 显示了 SYZG 公司近三年的固定资产周转情况。SYZG 公司 2019 年固定资产平均余额比上年减少了 8.88%，同时由于 2019 年的营业收入净额比上年增加了 35.55%，这使得 2019 年固定资产周转率比 2018 年增加了 48.89%，固定资产周转天数比上年减少了 32.84%，说明公司固定资产的使用效率大大提高。

7.3.2 固定资产周转速度的影响因素及评价方法

1. 影响因素

运用和计算固定资产周转率时，应注意以下因素的变化或影响。

（1）折旧方法和折旧年限

企业对固定资产所采用的折旧方法和折旧年限不同，会导致固定资产的账面净值有所不同，也会对固定资产周转率的计算产生重要影响，造成指标的人为差异。

固定资产周转率计算公式中，分母的固定资产平均余额可按固定资产原值或净值计算。按固定资产的原值进行计算，其理由是固定资产的生产能力并非随着其价值的逐渐转移而相应降低；再者，使用原值便于企业不同时期或不同企业进行比较，如果采用净值，将失去可比性。按固定资产的净值进行计算，其理由是固定资产原值并非一直全部被企业占用，其价值的磨损部分已逐步通过折旧收回，只有采用净值计算，才能真正反映一定时期内企业实际占用的固定资产。两种计算口径各有特点：按固定资产原值的平均余额计算，能够避免因所采用的折旧方法或折旧年限的不同而产生的人为差异，具有可比性；按固定资产净值的平均余额计算，一般适合于企业自身纵向比较。如果采用固定资产净值计算，在同其他单位横向比较时，则应注意两个企业的折旧方法是否一致。本书采用固定资产净值计算固定资产平均余额。

（2）通货膨胀

固定资产一般采用历史成本法记账，因此在企业的固定资产、销售情况都没有发生变化的条件下，也可能由于通货膨胀导致物价上涨等因素而虚增营业收入，从而导致固定资产周转率提高，而企业固定资产的实际效能并未增加。

（3）营业收入

严格地说，企业的营业收入并不是直接由固定资产周转带来的。企业的营业收入只能直接来自流动资产的周转，而且固定资产要完成一次周转必须经过整个折旧周期。因此，用营业收入除以固定资产平均余额来反映固定资产的周转速度具有很大的缺陷，即它并非固定资产的实际周转速度。但如果从固定资产对流动资产周转速度和周转额的推动作用来看，固定资产又与企业的营业收入有着必然的联系，即流动资产规模、周转额的大小及周转速度的快慢在很大程度上取决于固定资产的生产能力及利用效率。

（4）固定资产突然上升

一般而言，固定资产的增加不是渐进的，而是突然上升的，这会直接导致固定资产周转率的变化。

（5）固定资产的来源

在进行固定资产周转率比较时，固定资产的不同来源将对该比率的大小产生重大影响。例如，如果一家企业的厂房或生产设备是通过经营性租赁得来的，而另一家企业的固定资产全部是自有的，那么对这两家企业固定资产周转率进行比较就会产生误导。所以，在评价企业固定资产周转率时，可以找资产结构类似的企业或同一企业不同时期的历史数据进行比较，这样才有意义。

思政案例 7-4   "耐克"不做鞋，"戴尔"不生产计算机配件

提高资产周转率是提高企业资产营运效率的根本，其核心方式是尽量降低固定资产规模，降低资产的闲置率，并且充分发挥企业每一分钱的效益。很多企业为了降低固定资产占用规模，纷纷采取委托加工方式生产自己的产品，如"耐克"和"戴尔"就是这一经营模式的典型代表。

耐克公司是当今世界上最成功的经营消费品厂家之一，也是世界上最大的旅游鞋供应商。该公司把全部精力放在销售和设计上，它自己不设工厂，不雇用工人，不购置生产设备，不直接生产一双鞋，就连新设计出来的"样鞋"都是台湾生产的。"耐克"的经理人员跑遍世界各地，专门物色承包商，寻找成本更低、质量更可靠、交货期更有保证的厂家。这样，一旦某厂因故质量不合格或成本上升，"耐克"便立即停止订货，不再下订单，而与另一家伙伴合作。按照"耐克"公司的经营之道，它所关心的就是设计新式样，保证质量和交货期，并把包销成本尽可能地压低，至于厂房、设备、生产工人的工资等方面则可以完全不用操心。

戴尔公司的计算机生产模式和耐克公司一样。从世界计算机制造商的情况来看，"戴尔"在技术、资金等方面并不比别的公司好，IBM、HP 等在这些方面还要远远强于戴尔。但戴尔公司状况极佳，发展前景十分看好，何以如此？该公司取得成功的关键就是其独特的经营模式，即大规模定制和直销的结合。"戴尔"通过直销的方式，使自己能够最有效和更明确地了解客户的需求，然后按照客户要求通过互联网络向其合作的配件制造商订购产品，再将世界各地的配件运到接近消费者市场的地点装配成计算机整机，最后直接发货给顾客。在这整个过程中，戴尔公司只负责计算机的销售、售后服务及整机装配工作，而配件的生产完全由其他计算机配件制造商承担。

2. 分析方法

在对固定资产营运能力进行分析时，必须充分结合流动资产的投资规模、周转额、周转速度。固定资产周转率反映既定质量的固定资产通过对流动资产价值转换规模与转换速率的作用而对实现营业收入所做出的贡献。一般而言，固定资产的质量和使用效率越高，其推动流动资产运行的有效规模越大，周转率越快，实现的周转额也就越多。因此，在不断提高流动资产自身营运能力的同时，如何卓有成效地提高固定资产的质量与使用效率，并相对节约固定资产投资，扩大流动资产规模，加速流动资产价值的转换效率，从而实现更多的营业收入，成为固定资产营运效率分析的重点内容。

在进行固定资产周转率分析时，应以企业历史水平和同行业平均水平作为标准，从中找

出差距，努力提高固定资产周转速度。固定资产周转率越高，说明固定资产的利用效率越高；固定资产周转率越低，说明固定资产存量过多或设备闲置。与同行业其他企业相比，如果固定资产周转率较低，意味着企业生产能力过剩。固定资产周转率较高，一方面可能是由于企业较好地利用设备引起的；另一方面也可能是由于设备老化即将折旧完毕造成的。在后一种情况下，可能会导致较高的生产成本带来较低的企业利润，使企业将来固定资产的更新改造更加困难。企业一旦形成固定资产过剩的局面，除了想方设法充分利用以扩大销售外，没有其他有效的方法。由于机器设备等固定资产具有成套性和专用性等特点，使其既不能拆散处理，又不能移作他用，因此企业拥有过多的固定资产处理起来比较困难。但如果固定资产使用效率极低，设备确实多余不需用，就必须想尽办法处理掉。

7.4　整体资产营运能力分析

7.4.1　整体资产周转速度指标计算与分析

整体资产营运能力取决于每一项资产周转率的高低。为了综合分析整体资产的营运能力，运用的指标主要有总资产周转率（次数）和总资产周转天数。

1. 总资产周转率（次数）

总资产周转率（次数）是指企业在一定时期内完成从资产投入到资产收回的循环次数。其计算公式如下。

$$总资产周转率（次数）=\frac{营业收入净额}{总资产平均余额}$$

其中

$$总资产平均余额=（期初总资产余额+期末总资产余额）/2$$

总资产周转率的直接经济含义是：单位总资产能够产出多少营业收入净额。该比率越高，说明企业运用资产产出收入的能力越强，企业对资产的管理效率越高，经营风险相对较小。如果该比率较低，说明企业在资产运用方面存在问题，经营风险相对较大。

2. 总资产周转天数

总资产周转天数反映企业完成一次总资产周转所需要的时间。其计算公式如下。

$$总资产周转天数=\frac{360}{总资产周转率}$$

【例7-6】根据SYZG公司2017—2019年的年报数据，计算其2017—2019年的总资产周转速度，具体如表7-10所示。

表 7-10　SYZG 公司总资产周转速度计算表

项目	2019 年	2018 年	2017 年
营业收入净额/万元	7 566 576	5 582 150	3 833 509
期初资产总额/万元	7 377 472	5 823 769	6 155 497
期末资产总额/万元	9 054 130	7 377 472	5 823 769
总资产平均余额/万元	8 215 801	6 600 621	5 989 633
总资产周转率/次	0.92	0.85	0.64
总资产周转天数/天	391.30	425.53	562.50

$$2019 年总资产周转率 = \frac{7\,566\,576}{8\,215\,801} \approx 0.92（次）$$

$$总资产周转天数 = \frac{360}{0.92} \approx 391.30（天）$$

根据表 7-10 的数据计算得知，SYZG 公司总资产平均余额增加了 24.47%，营业收入净额增加了 35.55%，使得 2019 年总资产周转率比 2018 年增加了 0.07 次，总资产周转天数比上年减少了 34.23 天，公司在 2019 年的总资产周转水平有一定幅度的上升，说明公司的资产管理效率有所提高。当然，仅以总资产周转率一个指标还不能说明企业的营运效率，还应结合流动资产周转率、固定资产周转率等有关资产组成部分的使用效率进行分析。

2019 年矿山冶金建筑设备制造业的总资产周转率平均值为 0.4 次，良好值为 1.0 次，SYZG 公司的总资产周转率仅略低于良好值，说明公司在资产管理方面高于同行业平均水平，且表现较好，但仍有上升空间，企业可以进一步提升企业的资产管理能力。

7.4.2　整体资产营运能力的影响因素分析

1. 影响因素

影响整体资产营运能力的主要因素是企业营业收入水平和各项分类资产的利用状况。所以，要提高企业整体资产的营运能力，首先要确定各项资产的合理比例，尤其是流动资产和固定资产的比例关系，防止流动资产或固定资产出现闲置。其次，要提高各项资产的利用效率，尤其是流动资产中的应收账款和存货的周转速度（或周转率）及固定资产的利用效率。固定资产利用效率的提高主要取决于固定资产是否全部投入使用，投入使用的固定资产是否满负荷运转，因此必须结合企业的生产能力、生产规模确定固定资产的投资规模。最后，应做到在总资产规模不变的情况下尽可能地扩大营业收入。为此，企业要面向市场，努力开发新产品，提高市场占有率。

在所有资产中，周转速度最快的应属流动资产，因此总资产周转速度受流动资产周转速度的影响较大。流动资产周转速度往往高于其他类别资产的周转速度，加快流动资产周转，会使总资产周转速度加快。流动资产占总资产的比重越大，总资产周转速度也相对越快。

思政资料 7-1 　　　　　　**2020 年中期房地产企业周转率分析**[①]

　　众所周知，房企业绩增速放缓，融资监管持续收紧，叠加进入偿债小高峰，经营普遍受资金掣肘，那么追求"高周转"来缩短回款周期、提高收益或将成为主要策略。"高周转"一般会通过缩短项目开发周期、提高存货周转率、提高总资产周转率来实现。

　　存货周转率保持较高水平，表明企业销售稳定，存货变现有保障，营运能力良好。从EH50 存货周转率来看，2020 年上半年存货周转率均值为 0.122 6 次，较 2019 年同期的0.127 4 次下降 0.004 8 次，整体变化不大。存货超千亿元的房企中绿地控股存货周转率最高，为 0.271 5 次，其次是龙光集团为 0.238 9 次，宝龙集团为 0.212 6 次。

　　从 EH50 存货总量来看，2017 年至 2020 年上半年，EH50 房企存货规模稳步增长，上半年存货总量为 12.0 万亿元，较 2019 年年底的 11.3 万亿元增长 5.87%，但近年来融资环境收紧，房企拿地更加审慎，从而导致转化的存货增幅逐渐下降，在房企融资不容乐观的情况下，预计未来存货增长仍有下降空间。

　　从各房企存货表现来看，EH50 中有 33 家房企存货总量超过千亿元，较 2019 年底多出一家，为正荣地产。33 家中存货总量最多的是中国恒大，为 13 919.1 亿元，较 2019 年年底的 13 274.6 亿元增长了 4.86%；其次是存货首次破万亿元的碧桂园，为 10 881.6 亿元，较 2019 年年底的 9 902.3 亿元增长了 9.89%。中国金茂存货涨幅最快，2020 上半年存货总量为 2 044.7 亿元，较 2019 年年底的 1 559.9 亿元增加了 484.8 亿元，增速为 31.08%；而下降幅度最大的是华夏幸福，下降了 1 096.4 亿元，降幅达到 37.77%，主要原因是 2020年上半年的土地整理相比往年未计入存货，即使计入存货总量为 2 670.0 亿元，降幅仍为6.99%。

　　总资产周转率方面，2020 年上半年 EH50 总资产周转率均值为 0.083 5，与 2019 年同期的 0.088 0 相比略降，其中大悦城总资产周转率同比下降最多，从 0.139 8 下降至 0.064 1。绿地控股、龙光集团和世茂集团总资产周转率表现最好，分别为 0.181 1、0.139 1 和 0.126 9。值得关注的是，2020 年上半年弘阳地产营业收入较 2019 年同期大幅增长 146.29% 至 92.24亿元，带动总资产周转率从 2019 年上半年的 0.050 6 增长至 0.097 7；其次新城控股总资产周转率从 2019 年上半年的 0.045 3 增长至 2020 年上半年的 0.077 9，德信中国从 0.065 4 增长至 0.104 7，都是 2020 年上半年营业收入大幅增加所致。

　　与房企存货变动幅度相同的是，EH50 房企 2017 年以来总资产规模增长幅度逐年下降。其中，越秀地产增速最低，为 0.25%；建发国际总资产增长最快，增速为 20.38%，其次是中国金茂，为 19.61%，是 2020 年上半年负债总额增长所致。EH50 中总资产超过 5 000亿元的房企有 12 家，较 2019 年年底增加 2 家，分别是世茂集团和新城控股。其中，总资产最多的是中国恒大，总额为 22 991.0 亿元，也是唯一一家总资产超过 2 万亿元的房企，其次是碧桂园的 19 632.7 亿元及万科的 18 061.9 亿元。

　　总的来说，2020 年上半年 EH50 房企存货周转率有所下降，部分原因是受疫情影响，企业开工节奏放缓，导致营业成本支出减少。

[①]　亿翰智库. 2020H1 周转率总体略降，碧桂园和恒大存货过万亿——2020 年中期 EH50 房企存货周转率. 搜狐号，2020 年10 月 16 日。

但我们认为后期随着房企营销发力，不断扩张线上销售渠道，去化率得到提高，存货周转率有望在年底恢复到 2019 年同期水平；总资产周转率方面，我们看到增长明显的房企主要在于营业收入的增长，而部分房企周转率下降的原因是负债的快速增长导致总资产上升所致。未来在融资持续收紧大环境下，各大房企负债增长将受限，这将进一步影响总资产周转率。

2. 分析方法

对总资产周转率的分析要考虑企业的行业特征和经营战略。对于同行业企业总资产周转率的分析，可结合杜邦分析法进行综合评价。总资产周转率是一个包容性很强的综合指标，从分析评价的角度来说，它受到流动资产周转率、应收账款周转率和存货周转率等指标的影响。

【例 7-7】以 SYZG 公司为例，对其 2017—2019 年的营运能力进行全面分析，并与中联重科和徐工机械两家同行业竞争对手进行比较。三家公司的营运能力主要指标如表 7-11 所示。

表 7-11 工程机械行业头部企业营运能力指标比较　　　　单位：次

年份	SYZG			中联重科			徐工机械		
	2019 年	2018 年	2017 年	2019 年	2018 年	2017 年	2019 年	2018 年	2017 年
应收账款周转率	3.61	2.90	2.10	1.79	1.29	0.90	2.68	2.73	1.95
存货周转率	5.86	5.80	5.53	4.06	3.11	2.15	5.72	4.54	3.64
流动资产周转率	1.26	1.27	1.03	0.65	0.43	0.36	1.12	1.09	0.87
固定资产周转率	6.73	4.52	2.86	7.71	5.07	3.49	8.01	6.18	3.95
总资产周转率	0.92	0.85	0.64	0.47	0.32	0.27	0.85	0.80	0.62

由表 7-11 可知，除 SYZG 公司 2019 年流动资产周转率、徐工机械 2019 年应收账款周转率较 2018 年略有下降以外，这三家公司 2017—2019 年各项营运能力指标均呈现上升趋势，原因在于受下游基建、房地产行业转好的影响，工程建设投资也有所回升，利好因素进一步传导至工程机械行业。SYZG 公司除固定资产周转率低于同行业主要竞争对手外，其余指标均高于其对标公司，说明 SYZG 公司应收账款回款情况较好，存货管控能力较强，企业整体营运能力在同业竞争者中处于领先地位。当然，SYZG 公司也需要进一步加强固定资产管理，采取有效措施，以提高固定资产利用效率。

本 章 小 结

企业的营运资产，主体是指流动资产和固定资产。企业营运资产的利用能力如何，从根本上决定了企业的经营状况和经济效益。营运能力是指企业资产的利用效率，即企业资产营运的效率和效益，反映企业的资产管理水平和资产周转情况。企业资产的营运效率主要利用资产的周转率和周转天数两类指标反映。企业资产营运的效益主要指企业的产出额与资产占用额之间的比率。资产运用的效率高、循环快，企业就可以以较少的投入获得较多的收益。

营运能力分析主要通过计算和分析反映企业资产营运效率与效益的指标，从而评价企业的营运能力，为企业提高经济效益指明方向。营运能力分析的主要内容包括流动资产营运能力分析、固定资产营运能力分析和整体资产营运能力分析。

流动资产完成从存货到商品再到货币这一循环过程，表明流动资产周转了一次。流动资产周转速度指标主要包括流动资产周转率和流动资产周转天数，这两个指标分别指在一定时期内流动资金周转次数和周转一次所需要的时间。流动资产周转速度分析具体包括应收账款周转速度分析、存货周转速度分析和现金转化周期分析。流动资产周转率受流动资产周转额和流动资产占用额两方面因素的影响。

固定资产营运能力分析主要是判断企业管理固定资产的能力，其通常运用的指标是固定资产周转率（次数）和固定资产周转天数。销售量直接反映了企业资产的利用效果。通过销售量的价值指标——营业收入与固定资产的对比，可以反映企业固定资产的利用效率。固定资产周转率受折旧方法、折旧年限、通货膨胀、营业收入、固定资产突然上升和固定资产的来源等方面的影响。

整体资产营运能力取决于每一项资产周转率的高低。综合分析整体资产的营运能力，主要是分析总资产周转率（次数）和总资产周转天数这两个指标。总资产周转率是指企业在一定时期（季度或年度）营业收入净额与总资产平均余额的比率。影响整体资产营运能力的主要因素是企业营业收入水平和各项分类资产的利用状况。因此，要提高企业总资产的营运能力，首先要确定各项资产的合理比例，尤其是流动资产和固定资产的比例，防止流动资产或固定资产出现闲置；其次，要提高各项资产的利用效率，尤其是流动资产中的应收账款和存货的周转速度，以及固定资产的利用效率。总资产周转速度受流动资产周转速度的影响较大，流动资产占总资产的比重越大，总资产周转速度也相对越快。

练 习 题

一、单项选择题

1. 某公司流动资产周转率为 5，其流动资产周转天数是（　　）。

    A. 75　　　　　　　　　　　　　　B. 76

    C. 72　　　　　　　　　　　　　　D. 73

2. 在下列各项中，属于直接受全部资产营运能力影响的盈利能力是（　　）。

    A. 资本盈利能力　　　　　　　　　B. 资产盈利能力

    C. 营业盈利能力　　　　　　　　　D. 产品盈利能力

3. 在下列各项中，属于计算流动资产周转率应选择的流动资产周转额是（　　）。

    A. 营业收入　　　　　　　　　　　B. 销售成本费用

    C. 全部收入　　　　　　　　　　　D. 销售成本

4. 某公司年末财务报表数据为：流动负债 60 万元，流动比率为 3，速动比率为 2。另外，本年度销售成本为 100 万元，年初存货为 50 万元，则本年度存货周转率为（　　）。

A. 1.82 次   B. 2.65 次

C. 2.57 次   D. 1.84 次

5. 某公司 20×1 年和 20×2 年的流动资产平均余额分别为 2 100 万元和 2 800 万元，流动资产周转率分别为 7 次和 9 次，则 20×2 年比 20×1 年的营业收入增加了（   ）。

A. 20 000 万元   B. 3 650 万元

C. 41 200 万元   D. 10 500 万元

6. 企业营运能力主要是指营运资产的（   ）。

A. 结构与分布   B. 效率与效益

C. 产出与耗费   D. 积累与分配

7. 下列各项中，属于影响总资产周转速度的关键因素是（   ）。

A. 固定资产周转速度   B. 企业的盈利能力

C. 流动资产周转速度   D. 企业的融资方式

8. 以下说法中，可能引起企业应收账款周转率下降的原因是（   ）。

A. 放宽了信用政策

B. 加快了收账速度

C. 赊销收入增长的速度快于应收账款的增长速度

D. 回收了以前期间大量的应收账款

9. 存货周转率的计算方法除了以存货成本为基础外，另一种计算基础是（   ）。

A. 营业外收入   B. 利息收入

C. 营业利润   D. 营业收入

10. 在使用应收账款周转速度指标分析企业财务状况时，不会影响指标正确计算的因素是（   ）。

A. 季节性经营   B. 大量使用分期付款方式

C. 大量使用非现金结算   D. 年末销售额大幅度变动

二、多项选择题

1. 下列属于存货周转速度分析的指标有（   ）。

A. 存货占资产之比   B. 存货周转率

C. 存货流动率   D. 存货周转次数

E. 存货周转天数

2. 在下列各项中，属于反映企业营运能力的指标有（   ）。

A. 总资产报酬率   B. 总资产周转率

C. 存货周转天数   D. 应收账款周转天数

E. 固定资产利润率

3. 在下列各项中，属于影响企业营业收入净额的因素有（   ）。

A. 营业收入总额   B. 销货退回金额

C. 销货折让金额   D. 现金折扣

E. 营业成本

4. 在下列各项中，能够体现流动资产占用额与流动资产周转速度关系的有（   ）。

A. 在销售额既定的条件下，流动资产周转速度越快，流动资产的占用额就越少

B. 在销售额既定的条件下，流动资产周转速度越快，流动资产的占用额就越多

C. 在销售额既定的条件下，流动资产周转速度越慢，流动资产的占用额就越少

D. 在销售额既定的条件下，流动资产周转速度越慢，流动资产的占用额就越多

E. 两者之间没有关系

5. 在下列各项中，属于影响固定资产周转速度的因素有（ ）。

A. 折旧方法和折旧年限　　　　　　B. 通货膨胀

C. 营业收入　　　　　　　　　　　D. 固定资产突然上升

E. 固定资产的来源

6. 下列各项中，属于企业营业周期构成要素的有（ ）。

A. 存货周转期　　　　　　　　　　B. 应收账款周转期

C. 固定资产周转期　　　　　　　　D. 无形资产周转期

E. 在建工程周转期

7. 现金转换周期的计算需要的指标有（ ）。

A. 应收账款周转天数　　　　　　　B. 应付账款周转天数

C. 库存现金周转天数　　　　　　　D. 库存现金周转次数

E. 存货周转天数

8. 下列各项中，属于存货周转率偏低的原因有（ ）。

A. 供大于求　　　　　　　　　　　B. 降价销售

C. 产品滞销　　　　　　　　　　　D. 库存积压

E. 大量赊销

9. 企业上一年的存货周转率为 6 次，本年变为 8 次，说明企业可能（ ）。

A. 产品适销对路，销售规模扩大，减少了库存积压

B. 产品发生滞销，确认的销售收入和结转成本均下降，平均存货增加

C. 加快了材料周转，提高了生产效率，同时减少了在产品周转天数

D. 处于高速发展期，收入逐年增加，但存货增长率低于成本增长率

E. 处于成熟期，收入缓慢增加，存货增长率高于成本增长率

10. 关于企业的现金转化周期，说法错误的有（ ）。

A. 企业的现金转化周期越短，表明企业现金资产的周转速度越快，使用效率越高

B. 企业的现金转化周期越长，表明企业现金资产的周转速度越快，使用效率越高

C. 现金转化周期越短，说明企业现金资产的使用效率越低

D. 现金转化周期越长，说明企业现金资产的使用效率越低

E. 现金转化周期缩短，说明企业流动资金循环加快

三、判断题

1. 企业资产运用的效率高、循环快，企业就可以以较少的投入获得较多的收益。

（　　）

2. 营运能力分析的内容主要包括流动资产营运能力分析和固定资产营运能力分析。

（　　）

3. 在销售净利率相同的情况下，存货周转率越高，获取的利润就越多。　（　　）

4. 应收账款周转天数分析的目的与应收账款账龄分析的目的是相同的。　（　　）

5. 影响整体资产营运能力的主要因素是企业营业收入水平和各项分类资产的利用状况。

（　　）

6. 不同行业的流动资产周转水平会出现差异，如零售商业的流动资产周转率一般要慢些，房地产行业的流动资产周转率相对快些。 （　　）

7. 企业整体资产营运能力的高低主要取决于流动资产营运能力的高低。 （　　）

8. 流动资产周转率是指企业在一定时期营业收入净额同总资产平均余额的比值。

（　　）

9. 应收账款周转率越高，平均收现期越短，说明应收账款收回的速度越快。

（　　）

10. 企业只要提高营运能力，盈利能力就一定能够提升。 （　　）

四、简答题

1. 请简要说明营运能力分析的意义。
2. 应收账款周转率指标包括哪些？如何计算与分析？
3. 存货周转率如何计算？分析时应注意哪些事项？
4. 存货周转率的计算基础有哪些？各自意义如何？
5. 简要介绍现金转换期的计算方法及其具有的现实意义。
6. 影响固定资产周转速度的因素有哪些？
7. 在进行固定资产周转率分析时应注意哪些问题？
8. 说明总资产周转率的具体计算方法与分析方法。

五、计算分析题

1. 某企业上年存货平均余额为 150 000 元，流动资产平均余额为 300 000 元；本年存货平均余额为 180 000 元，流动资产平均余额为 450 000 元；产品营业收入净额上年为 210 000 元，本年为 360 000 元。

要求：计算流动资产周转率和存货周转率。

2. 某企业有关固定资产占用和总收入资料如表 7-12 所示。

表 7-12　固定资产占用和总收入资料　　　　　单位：万元

项　　目	2018 年	2019 年
营业收入净额	7 600	8 900
固定资产平均余额	7 800	8 000

要求：对固定资产营运能力进行分析。

3. 某企业上年营业收入净额为 6 900 万元，全部资产平均余额为 2 760 万元，流动资产平均余额为 1 104 万元；本年营业收入净额为 7 938 万元，全部资产平均余额为 2 940 万元，流动资产平均余额为 1 323 万元。

要求：计算上年与本年的总资产周转率、流动资产周转率和资产结构（流动资产占全部资产的百分比）。

4. 甲公司 20×2 年末资产总额为 600 万元，流动资产占比 40%，其中货币资金有 50 万元，其余为应收账款和存货。所有者权益项目共计 400 万元，营业收入减去营业成本后为 90

万元。20×2年末流动比率为1.5，以收入为基础计算的存货周转率为8次，以成本为基础计算的存货周转率为6次。

要求：计算甲公司20×2年末的应收账款、存货、流动资产、流动负债和长期负债的数额。

5. 某公司相关资料如表7-13所示。

表7-13 相关资料 单位：万元

项　　目	20×1年	20×2年
营业收入		31 420
营业成本		21 994
流动资产合计	13 250	12 846
其中：存货	6 312	6 148
应收账款	3 548	3 216

要求：计算20×2年的流动资产周转速度、存货周转速度及应收账款周转速度。

六、综合题

1. 光华公司20×1年度主营业务净利率为16%，总资产周转率为0.5，权益乘数为2.2，净资产收益率为17.6%。光华公司20×2年度营业收入为840万元，净利润为117.6万元。光华公司的资产负债表如表7-14所示。

表7-14 资产负债表

20×2年12月31日 单位：万元

资产	年初	年末	负债及所有者权益	年初	年末
流动资产			流动负债合计	450	300
货币资金	100	90	长期负债合计	250	400
应收账款净额	120	180	负债合计	700	700
存货	230	360	所有者权益合计	700	700
流动资产合计	450	630			
固定资产净值	950	770			
总　计	1 400	1 400	总　计	1 400	1 400

要求：

（1）计算20×2年资产负债率和权益乘数；

（2）计算20×2年总资产周转率、销售净利率和净资产收益率；

（3）分析销售净利率、总资产周转率和权益乘数变动对净资产收益率的影响。

2. 宝钢与武钢两大钢铁央企合并而成的宝武钢铁集团于2016年12月1日宣布正式成立，表7-15是宝武钢铁子公司宝山钢铁股份有限公司2016—2019年末部分财务数据，请根据相关数据分析宝山钢铁近三年的营运能力。

表 7-15 宝山钢铁相关财务数据 单位：百万元

项目	2016 年	2017 年	2018 年	2019 年
营业收入净额	246 169	289 093	305 081	291 594
应收账款	15 472	12 079	12 901	10 878
存货	49 581	39 488	41 569	40 300
流动资产	136 763	133 293	120 734	130 564
固定资产	163 882	154 222	150 726	147 436
资产总额	359 068	350 235	335 850	339 633

（1）计算宝山钢铁 2017 年、2018 年和 2019 年的应收账款周转率、存货周转率、流动资产周转率及其对应的周转天数，并分析宝山钢铁流动资产营运能力的变化；

（2）计算宝山钢铁 2017 年、2018 年和 2019 年的固定资产周转率及固定资产周转天数，分析宝山钢铁固定资产营运能力的变化，并且讨论可能影响固定资产周转率的因素；

（3）计算宝山钢铁 2017 年、2018 年和 2019 年的总资产周转率及总资产周转天数，分析宝山钢铁总资产营运能力的变化，并分析如何提高企业对总资产的利用效率。

第 8 章　偿债能力分析

◎ **学习目标：**

- 理解偿债能力的内涵与意义；
- 了解长期偿债能力分析与短期偿债能力分析的关系；
- 掌握短期偿债能力的含义和衡量指标；
- 掌握长期偿债能力的含义和衡量指标；
- 理解影响短期偿债能力和长期偿债能力的因素；
- 应用偿债能力指标综合分析评价企业的偿债能力。

> **引例**　　　　　　　　　**海航高杠杆之殇**[①]
>
> 　　2020 年 2 月 29 日海航集团发布公告称，应海航集团请求，海南省政府将全面协助、全力推进海航的风险处置工作。海航集团陷入危机已接近三年，罪魁祸首是疯狂的高杠杆并购。从买买买到卖卖卖，海航集团逐渐陷入一场难以自拔的困局中，突如其来的疫情使其陷入更加危险的境地。如今，地方政府的介入能让这家万亿民企巨头再次起航吗？
>
> 　　海航集团今日的艰难处境，要从昔日频繁的高杠杆收购说起。2016 年海航集团频频在全球发起资产收购，包括 60 亿美元收购美国科技公司英迈、65 亿美元收购希尔顿集团约25% 的股份。截至 2016 年末，海航集团总资产首次破万亿。2017 年上半年，海航集团依旧买个不停，资产规模也急剧膨胀，截至 2017 年底，总资产规模达到 12 319 亿元。
>
> 　　然而在包括海航集团等多家国内巨头资本狂奔背后，风险已经降临。海航集团前期扩张中的高杠杆收购所带来的债务等问题也开始浮出水面。数据显示，海航集团在 2015—2017 年的三年时间里，累计新增带息债务约 3 668 亿元；截至 2017 年期末，负债总额已高达 7 365 亿元，同比增长 22%，其中有息负债 5 701 亿元，短期借款达到 1 261 亿元。
>
> 　　随后海航积极展开了一系列"自救"行动。自 2017 年下半年以来，海航集团便计划出售多家旗下公司股权，涉及航空、租赁、印刷、酒店、物业、地产等。2018 年海航强调"去地产化、去杠杆、聚焦主业"，加速变卖资产，甚至包括伦敦瑞信大楼等在内的不少资产都被亏本甩卖。据媒体统计，2018 年海航集团出售了 3 000 多亿元规模的资产，清理了 300多家公司，主要瞄准金融、地产等非航空资产和业务。同时海航集团还在融资端发力，寻求多家银行的流动性支持，但效果甚微，负债不降反升。截至 2018 年底海航负债总额继续增加至 7 553 亿元，资产负债率也从上年的近 60% 升至近 71%。

---

① 王子辰. 海航的高杠杆之殇. 投中网，2020-03-03.

2019 年上半年，海航集团总资产为 9 806 亿元，跌破万亿元大关，但总负债仍高达 7 067 亿元，负债率达 72%。偿债能力方面，流动比率为 1.1，与 2018 年底持平，速动比率为 0.84，偿债压力依然巨大。从现金流量表数据看，海航集团经营活动现金流净额、投资活动现金流净额、筹资活动现金流净额分别约为 196 亿元、81 亿元、−285 亿元，显然处于经营性现金流不足、外部融资渠道枯竭、被迫变卖资产回笼资金以偿还债务的困境，海航多年自救之举显得力不从心。2020 年突如其来的疫情，更是重创民航业，也将自身流动性紧张的海航集团推向更加凶险的境地，流动性风险有加剧趋势。如今，海南省政府的介入，给这家万亿资产民企巨头带来了重新起航的希望，但何时能起飞，飞向何方，一切都还未知。

从海航案例可以看出，偿债能力对一个企业的生存与发展至关重要。那么如何有效衡量企业的偿债能力并准确分析其影响呢？本章主要介绍偿债能力分析的基本指标及其应用。

8.1 偿债能力分析的内涵与意义

名人名言

失信就是失败。

——左拉

8.1.1 偿债能力分析的内涵

企业在生产经营过程中，为了弥补自身资金的不足就要对外举债。举债经营的前提是能够按时偿还本金和利息，否则就会使企业陷入困境，甚至危及企业的生存。

1. 偿债能力的概念

偿债能力是指企业对到期债务清偿的能力和现金的保障程度。负债的基本特点是：第一，它将在未来时期付出企业的经济资源或经济利益；第二，它必须是过去的交易和事项所发生的，其债务责任能够以货币确切地计量或者合理地估计。企业的偿债能力按其债务到期时间的长短分为短期偿债能力和长期偿债能力。

（1）短期偿债能力

短期偿债能力是指企业以其流动资产偿还流动负债的现金保障程度。一个企业的短期偿债能力大小，要看流动资产和流动负债的数量和质量情况。流动资产的质量是指其"流动性"和"变现能力"。流动性是指流动资产转换为现金所需要的时间。资产转换为现金需要的时间越短，资产的流动性越强，越能尽快地转换为偿还债务的资金。变现能力是指资产是否能很容易地、不受损失地转换为现金。如果流动资产的预计出售价格与实际出售价格的差额很小，则认为资产的变现能力较强。金融资产容易变现，存货则差一些。对于流动资产的质量，应着重理解以下三点。

① 资产转变成现金是经过正常交易程序的。

② 资产流动性的强弱主要取决于资产转换成现金的时间长短,而变现能力主要取决于资产预计出售价格和实际价格之间的差额。

③ 流动资产的流动性期限一般在一年以内或在一个营业周期之内。

流动负债也有"质量"问题。一般来说,企业的所有债务都要偿还,但是并非所有的债务都需要在到期时立即偿还,债务偿还的强制程度和紧迫性被视为负债的质量。债务偿还的强制程度越高,紧迫性越强,负债的质量越高;反之,则越低。企业流动资产的数量和质量超过流动负债的数量和质量的程度,就是企业的短期偿债能力。

短期偿债能力是企业的任何利益相关者都应重视的问题。对企业管理者来说,短期偿债能力的强弱意味着企业承受财务风险能力的大小。对投资者来说,短期偿债能力的强弱意味着企业盈利能力的高低和投资机会的多少。对企业的债权人来说,企业短期偿债能力的强弱意味着本金与利息能否按期收回的保障程度的高低。对企业的供应商和消费者来说,企业短期偿债能力的强弱意味着企业履行合同能力的强弱。

总之,短期偿债能力十分重要。当一个企业丧失短期偿债能力时,它的持续经营能力将受到质疑。

（2）长期偿债能力

长期偿债能力是指企业偿还长期债务和支付利息的现金保障程度。企业的长期债务是指偿还期在一年以上或者超过一个营业周期的负债,包括长期借款、应付债券、长期应付款、预计负债等。企业对一笔债务总是负有两种责任:一是偿还债务本金的责任;二是支付债务利息的责任。分析一个企业的长期偿债能力,主要是为了确定该企业偿还债务本金和支付债务利息的能力。由于长期债务的期限长,企业的长期偿债能力主要取决于企业的盈利能力和资本结构,而不是取决于资产的短期流动性。

企业的长期偿债能力与盈利能力密切相关。企业能否有充足的长期现金流入,以偿还长期负债,在很大程度上取决于企业的盈利能力。一个长期亏损的企业,要保全其权益资本很难,但要保持正常的长期偿债能力更难;而一个长期盈利的企业,如果有着良好的现金流入,则必然能保持正常的长期偿债能力。与短期负债不同,企业的长期负债大多用于长期资产投资,形成企业的固定生产能力。在企业正常生产的情况下,不可能靠出售长期资产偿还债务的本金和利息,只能依靠生产经营所得。企业支付给长期债权人的利息主要来自企业创造的利润和现金流。一般来说,企业的盈利能力越强,长期偿债能力越强;反之,则越弱。

资本结构是指企业各种长期资本来源的构成及它们之间的比例关系。长期资本的来源主要是股东权益和长期负债。在不同的资本结构下,企业承担的资金成本和财务风险不同。长期负债可以起到抵税作用,可以使企业承担相对较低的融资成本,调剂企业资金余缺,并增加资本结构的弹性,但企业需要承担到期还本付息的责任,财务风险较大;股东权益对企业来说没有到期归还的压力,但企业需承担相对较高的融资成本,且不能税前抵税,资本结构的弹性小。此外,股东权益资本是企业承担长期债务的基础。可以说企业的资本结构从一定程度上体现了企业的长期偿债能力。企业管理人员的职责之一在于优化资本结构,提高企业应对财务风险的能力。

2. 长期偿债能力分析和短期偿债能力分析的关系

长期偿债能力分析和短期偿债能力分析之间既有联系又有区别,财务分析人员既不要把二者割裂开来进行分析,也不能混为一谈。

（1）长期偿债能力分析和短期偿债能力分析的联系

长期偿债能力分析和短期偿债能力分析的目的都是衡量企业偿还债务的能力。任何长期债务在到期当年都会转化为短期债务，影响企业的短期偿债能力，有时即使企业有很强的长期偿债能力，但如果其流动资产不足或变现能力差，也有可能无法偿付到期债务而陷入财务危机。

从企业的长远发展来看，长期偿债能力是短期偿债能力的基础，企业的长期偿债能力与盈利能力密切相关，良好的长期偿债能力能够说明企业实力强、效益好，也是偿还短期债务的根本保障。所以，分析企业的短期偿债能力时应结合其长期偿债能力，综合把握企业的偿债能力。

（2）长期偿债能力分析和短期偿债能力分析的区别

① 分析的影响因素不同。流动负债是指一年内到期或在一个营业周期内到期的债务，必须由变现能力强的流动资产来偿还。所以，分析企业的短期偿债能力，主要是分析流动资产与流动负债之间的关系，核心问题是企业的现金流量分析。

偿还长期负债的资产，一般情况下不是固定资产和其他长期资产，因为固定资产和其他长期资产主要用于企业的生产经营活动。长期债务是指由一年或若干年以后才需要以现金偿付的债务，因此盈利能力是分析企业长期偿债能力的前提。

② 分析的指标不同。短期偿债能力分析主要是利用企业资产负债表提供的数据，计算流动比率、速动比率、现金比率等指标，以此来考察企业偿还短期债务的能力和水平。

长期偿债能力分析要分别利用资产负债表和利润表提供的数据，计算资产负债率、利息保障倍数等指标，进而分析这些指标所反映的企业偿还长期债务的能力，同时结合企业的盈利能力，全面综合评价企业的长期偿债能力。

8.1.2 偿债能力分析的意义

企业的安全性是其健康发展的基本前提。在财务分析中能够体现企业安全性的主要方面就是其偿债能力分析。因此，一般情况下总是将企业的安全性和偿债能力分析联系在一起。因为对企业安全性威胁最大的是"财务失败"现象的发生，即企业无力偿还到期债务导致诉讼或破产。由于债务管理不善导致企业经营失败或陷入困境的事例比比皆是，因此分析企业偿债能力具有十分重要的意义。

1. 正确认识和评价企业的财务情况

偿债能力是企业的一个敏感问题，偿债能力的强弱反映着企业资产与负债状况的好坏、企业支付能力的强弱和信誉度的高低。偿债能力降低往往预示着企业财务状况、营运状况不佳，企业如果在短时间内不能改善财务状况的"风向标"，必将引起企业利益相关者的广泛关注。通过对企业偿债能力的分析和评价，可以较深入地了解企业的财务状况和经营管理状况，这也是偿债能力分析的出发点和基本目的。

2. 为改善企业经营管理提供可靠信息

偿债能力分析为企业管理者提供购销、生产、存货、筹资、资金往来等方面的具体信息，既可以看到企业已取得的业绩，也可能暴露企业生产经营各环节中存在的问题，以及企业经营方针、策略及管理、控制等方面的问题。通过对企业偿债能力的分析和评价，可以使管理者有针对性地采取措施，加强企业经营管理，改善财务状况，最终目的是合理组织资金，及时偿还到期债务，消除企业债务风险，化解企业和债权人之间的矛盾。

3. 为相关的投资、信贷决策提供依据

偿债能力分析不仅直接反映了到期债务偿还的可能性，还间接地反映了企业的盈利能力和发展能力。如果连到期债务都不能偿还，那么投资效益、债务利息就更谈不上了。因此，企业的投资者、债权人、供应商和客户都十分关注企业有关偿债能力的信息披露。偿债能力的强弱是投资或信贷决策的重要指标，偿债能力指标对决策通常起着决定性的作用，是投资决策、信贷决策最基本的依据之一。

8.1.3　偿债能力分析的内容

企业偿债能力分析的内容受企业负债类型和偿债所需资产类型的制约，不同的负债，其偿还所需要的资产不同，或者说不同的资产可用于偿还的债务也有所区别。因此，企业偿债能力分析包括短期偿债能力分析和长期偿债能力分析两个方面。

1. 短期偿债能力分析

短期偿债能力是指企业偿还流动负债的能力，或者说是指企业在短期债务到期时可以变现为现金的资产用于偿还流动负债的能力。通过对反映短期偿债能力的主要指标和辅助指标的分析，可以了解企业短期偿债能力的高低和短期偿债能力的变化情况，反映企业的财务状况和风险程度。衡量企业短期偿债能力的指标主要有营运资金、流动比率、速动比率、现金比率、支付能力系数、现金流量比率等。

2. 长期偿债能力分析

长期偿债能力是指企业偿还长期负债的能力，或者说是指企业长期债务到期时，企业的盈利或资产可用于偿还长期负债的能力。对企业长期偿债能力进行分析，要结合长期负债的特点，在明确影响长期偿债能力因素的基础上，从企业盈利能力和资产规模两个方面对企业偿还长期负债的能力进行分析和评价。通过对反映企业长期偿债能力指标的分析，了解企业长期偿债能力的高低及其变动情况，反映企业整体财务状况和债务负担及偿债能力的保障程度，为企业进行正确的负债经营指明方向。衡量企业长期偿债能力的指标主要有利息保障倍数、债务本息保障倍数、固定费用保障倍数、资产负债率、所有者权益比率、净资产负债率等。

8.2　短期偿债能力分析

8.2.1　短期偿债能力指标的计算与分析

分析企业短期偿债能力，通常可运用一系列反映短期偿债能力的指标来进行。从企业短期偿债能力的含义及影响因素可知，短期偿债能力主要通过企业流动资产和流动负债的对比得出。因此，对企业短期偿债能力的指标分析，可采用流动负债和流动资产对比的指标，包括营运资金、流动比率、速动比率、现金比率、支付能力系数、现金流量比率等。

1. 营运资金

营运资金是指流动资产减去流动负债后的差额，也称净营运资本，表示企业的流动资产

在偿还全部流动负债后还有多少剩余。其计算公式为

$$营运资金=流动资产-流动负债$$

从财务观点看，如果流动资产高于流动负债，表示企业具有一定的短期偿债能力。该指标越高，表示企业可用于偿还流动负债的资金越充足，企业的短期偿债能力越强，企业所面临的短期流动性风险越小，债权人的安全程度越高。因此，可将营运资本作为衡量企业短期偿债能力的绝对数指标。对营运资金指标进行分析，可以从静态上评价企业当期的短期偿债能力状况，也可从动态上评价企业不同时期短期偿债能力的变动情况。

【例 8-1】根据 SYZG 公司 2019 年资产负债表数据，计算其 2019 年末和年初的营运资金如下。

$$2019 年末的营运资金=6\,850\,022-4\,214\,860=2\,635\,162（万元）$$
$$2018 年末的营运资金=5\,189\,594-3\,393\,537=1\,796\,057（万元）$$

从静态上分析，SYZG 公司 2019 年末营运资金占流动资产的 38.47%，流动资产可以抵补流动负债，2018 年末公司的营运资金占流动资产的比例为 34.61%，流动资产也足够抵偿流动负债。从两年的数据看，SYZG 公司具有较强的短期偿债能力。

从动态上分析，SYZG 公司 2019 年的营运资金比 2018 年多出 839 105 万元，财务状况更为稳定，短期偿债压力更小。主要原因在于：尽管该公司 2019 年流动资产和流动负债都呈上升趋势，但流动资产上升的幅度高于流动负债上升的幅度，使得企业可用于偿还流动负债的资金更充足，短期偿债能力增强。

由于营运资金只反映可用于偿还短期负债剩余资金的绝对量，在企业流动资产和流动负债都发生变化时，运用相对数指标反映企业的偿债能力就显得更加必要，而且营运资金不适合不同规模企业间的比较。

2. 流动比率

流动比率是指流动资产与流动负债的比率，表示每单位的流动负债，有多少流动资产作为偿还的保证。其计算公式如下。

$$流动比率=\frac{流动资产}{流动负债}\times100\%$$

一般认为，从债权人立场看，流动比率越高越好，表示企业的偿债能力越强，企业所面临的短期流动性风险越小，债权越有保障，借出的资金越安全。但从经营者和所有者的角度看，并不一定要求流动比率越高越好，在偿债能力允许的范围内，根据经营需要，进行负债经营也是现代企业经营的策略之一。因此，从一般经验看，流动比率为 200% 是比较合适的，此时企业的短期偿债能力较强，对企业的经营也比较有利。

对流动比率的分析，可以从静态和动态两个方面进行。从静态上分析，就是计算并分析某一时点的流动比率，同时可将其与同行业的平均流动比率进行比较；从动态上分析，就是将不同时点的流动比率进行对比，研究流动比率变动的特点及其合理性。

【例 8-2】根据 SYZG 公司 2019 年资产负债表数据，计算其 2019 年末和年初的流动比率如下。

$$2019\ 年末流动比率=\frac{6\ 850\ 022}{4\ 214\ 860}\times100\%=162.52\%$$

$$2019\ 年初流动比率=\frac{5\ 189\ 594}{3\ 393\ 537}\times100\%=152.93\%$$

可以看出，SYZG 公司 2019 年末流动比率有所上升，该公司短期偿债风险有所降低，较上一期短期偿债能力增强，但按照经验标准，仍未达到 200%。在具体评价企业偿债能力时，还应结合同行业情况做进一步的分析。

运用流动比率指标分析评价企业的短期偿债能力，应注意以下几个问题。

① 企业短期偿债能力取决于流动资产与流动负债的相互关系，而与企业规模无关。如果仅以流动比率作为偿债能力的评价标准，当企业规模大、流动资产较多时，并不一定表明企业短期偿债能力较强；反之，企业规模小、流动资产较少也不等于其偿债能力较弱。从根本上决定企业短期偿债能力强弱的是流动资产与流动负债金额的结构变动。

② 对企业短期偿债能力的判断必须结合所在行业的平均标准。流动比率为 200% 只是就一般情况而言，并不是绝对标准。不同行业因其资产、负债占用情况不同，流动比率会有较大差别，一些行业的流动比率达到 100%，就可能说明其有足够的偿债能力，而其他行业的流动比率达到或超过 200%，也不一定表明其偿债能力很强。

③ 对企业短期偿债能力的判断必须结合其他有关因素。即使在同行业内，一些流动比率较低的企业，也不一定表示其偿债能力较低。如果企业有大量充裕的现金或随时能变现的有价证券或具有相当强的融资能力等，企业实际的偿债能力要比流动比率指标所表示的偿债能力强得多；反之，如果一个企业的流动比率超过 200% 的标准，但流动资产中存货占相当大比例，也不能说明其偿债能力很强。因此，分析时一定要结合各种因素，才能对企业的短期偿债能力做出综合评价。

④ 要注意人为因素对流动比率指标的影响。流动比率是根据资产负债表的资料计算出来的，体现的仅仅是企业账面上的支付能力，如果企业管理人员出于某种目的，运用各种方式对其进行调整，那么流动比率所表现出来的偿债能力就会与实际偿债能力产生较大差异。

思政资料 8-1　　　　　**流动比率的经验值 200% 可靠吗？**

一般认为流动比率在 200% 左右比较合适。但如今大多数企业的流动比率指标均达不到 200%。下面以几个有代表性的行业和比较典型的企业为例进行比较分析。

1. 房地产开发企业

房地产开发企业雅居乐和荣盛发展 2017—2019 年流动比率如表 8-1 所示。

表 8-1　2017—2019 年雅居乐和荣盛发展的流动比率　　　　单位：%

项目	2017 年	2018 年	2019 年
雅居乐	135	139	129
荣盛发展	132	137	147

由表 8-1 可见，两家房地产开发企业三年间的流动比率在 130%～150%。因为房地产开发项目所需资金较多，且企业本身并不拥有大量的资本金，其资金一般来源于中长期借款或短期借款。流动比率的大小主要取决于存货比率的大小，房地产开发企业的存货一般高达 75% 甚至更高。此外，房地产开发项目通常采取预售期房（预收账款）的方式筹集资金，且营业周期较长，前期开发一次性投入较大。这些特点使得房地产开发项目的流动负债数额较大，故流动比率相对较低。

2. 建筑安装（装修）企业

建筑装饰企业江河集团和全筑股份 2017—2019 年流动比率如表 8-2 所示。

表 8-2 2017—2019 年江河集团和全筑股份的流动比率表 单位：%

项目	2017 年	2018 年	2019 年
江河集团	115	123	124
全筑股份	130	122	119

由表 8-2 可见，两家建筑安装（装修）企业三年间的流动比率在 110%～130%。建筑安装业一般工程承包额和垫资量巨大，资金占用多、周转慢、生产周期长、工程量大，经营状况受不确定因素的影响较大，对建筑安装企业的经营能力与实力要求较高，所以流动比率指标也相对较低。

3. 酒店、餐饮等服务型企业

国际天食和华天酒店 2017—2019 年流动比率如表 8-3 所示。

表 8-3 2017—2019 年国际天食和华天酒店的流动比率表 单位：%

项目	2017 年	2018 年	2019 年
国际天食	129	142	95
华天酒店	52	63	67

酒店、餐饮等服务型行业的营业周期较短，几乎没有应收账款，且不需要大量的存货储备；流动资产的主要组成部分为货币资金和变现能力较强的必要周转存货，因而其流动比率较低。

通过以上分析可以看出，由于行业、地域、所处经营周期的不同，企业经营周转所需的资金必然存在差别，所以其合理的流动比率也不尽相同，通常制造业较其他行业高、交通不发达地区较发达地区高、经营旺季比淡季高。所以，判定一个企业的流动比率是否合理需要与同行业平均流动比率、本企业历史流动比率进行比较。

3. 速动比率

速动比率又称酸性试验比率，是指企业的速动资产与流动负债的比率，用来衡量企业流动资产中速动资产变现偿付流动负债的能力。其计算公式如下。

$$速动比率 = \frac{速动资产}{流动负债} \times 100\%$$

其中

$$速动资产 = 流动资产 - 存货$$

速动比率可以用作流动比率的辅助指标。用速动比率评价企业的短期偿债能力，消除了存货等变现能力较差的流动资产项目的影响，可以部分地弥补流动比率指标存在的缺陷。当企业流动比率较高时，如果流动资产中可以立即变现用来支付债务的资产较少，其偿债能力也不理想；反之，即使流动比率较低，但流动资产中的大部分项目都可以在较短的时间内转化为现金，其偿债能力也会很强。因此，用速动比率评价企业的短期偿债能力相对更准确一些。

一般认为，在企业的全部流动资产中，存货大约占50%。因此，速动比率的一般标准为100%，也就是说，每一元的流动负债，都有一元几乎可以立即变现的资产来偿付。如果速动比率低于100%，一般认为偿债能力较差，但分析时还要结合其他因素进行评价。

【例8-3】根据SYZG公司2019年资产负债表数据，计算其2019年末和年初速动比率如下。

$$年末速动比率 = \frac{5\,424\,848}{4\,214\,860} \times 100\% = 128.71\%$$

$$年初速动比率 = \frac{4\,030\,131}{3\,393\,537} \times 100\% = 118.76\%$$

从计算结果可以看出，相较于年初，2019年末速动比率提升了9.95个百分点，说明公司的短期偿债能力有所增强。从经验标准看，SYZG公司2019年的速动比率高于100%，反映其短期偿债能力较好。进一步地，根据2019年矿山冶金建筑设备制造业绩效标准值，SYZG公司2019年的速动比率超过110.3%的行业良好值，接近133.7%的行业优秀值，这也说明该公司有着较强的短期偿债能力。

需要特别指出的是，一个企业的流动比率和速动比率较高，虽然能够说明企业有较强的短期偿债能力，反映企业的财务状况良好，但过高的流动比率和速动比率则会影响企业的盈利能力。当企业大量储备存货时，特别是有相当比例的积压物资时，流动比率就会较高，可是存货的周转速度会降低，形成流动资金的相对固定化，会影响流动资产的利用效率。过高的货币资金存量能使速动比率提高，但货币资金的相对闲置会使企业丧失许多能够获利的投资机会。流动资产及速动资产中均包括货币资金、应收票据、应收账款等项目，应收票据和应收账款并不能保证按时收回，有些应收账款的回收期可能超过一年，甚至几年；应收票据即使可以随时贴现，但当对方到期不承兑时，实际上等于增加了企业的流动负债。因此，对流动比率和速动比率必须辩证分析，进行风险和收益的权衡。

4. 现金比率

现金比率是指现金类资产对流动负债的比率，该指标有两种计算方式。

（1）现金类资产仅指货币资金

当现金类资产仅指货币资金时，现金比率的计算公式如下。

$$现金比率=\frac{货币资金}{流动负债}\times100\%$$

（2）现金类资产包括货币资金和现金等价物

当现金类资产除货币资金外，还包括现金等价物时，即企业把持有的期限短、流动性强、易于转换为已知金额的现金、价值变动风险很小的投资视为现金等价物时，现金比率的计算公式如下。

$$现金比率=\frac{现金+现金等价物}{流动负债}\times100\%$$

现金比率可以准确地反映企业的直接偿债能力，当企业面临支付工资日或大宗进货日等需要大量现金时，这一指标更能显示出其重要作用。

【例 8-4】根据 SYZG 公司 2019 年资产负债表数据，计算其 2019 年末和年初现金比率如下。

$$2019\ 年末现金比率=\frac{1\ 352\ 674}{4\ 214\ 860}\times100\%=32.09\%$$

$$2019\ 年初现金比率=\frac{1\ 198\ 504}{3\ 393\ 537}\times100\%=35.32\%$$

从计算结果可以看出，SYZG 公司 2019 年末现金比率较 2019 年初有所降低，表明从现金比率的角度考虑，企业的直接偿债能力有所降低，公司短期偿债能力略有减弱。

现金比率越高，表示企业可立即用于支付债务的现金类资产越多。由于企业现金类资产的盈利水平较低，企业不可能也没有必要保留过多的现金类资产。如果这一比率过高，可能是因为企业通过负债方式所筹集的流动资金没有得到充分利用，因此并不鼓励企业保留更多的现金类资产。

（3）流动比率、速动比率和现金比率之间的关系

流动比率、速动比率和现金比率之间存在密切的联系，其相互关系如图 8-1 所示。

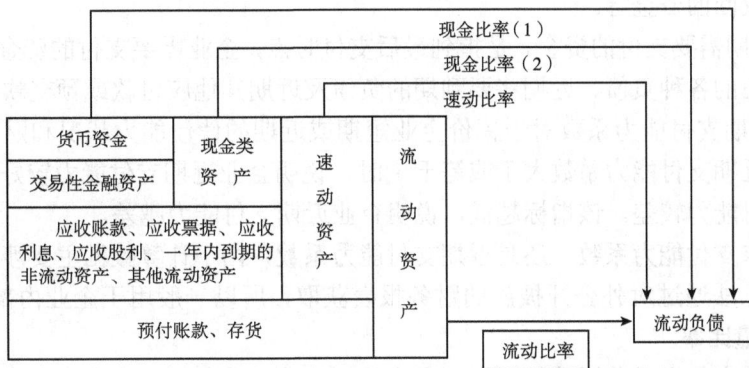

图 8-1　流动比率、速动比率和现金比率关系图

由图 8-1 可以看出，运用现金比率评价企业的短期偿债能力，其结果是相对保守的；而在运用速动比率和流动比率评价企业的短期偿债能力时，了解存货和应收账款各自占流动资产的比例、二者的周转速度大小是非常必要的。因为假如存货或应收账款占流动资产的比重很大，但周转速度缓慢，那么即使企业表面上拥有巨额的流动资产，实际上企业的短期偿债能力并不强。

流动比率、速动比率和现金比率都是以企业某一时点上的流动资产存量和流动负债来反映企业的短期偿债能力，但不能说明各项流动资产和流动负债的变现、周转等动态变化情况。因此，通过对各项流动资产和流动负债周转情况的分析，可以进一步反映企业短期偿债能力的动态变化，从而弥补流动比率、速动比率和现金比率的不足。

5. 支付能力系数

支付能力系数是从动态上反映企业短期偿债能力的重要指标。根据企业支付能力反映的具体时间差异，支付能力系数可分为期末支付能力系数和近期支付能力系数两种。

期末支付能力系数是指期末货币资金额与急需支付款项之比。其计算公式如下。

$$期末支付能力系数 = \frac{期末货币资金额}{急需支付款项}$$

其中，急需支付款项包括逾期未缴款项、逾期银行借款、逾期应付款项等。该指标大于或等于 1 说明企业有支付能力；反之，说明企业支付能力差。期末支付能力系数的值越小，说明企业支付能力越差。

近期支付能力系数是指在近期可用于支付的资金与近期需要支付的资金的比率。其计算公式如下。

$$近期支付能力系数 = \frac{近期可用于支付的资金}{近期需要支付的资金}$$

近期支付能力系数指标在计算时必须注意以下 4 个问题。

① 这里所说的近期，可根据企业的实际支付情况而定，可以是三天、五天，也可以是十天或半月，当然也可计算企业当天的支付能力，且分子和分母计算的口径应保持一致。

② 企业可用于支付的资金数额，包括现金、银行存款、近期可收回的应收款、近期现销收入、其他可收回的资金等。

③ 企业近期需要支付的资金，是指到最后支付时点，企业需要支付的资金数额，包括已经到期需要归还的各种负债、近期将要到期的负债及近期其他应付款或预交款等。

④ 企业近期支付能力系数对于评价企业短期或近期的偿债能力状况和财务状况有着重要的作用。当近期支付能力系数大于或等于 1 时，说明企业近期支付能力较好；反之，则说明企业近期支付能力较差。该指标越低，说明企业近期支付能力越差。

无论是期末支付能力系数，还是近期支付能力系数，由于计算数据主要涉及企业内部经营管理数据，无法通过对外公开披露的财务报表获取，所以一般用于企业内部的经营分析。

6. 现金流量比率

现金流量比率是指经营活动的现金流量净额与流动负债之间的比率。由于经营活动的现金流量真实地反映了企业当期收到的实际现金数量，所以能更真实地说明该期的实际偿债能力。现金流量比率的计算公式如下。

$$现金流量比率=\frac{经营活动的现金流量净额}{流动负债平均余额}\times100\%$$

其中

$$流动负债平均余额=（年初流动负债余额+年末流动负债余额）\div2$$

【例 8-5】根据 SYZG 公司 2019 年财务报表数据，计算其 2019 年和 2018 年现金流量比率如下。

$$2019 年现金流量比率=\frac{1\,326\,537}{3\,804\,199}\times100\%=34.87\%$$

$$2018 年现金流量比率=\frac{1\,052\,690}{2\,845\,895}\times100\%=36.99\%$$

根据以上计算结果可以看出，SYZG 公司 2019 年的现金流量比率由 2018 年的 36.99%下降到 34.87%，说明企业的短期偿债能力有所变弱。但从同行业比较的角度观察，该公司 2019 年的现金流量比率均高于矿山冶金建筑设备制造业 2019 年优秀值 16.4%，这说明 SYGZ 公司的短期偿债能力在同行业中位居前列。

7. 反映企业短期偿债能力的辅助指标分析

（1）应收账款周转率和应付账款周转率的比较分析

一般来说，应收账款周转速度越快，表明企业回款迅速，收账费用和坏账损失越少；同时也表明企业的流动资产流动性高、偿债能力强。如果应收账款占流动资产比重很大，即使流动比率和速动比率指标都很高，其短期偿债能力仍值得怀疑，需要进一步分析具体原因。通常，应收账款周转率越高、平均收账期越短，说明应收账款的收回越快；否则，企业的营运资金会过多地呆滞在应收账款上，影响正常的资金运转。

企业购入材料等物资的目的在于加工制成产品，然后通过销售收回现金，并实现价值增值。从这个意义上讲，因赊购商品所产生的应付账款，应由赊销商品回收的现金偿付。在资金周转上，二者与资金周转期密切相关，而且必须相互配合。应收账款与应付账款的这种相互关系会对企业的短期偿债能力产生如下影响。

① 应收账款与应付账款的周转期相同。在这种情况下，通过赊销商品所回收的现金恰好能满足偿付因赊购业务而产生的债务，不需动用其他流动资产来偿还，企业的短期偿债能力指标不会因应收账款和应付账款的存在而改变。

② 应收账款的周转速度快于应付账款的周转速度。假定企业应收账款的平均收账期为 30 天，而应付账款的平均付款期为 60 天。在这种情况下，企业的流动比率就会降低，以流动比率反映的企业静态短期偿债能力就会相对差一些。但是由于流动资产中的应收账款周转速度快，而流动负债中的应付账款周转速度慢，从动态上看，企业的实际偿债能力较强，因为在企业应收账款回收两次的情况下，才支付一次现金去偿付应付账款。

③ 应收账款的周转速度低于应付账款的周转速度。假定企业应收账款的平均收账期为

60 天，应付账款的平均付款期为 30 天。在这种情况下，企业的流动比率就会提高，以流动比率反映的企业静态短期偿债能力就比较强。从动态上看，企业的实际短期偿债能力其实低于以流动比率表示的企业短期偿债能力水平。这是因为每当企业将其赊销商品所产生的应收账款转化为一次现金时，就要支付两次现金去偿付因赊购业务产生的应付账款。这样只有在动用其他流动资产的情况下，才能按期偿付因赊购而形成的债务。

以上仅就应收账款和应付账款的周转速度进行了分析，当其规模不同时，也会相对增强或减弱因周转速度不同对短期偿债能力的影响。这种对比不仅可以就流动资产与流动负债之间的对应项目进行，也可以按流动资产和流动负债整体进行分析，因为短期偿债能力分析本身就是建立在流动资产与流动负债的关系基础之上的。

（2）存货周转率分析

就一般企业而言，存货在流动资产中占有相当比重。尽管存货不能直接用于偿还流动负债，但是如果企业的存货变现速度较快，意味着资产的流动性较好，会有较多的现金流量在未来注入企业。企业投资于存货的目的在于通过存货销售过程而获得利润。一般的制造企业为了配合销售的需要，都要维持相当数量的存货。存货对企业经营活动的变化非常敏感，这就要求企业应将存货控制在一定的水平上，使其与经营活动基本上保持一致。因此，分析企业短期偿债能力时，必须考虑存货变现速度。存货周转率是衡量和评价企业购入存货、投入生产、销售收回等各环节管理状况的综合性指标。

一般来讲，在销售规模一定的情况下，存货周转速度越快，存货的占用水平越低，流动性越强，存货转换为应收账款和现金的速度越快；反之，存货转换为应收账款和现金的速度越慢。

存货周转率分析的目的是从不同角度和环节找出存货管理中存在的问题，使存货管理在保证生产经营连续性的同时尽可能少占用流动资金，以提高流动资金的使用效率，增强企业短期偿债能力，促进企业存货管理水平的提高。

应当指出的是，进行短期偿债能力分析时，不能孤立地根据某一指标分析就妄下结论。而应根据分析的目的和要求并结合企业的实际情况，将各项指标结合起来综合考虑，这样才有利于得出正确的结论。

思政案例 8-1 **东方金钰存货之危**[①]

2020 年 1 月 22 日，东方金钰发布业绩预告，预计 2019 年公司归属于上市公司股东的净利润亏损 11.5 亿元至 14.5 亿元。这也是该公司继 2018 年后的又一次亏损。东方金钰连续两年出现亏损，很大程度上是由于公司的流动性不足所致，这与其巨额存货息息相关。东方金钰自上市以来，耗费巨资大量囤积原石，然而其原石销售状况不佳，以至于公司"造血"能力不足，于是为了这些"疯狂的石头"，东方金钰大幅举债，导致流动性危机爆发，公司无力偿债，多次被列入"失信"名单。

与账面上微不足道的货币资金相比，东方金钰的存货金额可谓惹人注目。近十年间东

① 资料来源：徐晓春. 囤着 88 亿翡翠却还不起 4 000 万债务，东方金钰再被申请破产重整. 蓝鲸产经，2019-07-31；谢碧鹭. 东方金钰上演"疯狂的石头"巨额存货难解流动性危机. 新浪财经，2020-03-08.

方金钰存货数量明显增加，2008 年还只有 6.91 亿元，而到 2018 年末已达到 88.1 亿元，增加了近 13 倍，但相反的是存货周转率却在不断下降，2008—2018 年从 0.91 下降到 0.34。事实上东方金钰囤了这么多翡翠，销售情况却并不好，反而资产负债情况日益恶化，到 2018 年末东方金钰流动比率为 1.23，下降 39.38%。虽然看起来流动资产能够轻松覆盖流动负债，但 94 亿元流动资产中有 88 亿元无法快速变现的存货，而更能代表其偿债能力的速动比率仅为 0.08。另外，东方金钰的资产负债率也达到了历史最高 86.82%。

这些"疯狂的石头"堆满了仓库，除了让账面上的债务雪球越滚越大外，却无法为东方金钰带来可观的现金流。据 Wind 数据显示，2005—2018 年，东方金钰经营活动产生的现金流量净额大多数年份为净流出，累计净流出金额高达 60.55 亿元。由此不难看出，东方金钰的"造血"能力明显不足，而其资金则大多依靠外部筹资来实现。2005—2018 年，东方金钰筹资活动产生的现金流量净额合计高达 62.95 亿元。在这种恶性循环之下，东方金钰业绩连年亏损，公司甚至被申请破产重整，一时间危机四伏。

8.2.2 短期偿债能力的影响因素分析

进行短期偿债能力分析，首先必须明确影响短期偿债能力的因素，这是企业短期偿债能力分析的基础。影响短期偿债能力的因素，应从以下方面进行分析。

1. 流动资产规模与结构

在企业的资产结构中，如果流动资产所占比重较大，则企业短期偿债能力相对较强，因为流动负债一般要通过流动资产变现来偿还。如果流动资产所占比重较大，但其内部结构不合理，其实际偿债能力也会受到影响。在流动资产中，如果存货资产所占比重较大，而存货资产的变现速度通常又低于其他类别的流动资产，那么其偿债能力要打折扣。从这个意义上，流动资产中应收账款、存货资产的周转速度也是反映企业偿债能力强弱的辅助性指标。因此，在进行企业短期偿债能力分析时，考虑流动资产的规模和结构是非常必要的。

2. 流动负债规模与结构

企业的流动负债有些必须以现金偿付，如短期借款、应缴款项等；有些则可以用商品或劳务来偿还，如预收货款等。需要用现金偿付的流动负债对资产的流动性要求最高，企业只有拥有足够的现金才能保证其偿债能力。如果在流动负债中预收货款的比重较大，则企业只要拥有充足的存货就可以保证其偿还能力。此外，流动负债中各项负债的偿还期限是否集中，也会对企业的短期偿债能力产生影响。分析时，不仅要看各种反映偿债能力指标的数值，还要根据各项影响因素考察其实际的偿债能力。

思政案例 8-2 **东方园林偿债能力存疑**[①]

2018 年 10 月 18 日，北京证监局的一封建议函，让东方园林再次登上热搜。北京证监局建议 28 家机构"从大局考虑，给予公司控股股东化解风险的时间，对东方园林实际控制人何巧女及其一致行动人质押股票暂不采取强制平仓、司法冻结等措施，避免债务风险恶

① 梧桐雪. 东方园林之困：负债与业绩齐飞 偿债能力存疑. 新浪财经自媒体，2018-10-19.

化影响公司稳定经营"。官方出面建议金融机构暂不进行强制平仓,这样的做法实属罕见,也让市场人士惊讶。

作为中国园林上市第一股,东方园林于 2009 年登陆深交所中小板,原主营业务为传统市政园林景观业务。自 2014 年起,公司开始业务转型,主营业务变更为以 PPP 模式开展的水环境综合治理及全域旅游业务,成为国内最早进行 PPP 模式研究和参与 PPP 项目落地的民营企业之一。

在东方园林成功转型、业绩突飞猛进的背后,不容忽视的是其负债规模的不断扩大。因 PPP 项目回款存在一定的周期,企业需大量垫资,东方园林便大量举债用于公司经营。3 年半的时间里,总负债将近翻了两番,从 73 亿元增至 281 亿元,资产负债率也从 56.22% 攀升至 70.21%。短期借款、长期借款、短期融资券、超短期融资券、公司债券,各类融资工具一应俱全,规模不断扩大。2018 年上半年末,金融负债合计高达 101.05 亿元。其中,有 73.61 亿元需要在未来的一年时间内偿还,具体明细如表 8-4 所示。

表 8-4　东方园林金融负债组成

项目	金额/亿元	还款期
短期借款	33.95	一年以内
一年内到期的长期借款	0.66	一年以内
短期融资券、超短期融资券	39.00	一年以内
长期借款	5.07	超过一年
公司债券	22.37	超过一年

与超过 100 亿元金融负债并存的,是不足 10 亿元的不受限货币资金。2018 年半年末,东方园林货币资金为 20.34 亿元,其中 11.08 亿元因开具保函、承兑汇票、信用证等而作为保证金被冻结,剩余可随时支配的货币资金仅为 9.29 亿元。9.29 亿元可支配货币资金"PK"101.05 亿元金融负债,形如冰山一角。东方园林的短期偿债能力存在严重问题。

3. 企业经营现金流量

企业负债的偿还方式可以分为两种:一种是以企业本身所拥有的资产去偿还,另一种是以新的收益和负债去偿还,但最终还是要以企业的资产去偿还。无论如何现金流量都是决定企业偿债能力的重要因素。企业的现金流量状况主要受其经营状况和融资能力影响。因此,企业的经营业绩也影响短期偿债能力。当企业经营业绩良好时,就会有持续和稳定的现金收入,进而从根本上保障了债权人的权益。当企业经营业绩不好时,其现金流入不足以抵补现金流出,造成营运资本减少、货币资金短缺,偿债能力必然下降。

另外,企业的财务管理水平、母公司与子公司之间的资金调拨能力等也影响企业的短期偿债能力。同时,企业外部因素,如宏观经济形势、证券市场发展程度、银行信贷政策变化等也影响企业的短期偿债能力。

8.3 长期偿债能力分析

8.3.1 长期偿债能力指标的计算与分析

资产是清偿企业债务的最终物质保证,盈利能力是清偿债务的经营收益保障,现金流量是清偿债务的支付保障。所以,只有将这些因素综合分析,才能真正揭示企业的长期偿债能力。

1. 从盈利能力角度分析长期偿债能力

企业的盈利状况对其长期偿债能力的影响主要体现在:利润越多,企业偿还负债本息的能力越强。因此,通过对反映企业盈利能力与负债本息之间关系指标的计算与分析,可以评价企业的长期偿债能力状况。通常,盈利能力对短期偿债能力和长期偿债能力都有影响,但由于利润按权责发生制计算,当期实现的利润并不一定在当期获得现金,因此并不能将利润或盈利能力与短期偿债能力画等号。而从长远看,利润与经营现金净流量成正比,利润越多,企业偿债能力就越强。从盈利能力角度对企业长期偿债能力进行分析评价的指标主要有利息保障倍数、债务本息保障倍数、固定费用保障倍数等。

（1）利息保障倍数

企业为了保证再生产的顺利进行,在取得营业收入后,首先需要补偿生产经营过程中的耗费。所以,营业收入虽然是利息支出的资金来源,但利息支出的真正资金来源是营业收入补偿生产经营耗费之后的余额,若其余额不足以支付利息支出,企业的再生产就会受到影响。利息保障倍数,亦称利息赚取倍数、已获利息倍数,是指企业生产经营所获得的息税前营业利润与利息支出总额之比。其计算公式如下。

$$利息保障倍数 = \frac{息税前营业利润}{利息支出总额}$$

其中,息税前营业利润是指营业利润加利息费用,采用营业利润而不采用利润总额是因为营业外收入和支出具有偶然性,不代表企业具有真正的盈利能力,所以采用营业收入补偿生产经营中的耗费之后的余额,即营业利润;利息支出总额是指本期发生的全部应付利息,不仅包括财务费用中的利息支出,还应包括资本化利息。

对于财务报表外部分析人员而言,可能无法获取有关利息支出的具体数据,此时可以采用"财务费用"近似替代"利息支出总额"这一项,但需要注意一种特殊情形,即现在有许多企业财务费用为负,此时计算利息保障倍数就失去了意义,因为财务费用为负,意味着仅仅依靠利息收入就足以支付利息支出,无须再依靠生产经营活动产生的利润作为利息支出的保障。

利息保障倍数反映了企业盈利与利息支出之间的特定关系。一般来说,该指标越高,说明企业的长期偿债能力越强;该指标越低,说明企业的长期偿债能力越弱。运用利息保障倍数分析、评价企业长期偿债能力时,从静态上看,一般认为该指标至少要大于 1,否则说明企业偿债能力很差,无力举债经营;从动态上看,如果利息保障倍数提高,则说明企业偿债能力增强，否则说明企业偿债能力下降。

【例 8-6】根据 SYZG 公司 2017—2019 年的年报数据，计算该公司 2017—2019 年的利息保障倍数如表 8-5 所示。

表 8-5　SYZG 公司 2017—2019 年利息保障倍数计算表

项　　目	2019 年	2018 年	2017 年
营业利润/万元	1 377 543	787 844	287 603
财务费用/万元	-4 639	13 565	131 903
息税前营业利润/万元	1 372 904	801 409	419 506
利息保障倍数	—	59.08	3.18

从表 8-5 可以看出，SYZG 公司从 2017—2018 年利息保障倍数有大幅度的上升，由 3.18 上升至 59.08，说明企业偿债能力有巨大提升，主要原因是公司营业利润大幅上升，同时利息支出大幅下降，最终导致利息保障倍数上升。就 2018 年而言，SYZG 公司的利息保障倍数远高于矿山冶金建筑设备制造业 2018 年的优秀值 4.1，说明该公司具有超强的长期偿债能力。而且值得注意的是，2019 年 SYZG 公司的财务费用为负数，表明该公司 2019 年仅仅依靠利息收入就可以偿付利息支出，此时无需经营活动为其提供利息保障，利息保障倍数的计算也就失去了意义。

（2）债务本息保障倍数

债务本息保障倍数比利息保障倍数能更精确地表达企业偿债能力的保证程度。对债权人来说，如果连本金都不能收回，对利息就更不敢奢求了。债权人借款给企业，目的虽然是获取利息收入，但基本前提是能够按期收回本金。而企业的偿债义务是按期支付利息和到期归还本金，所以其偿债能力的高低不能仅看偿付利息的能力，还要看其偿还本金的能力。

债务本息保障倍数是指企业一定时期息税前利润与折旧之和与还本付息金额的比率，其计算公式如下。

$$债务本息保障倍数 = \frac{息税前营业利润+折旧}{利息额+本金额/（1-所得税税率）}$$

在计算债务本息保障倍数时之所以考虑折旧和所得税税率，是因为折旧作为当期现金流入量可用于偿还长期负债，本金额按所得税税率进行调整是由于归还长期借款的利润是企业的税后利润。另外，在计算该指标时，应注意分子和分母的口径应一致。如果计算某一年度的债务本息保证倍数，则各项目都是按年度口径计算，即偿还本金数额应是当年到期的长期负债额；如果计算的是一个时期的债务本息保证倍数，则各项目都应使用这一时期的数据。

债务本息保障倍数主要用于企业内部经营分析。债务本息保障倍数最低标准为 1，该指标越高，表明企业偿债能力越强。如果该指标低于 1，说明企业偿债能力较弱，企业会因为还本付息造成资金周转困难、支付能力下降，进而使企业信誉受损。

（3）固定费用保障倍数

固定费用是指类似利息支出的固定性支出，是企业必须保证的固定开支。任何企业如果不能按期支付这些费用，就会发生财务困难。固定费用保障倍数是指企业息税前利润、折旧及租赁费用之和与固定费用的比率，通常用倍数表示。该指标是利息保障倍数的演化，是比利息保障倍数更严格的衡量企业偿债能力保证程度的指标。该指标的计算公式如下。

$$\text{固定费用保障倍数} = \frac{\text{息税前营业利润} + \text{折旧} + \text{租赁费用}}{\text{利息总额} + \text{租赁费用} + \text{本金额} / (1 - \text{所得税税率})}$$

运用固定费用保障倍数反映企业的长期偿债能力，其内涵比利息保障倍数和债务本息保障倍数更广泛、更综合，因为它将所有长期债务都考虑进去了。计算固定费用保障倍数的方法多种多样。通常，作为指标中固定费用的项目有：利息费用、租赁费用中的一部分或全部、支付的债务本金，大量的优先股股利也可能包括进去。不管固定费用包括多少项内容，其原则是一致的，包括的内容越多，指标越稳健。

固定费用保障倍数主要用于企业的内部经营分析。固定费用保障倍数至少要等于 1，否则说明企业无力偿还到期债务。该指标越高，说明企业的偿债能力越强。分析时，可以采用前后期对比的方式，考察其变动情况，也可以同其他同行业企业进行比较或与同行业的平均水平进行比较，以了解企业偿债能力的保证程度。该指标没有固定的判断标准，可根据企业的实际情况掌握，评价时还应结合其他指标进行。

对上述 3 个指标进行分析时，还可以结合行业特点，依据行业标准进行，当企业偿债能力达到行业标准时，说明企业在同行业中处于比较先进的地位。另外，还可对这几个指标进行趋势分析，以反映企业偿债能力的变动情况和规律。

2. 从资产规模角度分析长期偿债能力

负债表明一个企业的债务负担，资产则是偿债的物质保证，单凭负债或资产不能说明一个企业的偿债能力。负债少并不等于企业的偿债能力强，同样资产规模大也不能表明企业的偿债能力强。企业的偿债能力体现在资产与负债的对比关系上，由这种对比关系反映的企业长期偿债能力指标主要有资产负债率、所有者权益比率、净资产负债率等。

（1）资产负债率

资产负债率是综合反映企业偿债能力的重要指标，通过负债与资产的对比，反映在企业的总资产中有多少是通过举债取得的。其计算公式如下。

$$\text{资产负债率} = \frac{\text{负债总额}}{\text{资产总额}} \times 100\%$$

【例 8-7】根据 SYZG 公司 2019 年资产负债表的数据，计算其 2019 年年末与年初的资产负债率如下。

$$2019 \text{ 年年末资产负债率} = \frac{4\,501\,456}{9\,054\,131} \times 100\% = 49.72\%$$

$$2019 \text{ 年年初资产负债率} = \frac{4\,127\,261}{7\,377\,473} \times 100\% = 55.94\%$$

SYZG 公司 2019 年资产负债率比 2018 年资产负债率下降了 6.22 个百分点。根据 2019 年冶金矿山建筑设备制造业绩效标准值，SYZG 公司 49.72% 的资产负债率低于行业平均值

58.6%，并且接近优秀值（48.6%），说明该公司具有较强的长期偿债能力。2018—2019 年，企业的资产负债率下降了 6.22 个百分点，由于该指标值越低，企业债务负担越轻，因而相较于 2018 年，SYZG 公司 2019 年的债务负担有一定幅度的降低，债权人的权益保证程度提高，长期偿债能力增强。

该指标越高，说明企业的债务负担越重；反之，说明企业的债务负担越轻。对债权人来说，该指标越低越好，因为企业的债务负担越轻，其总体偿债能力越强，债权人权益的保证程度越高。对企业来说则希望该指标大一些，虽然这样会加重企业的债务负担，但企业也可以通过扩大举债规模获得较多的财务杠杆利益。如果该指标过高，会影响企业的筹资能力。因为如果企业的财务风险较大，当经济衰退或不景气时，企业经营活动所产生的现金收入可能满足不了本金偿还和利息支出的需要，所以债权人可能不会再向企业提供借款或购买其发行的债券。如果这一比率超过 100%，则表明企业已资不抵债，达到了破产的警戒线。因此，一般认为，该指标在 30%～70% 之间有利于风险与收益的平衡。

思政资料 8-2
IPO 过会指南：资产负债率警惕 70% 和 20% 两条红线[①]

2010 年 9 月，深圳市东方嘉盛供应链股份有限公司过会被否，原因之一便是资产负债率过高。此前的 4 月，杭州先临三维科技股份有限公司被否，却是因为资产负债率过低。在发审委委员眼中，对于 IPO 公司，究竟什么样的资产负债率才符合过会标准呢？

众所周知，企业经营过程中，资产负债率是非常重要的财务指标，也是衡量企业经营是否正常的关键数据。"对于负债率的判断，我们针对不同的行业有不同的判断标准，而且针对不同公司的具体情况、债务的组成结构，都会有不同标准。"11 月 29 日，一位不愿透露姓名的发审委成员向记者如是说。"一般行业企业的正常负债率在 30%～50% 之间，部分行业可以放宽到 60% 左右，而 70% 的负债率则是我们普遍认为的警戒线，除金融业和航空业外，超过这个负债水平的公司，我们会特别谨慎地判断其财务可能出现的风险，但对于负债率在 20% 以下的企业，我们又会重点考虑其融资的必要性。衡量一个公司负债率的高低，我们通常先拿它的有关数据与同行业公司类比。类比后，过高或过低的资产负债率都可能遭遇质疑。并不能说资产负债率绝对值高，公司的财务风险就大，不适合上市；当然也不能说一个公司的资产负债率低，就适合上市。除这个指标外，还要综合看其上市前三年资产负债率的变化，是否有风险不断缩小的趋势。"

这位人士还表示，资产负债率指标固然重要，但还要看债务的具体组成情况及其相关联的财务指标，比如公司现金流量情况等。"资产负债率对于公司 IPO 的影响主要从两方面考核，过高的话，是否会给企业带来财务风险；过低的话，该企业是否存在 IPO 融资的必要性，产生'不差钱'而利用资本市场圈钱的嫌疑。不是说资产负债率越低，IPO 一定被否，关键要看账面流动资金，看其是否有融资的必要。"上述发审委员告诉记者。

---

① 罗诺. IPO 过会指南：负债率警惕 70%、20% 两条红线. 21 世纪经济报道，2010-11-30.

通过对不同时期资产负债率的计算和对比分析,可以了解企业债务负担的变化情况。任何企业都必须根据自身的实际情况确定一个适度的标准,当企业债务负担持续增长并超过这一适度标准时,企业应注意调整,不能只顾获取杠杆利益而不考虑可能面临的财务风险。

（2）所有者权益比率

所有者权益比率是指所有者权益总额同资产总额的比率,反映企业全部资产中有多少是投资者投资所形成的。其计算公式如下。

$$所有者权益比率=\frac{所有者权益总额}{资产总额}\times100\%$$
$$=1-资产负债率$$

所有者权益比率是衡量长期偿债能力保证程度的重要指标,该指标越高,说明企业资产中由投资者投资所形成的资产越多,偿还债务的保证程度越高。从"所有者权益比率=1-资产负债率"来看,该指标越高,资产负债率越低,债权人对该指标非常感兴趣。当债权人将其资金借给所有者权益比率较高的企业时,由于企业有较多的自有资产作为偿债保证,债权人全额收回债权就不会有问题,即使企业清算时资产不能按账面价值收回,债权人也不会有太大的损失。由此可见,所有者权益比率的高低能够直接表达企业对债权人的保护程度。如果企业处于清算状态,该指标对偿债能力的保证程度就更重要。

所有者权益比率的倒数称为权益乘数,是指资产总额与所有者权益总额的比率。所有者权益比率和权益乘数都是对资产负债率的补充说明,可以结合起来运用。

【例 8-8】根据 SYZG 公司 2019 年财务报表数据,计算其 2017—2019 年的所有者权益比率和权益乘数,具体如表 8-6 所示。

表 8-6　SYZG 公司所有者权益比率与权益乘数计算表

项　　目	2019 年	2018 年	2017 年
资产总额/万元	9 054 131	7 377 473	5 823 769
所有者权益总额/万元	4 552 675	3 250 212	2 637 318
所有者权益比率/%	50.28	44.06	45.26
权益乘数	1.99	2.27	2.21

由表 8-6 可以看出,SYZG 公司前两年的所有者权益比率及权益乘数基本持平,说明这两年企业的长期偿债能力相对稳定,2019 年公司的所有者权益比率相对于前两年有一定程度的提高,相对应的,权益乘数也有所下降,说明公司由投资人投资所形成的资产增多,偿还债务的保证程度提高,企业的长期偿债能力有所提升。

（3）净资产负债率

净资产负债率是指企业的负债总额与所有者权益总额之间的比率。其计算公式如下。

$$净资产负债率=\frac{负债总额}{所有者权益总额}\times100\%$$

如果说资产负债率是反映企业债务负担的指标，所有者权益比率是反映偿债保证程度的指标，那么净资产负债率就是反映债务负担与偿债保证程度相对关系的指标，其数值越高，表示长期偿债能力越弱。净资产负债率和资产负债率、所有者权益比率具有相同的经济意义，但该指标能更直观地反映负债受到所有者权益保护的程度，因此净资产负债率也被叫做产权比率。由于股东权益等于净资产，所以这三个指标的计算结果一样，只是角度不同而已。一般认为该指标为 100%比较合适。

【例 8-9】根据 SYZG 公司 2019 年资产负债表的数据，计算其 2019 年年末与年初的净资产负债率如下。

$$2019 \text{ 年年末净资产负债率} = \frac{4\,501\,456}{4\,552\,675} \times 100\% = 98.87\%$$

$$2019 \text{ 年年初净资产负债率} = \frac{4\,127\,261}{3\,250\,212} \times 100\% = 126.98\%$$

从净资产负债率的计算结果可以看出，2019 年年末的净资产负债率为 98.87%，低于 100%，说明债权受到股东权益的保护程度较高，而且该指标由年初的 126.98%降低到年末的 98.87%，降低了 28.11 个百分点，降低幅度较大，由此可以看出 SYZG 公司长期偿债能力有一定程度的提升。

8.3.2 长期偿债能力及其影响因素分析

进行企业长期偿债能力分析，首先必须明确长期债务的内涵及相应的偿还长期债务的资产保证。企业长期偿债能力分析中的债务包括债务本金和债务利息两部分。企业债务本金及其利息的偿还与企业的非流动资产及盈利能力紧密相关。因此，理清长期债务与资产、盈利能力的关系，对于长期偿债能力分析十分重要。

1. 资产结构

长期负债是企业除所有者权益之外的最主要资本来源。企业举债的目的在于扩大企业的经营规模、购建固定资产或添置生产设备，以及对外投资，争取更大的经济效益。分析长期偿债能力时，首先应分析负债特别是长期负债的规模和结构，看看企业从哪些渠道筹得了资金，又运用到哪些方面，发挥了什么作用。一般来说，流动负债主要用于流动资产方面，长期负债则必然以长期资产为物资保证，长期资产对企业长期债务的偿还能力有着重要影响，因为大部分长期债务的形成都是以长期资产抵押的，因此抵押资产的规模决定了长期债务的规模，当然也影响长期偿债能力的强弱。到期债务用企业盈利还不足以清偿时，长期资产就是保证，因此长期资产规模越大，其长期偿债能力就越强。如果两者相差很大，则往往说明企业的债务没有保证。

2. 资本结构

长期偿债能力必须以权益性融资的多少作为保证条件，也就是说企业必须保持合理的资本结构，才能保证到期债务的安全。为此，企业必须保有一定数量的自有资本，以确保在遇到经营风险时长期债务仍能按时偿还。

3. 盈利能力

企业的盈利能力对偿还企业长期债务有着十分重要的影响。一个经营正常的企业，长期债务的偿还主要靠企业获得的利润。如果不靠利润而是用资产来偿还长期债务,势必会减少资产、缩小经营规模,难以实现最初举债经营的目的。举债经营的一个重要前提是企业的总资产报酬率高于长期债务的利息率,只有这样才能用企业的利润去偿还长期借款,才会使长期偿债能力有所保障。盈利是企业发展的基础和关键,盈利能力越强,说明企业的长期偿债能力越强。

4. 现金流量

企业的债务主要用现金来清偿,虽然说企业的盈利是偿还债务的根本保证,但是盈利毕竟不等同于现金。企业只有具备较强的变现能力,有充裕的现金,才能保证具有真正的偿债能力。因此,现金流量状况决定了企业偿债能力的保证程度。

5. 影响企业偿债能力的其他因素

在分析长期偿债能力时,除了研究资本结构和收益与长期偿债能力的关系外,还应注意一些影响企业长期偿债能力的其他因素。

(1)长期租赁

当企业急需某种设备或其他资产而又缺乏足够的资金购买时,可以通过租赁的方式解决。企业的财产租赁可以分为融资租赁和经营租赁两种形式。融资租赁是指由租赁公司垫付资金,按承租人要求购买设备,承租人按合同规定支付租金,所购设备一般于合同期满转归承租人所有的一种租赁方式。因而企业通常将融资租赁视同购入固定资产,并把与该固定资产相关的债务作为企业负债反映在资产负债表中。

不同于融资租赁,企业的经营租赁不在资产负债表上反映,只出现在报表附注和利润表的相关费用项目中。当企业经营租赁数额比较大、期限比较长或具有经常性时,经营租赁实际上就构成了企业的一种长期性筹资,因此必须考虑这类经营租赁对企业债务结构的影响。企业经营租赁虽然不包括在长期负债内,但到期时必须支付租金,这就使利息费用总额与实际利息费用产生了偏差,固定支出保障倍数的计算正是体现了这一因素对企业偿债能力的影响。此外,要把与经营租赁相关的未来租金反映在资产负债表中也是不现实的,因为租金中的一部分属于利润表的财务费用项目。这样,要分析经常性经营租赁对资产负债表相关偿债能力指标的影响,就必须对企业的资产和负债做出相应调整。

(2)或有事项

或有事项是指一些因不确定事件而最终可能产生的利得或损失。或有事项的关键是看这种事项是否发生。企业如果发生或有资产将会提高其偿债能力,但如果发生或有负债,则会增大企业的债务,降低企业的偿债能力。例如,因销售产品质量引起的重大赔偿事件,因诉讼事件或经济纠纷败诉而引发的大额赔偿、罚款事件,或因生产经营事故造成的员工伤亡、受害等,都会削弱企业的偿债能力。

(3)承诺

承诺是企业对外发出的将要承担的某种经济责任和义务。企业为了经营的需要,常常要做出某些承诺。例如,对参与合资的另一方承诺为其提供银行担保,对合资的另一方或供应商承诺保证长期购买其产品,向客户承诺提供产品保证或保修,等等。这种承诺有时会大量增加企业的潜在负债或承诺义务,但却没有通过资产负债表反映出来。在进行企业长期偿债能力分析时,报表分析者应根据报表附注及其他有关资料,判断企业承诺变成真实负债的可能性,判断承诺责任带来的潜在长期负债,并做相应处理。

（4）金融工具

金融工具是指形成一个企业的金融资产，并形成其他单位的金融负债或权益的契约，如债券、股票、基金及金融衍生工具等。与偿债能力有关的金融工具主要是债券和金融衍生工具。企业为筹集资金发行的长期债券，包含以下两点承诺：第一，在约定日期偿还本金；第二，定期支付债券利息。一旦公司破产，债券持有人的求偿权优于股票持有人。

金融衍生工具包括远期合同、期货合同、互换和期权中一种或一种以上特征的工具。这种契约的义务于契约合同签订时在双方之间转移。例如，远期合同的持有人必须在契约合同指定的日期按指定的价格买进或卖出指定的资产。

金融工具对企业偿债能力的影响主要体现在以下两个方面。

① 金融工具的公允价值与账面价值发生重大差异，但并没有在财务报表中或报表附注中揭示，因此报表使用者不能利用该信息分析与之相关的潜在风险。如果企业的金融工具代表的是资产，计价所采用的价格高于其应计的公允价值，则会造成企业资产的虚增；如果金融工具代表的是负债，计价采用的价格低于应计的公允价值，就会降低企业负债。这都将增大企业潜在损失发生的可能性。

② 未能对金融工具的风险程度予以恰当披露。风险大小不同，对企业未来损益变动的影响就不同。风险大的金融工具，其发生损失的可能性也大。

报表使用者在分析企业的长期偿债能力时，要注意结合企业相关金融工具记录进行分析，综合起来对企业偿债能力做出判断。例如，对企业的应付债券，应重点分析企业信用等级、债券的发行规模、企业举债经营的程度、企业收益的稳定程度等。

【例 8-10】以 SYZG 公司为例，对其 2017—2019 年的偿债能力进行分析，并与中联重科、徐工机械这两家同行业竞争对手进行比较。三家公司的偿债能力主要指标如表 8-7 所示。

表 8-7　2017—2019 年三家公司偿债能力主要指标

项目	SYZG			中联重科			徐工机械		
年份	2019 年	2018 年	2017 年	2019 年	2018 年	2017 年	2019 年	2018 年	2017 年
流动比率/%	162.52	152.93	157.54	183	178	254	164	169	173
速动比率/%	128.71	118.76	124.29	149	153	217	135	131	128
利息保障倍数	—	59.08	3.18	4.01	2.82	1.83	12.17	7.34	3.99
资产负债率/%	49.76	55.94	54.71	57	58	54	56	50	52
权益乘数	1.99	2.27	2.21	2.33	2.41	2.18	2.30	2.02	2.07

由表 8-7 可知，SYZG 公司最近三年的流动比率和速动比率均低于同行业主要竞争对手，说明其短期偿债能力不如中联重科和徐工机械。但从长期偿债能力来看，SYZG 公司最近三年的利息保障倍数高于中联重科和徐工机械，资产负债率、权益乘数大多数时间尤其是 2019 年均低于中联重科和徐工机械，这反映了 SYZG 公司的长期偿债能力强于同行业主要竞争对手。因此，综合来看，SYZG 公司具有较强的偿债能力，且呈现不断改善的良好态势。

本 章 小 结

偿债能力是指企业对到期债务清偿的能力和现金的保证程度。企业的偿债能力按其债务到期时间的长短分为短期偿债能力和长期偿债能力。

短期偿债能力是指一个企业以其流动资产偿还流动负债的现金保障程度。一个企业的短期偿债能力大小，要看流动资产和流动负债的数量和质量情况。流动资产的质量是指其"流动性"和"变现能力"。流动性是指流动资产转换为现金所需要的时间。变现能力是指资产是否能很容易地、不受损失地转换为现金。

长期偿债能力是指企业偿还长期债务的现金保障程度。企业对一笔债务总是负有两种责任：一是偿还债务本金的责任；二是支付债务利息的责任。分析一个企业的长期偿债能力，主要是为了确定该企业偿还债务本金和支付债务利息的能力。由于长期债务的期限长，企业的长期偿债能力主要取决于企业的盈利能力和资本结构，而不是资产的短期流动性。

长期偿债能力分析和短期偿债能力分析之间既有联系又有区别，财务分析人员既不要把二者割裂开来进行分析，也不能混为一谈。

企业偿债能力分析的内容受企业负债类型和偿债所需资产类型的制约，不同的负债其偿还所需要的资产不同，或者说不同的资产可用于偿还的债务也有所区别。因此，企业偿债能力分析包括短期偿债能力分析和长期偿债能力分析两个方面。

短期偿债能力分析可以采用流动负债和流动资产对比的指标分析，以反映企业在短期债务到期时可以变现为现金、偿还流动负债的能力。通过对反映短期偿债能力的主要指标和辅助指标的分析，可以了解企业短期偿债能力的高低和短期偿债能力的变化情况，说明企业的财务状况和风险程度。衡量企业短期偿债能力的指标主要有营运资金、流动比率、速动比率、现金比率、支付能力系数、现金流量比率等，反映企业短期偿债能力的辅助指标分析主要有应收账款周转率和应付账款周转率的比较分析、存货周转率分析等。

长期偿债能力分析要结合长期负债的特点，在明确影响长期偿债能力因素的基础上，从企业盈利能力和资产规模两个方面对企业偿还长期负债的能力进行分析和评价。通过对反映企业长期偿债能力指标的分析，可以了解企业长期偿债能力的高低及其变化情况，说明企业整体财务状况和债务负担及偿债能力的保障程度，为企业进行正确的负债经营指明方向。从盈利能力角度对企业长期偿债能力进行分析、评价的指标主要有利息保障倍数、债务本息保障倍数、固定费用保障倍数等。从资产规模角度分析企业长期偿债能力的指标主要有资产负债率、所有者权益比率、净资产负债率等。

练 习 题

一、单项选择题

1. 如果流动比率大于 1，则下列结论成立的是（　　）。

    A. 速动比率大于 1　　　　　　　　B. 现金比率大于 1

    C. 营运资金大于 0　　　　　　　　D. 短期偿债能力绝对有保障

2. 如果流动资产大于流动负债，则月末用现金偿还一笔应付账款会使（　　）。

    A. 营运资金减少   B. 营运资金增加

    C. 流动比率提高   D. 流动比率降低

3. 调整企业资本结构并不能（   ）。

    A. 降低财务风险   B. 降低经营风险

    C. 降低资金成本   D. 提高财务风险

4. 下列项目中，属于影响企业长期偿债能力最根本的原因是（   ）。

    A. 企业的经营业绩   B. 企业的融资能力

    C. 企业的权益结构   D. 企业的资产结构

5. 下列项目中，属于从动态方面反映企业短期偿债能力的指标是（   ）。

    A. 流动比率   B. 现金比率

    C. 速动比率   D. 现金流量比率

6. 与所有者权益比率乘积为 1 的指标是（   ）。

    A. 资产负债率   B. 权益乘数

    C. 产权比率   D. 速动比率

7. 影响速动比率可信度的重要因素是（   ）。

    A. 应收账款的变现能力   B. 存货的变现能力

    C. 交易性金融资产的变现能力   D. 长期股权投资的变现能力

8. 企业采用备抵法核算坏账损失，如果实际发生一笔坏账，冲销应收账款，则（   ）。

    A. 速动比率提高   B. 速动比率降低

    C. 速动比率不变   D. 流动比率降低

9. 某企业期末货币资金为 320 万元，流动比率为 100%，期末流动资产为 800 万元，则该企业的现金比率为（   ）。

    A. 1   B. 0.4   C. 0.5   D. 2.5

10. 下列各项中，不属于影响企业长期偿债能力的表外因素是（   ）。

    A. 未决诉讼案件   B. 售出产品可能发生的质量事故赔偿

    C. 经营租入长期使用的固定资产   D. 准备近期内变现的固定资产

二、多项选择题

1. 下列业务中，不能提高企业短期偿债能力的有（   ）。

    A. 企业用银行存款购置一厂房

    B. 企业从商业银行取得 300 万元的长期贷款

    C. 销售货物收到货款 130 万元

    D. 企业用短期借款购置固定资产

    E. 企业向股东发放股票股利

2. 下列项目中，属于速动资产的有（   ）。

    A. 现金   B. 应收账款

    C. 其他应收款   D. 存货

    E. 交易性金融资产

3. 下列项目中，属于影响流动比率过高的原因有（   ）。

    A. 存在闲置资金   B. 存在存货积压

  C. 应收账款周转缓慢   D. 大量储备存货

  E. 盈利能力较强

4. 下列项目中，属于计算速动资产时从流动资产中扣除存货的原因有（ ）。

  A. 存货的变现速度慢   B. 存货的成本与市价不一致

  C. 有些存货可能已经报废   D. 有些存货可能已经被抵押

  E. 有些存货可能已经变质

5. 关于速动比率的叙述，正确的有（ ）。

  A. 速动比率是企业某个时点的速动资产同流动负债的比率

  B. 速动比率是衡量企业资产流动性的指标

  C. 该指标越低，说明偿还流动负债的能力越强

  D. 国际公认的标准为200%

  E. 该指标越高，说明偿还流动负债的能力越强

6. 下列各项中，会影响企业长期偿债能力的有（ ）。

  A. 资本结构   B. 或有事项

  C. 长期租赁   D. 期货合同

  E. 未决诉讼

7. 下列各项中，会降低企业利息保障倍数的有（ ）。

  A. 所得税税率上升   B. 所得税税率下降

  C. 用抵押借款购买厂房   D. 营业利润减少

  E. 宣布并支付现金股利

8. 下列各项中，关于资产负债率的解读正确的有（ ）。

  A. 资产负债率既不是越高越好，也不是越低越好

  B. 资产负债率的基准是100%

  C. 不同企业的资产负债率不同，这与其持有的资产类别有关

  D. 资产负债率过高会影响企业的筹资能力

  E. 资产负债率是产权比率的倒数

9. 下列各项中，关于权益乘数的计算公式正确的有（ ）。

  A. 权益乘数=1/（1-资产负债率）

  B. 权益乘数=1+产权比率

  C. 所有者权益比率=1/权益乘数

  D. 资产负债率×权益乘数=产权比率

  E. 权益乘数=所有者权益/总资产

10. 下列各项中，关于利息保障倍数的说法正确的有（ ）。

  A. 利息保障倍数是息税前营业利润与利息费用的比率

  B. 利息保障倍数是利润总额与利息费用的比率

  C. 利息保障倍数越大，企业偿还利息的保障程度越高，长期偿债能力越强

  D. 企业利息保障倍数小于1，表明企业自身产生的经营收益不能支持现有的债务规模

  E. 企业利息保障倍数小于1，表明企业自身产生的经营收益不足以支持现有的利息支付需求

三、判断题

1. 对债权人而言，企业的资产负债率越低越好。 （　　）
2. 对经营者而言，企业的流动比率越低越好。 （　　）
3. 企业的负债最终要以企业的资产去偿还。 （　　）
4. 从稳健角度出发，现金比率用于衡量企业偿债能力最为保险。 （　　）
5. 对企业而言，流动比率越高越好。因为流动比率越高，短期偿债能力的保障性越好。

（　　）

6. 对于应收账款和存货变现存在问题的企业，分析现金比率尤为重要。 （　　）
7. 营运资金越多的企业，偿债能力越强。 （　　）
8. 赊购材料会降低企业的速动比率。 （　　）
9. 利息保障倍数是分析盈利水平对长期偿债能力影响的指标。 （　　）
10. 资产负债率、所有者权益比率、净资产负债率、权益乘数本质上是一回事，在分析过程中，分析其中任何一个均可。 （　　）

四、简答题

1. 请简要说明短期偿债能力与长期偿债能力的关系。
2. 简述流动比率的计算方法、分析方法及需要注意的问题。
3. 在进行短期偿债能力分析时，速动比率有什么优点？
4. 在对企业资产负债率进行分析时应该注意哪些问题？
5. 简要说明流动比率、速动比率与现金比率三种比率的联系与区别。
6. 如何分析现金流量对企业偿债能力的影响？
7. 影响企业短期偿债能力的因素有哪些？
8. 影响企业长期偿债能力的因素有哪些？

五、计算分析题

1. 某企业流动负债为 200 万元，流动资产为 400 万元，其中应收票据 50 万元，存货 90 万元，预付账款 9 万元，应收账款 200 万元。

要求：计算该企业的流动比率和速动比率。

2. 某公司财务报表中部分资料如下。

货币资金	150 000（元）
固定资产	425 250（元）
赊销收入净额	1 500 000（元）
净利润	75 000（元）
速动比率	2
流动比率	3
应收账款周转天数	40（天）

假设企业的速动资产由货币资金和应收账款组成，总资产由流动资产和固定资产组成。

要求：计算以下指标：应收账款、流动负债、流动资产、总资产、总资产净利率。

3. 企业有关资料如表 8-8 所示。

表 8-8 有关资料

项目	期初数	期末数	本期数或平均数
存货/万元	2 400	3 200	
流动负债/万元	2 000	3 000	
速动比率	0.8		
流动比率		1.8	
总资产周转次数			1.5
总资产/万元			12 000

要求：

（1）计算该企业流动资产的期初数和期末数（该企业流动资产等于速动资产加存货）；

（2）计算该企业本期营业收入；

（3）计算该企业本期流动资产平均额和流动资产周转次数（计算结果保留两位小数）。

4. Z公司的资产负债表简表如表 8-9 所示。

表 8-9 Z公司资产负债表简表 单位：万元

资产	年初数	年末数	负债及所有者权益	年初数	年末数
流动资产合计	348 554	199 510	流动负债合计	248 760	120 144
固定资产合计	330 578	399 541	长期负债合计	35 573	10 093
长期投资净额	20 783	30 873	负债合计	284 333	130 237
无形资产净值	15	16			
其他长期资产	70	60	所有者权益合计	415 667	499 763
资产合计	700 000	630 000	负债及所有者权益合计	700 000	630 000

（1）分别计算资产负债率、产权比率和权益乘数的年初数和年末数；

（2）结合指标分析该企业的长期偿债能力。

5. 甲企业 20×1 年末的速动比率为 1.25，该企业的流动资产包括存货、货币资金、交易性金融资产和应收账款4个部分，其中应收账款占整个企业流动负债的比例为35%，求该公司的现金比率，并作简要评价。

六、综合题

1. 某公司 20×2 年财务报表资料如表 8-10 所示。

表 8-10 某公司 20×2 年资产负债表

20×2 年 12 月 31 日 单位：万元

资产	年初数	年末数	负债及所有者权益	年初数	年末数
流动资产			应付账款	45	65
货币资金	50	45	应付票据	30	45

资产	年初数	年末数	负债及所有者权益	年初数	年末数
应收账款净额	60	90	其他流动负债	30	40
存货	92	144	流动负债合计	105	150
预收账款	23	36	长期负债	245	200
流动资产合计	225	315	负债合计	350	350
固定资产净额	475	385	实收资本	350	350
			所有者权益合计	350	350
总计	700	700	总计	700	700

该公司 20×1 年度销售净利率为 16%，总资产周转率为 0.5 次，权益乘数为 2.5，净资产收益率为 20%，20×2 年度营业收入为 350 万元，净利润为 63 万元。

要求：

（1）计算公司 20×2 年末流动比率、速动比率、资产负债率和权益乘数；

（2）计算公司 20×2 年总资产周转率、销售净利率、净资产收益率。

2. 2020 年 5 月 8 日晚，深交所发布通知，决定自 2020 年 5 月 13 日起暂停成都天翔环境股份有限公司股票上市。天翔环境最开始的主要产品为大型节能环保及清洁能源设备，2011年，公司的水电设备板块发力，并在 2012 年度和 2013 年度继续保持高速增长，直接助推公司 2014 年成功登陆创业板。2014 年，天翔环境的水电设备板块开始疲软，为了保持业绩的增长态势，公司紧急上马节能工程业务，并进入环保领域。但也正是在转型之中，天翔环境激进的扩张给自己惹了祸。2018 年，天翔环境债务危机爆发，当年 10 月 8 日，天翔环境首次发布关于公司债务到期未能清偿的报告，公司因资金状况紧张，致使部分债务逾期。2019年之后，天翔环境的债务危机依旧愈演愈烈，其他问题也接踵而至，最终走到今天的"暂停上市"。表 8-11 是天翔环境的资产负债表简表。

表 8-11 天翔环境资产负债表简表

2019 年 12 月 31 日 单位：万元

资产	年初数	年末数	负债及所有者权益	年初数	年末数
货币资金	22 228	5 230	流动负债合计	396 201	512 375
应收票据及应收账款	33 967	18 904	非流动负债合计	97 264	82 706
存货	34 881	29 337	负债合计	493 464	595 081
流动资产合计	351 455	339 412	所有者权益合计	17 041	−171 739
非流动资产合计	159 050	83 928			
资产合计	510 506	423 341	资产和所有者权益合计	510 506	423 341

天翔环境 2019 年营业收入为 11 499 万元，营业成本为 9 496 万元，净利润为 –16 913 万元。阅读以上材料并回答以下问题（计算结果保留两位小数）。

（1）计算天翔环境 2019 年末的流动比率、速动比率、现金比率，并分析其短期偿债能力。

（2）为了判断短期偿债能力指标的可信度，还应分析哪些指标？并计算这些指标。

（3）计算天翔环境 2019 年末的资产负债率、权益乘数，并分析其长期偿债能力。

第9章 增长能力分析

◎ 学习目标：

- 理解增长能力的内涵，理解增长能力的反映形式；
- 了解增长能力分析的意义，了解增长能力分析的内容；
- 理解各种增长率指标的内涵，并掌握各种增长率指标的计算和分析；
- 掌握并利用增长率指标分析的基本框架对企业的整体增长能力做出综合评价。

引例 　娃哈哈 2019 年卖了 464 亿但增长为负[①]

2020 年 9 月 3 日发布的"2020 浙江省民营企业 100 强"透露了一个数据，2019 年，娃哈哈营业收入 464.409 5 亿元，同比减少 4.47 亿元。

观察娃哈哈近十年来的营业收入可以看出，在 2013 年达到顶峰 783 亿元后，便是逐年下跌，其中 2016 年降幅最为明显，只有 529 亿元。从 2017 年到 2019 年，营业收入逐渐企稳，分别是 465 亿元、469 亿元、464 亿元，增幅几乎为 0，2019 年还微降 4.7 亿元。

娃哈哈集团董事长宗庆后今年初接受采访时透露，因为疫情，娃哈哈 2 月份亏损了一个亿，但 3 月实现销售收入 30 多亿元，截止到 4 月 15 日，公司的销售比去年同期增长了 31%，订单比去年同期增长了 21%。

去年宗庆后公开表示 2020 年娃哈哈销售额提升至少 50%，从而达到 700 亿元人民币大关。不过，看近三年的销售额增速，突破 700 亿元有一定的难度。目前娃哈哈正在布局大健康，上线了四个电商平台，预计将为销售额带来新的增量。

即便娃哈哈 2020 年并未实现 50% 的增长，近 500 亿元的体量在饮料行业已经数一数二。马上要在港交所挂牌的农夫山泉公布，2017 年至 2019 年间，分别实现营业收入 174.9 亿元、204.8 亿元以及 240.2 亿元，2020 年上半年未经审计的营业收入为 115.45 亿元。

从营业收入体量上看，娃哈哈的 464 亿元，几乎是同期农夫山泉的一倍。但是从增长上来看，农夫山泉年复合增长率为 17.2%，明显优于娃哈哈。

从哇哈哈近十年销售收入增长停滞案例可以看出，实现可持续的增长是企业永恒的追求。那么，如何分析企业的增长能力？怎样判断企业的增长是否属于可持续的增长呢？本章主要介绍增长能力分析的基本原理。

[①] 邵蓝洁，孙静. 娃哈哈 2019 年卖了 464 亿，相当于两个农夫山泉，但增长为负. AI 财经社，2020-09-03.

9.1　增长能力分析的内涵与意义

9.1.1　增长能力分析的内涵

企业增长能力通常是指企业未来生产经营活动的发展趋势和发展潜能，也可以称之为发展能力。从形成看，企业的增长能力主要是通过自身的生产经营活动，不断扩大积累而形成的，主要依托于不断增长的销售收入、不断增加的资金投入和不断创造的利润等。从结果看，一个增长能力强的企业，能够不断为股东创造财富，从而不断增加企业价值。

传统的财务分析仅仅是从静态的角度出发来分析企业的财务状况，也就是只注重分析企业的盈利能力、营运能力、偿债能力，这在日益激烈的市场竞争中显然不够全面、不够充分，理由如下。

① 企业价值在很大程度上取决于企业未来的盈利能力，而不是企业过去或者目前所取得的收益情况。对于上市公司而言，股票价格固然受多种因素的影响，但从长远看，公司的未来增长趋势是决定公司股票价格上升的根本因素。

② 增长能力反映了企业目标与财务目标，是企业盈利能力、营运能力、偿债能力的综合体现。无论是增强企业的盈利水平和风险控制能力，还是提高企业的资产营运效率，都是为了企业未来生存和发展的需要，都是为了提高企业的增长能力，因此要着眼于从动态的角度分析和预测企业的增长能力。

思政案例 9-1　　　　　　　　融创中国上市九年业绩快速增长[①]

以投资回报维度来看，融创中国（01918.HK）在上市的 9 年时间里，无疑走出了一条陡峭的上升曲线。若一位投资者在融创上市之际便持有融创的股票，那么他这 9 年来的最高收益大约可达 16 倍。

2019 年中期，融创向投资者交出的上半年业绩报告显示，公司上半年实现营业收入 768.4 亿元（人民币，下同），同比增长 64.9%；公司拥有人应占利润 102.9 亿元，同比上涨 61.7%。

2010 年底，融创登陆香港股市之初，还是一家规模不大的小型房企。彼时，融创仅在环渤海、苏南及成渝三大区域的五个城市，拥有 13 个物业发展项目。但截至 2019 年中期，该公司已连续几年稳居行业 TOP5，实现了全国八大区域的完善布局，覆盖中国绝大部分一线、二线及强三线城市。

数据显示，到 2019 年中期报告披露前，融创拥有确权的土地储备货值为 2.82 万亿元，确权土地储备面积为 2.13 亿 m²，货值超过 83% 位于一线、二线城市。

对比全行业，融创以极强的品牌优势和产品竞争力取得了高于行业水平的合同销售增

---

① 节选自《21 世纪经济报道》2019 年 11 月 20 日报道，原标题为：上市九年业绩快速增长，融创中国创造上市公司经营奇迹，作者信息未披露。

长。2019 年前 6 月，融创及其联属公司实现合同销售面积约为 1 472 万 m²，合同销售金额约为人民币 2 141.6 亿元，合同销售金额同比增长 11.8%。前 10 个月，融创中国累计实现合同销售金额约 4 339.2 亿元，同比增长约 17%。

业绩的快速增长和释放，让融创赢得了市场的高度认可，公司股价稳健攀升，从上市之初的 3.5 港元，最高涨至 60 港元（后复权价格），涨幅超过 16 倍。

目前，融创已是最受资本市场看好的中资地产股之一，无论是国际大行还是国内券商，多数均对公司发展前景持正面预期。日前，摩根大通发布最新研报称，融创受惠于其布局与一线、二线的发展策略，增长潜力将超过布局低线城市的开发商，另外随着其净负债率的下降、经常性收入持续增长及分红的逐渐提升，估值将大幅提升。

9.1.2　增长能力分析的意义

企业能否持续增长对股东、潜在投资者、经营者及其他相关利益者至关重要，因此有必要对企业的增长能力进行深入分析。增长能力分析的意义主要体现在以下 4 个方面。

① 对于股东而言，可以通过增长能力分析衡量企业创造股东价值的程度，从而为采取下一步战略行动提供依据。

② 对于潜在的投资者而言，可以通过增长能力分析评价企业的成长性，从而选择合适的目标企业，做出正确的投资决策。

③ 对于经营者而言，可以通过增长能力分析发现影响企业未来发展的关键因素，从而采取正确的经营策略和财务策略促进企业可持续增长。

④ 对于债权人而言，可以通过增长能力分析判断企业未来的盈利能力，从而做出正确的信贷决策。

思政资料 9—1

飞轮效应[①]

飞轮概念最早出现在柯林斯的《从优秀到卓越》。那时，柯林斯在各种组织的运作中见证了合理运用飞轮效应的强大力量。为了强化飞轮效应，柯林斯又专门撰写了《飞轮效应：从优秀到卓越的行动指南》一书。在这本书中，柯林斯引入了系统动力学解析飞轮效应，重点论述了系统动力学的四大基本连接关系——"因"果链、增强回路、调节回路、滞后效应——中的一种：增强回路。所谓增强回路，就是"因"增强"果"，反过来"果"又增强"因"，形成回路，一圈一圈循环增强。

以亚马逊飞轮为例，20 世纪 90 年代末，正值互联网泡沫破灭，但亚马逊成为了那个时代的大赢家。为什么亚马逊能够击败厄运取得成功，这得从亚马逊找到了自己的"飞轮"说起。

亚马逊公司创始人杰夫·贝佐斯（Jeff Bezos）运用飞轮概念，构建了亚马逊"飞轮"。一开始，贝佐斯就为亚马逊注入了"为客户创造更多价值"的激情。这是一种巨大的动力，甚至可以说是一个崇高的目标。但真正让亚马逊实现卓越的关键原因并不是"崇高的目标"，

---

① 姚斌. 亚马逊飞轮运转之道. 新浪财经，2020-05-13.

而是贝佐斯及其团队将这个目标转变为循环往复的一项机制。

贝佐斯及其管理团队构建了良性的业务循环方式，这种循环方式是：以更低的价格带来更多的顾客访问量，更多的访问量能带来更多的销售量，同时也能吸引更多需要支付佣金的第三方卖家。这就使得亚马逊能够将物流中心和服务器等固定成本分摊给第三方，从而确保自身获得更多收益。同时，更高的效益则使其能够进一步降低价格，循环往复。确定了一个正确的"飞轮"及转动方向，在此基础上无论在"飞轮"的哪一部分加大投入，都能够增加"飞轮"的运转速度。

按照这样的循环，"飞轮"开始转动，形成持续运转的动力。企业不断推动这个"飞轮"，增加其运转的动力，"飞轮"开始不断地循环往复，由此看来亚马逊的"飞轮效应"是其成功的"秘密武器"。柯林斯的研究从"亚马逊飞轮"入手，通过研究亚马逊的"飞轮效应"得出结论：企业要找到一个可持续、可良性循环的商业运作模式。这种模式就像一个沉重的"飞轮"，在开始推动时会非常费力，但是通过持续不断的发力，这个"飞轮"的动能会越来越大，运转会越来越快，最终变成一种不可阻挡、强劲高效的商业模式。

9.1.3 增长能力分析的内容

与盈利能力一样，企业增长能力的大小同样是一个相对的概念，即分析期的股东权益、收益、销售收入和资产相对于上一期的股东权益、收益、销售收入和资产的变化程度。仅仅利用增长额只能说明企业某一方面的增减额度，无法反映企业在某一方面的增减幅度，既不利于不同规模企业之间的横向对比，也不能准确反映企业的发展能力，因此在实践中通常是使用增长率来分析企业的增长能力。当然，企业不同方面的增长率之间存在相互作用、相互影响的关系，因此只有将各方面的增长率加以比较，才能全面分析企业的整体增长能力。

可见，企业增长能力分析的内容可分为以下两部分。

1. 企业单项增长能力分析

企业价值要获得增长，就必须依赖于股东权益、收益、销售收入和资产等方面的不断增长。企业单项增长能力分析就是通过计算和分析股东权益增长率、收益增长率、销售增长率、资产增长率等指标，分别衡量企业在股东权益、收益、销售收入、资产等方面所具有的增长能力，并对其在股东权益、收益、销售收入、资产等方面所具有的发展趋势进行评估。

名人名言

那些最好的公司，它们能长期繁荣，始终如一地获得收入增长，不断积累竞争优势来增加股东价值，原因就是它们一直在追求良性增长。所谓良性增长，就是指营利性的、有组织的、差异性的、可持续的增长。而那些通过兼并、收购、降价等获得的增长只能是昙花一现，可谓是恶性增长。

——［美］拉姆·查兰

2. 企业整体增长能力分析

企业要获得可持续增长，就必须在股东权益、收益、销售收入和资产等各方面谋求协调发展。企业整体增长能力分析就是通过对股东权益增长率、收益增长率、销售增长率、资产增长率等指标进行相互比较与全面分析，综合判断企业的整体增长能力。

过分地重视取得和维持短期财务结果，很可能使企业急功近利，在短期业绩方面投资过多，而在长期的价值创造方面关注甚少。在我国，甚至一些最优秀的企业都不能免除完全以财务结果为导向的短期行为。

很多类似案例向企业家提出了一个深刻的问题：什么才是经营企业至关重要的东西——是利润？还是持续发展？的确，利润最重要，但对于高明的企业家来说，持续发展最重要，利润只是实现持续发展的基础。

9.2　单项增长能力分析

9.2.1　股东权益增长率计算与分析

1. 股东权益增长率的内涵和计算

股东权益增加是驱动企业价值增长的因素之一。股东权益的增加就是期初余额到期末余额的变化，利用股东权益增长率能够解释这种变化。股东权益增长率是本期股东权益增加额与股东权益期初余额之比，也叫做资本积累率，其计算公式如下。

$$股东权益增长率 = \frac{本期股东权益增加额}{股东权益期初余额} \times 100\%$$

股东权益增加表示企业可能不断有新的资本加入，说明股东对企业前景充分看好，在资本结构不变的情况下，也增加了企业的负债筹资能力，为企业获取债务资本打开了空间，提高了企业的可持续增长能力。

股东权益增长率越高，表明企业本期股东权益增加得越多；反之，股东权益增长率越低，表明企业本年度股东权益增加得越少。

对该指标进行分析还应该注意所有者权益不同类别的变化情况，一般来说资本的扩张大都来源于外部资金的注入，反映企业获得了新的资本，具备了进一步发展的基础；如果资本的扩张主要来源于留存收益的增长，则反映企业在自身的经营过程中不断积累发展后备资金，即表明企业在过去经营过程中的发展业绩，也说明企业具有进一步的发展后劲。

在实际中还存在三年资本平均增长率这一比率。三年资本平均增长率的计算公式如下。

$$三年资本平均增长率 = \left(\sqrt[3]{\frac{年末股东权益}{三年前年末股东权益}} - 1 \right) \times 100\%$$

该指标表示企业连续三期的资本积累增长情况，体现企业的发展趋势和水平，资本增长是企业发展壮大的标志，也是企业扩大再生产的源泉，在没有新的所有者资本投入的情况下，该指标反映了投资者投入资本的保全和增长情况。该指标越高，说明资本的保值增值能力越强，企业可以长期使用的资金越充裕，应付风险的能力和持续发展的能力越强。

该指标设计的原意是为了均衡计算企业的三年平均资本增长水平，从而客观评价企业的股东权益增长能力状况。但是从该指标的计算公式来看，并不能达到这个目的。因为其计算结果的高低只与两个因素有关，即与本年度年末股东权益总额和三年前年度年末股东权益总额相关，而中间两年的年末股东权益总额则不影响该指标的高低。这样，只要两个企业的本年度年末股东权益总额和三年前年度年末股东权益总额相同，就能够得出相同的三年资本平均增长率，但是这两个企业的利润增长趋势可能并不一致。因此，依据三年资本平均增长率来评价企业股东权益增长能力存在一定的缺陷。

2. 股东权益增长率分析

股东权益的增长主要来源于经营活动产生的净利润和融资活动产生的股东净支付。所谓股东净支付，就是股东对企业当年的新增投资扣除当年发放股利。这样股东权益增长率还可以表示如下：

$$股东权益增长率 = \frac{本期股东权益增加额}{股东权益期初余额} \times 100\%$$

$$= \frac{净利润 + (股东新增投资 - 支付股东股利)}{股东权益期初余额} \times 100\%$$

$$= \frac{净利润 + 对股东的净支付}{股东权益期初余额} \times 100\%$$

$$= 净资产收益率 + 股东净投资率$$

公式中的净资产收益率和股东净投资率都是以股东权益期初余额作为分母计算的。从公式中可以看出股东权益增长率是受净资产收益率和股东净投资率这两个因素驱动的，其中净资产收益率反映了企业运用股东投入资本创造收益的能力，而股东净投资率反映了企业利用股东新投资的程度，这两个比率的高低都反映了对股东权益增长的贡献程度。从根本上看，一个企业的股东权益增长应该主要依赖于企业运用股东投入资本所创造的收益。尽管一个企业的价值在短期内可以通过筹集和投入尽可能多的资本来获得增加，并且这种行为在扩大企业规模的同时也有利于经营者，但是这种策略通常不符合股东的最佳利益，因为它忽视了权益资本具有机会成本，需要获得合理投资报酬的事实。

为正确判断和预测企业股东权益规模的发展趋势和发展水平，应将企业不同时期的股东权益增长率加以比较。因为一个持续增长型企业，其股东权益应该是不断增长的，如果时增时减，则反映企业发展不稳定，同时也说明企业并不具备良好的增长能力，因此仅仅计算和分析某个时期的股东权益增长率是不全面的，应采用趋势分析法将一个企业不同时期的股东权益增长率加以比较，才能正确评价企业发展能力。

【例 9-1】根据 SYZG 公司 2017—2019 年的财务报表数据，分析该公司股东权益增长能力。计算过程如表 9-1 所示。

表 9-1 SYZG 公司股东权益增长率指标计算表

项目	2016 年	2017 年	2018 年	2019 年
股东权益总额/万元	2 345 270	2 637 318	3 250 211	4 552 675
本年股东权益增加额/万元	—	292 048	612 893	1 302 464
本年净利润/万元	—	222 709	630 349	1 149 445
股东权益增长率/%	—	12.45	23.24	40.07
净资产收益率/%	—	9.50	23.90	35.37
股东净投资率/%	—	2.95	-0.66	4.7

注：表中的净资产收益率和股东净投资率都是以股东权益期初余额作为分母计算的。

从表 9-1 可以看出，SYZG 公司自 2016 年以来，其股东权益总额总体呈现上升趋势，从 2016 年的 2 345 270 万元增加到 2019 年的 4 552 675 万元；公司 2016—2019 年的股东权益增长率一直呈上升趋势，2019 年上升到了 40.07%，这说明了 SYZG 公司近几年股东权益不断增加。相比于 2019 年 5.7% 的行业均值，SYZG 公司的股东权益增长率远高于行业的平均水平，并且 2019 年 40.07% 的股东权益增长率已经超过了行业的优秀值（24.6%），表明企业具备较强的股东权益增长能力。

股东权益增长率受净资产收益率和股东净投资率这两个因素驱动，其中净资产收益率反映了企业运用股东投入资本创造收益的能力，它是企业股东权益增长的根本来源。从表 9-1 可以看出，2017—2019 年的净资产收益率从 9.50% 上升到 35.37%，这说明 SYZG 公司运用股东投入资本创造收益的能力在持续大幅度上升，这也是 SYZG 公司股东权益不断上升的根本原因。从整个行业来看，根据矿山冶金建筑设备制造业绩效评价标准值，2019 年 SYZG 公司所在行业的净资产收益率的均值为 5.0%，SYZG 公司 35.37% 的净资产收益率远高于行业均值，并超过了行业优秀值水平 14.9%，说明企业具有较高的运用股东投入资本创造收益的能力，在行业中处于较高水平。

9.2.2 资产增长率计算与分析

1. 资产增长率的内涵和计算

资产是企业拥有或者控制的用于生产经营活动并取得收入的经济资源，同时也是企业进行融资和正常运营的物质保证。资产的规模和增长状况表明了企业的实力和发展速度，也是体现企业价值和实现企业价值扩大的重要手段。在实践中凡是不断发展的企业，都表现为资产规模稳定且不断的增长，因此通常可把资产增长率作为衡量企业增长能力的重要指标。

企业要增加销售收入，就需要增加资产投入。资产增长率就是本期资产增加额与资产期初余额之比，其计算公式如下。

$$资产增长率 = \frac{本期资产增加额}{资产期初余额} \times 100\%$$

资产增长率是用来考核企业资产投入增长幅度的财务指标。资产增长率为正数，说明企业本期资产的规模增加，资产增长率越大，则说明资产规模增加的幅度越大；资产增长率为负数，说明企业本期资产规模缩减，资产出现负增长。

2. 资产增长率分析

在对资产增长率进行具体分析时，应该注意以下几点。

（1）企业资产增长率高并不意味着企业的资产规模增长就一定适当

评价一个企业的资产规模增长是否适当，必须与销售增长、利润增长等情况结合起来分析。如果资产增加，而销售收入和利润没有增长或减少，说明企业的资产没有得到充分的利用，可能存在盲目扩张而形成的资产浪费、营运不良等情况。一个企业只有在销售增长、利润增长超过资产规模增长的情况下，资产规模增长才属于效益型增长，才是适当的、正常的。

思政案例 9-2　　　　　**上市六年被退市　辉山的盲目扩张败局**①

因届满仍未提交可行的复牌建议，2019 年 12 月 23 日上午 9 时，辉山上市地位将被正式取消。作为东北地区最大的奶牛养殖企业，辉山于 2013 年在港交所挂牌上市。2017 年初，辉山股价"闪崩"牵出巨大债务危机，致使辉山停牌长达两年多之久。业内人士认为，此前辉山通过全产业链盲目扩张，导致出现资金短缺等一系列问题，最终退市。不过，在奶牛存栏数下降的大环境下，辉山旗下拥有一定的奶源和牧场资源，未来不排除被龙头乳企收购的可能。

上市六年后，辉山的资本市场之路将画下句号。根据除牌程序，因届满时仍未能递交"符合足够业务运作与资产"的复牌建议，辉山的上市地位将于 12 月 23 日上午 9 时被取消。

2013 年 9 月，辉山在港交所正式挂牌上市。辉山官网称，辉山彼时全球发行额达 13 亿美元，跻身全球消费品公司首次发行前十名，上市首日市值近 400 亿港元，成为中国乳业境外上市公司市值前三名。

不过好景不长，2016 年 12 月 16 日及 17 日，做空机构接连发布两篇报告，质疑辉山存在财务报表虚假、夸大资产价值等问题。2017 年 3 月，辉山因故无法向债券行还本付息的消息不胫而走，随后其股价暴跌，市值在 2017 年 3 月 24 日蒸发 300 多亿港元，公司紧急停牌。

股价"雪崩"后，辉山几近断裂的资金链等问题一并曝光。据不完全统计，辉山有 70 多家债权人，其中包括国开行、中国银行、中国工商银行、中信银行等 23 家银行，以及十几家融资租赁公司，涉及金融债权在 120 亿～130 亿元。2017 年 12 月，辉山启动破产重整程序，对公司旗下附属公司申请破产重整。

乳业专家王丁棉在接受北京商报记者采访时表示，辉山退市是预料中的事。在被做空机构打击后，在随之爆发的近 300 亿元的债务危机中，辉山用了整整 3 年的时间，仍未拿出切实可行的化解危机的良法与对策。对于一个大型企业而言，出现资不抵债和资金链断裂的情况，美誉度、信誉度及融资信任度等都会跌降至低谷，随之也会使企业的经营业务遭受重创。

从停牌到破产，再到最终的退市，盲目扩张被业内视为辉山最终落得该结局的重要

---

① 姚倩. 上市六年被退市　辉山的盲目扩张败局.北京商报，2019-12-22.

原因。资料显示，辉山成立于 1951 年，是老牌乳企，前身为沈阳农垦总公司下属的国有企业。

根据辉山董事长杨凯的战略计划，奶源建设是乳制品企业发展的根本，关系到产品品质高低和消费者的信任度，因而中国奶业改革必须坚持全产业链模式，从源头开始保证中国奶业的食品安全和产品品质。

在全产业链的理念下，辉山逐步形成以牧草种植、精饲料加工、良种奶牛饲养繁育、全品类乳制品加工、乳品研发和质量管控等为一体的全产业链发展模式。不过，建牧场、奶牛养殖、饲料加工等都离不开高额资金的支撑。随着全产业链理念的不断推进，辉山的负债额也一路攀升。数据显示，2013—2016 年，辉山的总负债分别达 46.28 亿元、78.25 亿元、106.49 亿元、170.87 亿元。

乳业专家宋亮在接受北京商报记者采访时表示，辉山采用大规模集群的全产业链模式，从上游到下游都在投入。养牛、加工都是重资产项目，销售也需要高投入。加之上市融资未达到辉山的预期，这容易导致较大的资金缺口，缺乏资金的辉山不得不多方融资，最终导致巨额债务。

中国食品产业分析师朱丹蓬在接受北京商报记者采访时称，全产业链的发展模式没有问题，但辉山将资金挪用到非主业的发展，盲目投资是辉山最大的问题。"辉山股票闪崩当年，公司大股东挪用 30 亿元投资房地产的传言甚嚣尘上。"

王丁棉分析认为，辉山之所以走到今天如此败落的境地，与投资决策失误及对行业与市场变化预判出现严重偏差等原因有关。"辉山想走全产业链发展模式并无不妥，但当家人杨凯看不到行业存在的危机，在大大超出企业实力的情形下贪图'大干、快上和做大'，导致投资过大出现资金链断层。此外，辉山对行业变化缺乏预判或预判不准，盲目扩大规模投资、跨界投资（如房地产）等。"

（2）需要正确分析企业资产增长的来源

因为企业的资产一般来自负债和所有者权益，在其他条件不变的情形下，无论是增加负债规模还是增加所有者权益规模，都会提高资产增长率。如果一个企业资产的增长完全依赖于负债的增长，而所有者权益规模在年度里没有发生变动或者变动不大，这说明企业可能潜藏着风险，因此不具备良好的发展潜力。从企业自身的角度来看，企业资产的增加应该主要取决于企业盈利的增加。当然，盈利的增加能带来多大程度的资产增加还要视企业实行的股利政策而定。

（3）为全面认识企业资产规模的增长趋势和增长水平，应将企业不同时期的资产增长率加以比较

因为一个健康的处于成长期的企业，其资产规模应该是不断增长的，如果时增时减，则反映企业的经营业务并不稳定，同时也说明企业并不具备良好的增长能力。所以只有将一个企业不同时期的资产增长率加以比较，才能正确评价企业资产规模的增长能力。

【例 9-2】根据 SYZG 公司 2017—2019 年的财务报表数据，分析该公司的资产增长能力。计算过程如表 9-2 所示。

表 9-2　SYZG 公司资产增长率指标计算表

项　目	2016 年	2017 年	2018 年	2019 年
资产总额/万元	6 155 497	5 823 769	7 377 472	9 054 130
本年资产增加额/万元	—	−331 728	1 553 703	1 676 658
资产增长率/%	—	−5.39	26.68	22.73
股东权益增加额/万元	—	292 048	612 893	1 302 464
股东权益增加额占资产增加额的比重/%	—	−88.04	39.45	77.68

从表 9-2 可以看出，尽管 SYZG 公司的资产规模 2017 年相比 2016 年下降了 331 728 万元，但随着 2018 年、2019 年资产规模的大幅度上升，至 2019 年 SYZG 公司的资产规模已经突破 900 亿元大关，而且从 SYZG 公司资产增长的来源来看，主要是来自股东权益的增加，而股东权益的增加又主要源于当期盈利的增加，这表明 SYZG 公司具有良好的资产增长能力。

与 2019 年矿山冶金建筑设备制造业资产增长率的平均值 4.2%相比，SYZG 公司 22.73%的资产增长率远超这一标准，并且也高于 14.7%的行业优秀值，这表明在整个行业中，SYZG 公司具有突出的资产规模增长水平，具备较强的资产增长能力。

9.2.3　销售增长率的计算与分析

1. 销售增长率的内涵和计算

市场是企业生存和发展的空间，销售增长是企业增长的源泉。一个企业的销售情况越好，说明其在市场所占份额越多，企业生存和发展的市场空间也越大，因此可以用销售增长率来反映企业在销售方面的发展能力。销售增长率就是本期营业收入增加额与上期营业收入净额之比。其计算公式如下。

$$销售增长率 = \frac{本期营业收入增加额}{上期营业收入净额} \times 100\%$$

需要说明的是，如果上期营业收入净额为负值，则应取其绝对值代入公式进行计算。该公式反映的是企业某期整体销售增长情况。销售增长率为正数，说明企业本期销售规模增加，销售增长率越大，则说明企业销售收入增长得越快，销售情况越好；销售增长率为负数，说明企业销售规模减小，如果销售出现负增长，则说明销售情况较差。

2. 销售增长率分析

在利用销售增长率来分析企业在销售方面的增长能力时，应该注意以下几个方面。

① 要判断企业在销售方面是否具有良好的成长性，必须分析销售增长是否具有效益性。如果销售收入的增加主要依赖于资产的相应增加，也就是销售增长率低于资产增长率，则说明这种销售增长不具有效益性，同时也反映了企业在销售方面可持续增长能力不强。正常情况下，企业的销售增长率应高于其资产增长率，只有在这种情况下，才说明企业在销售方面具有良好的成长性。

② 要全面、正确地分析和判断一个企业销售收入的增长趋势和增长水平，必须将一个企

业不同时期的销售增长率加以比较和分析。因为销售增长率仅仅指某个时期的销售情况，某个时期的销售增长率可能会受到一些偶然的和非正常的因素影响，而无法反映企业实际的销售增长能力。

③ 可以利用某种产品销售增长率指标来观察企业产品的结构情况，进而分析企业的成长性。其计算公式可表示如下。

$$某种产品销售增长率 = \frac{某种产品本期销售收入增加额}{上期销售收入净额} \times 100\%$$

根据产品生命周期理论，产品的生命周期一般可以划分为 4 个阶段。每种产品在不同的阶段反映出的销售情况也不同：在投放期，由于产品研究开发成功，刚刚投入正常生产，因此该阶段的产品销售规模较小，而且增长比较缓慢，即某种产品销售增长率较低；在成长期，由于产品市场不断拓展，生产规模不断增加，销售量迅速扩大，因此该阶段的产品销售增长较快，即某种产品销售增长率较高；在成熟期，由于市场已经基本饱和，销售量趋于基本稳定，因此该阶段的产品销售将不再有大幅度的增长，即某种产品销售增长率与上一期相比变动不大；在衰退期，由于该产品的市场开始萎缩，因此该阶段的产品销售增长速度开始放慢甚至出现负增长，即某种产品销售增长率较上一期变动非常小，甚至表现为负数。根据这一原理，借助产品的销售增长率指标，大致可以分析企业生产经营的产品所处的生命周期阶段，据此判断企业发展前景。对一个具有良好发展前景的企业来说，较为理想的产品结构是"成熟一代，生产一代，储备一代，开发一代"，如图 9-1 所示。如果一个企业的所有产品都处于成熟期或者衰退期，那么它的发展前景就不容乐观。

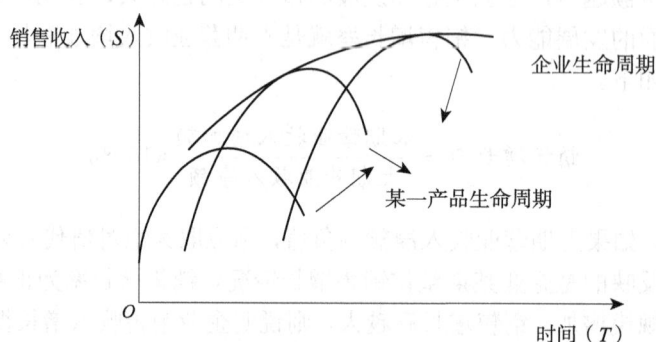

图 9-1　企业生命周期

【例 9-3】根据 SYZG 公司 2017—2019 年的财务报表数据，分析该公司的销售收入发展能力。计算过程如表 9-3 所示。

表 9-3　SYZG 公司销售增长率指标计算表

项目	2016 年	2017 年	2018 年	2019 年
营业收入净额/万元	2 328 007	3 833 509	5 582 150	7 566 576
本年营业收入增加额/万元	—	1 505 502	1 748 641	1 984 426
销售增长率/%	—	64.67	45.61	35.55

从表 9–3 可以看出，SYZG 公司近几年的销售规模不断扩大，营业收入从 2016 年的 2 328 007 万元上升到 2019 年的 7 566 576 万元；销售增长率在 2017—2019 年都为正增长，利用表 9–2 的资产增长率指标，结合表 9–3 分析各年销售增长是否具有效益性。2017 年、2018 年、2019 年这三年的资产增幅分别为 –5.39%、26.68%、22.73%，销售收入的增幅高于相应年份的资产增幅，可见近几年销售增长的效益性正逐年上升。

结合矿山冶金建筑设备制造业的行业标准来看，虽然从近三年来看 SYZG 公司的销售增长率呈下降趋势，但即使是在销售增长率最低的 2019 年，其 35.55% 的销售增长率也远高于行业 8.6% 的均值，并超过行业优秀值 21.9%，领先于行业中的大部分企业，说明 SYZG 公司在销售方面具有良好的发展能力。

综上所述，SYZG 公司在销售方面具有良好的增长能力。

9.2.4　收益增长率计算与分析

1. 收益增长率的内涵和计算

由于一个企业的价值主要取决于其盈利及增长能力，所以企业的收益增长是反映企业增长能力的重要方面。由于收益可表现为营业利润、利润总额、净利润等多种指标，因此相应的收益增长率也具有不同的表现形式。在实际中，通常使用的是净利润增长率、营业利润增长率这两种比率。

由于净利润是企业经营业绩的结果，因此净利润的增长是企业成长性的基本表现。净利润增长率是本期净利润增加额与上期净利润之比，其计算公式如下。

$$\text{净利润增长率} = \frac{\text{本期净利润增加额}}{\text{上期净利润}} \times 100\%$$

需要说明的是，如果上期净利润为负值，则应取其绝对值代入公式进行计算。该公式反映的是企业净利润增长情况。净利润增长率为正数，说明企业本期净利润增加，净利润增长率越大，则说明企业收益增长得越多；净利润增长率为负数，说明企业本期净利润减少，收益降低。

如果一个企业的销售收入增长，但利润并未增长，那么从长远看，它并没有创造经济价值。同样，一个企业如果营业利润增长，但营业收入并未增长，也就是说其利润的增长并不是来自营业收入，那么这样的增长也是不能持续的，随着时间的推移将会消失。因此，利用营业利润增长率这一比率也可以较好地考察企业的成长性。营业利润增长率是本期营业利润增加额与上期营业利润之比，其计算公式如下。

$$\text{营业利润增长率} = \frac{\text{本期营业利润增加额}}{\text{上期营业利润}} \times 100\%$$

同样，如果上期营业利润为负值，则应取其绝对值代入公式进行计算。该公式反映的是企业营业利润增长情况。营业利润增长率为正数，说明企业本期营业利润增加，营业利润增长率越大，则说明企业收益增长得越多；营业利润增长率为负数，说明企业本期营业利润减少，收益降低。

永辉超市三年首次出现利润负增长，永辉新零售的未来到底在哪？①

在中国新零售战场上，有两家企业堪称中国新零售的主力干将，一家是阿里系的新零售市场上的明星企业盒马鲜生，与之齐名的另外一家就是分属腾讯阵营的永辉了。这两家在新零售战争最红火的时候，可谓是针尖对麦芒，在盒马鲜生关闭了自己的第一家店的时候，永辉也被曝出3年来利润首次负增长，那么永辉这又是怎么了？

根据永辉超市发布的2018年报显示，永辉2018年营业收入达705.1亿元，同比增长20.35%，净利润达14.80亿元。2015—2018年，永辉营业收入呈现逐年递增的态势，同比增长率分别为14.75%、16.82%、19.01%和20.35%。

但值得注意的是，虽然永辉在2015—2018年营业收入呈现逐年递增态势，但2018年的营业利润却同比减少34.84%，为近三年来年营业利润率首次负增长。对此，永辉超市解释称，负责新零售业务的云创板块亏损是净利润下滑的原因之一。实际上，近3年来，云创业务累计亏损13亿元，已成为上市公司财务上的拖累。

此外，费用的显著增长也是永辉营业利润下滑的重要原因。永辉的费用率在2015—2018这4年里分别为17.37%、17.02%、17.32%、20.87%，呈波动态势，特别是2018年的费用率显著增加，是造成当期利润同比下滑的主要原因。其中，尤其需要关注的是销售费用和管理费用，永辉的销售费用高达115.6亿元，同比增长36.78%，也成了拖累净利润的负担，永辉解释主要是新开门店费用增加所致；而管理费用同比增长68.84%，主要是职工薪酬（含股权激励）增加所致。面对市场竞争及自身困境，永辉在财报中表示将"积极调整公司战略，回归本源，以超市业务为核心，节能增效"。

值得注意的是，在实际中有人提出利用三年利润平均增长率这一指标分析企业收益增长能力，其计算公式如下。

$$三年利润平均增长率=\left(\sqrt[3]{\frac{年末利润总额}{三年前年末利润总额}}-1\right)\times100\%$$

从计算公式可以看出该指标的设计原理与三年资本平均增长率一致。计算三年利润平均增长率是为了均衡计算企业的三年平均利润增长水平，从而客观评价企业的收益增长能力状况。但是从该项指标的计算公式来看，并不能达到这个目的。因为其计算结果的高低同样只与两个因素有关，即与本年度年末利润总额和三年前年度年末利润总额相关，而中间两年的年末实现利润总额则不影响该指标的高低。这样，只要两个企业的本年度年末利润总额和三年前年度年末利润总额相同，就能够得出相同的三年利润平均增长率，但是这两个企业的利润增长趋势可能并不一致。因此，依据三年利润平均增长率来评价企业收益增长能力存在一定缺陷。

2. 收益增长率分析

要全面认识企业净利润的增长能力，还需要结合企业的营业利润增长情况进行分析。如果企业的净利润主要来源于营业利润，则表明企业获利能力较强，具有良好的增长能力；如

---

① 江瀚. 永辉超市三年首次出现利润负增长，永辉新零售的未来到底在哪？. 搜狐网，2019-05-09.

果企业的净利润不是主要来源于正常业务，而是来自营业外收入或者其他项目，则说明企业的持续增长能力并不强。

碧桂园追求增长质量和可持续发展①

在房地产行业整体盈利空间逐渐减小的背景下，2019 年上半年以 2 819.5 亿元权益销售额稳居销售榜首的碧桂园保持了营业收入、利润双增长态势。财报显示，今年上半年，碧桂园营业收入为 2 020.1 亿元，同比增长 53.2%，净利润为 230.6 亿元，同比增长 41.3%。

据统计，这是碧桂园半年报营业收入业绩首次破 2 000 亿元，接近 2017 年全年营业收入 2 269 亿元，并超过万科同期 1 393.2 亿元的营业收入。

2019 年上半年，碧桂园净利润率为 11.42%，较去年同期下降 0.95 个百分点。对此，碧桂园首席财务官兼副总裁伍碧君解释称，一方面是由于机器人、现代农业等新业务的架构调整、投入增多，以及上半年销售和行政费用小幅度增长；另一方面是因为权益占比偏低。2019 年下半年，公司会对成本加强控制。

事实上，在保持业绩增长的同时，碧桂园一直注重经营的稳健性与安全性。数据显示，报告期内，该公司净借贷比率为 58.5%，同比下降 0.5 个百分点，融资成本为 6.13%，与去年底持平并显著低于行业平均水平。同期，公司现金余额为 2 228.4 亿元，占总资产比例达到 12.8%，现金短债比为 1.96，另有未使用的银行授信额度约 3 133 亿元。如此来看，碧桂园营运现金流较为充裕，并可覆盖短期负债，财务稳健性进一步增强。

值得一提的是，2019 年上半年，集团权益销售去化率达 65%，碧桂园权益物业销售现金回笼约 2 659.4 亿元，回款率达 94.3%，而这是自 2017 年起第三次连续在年中实现净经营性现金流为正。

"国家出台的所有房地产的政策，都是为了地产行业的平稳持续健康发展。"不过，在碧桂园总裁莫斌看来，由于行业政策进一步收紧，给公司带来了很多方面的挑战。因此，一定要抓好现金流的管理，今年公司各项考核标准也是以权益回款为主。

对于碧桂园上半年的业绩表现，中国企业资本联盟副理事长柏文喜表示，2019 年年中报确认的营业收入主要是 2017—2018 年度的预售收入，而此前碧桂园成功抓住了三、四线城市城镇化的机遇期，为业绩打下了基础。

中国指数研究院报告指出，调控趋严给企业带来的市场机会越多，越有利于企业实现低成本扩张，而充裕的现金流及现金余额使碧桂园处于"进可攻、退可守"的优势地位。

"现在房地产行业'马太效应'越来越明显，资金、资源向头部企业倾斜，呈现强者恒强、弱者恒弱态势。"资深房地产专家韩世同认为，虽然不少中小房企业绩差甚至破产倒闭，但碧桂园凭借规模优势和龙头地位，取得不错业绩也是意料之中。

要分析营业利润增长情况，应结合企业的营业收入增长情况一起分析。如果企业的营业利润增长率高于企业的销售增长率（即营业收入增长率），则说明企业正处于成长期，业务不断拓展，企业的盈利能力不断增强；反之，如果企业的营业利润增长率低于营业收入增长率，

① 金煜，王子帅. 碧桂园上半年营收破 2 000 亿元 三、四、五线城镇化红利仍有巨大空间. 财经新媒体，2019-08-25.

则反映企业营业成本、营业税费、期间费用等成本费用上升超过了营业收入的增长，说明企业的营业盈利能力并不强，企业发展潜力值得怀疑。

为了更准确地反映企业净利润和营业利润的成长趋势，应将企业连续多期的净利润增长率和营业利润增长率指标进行趋势分析，这样可以排除个别时期偶然性或特殊性因素的影响，从而更加全面、真实地揭示企业净利润和营业利润的增长情况。

【例 9-4】根据 SYZG 公司 2017—2019 年的财务报表数据，分析该公司的收益增长能力。计算过程如表 9-4 所示。

表 9-4　SYZG 公司收益增长率指标计算表

项目	2016 年	2017 年	2018 年	2019 年
营业利润/万元	124 695	287 603	787 844	1 377 542
本年营业利润增加额/万元	—	162 908	500 241	589 698
营业利润增长率/%	—	160.65	173.93	74.88
净利润/万元	163 799	222 709	630 349	1 149 445
本年净利润增加额/万元	—	58 910	407 640	519 096
净利润增长率/%	—	35.96	183.04	82.35

首先，根据表 9-4 分析 SYZG 公司的营业利润增长率。结合表 9-3，该公司近三年的销售增长率分别是 64.67%、45.61%、35.55%，而该公司这三年的营业利润增长率分别为 160.65%、173.93%、74.88%。由以上数据对比可以看出，营业利润上升幅度始终大于销售上升幅度。可见，SYZG 公司近三年营业收入一直在不断增长，而且增长速度超过了成本费用的上升速度，不仅反映出良好的稳定性，也体现了良好的效益性。与矿山冶金建筑设备制造业 2019 年 2.2% 的平均值相比，SYZG 公司 74.88% 的营业利润增长率远远超过这一标准值，甚至高于 19.8% 的优秀值，处在整个行业的前列水平，说明企业盈利能力较强，也表明企业具备较强的营业利润增长能力。

其次，分析 SYZG 公司的净利润增长率。从表 9-4 可知，该公司近三年的净利润增长率分别为 35.96%、183.04%、82.35%，这说明该公司的净利润一直在持续增加。进一步结合公司的营业利润增长率来看，除 2017 年以外，其余两年的净利润的上升幅度均超过了营业利润的增幅，这说明最近两年净利润的上升主要源于营业利润的上升，其他项目的影响相对较小，表明 SYZG 公司的净利润增长具有良好的效益性。

综合而言，SYZG 公司具有良好的收益增长能力。

9.3　整体增长能力分析

9.3.1　企业整体增长能力分析框架

除了对企业增长能力进行单项分析以外，还需要分析企业的整体增长能力。其原因在于：

第一，股东权益增长率、收益增长率、销售增长率和资产增长率等指标，只是从股东权益、收益、销售收入和资产等不同的侧面考察企业的增长能力，不能涵盖企业增长能力的全部；第二，股东权益增长率、收益增长率、销售增长率和资产增长率等指标之间相互作用、相互影响，不能截然分开。因此，在实际运用时，只有把四种类型的增长率指标相互联系起来进行综合分析，才能正确评价一个企业的整体增长能力。

思政案例 9–5　　**药明康德陷增收不增利窘境，为何不好赚钱了？**[①]

药明康德作为 CRO 行业的老大，在近二十年的发展中积累了丰富经验，近几年乘着创新药研发高景气度的东风，收入规模维持快速增长，2016—2019 年，营业收入几乎翻倍，复合年均增长率达到 27.42%。

然而，药明康德的营业利润增速却不容乐观。数据显示，药明康德的营业收入增长率较为稳定，而营业利润增长率、净利润增长率和营业收入增长率的趋势并不一致，在 2019 年甚至出现了营业利润和净利润负增长的情况，这种"增收不增利"现象的出现，难道是企业的经营出现问题了？表 9–5 是药明康德相关增长率指标计算表。

表 9–5　药明康德相关增长率指标计算表

项 目	2016 年	2017 年	2018 年	2019 年
营业收入/万元	611 613	776 526	961 368	1 287 221
营业利润/万元	128 461	146 059	258 470	234 092
净利润/万元	112 097	129 672	233 368	191 141
营业收入增长率/%	25.24	26.96	23.80	33.89
营业利润增长率/%	66.47	13.70	76.96	−9.43
净利润增长率/%	63.94	15.68	79.97	−18.09

进一步研究发现，期间费用高是利润下滑的主要原因，药明康德期间费用的增长速度超过了毛利润的增长速度。数据显示，2018 年药明康德的期间费用占营业利润的 75% 左右，而在 2019 年，这个比例明显提升，达到了 108%。

具体来看，2019 年药明康德的管理费用为 14.82 亿元、研发费用为 5.9 亿元，这么多的钱都去了哪里？一方面，受公司人员扩张影响，管理费用和研发费用中占比最高的人员费用均维持了大幅的增长，仅 2019 年一年公司总人数增加了 4 014 人，其中研发人员增加了 3 932 人，不得不说，药明康德公司吸引人才的能力确实一绝，可这也直接导致了人工成本的大幅增长。另一方面，管理费用中还有一个值得注意的点是咨询与服务费，虽然药明康德在港股、A 股都已经上市，子公司合全药业也登陆了新三板，但一年 2 亿元的咨询与服务费相比之下还是一笔大额的支出。

对于药明康德来说，近几年随着规模的增长，企业的毛利率并没有提升，而美国区实验室服务和 CDMO/CMO 服务毛利率甚至出现下滑趋势。根据贝壳投研研究发现，其主要

[①] 投资收益 4 个亿，扣非净利润却负增长，药明康德为何不好赚钱了？. 贝壳投研, 2020–11–05，作者信息未披露.

原因包括：一是由于美国区实验室服务的人工成本及其他间接费用相对较高，因此维持了较低的毛利率；二是近几年公司对关键人才的激励，包括提供较高的薪酬及限制性股票计划等导致成本增加。

通过以上分析，我们可以看出药明康德期间费用的增长给企业赚钱造成了巨大的压力，同时毛利率还面临着下滑的威胁，企业有依赖非经常损益之势。因此，对于药明康德来说，其短期实际经营状况可能面临着一定的问题，规模优势尚待提升。

那么，应该如何分析企业的整体增长能力呢？具体的思路如下。

① 分别计算股东权益增长率、收益增长率、销售增长率和资产增长率等指标的实际值。

② 分别将上述增长率指标实际值与以前不同时期增长率数值、同行业平均水平进行比较，分析企业在股东权益、收益、销售收入和资产等方面的增长能力。

③ 分析股东权益增长率、收益增长率、销售增长率和资产增长率等指标之间的关系，判断不同方面增长的效益性及它们之间的协调性。

④ 根据以上分析结果，运用一定的分析标准，判断企业的整体增长能力。一般而言，只有一个企业的股东权益增长率、资产增长率、销售增长率、收益增长率保持同步增长，且不低于行业平均水平，才可以判断这个企业具有良好的增长能力。

根据上述分析思路可形成企业整体增长能力分析框架，如图9-2所示。

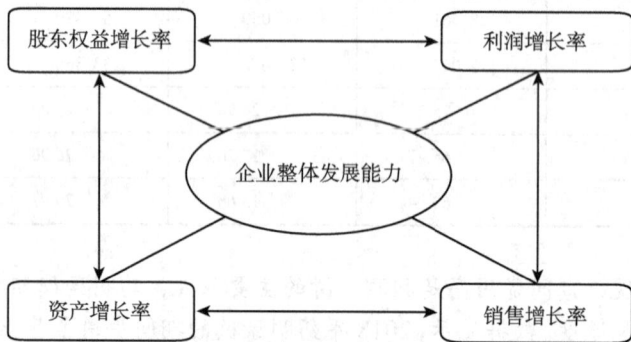

图9-2　企业整体增长能力分析框架

运用这一分析框架能够比较全面地分析企业发展的影响因素，从而能够比较全面地评价企业的增长能力，但对于各因素的增长与企业发展的关系无法从数量上进行确定。

从企业整体的角度考虑企业的增长，就是保持企业的可持续增长能力，从某种程度上来讲就是保持和谐的财务政策和经营政策。对快速成长的企业而言，其资源会变得相当紧张，管理层需要采取积极的财务政策和经营政策加以控制，比如发行新股、提高财务杠杆系数、减少股利支付比例等来满足资金的需求，同时调整经营政策进行成长管理，比如分流部分订单、改变销售策略、停止或减少入不敷出的经营项目来减少增长的现金压力等。对于成长过慢的企业，管理层面临的问题之一是如何解决现金顺差问题，根据自身的情况可以进行股票回购或增发股利、通过并购买入成长型企业，即在更有活力的行业寻找物有所值的成长机会。一般来说，企业可持续增长能力的评

价指标是可持续增长率。

9.3.2　整体增长能力分析框架应用

应用企业整体增长能力分析框架分析企业整体增长能力时应该注意以下几个方面。

1. 对股东权益增长的分析

股东权益的增长一方面来源于净利润，净利润主要来自营业利润，营业利润又主要取决于销售收入，并且销售收入的增长在资产使用效率保持一定的前提下依赖于资产投入的增加；股东权益的增长另一方面来源于股东的净投资，而净投资取决于本期股东投资资本的增加和本期股利的发放。

2. 对收益增长的分析

收益的增长主要表现为净利润的增长，而对于一个持续增长的企业而言，其净利润的增长应该主要来源于营业利润；而营业利润的增长又应该主要来自营业收入的增加。

3. 对销售增长的分析

销售增长是企业营业收入的主要来源，也是企业价值增长的源泉。一个企业只有不断开拓市场，保持稳定的市场份额，才能不断扩大营业收入，增加股东权益，同时为企业进一步扩大市场、开发新产品和进行技术改造提供资金来源，最终促进企业的进一步发展。

4. 对资产增长的分析

企业资产是取得销售收入的保障，要实现销售收入的增长，在资产利用效率一定的条件下就需要扩大资产规模。要扩大资产规模，一方面可以通过负债融资实现，另一方面可以依赖股东权益的增长，即净利润和净投资的增长。

总之，在运用这一框架时需要注意这 4 种类型增长率之间的相互关系，否则无法对企业的整体发展能力做出正确的判断。

名人名言

一个企业要为股东创造财富，就必须获得比其债务资本和权益资本成本更高的报酬。

——英国著名经济学家汉密尔顿

【例 9-5】以 SYZG 公司为例，对其 2017—2019 年三年的整体增长能力进行分析，并与中联重科和徐工机械这两家同行业竞争对手进行比较。三家公司的增长能力主要指标如表 9-6 所示。

表 9-6　增长能力指标　　　　单位：%

项目	SYZG			中联重科			徐工机械		
	2017 年	2018 年	2019 年	2017 年	2018 年	2019 年	2017 年	2018 年	2019 年
股东权益增长率	12.45	23.24	40.07	1.14	1.42	1.97	17.45	26.13	10.90
净利润增长率	26.45	183.04	82.35	113.81	56.78	118.49	374.98	99.82	77.33
营业利润增长率	160.65	173.93	74.88	202.70	113.60	92.76	770.81	84.98	93.56
销售增长率	64.67	45.61	35.55	16.23	23.30	50.92	72.46	-52.45	33.25
资产增长率	-5.39	26.68	22.73	-6.72	12.40	-1.49	13.17	23.07	26.19

根据表 9-6 可以发现，SYZG 公司近三年的股东权益增长率、净利润增长率、营业利润增长率、销售增长率及资产增长率几乎全部为正值，说明该公司自 2017 年以来股东权益、净利润、营业利润、销售收入、总资产均在增加，反映出该公司在各方面的增长都具有持续性。另外，SYZG 近三年各种增长率指标与中联重科、徐工机械等同行业竞争对手相比也各有优劣。结合 2019 年矿山冶金建筑设备制造业绩效标准值来看，2019 年 SYZG 公司的股东权益增长率、营业利润增长率、销售增长率和资产增长率都远超行业的平均水平，处在行业的上游水平，这表明该公司的整体增长能力较强，具备较高的可持续增长能力。

进一步分析各种类型增长率之间的关系。首先看销售增长率和资产增长率，可以看出 SYZG 公司销售增长率均高于资产增长率，而且都是正增长，说明公司的销售上升并不是主要由资产投入的上升所导致的。

其次比较股东权益增长率与净利润增长率。可以看出该公司 2017 年、2018 年、2019 年股东权益增长率和净利润增长率均为正值，股东权益上升幅度小于净利润的上升幅度，且差异较大。

再次比较净利润增长率与营业利润增长率。可以发现 SYZG 公司净利润上升幅度与营业利润的上升幅度基本一致，这反映该公司净利润的上升主要是由于营业利润的上升所导致的，说明企业在净利润方面的持续增长能力比较强。

最后比较营业利润增长率和销售增长率。可以看出，SYZG 公司营业利润的上升幅度高于营业收入的上升幅度，这反映该公司这几年的营业收入的增幅高于营业成本、税金及附加、期间费用等成本费用的增幅，说明该公司的营业利润具有良好的效益性。

通过以上分析，对 SYZG 公司的增长能力可以得出一个初步的结论：该公司在行业整体上升的情势下，保持了较好的增长能力。当然，考虑到企业增长能力还受到许多其他复杂因素的影响，要得到关于企业增长能力更准确的结论，还需要利用更多的资料进行更加深入的分析。

思政案例 9-6   **顺丰逆势增长，远忧仍存？**[①]

2020 年顺丰控股股份有限公司半年度财务报告显示，顺丰上半年净利润 37.62 亿元，同比增长 21.35%，营业收入 711.29 亿元，同比增长 42.05%。作为快递业的头部公司，今年上半年业绩表现远远超出同业水平，表现出了强韧的综合运营能力和抗风险能力。在一季度全国快递业受到疫情重创的情况下，整个快递行业业务量同比增速仅为 3.2%，而顺丰控股实现逆势增长，业务量同比增长了 77.1%，市场占有率达 13.7%，较上年提升了 6.1 个百分点。二季度公司延续一季度良好增长态势。半年度公司实现速运物流业务件量 36.55 亿票，同比增长 81.3%，远高于 22.1% 的行业增长率。

顺丰表示，一方面，疫情加速了高端品牌销售渠道的重塑，伴随消费分级、二类电商、直播电商的崛起，高端消费线上化成为新趋势，为快递行业持续发展带来了业务增长空间。半年报显示，2020 年上半年，顺丰月结客户收入同比增长超过 50%，其中月销售额万元以上客户增长迅猛，月销售额百万级客户占比逐步扩大，电商领域客户占比进一步提升。另

---

① 丁萍. 五问顺丰：逆势增长，远忧仍存？. 虎嗅投研，2020-04-25.

一方面，公司延续 2019 年积极的产品策略和市场策略，不断迭代数字化智能工具及产品体系，依托科技手段精准投入和精准营销，提升客户黏性。截至报告期末，顺丰个人客户寄件收入同比增长 23.7%；寄件人数突破 1.55 亿人次，同比增长 9.0%；其中，线上单量同比去年上半年提升 55%。细分业务方面，顺丰两大传统业务增量增收，贡献了超过 40% 的整体收入增量，新业务也实现高增长。

而在过去的 2019 年，顺丰在营业收入和利润两方面也都再创新高，帮助顺丰成为 A 股首家年营业收入突破千亿元的快递公司。数据显示，2019 年度，顺丰控股营业总收入达到 1 121.93 亿元，同比增长 23.37%；归属上市公司股东净利润 57.97 亿元，同比增加 27.24%；每股收益达到 1.32 元，同比增加 28.16%；总资产达到 925.35 亿元，同比增长 28.94%。

事实上，在 2019 年，国内快递陷入了剧烈的价格战，而由于顺丰一直处于高端市场，在激烈的价格战下业务量开始减少。面对行业的低价大战，顺丰一直在寻找单票收入和总体收入之间的平衡。从 2019 年 7 月开始，顺丰票单价格持续下降，2019 年 7 月的票单价为 22.61 元，9 月为 21.77 元，11 月为 19.69 元，到 12 月则降至 19.30 元，半年间降幅达到 15%。降价直接带来了业务量的增长。在 2019 年 8—10 月，顺丰的快递业务量增速分别为 29.8%、35.5%、45.5%，高于快递行业平均增速。

顺丰在 2019 年也开始全力押注新业务，同城快递、快运和冷运等新业务均实现迅猛增长。而在 2020 年 1 月，供应链也迎来高速增长，其单月营业收入达到 4.78 亿元，比 2019 年第一季度营业收入还多出 8 500 万元。相比"三通一达"对于电商平台的高度依赖，顺丰的自营平台正在不断充实自己的物流体系。刚刚突破千亿元营业收入关口的顺丰，随着快运和供应链等新业务的发展，规模优势将进一步放大。

但在逆势增长的背后，顺丰仍然存在一定的隐忧。首先，疫情下顺丰营业收入"加速"不可持续。疫情期间，顺丰凭借直营优势实现业务量大幅提升，驱动营业收入"加速"。但随着加盟制企业复产复工的稳步推进，直营优势将见顶，顺丰会重陷营业收入增长乏力的困境。

其次，顺丰的营业收入增速远不及业务量的增速。由于定位高端，顺丰的单票价格一直远高于行业均值，且比较坚挺。但为了弥补电商空白，在 2019 年 5 月推出电商特惠专配产品，由此拉低了顺丰整体的单票价格。2020 年第一季度，顺丰的单票价格为 18.58 元，同比下降 22.0%，降幅要高于韵达（18.3%）、申通（9.1%）和圆通（19.1%），且进一步缩短了与行业均值的差距，价格优势也进一步被弱化。

最后，顺丰的利润增长空间受限。随着加盟制企业复工复产的顺利进行，顺丰依然会重陷营业收入增长乏力的困境，未来营业收入增长空间有限。从顺丰近三年的毛利率进入下滑通道来看，成本的"刚性支出"也很难压缩。利润空间的提升主要依赖顺丰经营效率的优化。所以由此来看，顺丰未来的利润增长空间存在一定的限制。

本 章 小 结

企业增长能力通常是指企业未来生产经营活动的发展趋势和发展潜能，也可以称之为发展能力。从形成看，企业的增长能力主要是通过自身生产经营活动的不断扩大、积累而形成的，主要依托于不断增长的销售收入、不断增加的资金投入和不断创造的利润等。从结果看，一个增长能力强的企业，能够不断为股东创造财富，能够不断增加企业价值。

企业能否持续增长对股东、潜在投资者、经营者及其他相关利益者至关重要，因此有必要对企业的增长能力进行深入分析。

与盈利能力一样，企业增长能力的大小同样是一个相对的概念，即分析期的股东权益、收益、销售收入和资产相对于上一期的股东权益、收益、销售收入和资产的变化程度。仅仅利用增长额只能说明企业某一方面的增减额度，无法反映企业在某一个方面的增减幅度，既不利于不同规模企业之间的横向对比，也不能准确反映企业的增长能力，因此在实践中通常是使用增长率来进行企业增长能力分析。当然，企业不同方面的增长率之间存在相互作用、相互影响的关系，因此只有将各方面的增长率加以比较，才能全面分析企业的整体增长能力。

可见，企业增长能力分析的内容可分为两部分：企业单项增长能力分析和企业整体增长能力分析。

企业价值要获得增长，就必须依赖于股东权益、收益、销售收入和资产等方面的不断增长。企业单项增长能力分析就是通过计算和分析股东权益增长率、收益增长率、销售增长率、资产增长率等指标，分别衡量企业在股东权益、收益、销售收入、资产等方面所具有的增长能力，并对其在股东权益、收益、销售收入、资产等方面所具有的发展趋势进行评估。

除了对企业增长能力进行单项分析以外，还需要分析企业的整体增长能力。其原因在于：其一，股东权益增长率、收益增长率、销售增长率和资产增长率等指标，只是从股东权益、收益、销售收入和资产等不同的侧面考察了企业的增长能力，不足以涵盖企业增长能力的全部；其二，股东权益增长率、收益增长率、销售增长率和资产增长率等指标之间相互作用、相互影响，不能截然分开。因此，在实际运用时，只有把四种类型的增长率指标相互联系起来进行综合分析，才能正确评价一个企业的整体增长能力。

企业整体增长能力分析就是通过对股东权益增长率、收益增长率、销售增长率、资产增长率等指标进行相互比较与全面分析，综合判断企业的整体增长能力。运用企业整体增长能力分析框架能够比较全面地分析企业发展的影响因素，从而能够比较全面地评价企业的增长能力，但对于各因素的增长与企业发展的关系无法从数量上进行确定。

练 习 题

一、单项选择题

1. 下列因素中，能直接影响股东权益增长率变化的指标是（　　　）。

    A. 净资产收益率　　　　　　　　　　B. 总资产周转率

    C. 总资产报酬率　　　　　　　　　　D. 总资产

2. 如果企业某一种产品处于成熟期，其销售增长率的特点是（　　　）。

    A. 比值比较大　　　　　　　　　　　B. 与上期相比变动不大

    C. 比值比较小　　　　　　　　　　　D. 与上期相比变动较大

3. 下列指标中，不属于增长率指标的是（　　　）。

    A. 利息保障倍数　　　　　　　　　　B. 销售增长率

    C. 股东权益增长率　　　　　　　　　D. 资本积累率

4. 如果企业某一种产品处于衰退期，其销售增长率的特点是（　　　）。

    A. 比值比较大

    B. 增长速度与上期相比变动不大

    C. 比值比较小

    D. 增长速度开始放慢甚至出现负增长

5. 下列计算股东权益增长率的公式中，不正确的是（　　　）。

    A. $\dfrac{本期股东权益增加额}{股东权益期初余额}\times 100\%$

    B. $\dfrac{净利润+对股东的净支付}{股东权益期初余额}\times 100\%$

    C. $\dfrac{净利润+（股东新增投资-支付股东股利）}{股东权益期初余额}\times 100\%$

    D. $\dfrac{净利润-支付股东股利}{股东权益期初余额}\times 100\%$

6. 为了正确评价企业发展能力，应该将一个企业不同时期的股东权益增长率加以比较，分析方法为（　　　）。

    A. 比较分析法

    B. 结构分析法

    C. 趋势分析法

    D. 定基分析法

7. 以下增长率计算公式有误的是（　　　）。

    A. 三年资本平均增长率$=\left(\sqrt[3]{\dfrac{年末股东权益}{三年前年末股东权益}}-1\right)\times 100\%$

    B. 某种产品销售增长率$=\dfrac{某种产品本期销售收入增加额}{上期销售收入净额}\times 100\%$

    C. 三年利润平均增长率$=\left(\sqrt[3]{\dfrac{年末利润总额}{三年前年末利润总额}}-1\right)\times 100\%$

    D. 股东权益增长率=净资产收益率+权益乘数

8. 如果说生存能力是企业实现盈利的前提，那么企业实现盈利的根本途径（　　　）。

    A. 偿债能力

    B. 营运能力

    C. 发展能力

    D. 资本积累

9. 如果企业某一种产品处于成长期，其收入增长率的特点是（　　　）。

    A. 比值比较小

    B. 与上期相比变动不大

    C. 比值比较大

    D. 与上期相比变动非常小

10. 下列选项中，不属于利润增长的来源的是（　　　）。

    A. 债务重组收益

    B. 投资收益

    C. 财政补贴

    D. 银行贷款

二、多项选择题

1. 可以用于反映企业增长能力的财务指标包括（　　　）。

    A. 资产增长率

    B. 销售增长率

    C. 股东权益增长率

    D. 净利润增长率

    E. 营业利润增长率

2. 股东权益增长率的大小直接取决于下列因素中的（　　　）。

    A. 资产负债率

    B. 总资产报酬率

    C. 净资产收益率

    D. 总资产周转率

    E. 股东净投资率

3. 下列项目中，属于企业资产规模增加的原因的有（　　　）。

    A. 企业对外举债

    B. 企业实现盈利

    C. 企业发放股利

    D. 企业发行股票

    E. 企业购置固定资产

4. 可以用来反映企业收益增长能力的财务指标有（　　　）。

    A. 净利润增长率

    B. 销售增长率

    C. 总资产报酬率

    D. 资本积累率

    E. 营业利润增长率

5. 对一个快速增长的企业而言，管理层需要采取措施加以控制，可采取的措施包括（　　　）。

    A. 发行新股

    B. 改变销售策略

    C. 减少股利支付比例

    D. 停止亏损项目

    E. 分流部分订单

6. 在对资产增长率进行具体分析时，描述正确的有（　　　）。

    A. 资产规模不断增长的企业一定是健康的企业

    B. 企业资产增长率高并不意味着企业的资产规模增长就一定适当

    C. 需要正确分析企业资产增长的来源

    D. 为全面认识企业资产规模的增长趋势和增长水平，应将企业不同时期的资产增长率加以比较

    E. 一个企业在销售增长、利润增长等于资产规模增长的情况下，这种资产规模增长才属于效益型增长

7. 对于成长过慢的企业来说，管理层面应该如何解决现金顺差问题？（　　　）

    A. 股票回购

    B. 增发股利

    C. 提高财务杠杆系数

    D. 并购买入成长型企业

    E. 停止或减少入不敷出的经营项目

8. 一个发展能力强的企业，表现为（　　　）。

    A. 资产规模不断增加

    B. 营运效率不断提高

    C. 股东财富持续增长

    D. 财务风险不断加大

    E. 盈利能力不断增强

9. 下列说法中，正确的有（　　　）。

    A. 如果营业收入增长，但利润并未增长，那么从长远看并没有增加股东权益

    B. 如果净利润增长但营业收入并未增长，这样的增长无法持续保持

    C. 净利润增长率比营业利润增长率能更好地反映企业利润的成长性

    D. 如果企业的净利润主要来源于营业利润，则表明企业具有良好的发展能力

    E. 应将企业连续多期的净利润增长率和营业利润增长率指标进行对比分析

10. 对于股东权益增长率指标，下列表述正确的有（　　　　）。

    A. 它反映所有者投入资本的保全性和增长性

    B. 它是企业当年所有者权益的增长率，反映权益当年的变动水平

    C. 该指标为负值表明资本未遭到贬值

    D. 它体现企业资本积累能力，是评价企业发展潜力的重要指标

    E. 该指标越高表明企业资本积累越多，资本保全性越强，应付风险的能力越强

三、判断题

1. 企业资产增长率越高意味着对企业越有利。　　　　　　　　　　　　　（　　）

2. 企业能否持续增长对投资者、经营者至关重要，但对债权人而言相对不重要，因为他们更关心企业的变现能力。　　　　　　　　　　　　　　　　　　　（　　）

3. 在产品生命周期的成长期，产品销售收入增长率一般趋于稳定，与上期相比变化不大。　　　　　　　　　　　　　　　　　　　　　　　　　　　　　　（　　）

4. 增长能力的大小是一个相对概念。　　　　　　　　　　　　　　　　　（　　）

5. 仅分析某一项增长能力指标，无法得出企业整体增长能力情况的结论。　（　　）

6. 从长远来看，上市公司的增长能力是决定股票价格上升的根本因素。　　（　　）

7. 若两个企业的三年资本平均增长率相同，就可以判断两个企业具有相同的资本增长趋势。　　　　　　　　　　　　　　　　　　　　　　　　　　　　　（　　）

8. 获利能力强的企业，其增长能力也强。　　　　　　　　　　　　　　　（　　）

9. 如果一个企业所有产品都处于成熟期，那么它的发展前景相当乐观。　　（　　）

10. 要实现销售收入的增长，在资产利用效率一定的条件下就需要扩大资产规模。　　　　　　　　　　　　　　　　　　　　　　　　　　　　　　　　　　（　　）

四、简答题

1. 企业增长能力分析的目的是什么？

2. 一个企业要想提高股东权益增长率可以采取什么措施？

3. 为什么分析营业利润增长率的同时要结合营业收入的增长情况？

4. 企业产品生命周期有哪几个阶段？每个阶段的销售增长率表现如何？

5. 简述企业整体增长能力分析的思路。

6. 在对资产增长率进行具体分析时应该注意什么？

7. 在利用销售增长率分析企业在销售方面的增长能力时应该注意什么？

五、计算分析题

1. 已知甲公司从2017—2020年的净利润分别为180万元、200万元、220万元、250万元，2017—2020年的股东权益净额分别为1 400万元、1 800万元、2 100万元、2 450万元，请计算甲公司的股东权益增长率，并根据股东权益增长率的直接影响因素分析其变化的原因。

2. 已知A公司所生产的甲产品，从2017年开始连续四年的营业收入分别为5 400万元、6 700万元、9 200万元、13 800万元，请判断甲产品所处生命周期的阶段。

3. 已知乙公司2017年、2018年、2019年、2020年的资产总额分别为200万元、296万元、452万元、708万元；四年的负债总额分别为78万元、120万元、179万元、270万元，请分析乙公司的资产增长能力。

4. 明华公司2017—2020年的营业利润和净利润情况如表9-7所示，请完成表格并根据计

算出的数据分析该公司的利润增长能力。

表9-7　明华公司 2017—2020 年的营业利润和净利润情况　　　单位：万元

项目	2017 年	2018 年	2019 年	2020 年
营业利润	38 724	43 407	58 506	105 915
营业利润增长额				
营业利润增长率				
净利润	51 031	40 860	48 202	88 987
净利润增长额				
净利润增长率				

5.表9-8 是星海公司 2017—2020 年有关会计资料。

表9-8　星海公司 2017—2020 年有关会计资料　　　单位：万元

项目	2017 年	2018 年	2019 年	2020 年
资产总额	1 369	1 649	2 207	3 103
股东权益	797	988	1 343	1 915
营业收入	4 576	6 194	8 671	12 413
营业利润	674	913	1 298	1 866
净利润	398	550	873	1 293

要求：利用以上数据计算星海公司 2018—2020 年的资产增长率、股东权益增长率、收入增长率、营业利润增长率、净利润增长率，并分析其各项增长能力。

六、综合题

1. 已知 ABC 股份有限公司 2018—2020 年的简要报表如表9-9 所示。

表9-9　简要报表　　　单位：万元

项 目		2018 年	2019 年	2020 年
资产负债表	资产总额	702	1 973	2 261
	流动资产	631	838	1 071
	固定资产	64	1 110	1 073
	负债和所有者权益	702	1 973	2 261
	负债	488	706	1 052
	所有者权益	214	1 267	1 209
利润表	营业收入	501	799	1 478
	营业利润	129	156	274
	净利润	36	58	74

要求：

（1）请根据 ABC 股份有限公司 2018 年、2019 年和 2020 年的有关数据计算其 2019 年、2020 年各重要项目的增长率，并做简要分析。

（2）请分析 ABC 股份有限公司的整体增长能力。

2. 创维公司成立于 2002 年，是国内较早从事数字电视机顶盒研究、开发、设计、生产及销售的公司，在国内广电运营商市场、国内智能终端市场、出口海外销量均为国内第一，国内电信运营商市场居第二，整体规模是国内行业的龙头企业。

公司的主营业务为数字电视智能终端及软件系统与平台的研究、开发、生产、销售、运营与服务。在此基础上，公司积极拓展新的运营与服务市场，包括与广电运营商拓展增值服务运营、基于自主 OTT 云平台的运营与服务、智能家居及 O2O 管家上门服务等。基于全球机顶盒行业十几年的发展及存量与更新需求的视角，全球机顶盒行业正处于快速成长阶段，并不存在明显的周期性特点。公司的技术研发实力强、市场覆盖广、客户与用户规模大，公司的客户市场覆盖全球主要的国家和地区，不存在明显的区域性特点。

公司的主营产业是国家"十三五"战略规划及"中国制造 2025"中新一代信息技术产业。基于国办发〔2015〕65 号文，国务院办公厅三网融合推广方案的通知，广电、电信业务双向进入将扩大至全国范围。宽带通信网、下一代广播电视网和下一代互联网的宽带建设将加快推进，积极促进三网融合关键信息技术产品研发及制造。围绕光传输和光接入、下一代互联网、下一代广播电视网等重点领域的高端光电设备、基于有线电视网的接入技术和关键设备、IPTV 和数字电视智能机顶盒、互联网电视及配套应用、操作系统、多屏互动技术、内容传送系统、信息安全系统等的研发和产业化将进一步发展。

表 9-10 和表 9-11 分别为创维公司股份有限公司 2017—2019 年的简要资产负债表和利润表。

表 9-10 资产负债表简表　　　　　　　　　　　　　　　　单位：万元

项目	2017 年	2018 年	2019 年
流动资产合计	6 364 98	699 448	896 131
非流动资产合计	121 188	135 466	157 995
资产总计	757 686	834 914	1 054 126
流动负债合计	446 424	508 321	552 336
非流动负债合计	35 118	16 138	110 981
负债合计	481 542	524 459	663 316
所有者权益合计	276 144	310 455	390 810
负债和所有者权益总计	757 686	834 914	1 054 126

表 9-11 利润表简表 单位：万元

项目	2017 年	2018 年	2019 年
营业收入	725 481	776 262	889 562
营业利润	15 419	29 742	67 653
利润总额	15 316	29 851	67 749
所得税费用	5 791	-1 766	6 112
净利润	9 524	31 617	61 637

根据 2020 年公布的 2019 年企业绩效标准值，家用电器制造业的销售增长率平均值为 2.2%，营业利润增长率平均值为 2.9%、总资产增长率平均值为 3.8%、资本积累率平均值为 21.3%。

要求：按照本章所介绍的企业整体能力分析框架分析创维数字股份有限公司的整体增长能力。

3. C 公司是国内一家知名家电企业，该公司从一个负债累累的小厂，到营业额上亿元的知名企业，仅用了十几年的时间，其增长速度可谓是一个"神话"。现将 C 公司 2015 年到 2019 年的主要财务指标汇总，见表 9-12。

表 9-12 C 公司 2015—2019 年的主要财务指标 单位：万元

项目	2015 年	2016 年	2017 年	2018 年	2019 年
资产总额	367 902	393 356	694 241	739 414	737 271
股东权益	250 248	281 016	493 218	508 995	538 897
营业收入	397 427	482 838	1 144 18	1 155 352	1 168 837
营业利润	81 903	86 993	190 372	148 851	169 858
净利润	31 064	42 409	61 784	39 706	36 895

另外，投资分析师根据 C 公司的主营业务，明确了该公司所从事业务为家用电器制造业。这样，投资分析师通过查阅 2019 年企业绩效评价标准值，了解到家用电器制造业的销售增长率的平均标准值为 2.2%，营业利润增长率平均值为 2.9%，总资产增长率为 3.8%，而资本积累率的平均标准值为 21.3%。

要求：

（1）假如你就是该投资咨询有限公司的财务分析师，请你使用企业整体发展能力分析框架分析 C 公司的增长能力。

（2）请你以投资分析师的身份为该投资咨询有限公司的投资总监就投资 C 公司提出相关建议。

参考文献

[1] 樊行健. 财务报表分析. 2 版. 北京：清华大学出版社，2014.
[2] 郭永清. 财务报表分析与股票估值. 北京：机械工业出版社，2017.
[3] 黄世忠. 财务报表分析 理论·框架·方法与案例. 北京：中国财政经济出版社，2007.
[4] 胡玉明. 财务报表分析. 3 版. 大连：东北财经大学出版社，2016.
[5] 李燕翔. 500 强企业财务分析实务：一切为经营管理服务. 北京：机械工业出版社，2015.
[6] 李秀玉，阮希阳，李国强. 上市公司财报分析实战. 北京：清华大学出版社，2019.
[7] 陆正飞. 财务报告与分析. 2 版. 北京：北京大学出版社，2014.
[8] 刘姝威. 上市公司虚假会计报表识别技术. 北京：机械工业出版社，2013.
[9] 刘元庆. 信贷的逻辑与常识. 北京：中信出版社，2016.
[10] 刘顺仁. 财报就像一本故事书. 太原：山西人民出版社，2019.
[11] 任晨煜，程隆云. 财务报表分析. 4 版. 北京：经济科学出版社，2016.
[12] 唐朝. 手把手教你读财报. 北京：中国经济出版社，2015.
[13] 王化成，支晓强，王建英. 财务报表分析. 7 版. 北京：中国人民大学出版社，2014.
[14] 吴革. 财务报告陷阱. 北京：文津出版社，2004.
[15] 吴革. 跨越财务报告陷阱. 北京：文津出版社，2004.
[16] 续芹. 财务报表解读：教你快速学会分析一家公司. 北京：机械工业出版社，2018.
[17] 夏汉平. 财务报表分析识别从入门到精通. 北京：中国社会出版社，2015.
[18] 薛云奎. 穿透财报，发现企业的秘密. 北京：机械工业出版社，2018.
[19] 薛云奎. 克服偏见，还原财报背后的真相. 北京：机械工业出版社，2018.
[20] 张新民. 从报表看企业：数字背后的秘密. 3 版. 北京：中国人民大学出版社，2017.
[21] 张先治，陈友邦. 财务分析. 9 版. 大连：东北财经大学出版社，2019.
[22] 郑朝晖. 财报粉饰面对面. 北京：机械工业出版社，2015.
[23] 赖斯. 财报第一课. 7 版. 池国华，等译. 北京：中国人民大学出版社，2018.
[24] 格雷厄姆，麦勒迪斯. 像格雷厄姆一样读财报. 刘雨，江蓉，等译. 北京：中国青年出版社，2016.
[25] 科勒尔. 财务建模与综合估值：数据研磨、模型校准、动态估值. 李必龙，李羿，黄诗原，译. 北京：机械工业出版社，2019.
[26] 巴菲特，克拉克. 巴菲特教你读财报. 李凤，译. 北京：中信出版社，2015.
[27] 特雷西. 玩转财报. 8 版. 池国华，等译. 北京：中国人民大学出版社，2017.